Umsetzungsanforderungen der neuen arbeitsrechtlichen Antidiskriminierungsrichtlinie (RL 2000/78/EG)

Europäische Hochschulschriften
Publications Universitaires Européennes
European University Studies

Reihe II
Rechtswissenschaft

Série II Series II
Droit
Law

Bd./Vol. 3716

PETER LANG
Frankfurt am Main · Berlin · Bern · Bruxelles · New York · Oxford · Wien

Pierre M. Kummer

Umsetzungsanforderungen der neuen arbeitsrechtlichen Antidiskriminierungsrichtlinie (RL 2000/78/EG)

PETER LANG
Europäischer Verlag der Wissenschaften

Bibliografische Information Der Deutschen Bibliothek
Die Deutsche Bibliothek verzeichnet diese Publikation in der Deutschen Nationalbibliografie; detaillierte bibliografische Daten sind im Internet über <http://dnb.ddb.de> abrufbar.

Zugl.: Bielefeld, Univ., Diss., 2003

D 361
ISSN 0531-7312
ISBN 3-631-51316-X

www.peterlang.de

Inhaltsverzeichnis

Literaturverzeichnis

Adomeit, Klaus	Arbeitsrecht auf Abwegen In: NJW 1997, S. 2295-2296
Derselbe	Diskriminierung – Inflation eines Begriffs In: NJW 2002, S. 1622-1623
Angermeier, Wilhelm F./ Brengelmann, Johannes C./ Thieкötter, Thomas J. (Hrsg.)	Psychologie, Berlin (u.a.) 1983, 4.Auflage (zit.: Zimbardo, Psychologie, S.)
Annuß, Georg	Grundfragen der Entschädigung bei unzulässiger Geschlechtsdiskriminierung In: NZA 1999, S. 738-744
Antidiskriminierungsinitiativen NRW	Stellungnahme der Antidiskriminierungsinitiativen aus NRW zum Gesetzesentwurf zur Verhinderung von Diskriminierungen im Zivilrecht vom 10.12.01, Stand: 13.02.02, S. 1-4 Abrufbar: http://www.nrwgegendiskriminierung.de/de/docs/pdf/Stellungnahme-Netzwerk.pdf
Arbeiterwohlfahrt Bundesverband e.V.	Stellungnahme der Arbeiterwohlfahrt zum Entwurf eines Gesetzes zur Verhinderung von Diskriminierungen im Zivilrecht, Stand: Februar 2002, S. 1-8 Abrufbar: http://www.nrwgegendiskriminierung.de/de/docs/pdf/StellungnahmeAWO.pdf
Avenarius, Hermann	Die Rechtsordnung der Bundesrepublik Deutschland, Bonn 2001, 3.Auflage (zit.: Avenarius, Rechtsordnung, S.)
Bauer, Jobst-Hubertus	Neue Spielregeln für Teilzeitarbeit und befristete Arbeitsverträge In: NZA 2000, S. 1039-1043

Bauer, Jobst-Hubertus	Europäische Antidiskriminierungsrichtlinien und ihr Einfluss auf das deutsche Arbeitsrecht In: NJW 2001, S. 2672-2677
Bauer, Jobst-Hubertus/ Lingemann, Stefan	Personalabbau und Altersstruktur In: NZA 1993, S. 625-632
Beck, Volker	Die verfassungsrechtliche Begründung der eingetragenen Lebenspartnerschaft In: NJW 2001, S. 1894-1901
Becker, Friedrich/ Hillebrecht, Wilfried (Begr.)	Gemeinschaftskommentar zum Kündigungsschutzgesetz und zu sonstigen kündigungsschutzrechtlichen Vorschriften, Neuwied (u.a.) 2001, 6.Auflage
Bell, Alan P./ Weinberg, Martin S./ Hammersmith, Sue K.	Der Kinsey Institut Report über sexuelle Orientierung und Partnerwahl, München 1980, 1.Auflage (zit.: Bell/Weinberg/Hammersmith, Kinsey-Report, S.)
Benda, Ernst/ Maihofer, Werner/ Vogel, Hans-Jochen (Hrsg.)	Handbuch des Verfassungsrechts, Berlin (u.a.) 1994, 2.Auflage (zit.: Benda/Maihofer/Vogel, Handbuch des Verfassungsrechts, §, Rn.)
Berger-Delhey, Ulf	Ein zweites Gleichberechtigungsgesetz ? In: ZTR 1993, S. 267-270
Berkowsky, Wilfried	Die verhaltensbedingte Kündigung – Teil 1 In: NZA-RR 2001, S. 1-20
Bertelsmann, Harald	Gleichbehandlung zwischen Frauen und Männern nach bundesdeutschem und EG-Recht In: BB 1983, S. 1805-1809
Beyer, Thomas C.W./ Möllers, Thomas M.J.	Die Europäisierung des Arbeitsrechts In: JZ 1991, S. 24-30

Binkert, Gerhard	Konzeptionelle Probleme bei arbeitsrechtlichen Teilreformen In: JZ 1979, S. 747-752
Blanpain, R. (editor)	Bulletin of Comparative Labour Relations, Kluwer 1985, 1st edition (zit.: Blanpain, Bulletin of Comparative Labour Relations, page)
Bleckmann, Albert	Staatsrecht II – Die Grundrechte, Köln (u.a.) 1997, 4.Auflage (zit.: Bleckmann, Staatsrecht II, Rn.)
Bleistein, Franzjosef/ Thiel, Adolf	Kommentar zur Rahmenordnung für eine Mitarbeitervertretungsordnung (MAVO), Neuwied (u.a.) 1992, 2.Auflage (zit.: Bearbeiter in Bleistein/Thiel, §, Rn.)
Blomeyer, Wolfgang	Gruppenbildung bei betrieblicher Altersversorgung durch Direktversicherung – mittelbare Diskriminierung In: SAE 1994, S. 174-181
Blumenwitz, Dieter/ Randelzhofer, Albrecht (Hrsg.)	Festschrift für Friedrich Berber zum 75.Geburtstag, München 1973, 1.Auflage (zit.: Bearbeiter in FS Berber, S.)
Böckenförde, Ernst-Wolfgang	Weichenstellungen der Grundrechtsdogmatik In: Der Staat 29 (1990), S. 1-31
Boemke, Burkhard	Privatautonomie und Arbeitsvertragsrecht In: NZA 1993, S. 532-538
Bohnert, Joachim/ Gramm, Christof/ Kindhäuser, Urs (Hrsg. u.a.)	Verfassung – Philosophie – Kirche, Berlin 2001, 1.Auflage (zit.: Bearbeiter in FS Hollerbach, S.)
Boujong, Karlheinz	Karlsruher Kommentar zum Gesetz über Ordnungswidrigkeiten, München 2000, 2.Auflage (zit.: Bearbeiter, §, Rn.)
Braun, Johann	Forum: Übrigens – Deutschland wird wieder totalitär In: JuS 2002, S. 424- 425

Breitsprecher, Roland/ Terrell, Peter/ Schnorr, Veronika (u.a.)	Pons Wörterbuch für Schule und Studium, Englisch-Deutsch, Stuttgart (u.a.) 1998, 3.Auflage (zit.: Pons Wörterbuch, S.)
Brosette, Josef	Der Wert der Wahrheit im Schatten des Rechts auf informationelle Selbstbestimmung, Berlin 1991, 1.Auflage (zit.: Brosette, Wert der Wahrheit, S.)
Brunnen Verlag (Hrsg.)	Bibel nach der Übersetzung „Hoffnung für alle", Basel und Gießen 1996, 1.Auflage (zit.: Bibel, Evangelist, Kapitel, Vers)
Buchner, Herbert	Die sozialpolitische Entwicklung der Europäischen Gemeinschaft im Spannungsfeld von hoheitlicher Regelung und tarifautonomer Gestaltung In: RdA 1993, S. 193-203
Derselbe	Die Rolle des Europäischen Gerichtshofs bei der Entwicklung des Arbeitsrechts In: ZfA 1993, S. 279- 340
Bundesministerium der Justiz	Diskussionsentwurf eines Gesetzes zur Verhinderung von Diskriminierungen im Zivilrecht, Stand: 10.12.2001, S. 1-52 Abrufbar: http://www.lsvd.de/recht/adgzivil02.html
Bundesministerium der Verteidigung	Frauen in der Bundeswehr, Stand: Juli 2000, S. 1-24 (zit: Bundesministerium der Verteidigung, Frauen in der Bundeswehr, S.)
Dasselbe	Beendigung des Dienstverhältnisses von Soldatinnen und Soldaten Abrufbar: http://www.deutsches-wehrrecht.de
Bundesministerium der Verteidigung	Allgemeine Altersgrenze und besondere Altersgrenzen der Berufssoldaten Abrufbar: http://www.deutsches-wehrrecht.de
Bundesvereinigung der Deutschen Arbeitgeberverbände	Wegweiser für die Zukunft ? In: Euro-Info Nr. 3 vom 07.05.1999

Büro gegen Altersdiskriminierung e.V.	Stellungnahme des Büros gegen Altersdiskriminierung e.V. zum Gesetzentwurf des deutschen Bundesministeriums der Justiz zur Verhinderung von Diskriminierungen im Zivilrecht vom 17.2.02, Stand: 05.03.2002, S. 1-3, Abrufbar: http://www.altersdiskriminierung.de/
Bütefisch, Wylka	Die Sozialauswahl – Praxisorientierte Darstellung der §§ 1 Abs. 3, 4 KSchG und 125 Abs. 1 S. 1 Nr. 2 InsO, Köln 2000, 1.Auflage (zit.: Bütefisch, Sozialauswahl, S.)
Calliess, Christian/ Ruffert, Matthias (Hrsg.)	Kommentar des Vertrages über die Europäische Union und des Vertrages zur Gründung der Europäischen Gemeinschaft, Neuwied (u.a.) 1999, 1.Auflage (zit.: Bearbeiter in Calliess/Ruffert, Artikel, Rn.)
Cirkel, Johannes	Gleichheitsrechte im Gemeinschaftsrecht In: NJW 1998, S. 3332-3333
Classen, Claus Dieter	Wie viele Wege führen zur Gleichberechtigung von Männern und Frauen? In: JZ 1996, S. 921-930
Colneric, Ninon	Frauenquoten auf dem Prüfstand des EG-Rechts In: BB 1996, S. 265-269
Compensis, Ulrike	Marschall – (k)eine Überraschung unserer Zeit!? In: BB 1998, S. 2470-2473
Czada, Roland/ Friedrich-Czada, Heidi	Aids als politisches Konfliktfeld und Verwaltungsproblem Abrufbar: http://www.fernuni-hagen.de/POLAD/hypertexte/Aidspolitik-Title.html, S. 1-12
Däubler, Wolfgang	Das Gesetz zu Korrekturen in der Sozialversicherung und zur Sicherung der Arbeitnehmerrechte In: NJW 1999, S. 601-608
Derselbe	Das neue Teilzeit- und Befristungsgesetz In: ZIP 2001, S. 217-225
Derselbe	Das geplante Teilzeit- und Befristungsgesetz In: ZIP 2000, S. 1961-1969

Däubler, Wolfgang/ Bobke, Manfred/ Kehrmann, Karl (Hrsg.)	Arbeit und Recht, Köln 1992, 1.Auflage (zit.: Bearbeiter in FS Gnade, S.)
Däubler, Wolfgang/ Kittner, Michael/ Klebe, Thomas (Hrsg.)	Betriebsverfassungsgesetz – Kommentar für die Praxis, Frankfurt a.M. 1998, 6.Auflage (zit.: Bearbeiter in Däubler/Kittner/Klebe, §, Rn.)
De Wall, Heinrich	Europäisches Staatskirchenrecht In: ZevKR 45, S. 157-172
Der Paritätischer Wohlfahrtsverband	Stellungnahme zu dem Diskussionsentwurf eines Gesetzes zur Verhinderung von Diskriminierungen im Zivilrecht, Stand: 11.02.2002, S. 1-5, Abrufbar: http://www.paritaet.org/via/Archiv/1-02/ADG-DPWV.pdf
Deter, Gerhard	Frauenrechte in den Verfassungsentwürfen der neuen Länder In: ZRP 1993, S. 22-29
Deutscher Anwaltsverein	Stellungnahme zum Diskussionsentwurf eines Gesetzes zur Verhinderung von Diskriminierung im Zivilrecht vom 13.02.2002, Berlin
Deutscher Gewerkschaftsbund	Stellungnahme zum Diskussionsentwurf für ein „Gesetz zur Verhinderung von Diskriminierungen im Zivilrecht“ des Bundesministeriums der Justiz, Stand: 15.02.02, S. 1-10 Abrufbar: http://www.nrwgegendiskriminierung.de/de/docs/pdf/Stellungnahme-DGB.pdf
Deutscher Juristinnenbund	Stellungnahme zum Diskussionsentwurf eines Gesetzes zur Verhinderung von Diskriminierungen im Zivilrecht, Stand: 18.02.2002, S. 1-8, Abrufbar: http://www.djb.de/content.php/pmsn-82.html
Di Fabio, Udo	Die Gleichberechtigung von Mann und Frau In: AöR 122 (1997), S. 404-443

Diederichsen, Uwe	Homosexuell – von Gesetzes wegen ? In: NJW 2000, S. 1841-1844
Dieterich, Thomas/ Hanau, Peter/ Schaub, Günter (Hrsg.)	Erfurter Kommentar zum Arbeitsrecht, München 2001, 2.Auflage (zit.: Bearbeiter in ErfK, §, Rn.)
Diözesane Arbeitsgemeinschaft der Mitarbeitervertretungen im caritativen Bereich	Das kirchliche Arbeitsrecht Abrufbar: http://www.diag-mav.org/rechtspr/komment/kirchlarbeitsrecht.htm, S. 1-4
Dolzer, Rudolf	Nationale Konzepte oder internationales Verfahren In: NJW 2000, S. 1700-1701
Dolzer, Rudolf/ Vogel, Klaus/ Graßhof, Karin (Hrsg.)	Bonner Kommentar zum Grundgesetz, Band I, Heidelberg 2002, Stand: 99.Lieferung/März 2002 (zit.: Bearbeiter in BK, Artikel, Rn.)
Dorsch, Johanna Martina	Bisexualität, Stand: 01.05.2000, S. 1-2 Abrufbar: http://www.netdoktor.de/sex_partnerschaft/fakta/Bisexualitaet.htm
Dreier, Horst (Hrsg.)	Grundgesetz, Band I (Artikel 1-19), Mohr Siebeck 1996, 1.Auflage (zit.: Bearbeiter in Dreier, Artikel, Rn.)
Dütz, Wilhelm	Neue Grundlagen im Arbeitsrecht der katholischen Kirche In: NJW 1994, S. 1369-1375
Derselbe	Arbeitsrecht, München 2002, 7.Auflage (zit.: Dütz, Arbeitsrecht, Rn.)
Düwell, Franz Josef	Neu geregelt: Die Stellung der Schwerbehinderten im Arbeitsrecht In: BB 2001, S. 1527-1531

Düwell, Franz Josef	SGB IX: Rehabilitation und Teilhabe behinderter Menschen am Leben in der Gesellschaft In: FA 2001, S. 105-108
Ebsen, Ingwer	Zur Koordinierung der Rechtsdogmatik beim Gebot der Gleichberechtigung von Männern und Frauen zwischen Europäischem Gemeinschaftsrecht und innerstaatlichem Verfassungsrecht In: RdA 1993, S. 11-16
Ehmann, Horst/ Emmert, Angela	Grundlage, Zweck und Missbrauch der Sanktionierung des Diskriminierungsverbots In: SAE 1997, S. 253-273
Ehnes, Herbert	Novellierung der Verfassung der Lippischen Landeskirche In: ZevKR 44, S. 509-532
Derselbe	Die Bedeutung des Grundgesetzes für die Kirche, insbesondere Grundrechte in der Kirche In: ZevKR 34, S. 382-405
Ehrich, Christian	Die Entschädigung nach § 611 a Abs. 2 BGB – ein neuer „Nebenverdienst“ ? In: BB 1996, S. 1007-1008
Eich, Rolf-Achim	Das Gesetz über die Gleichbehandlung von Männern und Frauen am Arbeitsplatz In: NJW 1980, S. 2329-2334
Eichner, Klaus/ Habermehl, Werner	Der RALF-Report – Das Sexualverhalten der Deutschen, Hamburg 1978, 1.Auflage (zit.: Eichner/Habermehl, RALF-Report, S.)
Emmert, Frank	Europarecht, München 1996, 1.Auflage (zit.: Emmert, Europarecht, Kapitel, Rn.)
Epstein, Richard Allen	Forbidden Grounds, Cambridge 1992, 1st edition (zit.: Epstein, Forbidden Grounds, page)
Esser, Axel/ Wolmerath, Martin	Mobbing, Frankfurt a.M. 1999, 3.Auflage (zit.: Esser/Wolmerath, Mobbing, S.)

Europäische Stelle zur Beobachtung von Rassismus und Fremdenfeindlichkeit (EUMC)	Vielfalt und Gleichheit für Europa – Jahresbericht 2000, November 2001 (zit.: EUMC, Jahresbericht 2000, S.)
Europäisches Parlament	Das Subsidiaritätsprinzip Abrufbar: wysiwyg://9/http://www.europarl.eu.int/factsheets/1_2_2_de.htm, S. 1-3
Eysenck, Hans Jürgen	Sexualität und Persönlichkeit, Wien 1976, 1.Auflage (zit.: Eysenck, Sexualität und Persönlichkeit, S.)
Farthmann, Friedhelm/ Hanau, Peter/ Isenhardt, Udo/ Preis, Ulrich (Hrsg.)	Arbeitsgesetzgebung und Arbeitsrechtsprechung, Neuwied (u.a.) 1995, 1.Auflage (zit.: Bearbeiter in FS Stahlhacke, S.)
Fastrich, Lorenz	Gleichbehandlung und Gleichstellung In: RdA 2000, S. 65-81
Fischermeier, Ernst	Die betriebsbedingte Kündigung nach den Änderungen durch das Arbeitsrechtliche Beschäftigungsförderungsgesetz In: NZA 1997, S. 1089-1100
Fitting, Karl/ Kaiser, Heinrich/ Heither, Friedrich/ Engels, Gerd/ Schmidt, Ingrid (Hrsg.)	Betriebsverfassunsgesetz – Handkommentar, München 2002, 21.Auflage (zit.: Bearbeiter in Fitting/Kaiser/Heither/Engels/Schmidt, §, Rn.)
Forschungszentrum Karlsruhe GmbH – Institut für Technikfolgenabschätzung und Systemanalyse (Hrsg.)	HGF-Projekt: „Untersuchung zu einem integrativen Konzept nachhaltiger Entwicklung: Bestandsaufnahme, Problemanalyse, Weiterentwicklung“ – Abschlussbericht, Band 2, März 1999, S. 1-15 (zit.: HGF-Projekt, Abschlussbericht, S.)

Franzen, Martin	Rechtsangleichung der Europäischen Union im Arbeitsrecht In: ZEuP 1995, S. 796-826
Fritzler, Marc/ Unser, Günther	Die Europäische Union, Bonn 2001, 2.Auflage (zit.: Fitzler/Unser, Die Europäische Union, S.)
Fromm, Erwin	Tätlichkeiten im Betrieb In: BB 1997, S. 1946-1949
Fromme, Allan	Der Sexual-Report, Stuttgart 1967, 1.Auflage (zit.: Fromme, Sexual-Report, S.)
Frowein, Jochen Abr./ Peukert, Wolfgang	Europäische Menschenrechtskonvention: EMRK-Kommentar, Kehl (u.a.) 1996, 2.Auflage (zit.: Bearbeiter in Frowein/Peukert, Artikel, Rn.)
Fuchtmann, Engelbert (Hrsg.)	Identität und Sexualität, Freiburg i.Br. 1988, 1.Auflage (zit.: Fuchtmann, Identität und Sexualität, S.)
Gabriel, Oscar W. (Hrsg.)	Die EG-Staaten im Vergleich, Bonn 1992, 1.Auflage (zit.: Gabriel, EG-Staaten im Vergleich, S.)
Gagel, Alexander	Sicherung des sozialen Schutzes durch „richtige“ Wahl des Zeitpunktes für die Auflösung des Arbeitsverhältnisses und den Antrag auf Sozialleistung In: ArbuR 1992, S. 225-230
Gamillscheg, Franz/ De Givry, Jean/ Hepple, Bob/ Verdier, Jean- Maurice (Hrsg.)	In Memoriam Sir Otto Kahn-Freund, München 1980, 1.Auflage (zit.: Bearbeiter in GS Kahn-Freund, S.)
Giegerich, Thomas	Anmerkung zu EuGH, Urteil vom 17.02.1998 – Rs. C-249/96 Grant/South-West Trains Ltd. In: JZ 1998, S. 726-730
Giese, Hans (Hrsg.)	Die Sexualität des Menschen, Stuttgart 1971, 2.Auflage (zit.: Giese, Die Sexualität des Menschen, S.)

Gift, Emil	Mitbestimmung und soziale Auswahl zu Entlassender In: ZfA 1974, S. 123-145
Gitter, Wolfgang/ Michalski, Lutz	Arbeitsrecht, Heidelberg 2002, 5.Auflage (zit.: Gitter/Michalski, Arbeitsrecht, S.)
Göhler, Erich/ Buddendiek, Hans	Gesetz über Ordnungswidrigkeiten, München 1998, 12.Auflage (zit.: Göhler, §, Rn.)
Gotthardt, Michael	Die Vereinbarkeit der Ausschlussfristen für Entschädigungsansprüche wegen geschlechtsbedingter Benachteiligung (§ 611a Abs. 4 BGB, § 61 b Abs. 1 ArbGG) mit dem europäischen Gemeinschaftsrecht In: ZTR 2000, S. 448-456
Grabitz, Eberhard/ Hilf, Meinhard (Hrsg.)	Das Recht der Europäischen Union, Altband I (Maastrichter Fassung), 14.Ergänzungslieferung, München, Stand: Oktober 1999 (zit.: Bearbeiter in Grabitz, Artikel (a.F.), Rn.)
Dieselben	Das Recht der Europäischen Union, Band I, 18.Ergänzungslieferung, München, Stand: Mai 2001 (zit.: Bearbeiter in Grabitz, Artikel, Rn.)
Gros, Jürgen/ Glaab, Manuela	Faktenlexikon Deutschland – Geschichte, Gesellschaft, Politik, Wirtschaft, Kultur, München 1999, 1.Auflage (zit.: Gros/Glaab, Faktenlexikon Deutschland, S.)
Großmann, Ruprecht	Zur Rechtmäßigkeit von Arbeitnehmerkammern In: RdA 1968, S. 297-308 und S. 481-482
Grunewald, Benno	Der Einsatz von Personalauswahlverfahren und –methoden im Betrieb – ein faktisch rechtsfreier Raum ? In: NZA 1996, S. 15-17
Hailbronner, Kai	Die Antidiskriminierungsrichtlinien der EU In: ZAR 2001, S. 254-259
Hakenberg, Waltraud	Grundzüge des Europäischen Gemeinschaftsrechts, München 2000, 2.Auflage (zit.: Hakenberg, Europäisches Gemeinschaftsrecht, S.)

Halbach, Günter/ Paland, Norbert/ Schwedes, Rolf/ Wlotzke, Otfried	Arbeitsrecht, Braunschweig 1997, 6.Auflage (zit.: Halbach/Paland/Schwedes/Wlotzke, Arbeitsrecht, Kapitel, Nr.)
Hanau, Peter	Praktische Fragen zur Neuregelung der Mitbestimmung in personellen Angelegenheiten In: BB 1972, S. 451-455
Derselbe	Die Wiederbelebung des § 128 AFG In: DB 1992, S. 2625-2633
Hanau, Peter/ Müller, Gerhard/ Wiedemann, Herbert/ Wlotzke, Otfried (Hrsg.)	Festschrift für Wilhelm Herschel zum 85.Geburtstag, München 1982, 1.Auflage (zit.: Bearbeiter in FS Herschel, S.)
Hanau, Peter/ Adomeit, Klaus	Arbeitsrecht, Neuwied (u.a.) 1994, 11.Auflage (zit.: Hanau/Adomeit, Arbeitsrecht, Kapitel, S.)
Hanau, Peter/ Preis, Ulrich	Zur mittelbaren Diskriminierung wegen des Geschlechts In: ZfA 1988, S. 177-207
Heilmann, Joachim/ Hoffmann, Karen	Müssen Frauen auch heute noch besser sein ? In: Arbeit und Arbeitsrecht 1995, S. 406-409
Heinig, Hans Michael	Art. 13 EGV und die korporative Religionsfreiheit nach dem Grundgesetz Abrufbar: http://www.uni-potsdam.de/u/assist2001/text/thesen/hein.htm, S. 1-2
Heinrich-Böll-Stiftung	Bürgerschaft und Differenz – politische und rechtliche Strategien gegen Diskriminierung, Tagung vom 31.05.01-01.06.01, Berlin (zit.: Heinrich-Böll-Stiftung, Bürgerschaft und Differenz, S.)
Hergenröder, Wolfgang	Anmerkung zu EuGH, Urteil vom 24.4.1997 – Rs. C-180/95 Draehmpaehl/Urania Imobilienservice oHG In: JZ 1997, S. 1174-1177

Hermann, Ursula	Die deutsche Rechtschreibung, Gütersloh (u.a.) 2000, 1.Auflage (zit.: Hermann, Die deutsche Rechtschreibung, S.)
Herrmann, Elke	Die Abschlussfreiheit – ein gefährdetes Prinzip In: ZfA 1996, S. 19-68
Dieselbe	„Wege zur Gleichberechtigung“ In: ZfA 1998, S. 133-182
Heselhaus, Sebastian/ Schmidt-De Caluwe, Reimund	Ernstfall für die Gleichberechtigung – europa- und verfassungsrechtliche Aspekte der Novellierung des Soldatenrechts In: NJW 2001, S. 263-269
Hess, Harald/ Schlochauer, Ursula/ Glaubitz, Werner (Hrsg.)	Kommentar zum Betriebsverfassungsgesetz, Neuwied (u.a.) 1997, 5.Auflage (zit.: Bearbeiter in Hess/Schlochauer/Glaubitz, §, Rn.)
Hesselberger, Dieter	Das Grundgesetz, Neuwied 1999, 11.Auflage (zit.: Hesselberger, Artikel, Rn.)
Hohmann, Harald	Thesen zur Weiterentwicklung des Beschäftigtenschutzgesetzes mit dem Ziel eines besseren Schutzes vor sexueller Belästigung am Arbeitsplatz In: ZRP 1995, S. 167-169
Hohmann, Joachim S.	Homosexualität und Subkultur, Frankfurt a.M. 1984, 2.Auflage (zit.: Hohmann, Homosexualität und Subkultur, S.)
Holznagel, Bernd/ Schlünder, Irene	Zulässigkeit leistungsabhängiger Frauenförderquoten In: Jura 1996, S. 519-527
Hopt, Klaus J. (Hrsg.)	Europäische Integration als Herausforderung des Rechts: Mehr Marktrecht – weniger Einzelgesetze, Essen 1991, 1.Auflage (zit.: Bearbeiter in Europäische Integration als Herausforderung des Rechts, S.)

Horn, Peter	Phänomenologie der Sexualität, Köln 1980, 1.Auflage (zit.: Horn, Phänomenologie der Sexualität, S.)
Hornung-Draus, Renate	Ein Eu-Vorschlag birgt Zündstoff In: Der Arbeitgeber 2002, S. 14-15
Horstkötter, Inge/ Schiek, Dagmar	Kündigungsschutz und Geschlechtsdiskriminierung nach dem arbeitsrechtlichen Beschäftigungsförderungsgesetz 1996 In: ArbuR 1998, S. 227-232
Hromadka, Wolfgang/ Maschmann, Frank	Arbeitsrecht, Band 1 – Individualarbeitsrecht, Berlin (u.a.) 2002, 2.Auflage (zit.: Hromadka/Maschmann, Arbeitsrecht Band 1, §, Rn.)
Dieselben	Arbeitsrecht, Band 2, Berlin (u.a.) 1999, 1.Auflage (zit.: Hromadka/Maschmann, Arbeitsrecht Band 2, §, Rn.)
Hümmerich, Klaus	Arbeitsrecht, Bonn 2000, 3.Auflage (zit.: Hümmerich, Arbeitsrecht, S.)
ILGA-Europa (Hrsg.)	Nach Amsterdam: Sexuelle Orientierung und die Europäische Union – Ein Leitfaden, Brüssel 1999, 1.Auflage (zit.: ILGA, Sexuelle Orientierung, S.)
Imielinski, Kazimierz	Milieubedingte Entstehung der Homo- und Bisexualität, München (u.a.) 1970, 1.Auflage (zit.: Imielinski, Milieubedingte Entstehung, S.)
Ipsen, Jörn	Staatsrecht II, Neuwied (u.a.) 2001, 4.Auflage (zit.: Ipsen, Staatsrecht II, Rn.)
Isensee, Josef/ Rees, Wilhelm/ Rüfner, Wolfgang (Hrsg.)	Dem Staat, was des Staates – der Kirche, was der Kirche ist, Berlin 1999, 1.Auflage (zit.: Bearbeiter in FS Listl, S.)
Isensee, Josef/ Lecheler, Helmut (Hrsg.)	Freiheit und Eigentum, Berlin 1999, 1.Auflage (zit.: Bearbeiter in FS Leisner, S.)

Isensee, Josef/ Kirchhof, Paul (Hrsg.)	Handbuch des Staatsrechts der Bundesrepublik Deutschland, Band VI, Heidelberg 1989, 1.Auflage (zit.: Isensee/Kirchhof, Handbuch des Staatsrechts VI, §, Rn.)
Jarass, Hans D./ Pieroth, Bodo	Grundgesetz für die Bundesrepublik Deutschland, München 2002, 6.Auflage (zit.: Bearbeiter in Jarass/Pieroth, Artikel, Rn.)
Jauernig, Othmar (Hrsg.)	Bürgerliches Gesetzbuch, München 1999, 9.Auflage (zit.: Bearbeiter in Jauernig, §, Rn.)
Jetzlsperger, Christian	Die Europäische Union nach Nizza In: Die politische Meinung 380 (2001), S. 31-40
Jochum, Georg	Der neue Art. 13 EGV oder „political correctness" auf europäisch ? In: ZRP 1999, S. 279-281
Jürgens, Andreas	Der Diskriminierungsschutz im Grundgesetz In: DVBl. 1997, S. 410-415
Derselbe	Gleichstellungsgesetze für Behinderte? In: ZRP 1993, S. 129-131
Kahl, Wolfgang	Möglichkeiten und Grenzen des Subsidiaritätsprinzips nach Art. 3b EG-Vertrag In: AöR 118 (1993), S. 414-446
Kahlweit, Cathrin	Benachteiligt sind irgendwie alle Beitrag vom 09.04.02, S. 1-3, Abrufbar: http://www.nrwgegendiskriminierung.de/de/docs/aktuelles.html
Kaiser, Dagmar	Entzweiung von europäischem und deutschem Arbeitsrecht – Abschied vom Systemdenken ? In: NZA 2000, S. 1144- 1152
Kalisch, Ines	Die Entwicklung des Verbots der mittelbaren Diskriminierung wegen des Geschlechts im Sozialrecht, Frankfurt a.M. 1999, 1.Auflage (zit.: Kalisch, Mittelbare Diskriminierung, S.)

Kapell, Nancy	Zur Asylrelevanz der Inkrimierung homosexueller Handlungen In: ZAR 1999, S. 260-269
Kästner, Karl-Hermann/ Nörr, Knut Wolfgang/ Schlaich, Klaus (Hrsg.)	Festschrift für Martin Heckel zum siebzigsten Geburtstag, Tübingen 1999, 1.Auflage (zit.: Bearbeiter in FS Heckel, S.)
Kerwer, Christof	Finger weg von der befristeten Einstellung älterer Arbeitnehmer ? In: NZA 2002, S. 1316-1321
Kindhäuser, Urs	Strafrecht Besonderer Teil II, Baden-Baden 1998, 1.Auflage (zit.: Kindhäuser, Strafrecht BT II, §, Rn.)
Kittner, Michael/ Däubler, Wolfgang/ Zwanziger, Bertram	Kündigungsschutzrecht, Köln 2001, 5.Auflage (zit.: Bearbeiter in Kittner/Däubler/Zwanziger, Artikel oder §, Rn.)
Kleinhenz, Gerhard/ Hanau, Peter	Welche arbeits- und ergänzenden sozialrechtlichen Regelungen empfehlen sich zur Bekämpfung der Arbeitslosigkeit ?, München 2000, 1.Auflage (zit.: Kleinhenz/Hanau, Gutachten, Nr.)
Köbler, Gerhard	Juristisches Wörterbuch, München 2001, 10.Auflage (zit.: Köbler, Juristisches Wörterbuch, S.)
Kocher, Eva	Verfassungsrechtliche Anforderungen an die Umsetzung des Gleichbehandlungsgebots In: ArbuR 1998, S. 221-226
Kokott, Juliane	Zur Gleichstellung von Mann und Frau – Deutsches Verfassungsrecht und europäisches Gemeinschaftsrecht In: NJW 1995, S. 1049-1057

König, Doris	Die Grundgesetzänderung in Art. 3 Abs. 2 GG – Ein Fortschritt auf dem Weg zur tatsächlichen Gleichberechtigung? In: DÖV 1995, S. 837-846
Koschorreck, Arnold	Rechtliche Rahmenbedingungen einer Migrationspolitik in der Bundesrepublik Deutschland Abrufbar: wysiwyg://17/http://www.uni-konstanz.d...fak/fzaa/german/dokdown/AKreramig.html, S. 1-7
Krätschell, Hermann/ Renner, Günter	Politik und Wirtschaft im Gemeinsamen Markt In: Informationen zur politischen Bildung 213 (2000), S. 12-44
Krause, Rüdiger	Das Übergangsmandat des Betriebsrats im Lichte der novellierten Betriebsübergangsrichtlinie In: NZA 1998, S. 1201-1206
Krickler, Kurt	Sexuelle Orientierung im internationalen Menschenrechtsschutzsystem Abrufbar: http://www.humanrights.at/menscherechtmaterialien.asp?kat=e-er, S. 1-7
Krimphove, Dieter	Europäisches Arbeitsrecht, München 2001, 2.Auflage (zit.: Krimphove, Europäisches Arbeitsrecht, Rn.)
Krings, Günter	Die „eingetragene Lebenspartnerschaft“ für gleichgeschlechtliche Paare In: ZRP 2000, S. 409-415
Krumm, Volker	Anmerkungen zum Versagen der Umweltbildung und was man dagegen tun kann Abrufbar: http://www.sbg.ac.at/erz/salzburger_beitraege/fruehling98/krumm.htm, S. 1-23
Krummel, Christoph/ Küttner, Wolfdieter	Antisemitismus und Ausländerfeindlichkeit im Betrieb In: NZA 1996, S. 67-76

Küfner-Schmitt, Irmgard	Schadensersatzansprüche wegen Diskriminierungen bei der Einstellung In: ZTR 1991, S. 323-329
Kühl, Kristian	Strafrecht Allgemeiner Teil, München 2000, 3.Auflage (zit.: Kühl, Strafrecht AT, §, Rn.)
Lange-Kowal, Ernst Erwin	Langenscheidt Wörterbuch Französisch, Berlin (u.a.) 1982, 3.Auflage (zit.: Langenscheidt Wörterbuch Französisch, S.)
Laubinger, Hans-Werner/ Repkewitz, Ulrich	Freiwilliger Waffendienst von Frauen in der Bundeswehr In: VerwArch 2000, S. 297-325
Lecheler, Helmut	Die Fortentwicklung des Rechts der Europäischen Union durch den Amsterdam-Vertrag In: JuS 1998, S. 392-397
Leibholz, Gerhard/ Rinck, Hans-Justus/ Hesselberger, Dieter	Grundgesetz für die Bundesrepublik Deutschland, Band I, Köln Stand: 39.Lieferung 2001, (zit.: Leibholz/Rinck/Hesselberger, Artikel, Rn.)
Leipold, Dieter	Einstellungsfragebögen und das Recht auf Arbeit In: ArbuR 1971, S. 161-167
Lenckner, Theodor	Wertausfüllungsbedürftige Begriffe im Strafrecht und der Satz „nulla poena sine lege“ In: JuS 1968, S. 304-310
Lenz, Carl Otto	Frauen im Dienst mit der Waffe – nationales Reservat oder europäische Gleichberechtigung In: ZRP 2000, S. 265-268
Derselbe (Hrsg.)	EG-Vertrag Kommentar, Köln (u.a.) 1999, 2.Auflage (zit.: Bearbeiter in Lenz, Artikel, Rn.)
Lesben und Schwulenverband Deutschland	Antidiskriminierungsgesetz für Lesben und Schwule Abrufbar: http://www.lsvd.de/recht/antid.html, S. 1-19

Leuchten, Alexius	Der Einfluss der EG-Richtlinien zur Gleichbehandlung auf das deutsche Arbeitsrecht In: NZA 2002, S. 1254-1261
Lieb, Manfred	Arbeitsrecht, Heidelberg 1997, 6.Auflage (zit.: Lieb, Arbeitsrecht, Rn.)
Link, Christoph	Staat und Kirche im Rahmen des europäischen Einigungsprozesses In: ZevKR 42, S. 130-154
Lippert, Hans-Dieter	Vorläufige Zuteilung eines Studienplatzes durch einstweilige Anordnung In: NJW 1976, S. 881-882
Loritz, Karl-Georg	Anmerkung zu EuGH, Urteil vom 17.10.1995 – Rs. C-450/93, Kalanke/Bremen In: EuZW 1995, S. 763-765
Löwisch, Manfred	Arbeitsrechtliche Fragen des Übergangs in den Ruhestand In: ZTR 2000, S. 531-534
Derselbe	Die Befristung nach dem Beschäftigungsförderungsgesetz kann weiterleben ! In: NZA 2000, S. 1044-1045
Löwisch, Manfred/ Kaiser, Dagmar	Betriebsverfassungsgesetz Kommentar, Heidelberg 2002, 5.Auflage (zit.: Löwisch/Kaiser, §, Rn.)
Maier, Gerhard	Arbeitsmarktpolitik, Magdeburg 1996, 1.Auflage (zit.: Maier, Arbeitsmarktpolitik, S.)
Marowsky, Ingo	Die Situation homosexueller Arbeitnehmerinnen und Arbeitnehmer sowie gewerkschaftliche Handlungsmöglichkeiten zu ihrer Verbesserung, Frankfurt 1994, S. 1-99 Abrufbar: http://www.verdi-direkt-in-der-hvb.de/lus/hausarbeit.pdf
Marschner, Andreas	Wirksamkeit tarifvertraglicher Altersgrenzen In: AuA 1998, S. 18-19

Marzodko, Christina/ Rinne, Katharina	Sexuelle Belästigung am Arbeitsplatz In: ZTR 2000, S. 305-309
Maunz, Theodor/ Zippelius, Reinhold	Deutsches Staatsrecht, München 1998, 30.Auflage (zit.: Maunz/Zippelius, Deutsches Staatsrecht, S.)
Medicus, Dieter	Bürgerliches Recht, Köln (u.a.) 1999, 18.Auflage (zit.: Medicus, Bürgerliches Recht, Rn.)
Meyer, Cord	Sozialplanabfindung – arbeitsrechtlicher Gleichbehandlungsgrundsatz In: SAE 1999, S. 190-196
Meyer, Hans-Joachim	Gestärkt nach dem "gemeinsamen Bad in der Wanne" Abrufbar: http://www.oetv-berlin.de/akgaylesbi/vers_4/report/re_07_05.htm, S. 1-3
Mitglieder des Bundesgerichtshofs (Hrsg.)	Das Bürgerliche Gesetzbuch mit besonderer Berücksichtigung der Rechtsprechung des Reichsgerichts und des Bundesgerichtshofes, 68.Lieferung: §§ 611a-620 und Anhang III § 630, Berlin (u.a.) 1992, 12.Auflage (zit.: Mitglieder des BGH, §, Rn.)
Mohn, Reinhard	Erfolg durch Partnerschaft – Eine Unternehmensstrategie für den Menschen, Berlin 1996, 4.Auflage (zit.: Mohn, Erfolg durch Partnerschaft, S.)
Molitor, Karl	Die Stellung der Frau im Recht der Arbeit und der sozialen Sicherheit In: RdA 1984, S. 13-22
Mugdan, Benno	Die gesamten Materialien zum Bürgerlichen Gesetzbuch für das Deutsche Reich Band II, Berlin 1899, 1.Auflage (zit.: Mugdan, Materialien zum BGB II, S. zu Protokoll S.)
Müller-Volbehr, Gerd	Europa und das Arbeitsrecht der Kirchen, Heidelberg 1999, 1.Auflage (zit.: Müller-Volbehr, Europa und das Arbeitsrecht der Kirchen, S.)

Nussberger, Angelika | Altersgrenzen als Problem des Verfassungsrechts
In: JZ 2002, S. 524-532

Oetker, Hartmut | Die Vorgaben der Betriebsübergangsrichtlinie für die Beteiligungsrechte des Betriebsrats
In: NZA 1998, S. 1193-1201

Derselbe | Anmerkung zum Urteil des EuGH vom 22.04.1997 – Rs C-180/95
In: ZIP 1997, S. 802-804

Oppermann, Thomas | Europarecht, München 1999, 2.Auflage
(zit.: Oppermann, Europarecht, Rn.)

Österreich Journal | Politik der Woche vom 15.01. bis 21.01.2002-06-16
Abrufbar: http://www.oe-journal.at/Aktuelles/0102/polarchiv15012101.htm, S. 1-16

Palandt, Otto (Hrsg.) | Bürgerliches Gesetzbuch, München 2001, 60.Auflage
(zit.: Bearbeiter in Palandt, §, Rn.)

Pape, Angela | Von Kalanke zu Marschall – Ein Erfolg für die Gleichberechtigung
In: ArbuR 1998, S. 14-17

Pauly, Walter/ Hesselbarth, Franziska | Art. 12 GG und arbeitsmarktpolitisch motivierte Altersgrenzen
In: Neue Justiz 1999, S. 464-465

Pfarr, Heide | Die Frauenquote
In: NZA 1995, S. 809-813

Dieselbe | Das Zweite Gleichberechtigungsgesetz
In: RdA 1995, S. 204-211

Pfarr, Heide/ Bertelsmann, Klaus | Gleichbehandlungsgesetz, Kassel 1985, 1.Auflage
(zit.: Pfarr/Bertelsmann, Gleichbehandlungsgesetz, Rn.)

Pfeiffer, Thomas | Einladung zum Abfindungspoker, Flexibilisierung der Lebensarbeitszeit oder Rettung der Rentenkasse ?
In: ZIP 1994, S. 264-274

Pieroth, Bodo/ Schlink, Bernhard	Grundrechte Staatsrecht II, Heidelberg 2001, 17.Auflage (zit.: Pieroth/Schlink, Staatsrecht II, Rn.)
Pipkorn, Jörn	Das Subsidiaritätsprinzip im Vertrag über die Europäische Union – rechtliche Bedeutung und gerichtliche Überprüfbarkeit In: EuZW 1992, S. 697-700
Player, Mack A.	Employment Discrimination Law, St. Paul 1988, 1st edition (zit.: Player, Employment Discrimination Law, page)
Polzer, Ulrich/ Powietzka, Arnim	Rechtsextremismus als Kündigungsgrund ? In: NZA 2000, S. 970-977
Poretschkin, Alexander	Frauen in den Streitkräften ? In: RiA 1996, S. 234-236
Powietzka, Arnim	Eingetragene Lebenspartnerschaft und Arbeitsrecht In: BB 2002, S. 146-150
Preis, Ulrich	Der Kündigungsschutz nach dem „Korrekturgesetz" In: RdA 1999, S. 311-322
Preis, Ulrich/ Gotthardt, Michael	Neuregelung der Teilzeitarbeit und befristeten Arbeitsverhältnisse In: DB 2000, S. 2065-2074
Pro Asyl e.V.	Stellungnahme von Pro Asyl e.V. zum Gesetzentwurf des BMJ (Stand 10. Dezember 2001) für ein „Gesetz zur Verhinderung von Diskriminierungen im Zivilrecht", Stand: 15.02.2002, S. 1-8, Abrufbar: http://www.enar-eu.org/de/national/Pro%20Asyl%20zivilrechtliches%20ADG%202002-02-15.pdf
Radler, Rudolf (redaktionelle Leitung)	Goldmann Lexikon 24 Bände, Band 3, Band 10, Band 20, Gütersloh 1998, 1.Auflage (zit.: Goldmann Lexikon, Band, S.)

Rat der Europäischen Gemeinschaften	Aktionsprogramm der Gemeinschaft zur Bekämpfung von Diskriminierungen (2001-2006), vom 27.11.2000, S. 1-6 Abrufbar: http://europa.eu.int/comm/employment_social/fundamri/docs/preinfo01_de.pdf
Rebmann, Kurt/ Säcker, Franz-Jürgen/ Rixecker, Roland (Hrsg.)	Münchener Kommentar zum Bürgerlichen Gesetzbuch, Band 4 (§§ 607-704), München 1997, 3.Auflage (zit.: Bearbeiter in MüKo, §, Rn.)
Dieselben (Hrsg.)	Münchener Kommentar zum Bürgerlichen Gesetzbuch, Band 5 (§§ 705-853), München 1997, 3.Auflage (zit.: Bearbeiter in MüKo, §, Rn.)
Reich, Andreas	Magdeburger Kommentar zum Grundgesetz für die Bundesrepublik Deutschland, Bad Honnef 1998, 1.Auflage (zit.: Reich, Artikel, Rn.)
Reichold, Hermann	Europäisches Rahmenrecht für die kirchliche Mitbestimmung? In: ZTR 2000, S. 57-63
Derselbe	Europa und das deutsche kirchliche Arbeitsrecht In: NZA 2001, S. 1054-1060
Richardi, Reinhard	Die Grundordnung der katholischen Kirche für den kirchlichen Dienst im Rahmen kirchlicher Arbeitsverhältnisse In: NZA 1994, S. 19-24
Derselbe	Arbeitsrecht in der Kirche, München 2000, 3.Auflage (zit.: Richardi, Arbeitsrecht in der Kirche, §, Rn.)
Derselbe (Hrsg.)	Betriebsverfassungsgesetz mit Wahlordnung Kommentar, München 2002, 8.Auflage (zit.: Richardi, §, Rn.)
Richardi, Reinhard/ Annuß, Georg	Gesetzliche Neuregelung von Teilzeitarbeit und Befristung In: BB 2000, S. 2201-2205

Richardi, Reinhard/ Wlotzke, Otfried (Hrsg.)	Münchener Handbuch zum Arbeitsrecht, Band 3, München 2000, 2.Auflage (zit.: Bearbeiter in Münchener Handbuch Arbeitsrecht Band III, §, Rn.)
Dieselben (Hrsg.)	Münchener Handbuch zum Arbeitsrecht, Band 1, München 2000, 2.Auflage (zit.: Bearbeiter in Münchener Handbuch Arbeitsrecht Band I, §, Rn.)
Roetteken, Torsten von	Gleichberechtigung und Europarecht – alte und neue Aufgaben In: Der Personalrat 2002, S. 12-17
Rolfs, Christian	Befristung des Arbeitsvertrages In: EAS, B 3200, S. 1-21
Derselbe	Abfindung In: AR-Blattei SD 10, S. 1-100
Derselbe	Die Entwicklung des arbeitsrechtlichen Schrifttums im Jahre 1998 In: ZfA 1999, S. 403-528
Rolfs, Christian/ Freyberg, Sigrid	Gleichbehandlung weiblicher und männlicher Arbeitnehmer beim Berufszugang – Entschädigungsanspruch im Fall der Diskriminierung In: AR-Blattei ES 800.2 Nr. 2, S. 1-15
Rolfs, Christian/ Holthöwer, Barbara	Die Beendigung des Arbeitsverhältnisses mit älteren Arbeitnehmern In: DB 1995, S. 1074-1078
Rolfs, Christian/ Paschke, Derk	Die Pflichten des Arbeitgebers und die Rechte schwerbehinderter Arbeitnehmer nach § 81 SGB IX In: BB 2002, S. 1260-1264
Ruland, Franz/ Baron von Maydell, Bernd/ Papier, Hans-Jürgen (Hrsg.)	Verfassung, Theorie und Praxis des Sozialstaats, Heidelberg 1998, 1.Auflage (zit.: Bearbeiter in FS Zacher, S.)

Rüthers, Bernd/ Stadler, Astrid	Allgemeiner Teil des BGB, München 2001, 11.Auflage (zit.: Rüthers/Stadler, BGB AT, §, Rn.)
Sachs, Michael	Zur dogmatischen Struktur der Gleichheitsrechte als Abwehrrechte In: DÖV 1984, S. 411-419
Derselbe	Frauenquoten wieder vor dem EuGH In: RdA 1998, S. 129-142
Derselbe (Hrsg.)	Grundgesetz Kommentar, München 1999, 2.Auflage (zit.: Bearbeiter in Sachs, Artikel, Rn.)
Sacksofsky, Ute	Das Grundrecht auf Gleichberechtigung, Baden-Baden 1996, 2.Auflage (zit.: Sacksofsky, Gleichberechtigung, S.)
Sannwald, Rüdiger	Die Reform des Grundgesetzes In: NJW 1994, S. 3313-3320
Schaub, Günter	Arbeitsrechts-Handbuch, München 2000, 9.Auflage (zit.: Schaub, Arbeitsrechts-Handbuch, §, Rn.)
Schiefer, Bernd	Entwurf eines Gesetzes über Teilzeitarbeit und befristete Arbeitsverhältnisse und zur Änderung und Aufhebung arbeitsrechtlicher Bestimmungen In: DB 2000, S. 2118-2123
Schiek, Dagmar	„Kalanke" und die Folgen – Überlegungen zu EG-rechtlichen Anforderungen an betriebliche Gleichstellungspolitik In: ArbuR 1996, S. 128-135
Schiek, Dagmar/ Horstkötter, Inge	Kündigungsschutz via Diskriminierungsverbot In: NZA 1998, S. 863-868
Schlachter, Monika	Probleme der mittelbaren Benachteiligung im Anwendungsbereich des Art. 119 EGV In: NZA 1995, S. 393-398

Schlachter, Monika/ Ascheid, Reiner/ Friedrich, Hans-Wolf (Hrsg.)	Tarifautonomie für ein neues Jahrhundert, München 1998, 1.Auflage (zit.: Bearbeiter in FS Schaub, S.)
Schmalenberg, Werner	Die richtige Umsetzung der Befristungsrichtlinie der EG – Konsequenzen des Gesetzgebers In: NZA 2000, 1043-1044
Schmidhuber, Peter M./ Hitzler, Gerhard	Die Verankerung des Subsidiaritätsprinzips im EWG-Vertrag – ein wichtiger Schritt auf dem Weg zu einer föderalen Verfassung der Europäischen Gemeinschaft In: NVwZ 1992, S. 720-725
Schmidt, Barbara	Die Kalanke-Entscheidung des EuGH – das Aus für die Quotenregelung? In: NJW 1996, S. 1724-1726
Schmidt, Marlene/ Senne, Daniela	Das gemeinschaftsrechtliche Verbot der Altersdiskriminierung und seine Bedeutung für das deutsche Arbeitsrecht In: RdA 2002, S. 80-89
Schmidt-Bleibtreu, Bruno/ Klein, Franz	Kommentar zum Grundgesetz, Neuwied (u.a.) 1999, 9.Auflage (zit.: Schmidt-Bleibtreu/Klein, Artikel, Rn.)
Schmitz-Scholemann, Christoph	Ehrverletzung als Kündigungsgrund In: BB 2000, S. 926-932
Schneider, Hans/ Götz, Volkmar (Hrsg.)	Im Dienst an Recht und Staat, Berlin 1974, 1.Auflage (zit.: Bearbeiter in FS Weber, S.)
Schnorr, Stefan/ Wissing, Volker	„Kirchenprivileg“ auf dem Prüfstand In: ZRP 2002, S. 423-242
Scholz, Rupert	Frauen an die Waffe kraft Europarechts ? In: DÖV 2000, S. 417-420

Scholz, Rupert (Hrsg.)	Europa als Union des Rechts – Eine notwendige Zwischenbilanz im Prozess der Vertiefung und Erweiterung, Köln 1999, 1.Auflage (zit.: Bearbeiter in Europa als Union des Rechts, S.)
Derselbe (Hrsg.)	Europäische Integration – Schon eine „Union des Rechts"? Zwischen Erfolgsbilanz und Balanceverlust, Köln 1996, 1.Auflage (zit.: Bearbeiter in Europäische Integration, S.)
Schönke, Adolf/ Schröder, Horst (Begr.)	Strafgesetzbuch Kommentar, München 2001, 26.Auflage (zit.: Bearbeiter in Schönke/Schröder, 26.Auflage, §, Rn.)
Dieselben (Hrsg.)	Strafgesetzbuch Kommentar, München 1972, 16.Auflage (zit.: Schönke/Schröder, 16.Auflage, §, S.)
Dieselben	Strafgesetzbuch Kommentar, München (u.a.) 1961, 10.Auflage (zit.: Schönke/Schröder, 10.Auflage, §, S.)
Schröder, Horst	Anmerkung zum Urteil des OLG Celle I. StS vom 23.04.1964 – I Ss 98/64 In: JR 1964, S. 392
Schröder, Jan/ Köster, Constantin	Nachhilfe vom EuGH: Frauen an die Waffe! – EuGH, NJW 2000, 497 In: JuS 2000, S. 542-546
Schultz, Günther	Blick in die Zeit In: MDR 1965, S. 17-18
Schulze, Reiner/ Schulte-Nölke, Hans (u.a.)	Bürgerliches Gesetzbuch – Handkommentar, Baden-Baden 2002, 2.Auflage (zit.: Bearbeiter in HK-BGB, §, Rn.)
Schwarz, Angela	Anteil an Homosexuellen in der Bevölkerung, Stand: 27.07.2001, S. 1 Abrufbar: http://www.wien.gv.at/queerwien/immer.htm
Dieselbe	Sexuelle Orientierung, Stand: 27.07.2001, S. 1 Abrufbar: http://www.wien.gv.at/queerwien/sexo.htm

Schwarz, Angela	Definition – homosexuell, homophil, schwul, lesbisch, queer?, Stand: 27.07.2001, S. 1 Abrufbar: http://www.wien.gv.at/queerwien/homo.htm
Dieselbe	Homosexualität und Bisexualität, Stand: 27.07.2001, S. 1 Abrufbar: http://www.wie.gv.at/queerwien/defhomo.htm
Schweitzer, Michael/ Hummer, Waldemar	Europarecht, Neuwied (u.a.) 1993, 4.Auflage (zit.: Schweitzer/Hummer, Europarecht, Rn.)
Schwidden, Frank	Förderung von Behinderten im öffentlichen Dienst In: RiA 1997, S. 70-78
Seifert, Karl-Heinz/ Hömig, Dieter (Hrsg.)	Grundgesetz für die Bundesrepublik Deutschland, Baden-Baden 1995, 5.Auflage (zit.: Seifert/Hömig, Artikel, Rn.)
Sofsky, Wolfgang	Traktat über die Gewalt, Frankfurt a.M. 1996, 2.Auflage (zit.: Sofsky, Traktat über die Gewalt, S.)
Söllner, Alfred	Arbeitsrecht, Stuttgart 1998, 12.Auflage (zit.: Söllner, Arbeitsrecht, §)
Sowka, Hans-Harald (Hrsg.)	Kündigungsschutzgesetz: Kölner Praxiskommentar unter Berücksichtigung sozialrechtlicher Bezüge, Köln 2000, 2.Auflage (zit.: Bearbeiter in Kölner Praxiskommentar, §, Rn.)
Spranger, Tade Matthias	Wen schützt Art. 3 III 2 GG ? In: DVBl. 1998, S. 1058-1062
Starck, Christian	Anmerkung zu EuGH, Urteil vom 17.10.1995 – C-450/93 Kalanke/Bremen In: JZ 1996, S. 197-199
Derselbe	Staat und Religion In: JZ 2000, S. 1-9

Starck, Christian (Hrsg.)	Das Bonner Grundgesetz Kommentar Band I, München 1999, 4.Auflage (zit.: Bearbeiter in von Mangoldt/Klein/Starck Band I, Artikel, Rn.)
Statistisches Bundesamt (Hrsg.)	Datenreport 1999, Bonn 2000, 1.Auflage (zit.: Datenreport 1999, S.)
Steckler, Brunhilde/ Schmidt, Christa	Kompendium Arbeitsrecht und Sozialversicherung, Ludwigshafen 2001, 5.Auflage (zit.: Steckler/Schmidt, Arbeitsrecht, Nr.)
Stege, Dieter/ Weinspach, F.K.	Betriebsverfassungsgesetz – Handkommentar für die betriebliche Praxis, Köln 1999, 8.Auflage (zit.: Stege/Weinspach, §, Rn.)
Steinmeister, Ingrid	Der neue § 611 a BGB – Zum Schadensersatz bei geschlechtsspezifischen Diskriminierungen In: PersR 1995, S. 9-12
Stindt, Meinhard	Sozial gerechtfertigte Kündigung älterer Arbeitnehmer ? In: DB 1993, S. 1361-1369
Stotz, Rüdiger	Europa und die Kirchen In: EuZW 1998, Heft 24, Editorial
Streinz, Rudolf	Frauen an die Front In: DVBl. 2000, S. 585-595
Strzysch, Marianne/ Weiß, Joachim (redaktionelle Leistung)	Der Brockhaus in 15 Bänden, Band 1, Wien (u.a.) 1997, 1.Auflage Band 2, Wien (u.a.) 1997, 1.Auflage Band 6, Wien (u.a.) 1998, 1.Auflage Band 13, Wien (u.a.) 1999, 1.Auflage (zit.: Der Brockhaus, Band, S.)
Thüsing, Gregor	Zulässige Ungleichbehandlung weiblicher und männlicher Arbeitnehmer – Zur Unverzichtbarkeit i.S. des § 611 a Abs. 1 Satz 2 BGB In: RdA 2001, S. 319-325

Thüsing, Gregor	Die Entwicklung des U.S.-amerikanischen Arbeitsrechts in den Jahren 1997 und 1998 – Teil 2 In: NZA 1999, S. 693-697
Derselbe	Antidiskriminierung: Weniger ist mehr In: NJW 2002, Heft 24, Editorial
Derselbe	Der Fortschritt des Diskriminierungsschutzes im Europäischen Arbeitsrecht In: ZfA 2001, S. 397-418
Derselbe	Handlungsbedarf im Diskriminierungsrecht In: NZA 2001, 1061-1064
Derselbe	Die Entwicklung des US-amerikanischen Arbeitsrechts in den Jahren 1999 und 2000 In: NZA 2001, S. 939-946
Thüsing, Gregor/ Börschel, Martin	Neuere Entwicklungen in der Rechtsprechung zum kirchlichen Arbeitsrecht In: NZA-RR 1999, S. 561-566
Thüsing, Gregor/ Lambrich, Thomas	Das Fragerecht des Arbeitgebers – aktuelle Probleme zu einem klassischen Thema In: BB 2002, S. 1146-1153
Tilch, Horst (Red.)	Münchener Rechts-Lexikon, Band 1 (A-F), München 1987, 1.Auflage (zit.: Tilch, Rechtslexikon, Band, S.)
Trautwein, Thomas	Gleichbehandlung von Männern und Frauen – Homosexuelle Partnerschaft In: JA 1999, S. 107-110
Treber, Jürgen	Arbeitsrechtliche Neuerungen durch das „Gesetz zur Änderung des Bürgerlichen Gesetzbuches und des Arbeitsgerichtsgesetzes" In: NZA 1998, S. 856-863
Triebel, Matthias	Neuregelung des kirchlichen Arbeitsrechts in der Ev.-luth. Kirche in Bayern und ihrer Diakonie In: ZMV 2001, S. 60-63

Trittin, Wolfgang	Kein verminderter Kündigungsschutz für ältere Arbeitnehmer In: ArbuR 1995, S. 51-53
Vachek, Marcel	Gemeinschaftsrechtliche Zulässigkeit der Frauenförderung durch Quotenregelungen ? – EuGH, NJW 1995, 3109 In: JuS 1997, S. 410-414
Verband der Diözesen Deutschlands	Papier der PWK des VDD vom 27.01.2002 - Eckpunkte für eine Novellierung der Rahmenordnung für eine Mitarbeitervertretungsordnung Abrufbar: http://www.bag-mav.de/aktuell/eckpunkt.htm, S. 1-18
Villiger, Mark E.	Handbuch der Europäischen Menschenrechtskonvention, Zürich 1999, 2.Auflage (zit.: Villiger, EMRK, Artikel, Rn.)
Volmer, Michael	„Punitive Damages“ im deutschen Arbeitsrecht ? In: BB 1997, S. 1582-1585
Von Baratta, Mario (Hrsg.)	Der Fischer Weltalmanach 2002, Frankfurt a.M. 2001, 1. Auflage (zit.: Weltalmanach 2002, S.)
Von Hentig, Hartmut	Ach, die Werte !, Wien 1999, 1.Auflage (zit.: Von Hentig, Ach, die Werte, S.)
Von Hoyningen-Huene, Gerrick	Belästigungen und Beleidigungen von Arbeitnehmern durch Vorgesetzte In: BB 1991, S. 2215-2221
Derselbe	Öffnungsklauseln für Kirchen in Arbeitsrechts-Gesetzen ? In: RdA 2002, S. 65-73
Derselbe	Anmerkung im Anschluss an BAG Urteil vom 23.06.1994, EzA § 242 BGB, Nr. 39
Von Hoyningen-Huene, Gerrick/ Linck, Rüdiger	Kündigungsschutzgesetz Kommentar, München 2002, 13.Auflage (zit.: Von Hoyningen-Huene/Linck, §, Rn.)

Von Koppenfels, Katharina — Das Ende der Vertragsfreiheit ? – Erkenntnisse aus dem (vorläufig) gescheiterten zivilrechtlichen Anti-Diskriminierungsgesetz für die Umsetzung der Richtlinien 2000/43/EG und 2000/78/EG –
In: WM 2002, S. 1489-1496

Von Staudinger, Julius (Begr.) — Kommentar zum Bürgerlichen Gesetzbuch, Einleitung zu §§ 241 ff., §§ 241-243, Berlin 1995, 13.Bearbeitung
(zit.: Bearbeiter in Staudinger, §, Rn.)

Derselbe (Begr.) — Kommentar zum Bürgerlichen Gesetzbuch, §§ 293-327, Berlin 1995, 13.Bearbeitung
(zit.: Bearbeiter in Staudinger, §, Rn.)

Derselbe (Begr.) — Kommentar zum Bürgerlichen Gesetzbuch, §§ 611-615, Berlin 1999, 13.Bearbeitung
(zit.: Bearbeiter in Staudinger, §, Rn.)

Waas, Bernd — Mittelbare Diskriminierung und § 23 Abs. 1 KSchG
In: EWS 1994, S. 47-50

Derselbe — Die neue EG-Richtlinie zum Verbot der Diskriminierung aus rassischen oder ethnischen Gründen im Arbeitsverhältnis
In: ZIP 2000, S. 2151-2155

Waltermann, Raimund — Wieder Altersgrenze 65 ?
In: NZA 1994, S. 822-830

Wassermann, Rudolf (Hrsg.) — Kommentar zum Grundgesetz für die Bundesrepublik Deutschland, Band 1 (Artikel 1-37), Neuwied 1989, 2.Auflage
(zit.: Bearbeiter in Alternativkommentar, Artikel, Rn.)

Weber, Claus — Das Verbot altersbedingter Diskriminierung nach der Richtlinie 2000/78/EG – eine neue arbeitsrechtliche Dimension
In: AuR 2002, S. 401-405

Weber, Ulrich/ Ehrich, Christian — Die aktuelle Rechtsprechung des Bundesarbeitsgerichts zur Gleichbehandlung bei Sozialplanabfindungen
In: BB 1997, S. 1530-1537

Weidenfeld, Werner (Hrsg.)	Europahandbuch, Bonn 2002, 1.Auflage (zit.: Bearbeiter in Europahandbuch, S.)
Wendeling-Schröder, Ulrike	Der Wert des entgangenen Arbeitsplatzes In: DB 1999, S. 1012-1017
Westermann, Harm Peter (Hrsg.)	Bürgerliches Gesetzbuch, Band I (§§ 1-853), Köln 2000, 10.Auflage (zit.: Bearbeiter in Erman, §, Rn.)
Weth, Stephan/ Wern, Sigurd	Vom weltlichen zum kirchlichen Betrieb – Probleme des Betriebsübergangs In: NZA 1998, S. 118-122
Wiedemann, Herbert/ Peters, Harald	Neuere Rechtsprechung zur Bedeutung des Gleichheitssatzes für Tarifverträge In: RdA 1997, S. 100-108
Wiedemann, Herbert/ Thüsing, Gregor	Der Schutz älterer Arbeitnehmer und die Umsetzung der Richtlinie 2000/78/EG In: NZA 2002, S. 1234-1242
Dieselben	Fragen zum Entwurf eines zivilrechtlichen Anti-Diskriminierungsgesetzes In: DB 2002, S. 463-471
Wiese, Günther	Verbot der Benachteiligung wegen des Geschlechts bei der Begründung eines Arbeitsverhältnisses – BAG, Betr 1989, 2279 In: JuS 1990, S. 357-362
Willke, Helmut	Entzauberung des Staates – Überlegungen zu einer sozietalen Steuerungstheorie, Königstein 1983, 1.Auflage (zit.: Willke, Entzauberung des Staates, S.)
Wirtschaftskammer Österreich	Jugendarbeitslosigkeit in Europa Abrufbar: http://www.wko.at/statistik/wgraf/wg2400.htm
Worzalla, Michael	Die Folgen geschlechtsspezifischer Diskriminierung nach dem 2.Gleichberechtigungsgesetz In: DB 1994, S. 2446-2449

Worzalla, Michael	Das Beschäftigtenschutzgesetz in der Praxis In: NZA 1994, S. 1016-1022
Würtembergische Bibelanstalt	Die Bibel oder die ganze Heilige Schrift des Alten und Neuen Testaments nach der Übersetzung Martin Luthers, Stuttgart 1984, 6.Auflage (zit.: Würtembergische Bibelanstalt, Bibel, Kapitel, Vers)
Zacher, Hans F.	Zur Vereinbarkeit der Errichtung von Arbeitskammern mit den Grundrechten des Grundgesetzes In: RdA 1971, S. 193-200
Zöllner, Wolfgang/ Loritz, Karl-Georg	Arbeitsrecht, München 1998, 5.Auflage (zit.: Zöllner/Loritz, Arbeitsrecht, §, S.)
Zuck, Rüdiger	Frauen an die Front ? In: NJW 2000, S. 1701-1702
Zuleeg, Manfred	Gleicher Zugang von Männern und Frauen zu beruflicher Tätigkeit In: RdA 1984, S. 325-332
Zwanziger, Bertram	Die Neuregelung des Verbots der Geschlechterdiskriminierung im Arbeitsrecht In: DB 1998, S. 1330-1333

Die verwendeten Abkürzungen richten sich – soweit nicht anders angegeben - nach:

Kirchner, Hildebert	Abkürzungsverzeichnis der Rechtssprache, Berlin 1993, 4.Auflage

A. Einleitung

I. Vorwort

Die nachfolgende Arbeit wurde auf Anregung von Prof. Dr. Christian Rolfs, Universität Bielefeld, im April 2002 begonnen und lag der Fakultät für Rechtswissenschaft der Universität Bielefeld im Oktober 2002 als Dissertation vor. Nicht nur für die Idee zu diesem Thema sondern auch für die außerordentlich engagierte und unkomplizierte Betreuung gebührt Herrn Prof. Dr. Christian Rolfs mein ganz besonderer Dank.

Danken möchte ich an dieser Stelle ferner Herrn Prof. Dr. Wolfgang Grunsky, der freundlicherweise das Zweitgutachten erstellt hat.

Dankbar bin ich vor allem auch meinen Eltern, die durch ihre nicht selbstverständliche Unterstützung die Veröffentlichung der Bearbeitung überhaupt erst ermöglicht haben.

Besonders erwähnen möchte ich zudem Kai Uwe Böger, Dr. med. Sascha Kummer und Prof. Dr. theol. Albert-Peter Rethmann, die mir mit großer Unterstützung an vielen Stellen zur Seite gestanden oder manchen hilfreichen Kontakt vermittelt haben. Herr Prof. Dr. Peter Schwerdtner stellte mir während meiner Mitarbeitertätigkeit bei ihm großzügig seine Privatbibliothek zur Verfügung und ließ mir - durch die flexible Arbeitszeitgestaltung - den notwendigen Freiraum für die Anfertigung dieser Arbeit.

Schließlich gilt der herzlichste Dank meiner lieben Freundin Katrin Volbracht für ihr Vertrauen, manches aufmunternde Wort und vielmehr als jede fachliche Unterstützung.

Bielefeld, im Oktober 2002 Pierre M. Kummer

II. Einführung und Problemstellung

In immer steigenderem Maße wächst der Einfluss europäischer Regelungen auf die nationale Rechtslage. Das gilt mehr und mehr auch für das Arbeitsrecht. Die Auswirkungen, die durch zwingende Umsetzungserfordernisse europäischer Richtlinien auf das deutsche Arbeitsrecht bereits ausgeübt worden sind, können kaum überschaut werden[1]. Ziel ist dabei die Gestaltung eines möglichst einheitlichen Rechtsraumes. Dabei steht das dem Vertrag zugrundeliegende Ziel der Errichtung eines gemeinsamen Marktes, der Entwicklung des Wirtschaftslebens und ein hohes Beschäftigungsniveau, Artikel 2 EGV, im Zentrum der Bemühungen. In diesem Sinne spielt der Diskriminierungsschutz eine herausragende Rolle. Die Erkenntnis, dass ungerechtfertigte Ungleichbehandlungen dem Erreichen dieser Ziele diametral entgegenstehen, setzt sich immer mehr durch und wird in den Materialien zur Begründung der neuen Antidiskriminierungsrichtlinien wiederholt angeführt[2]. Diskriminierungsschutz wird so zu einem wirtschaftlichen Faktor. Es stehen jedoch nicht nur reine Effizienzgesichtspunkte im Vordergrund sondern auch der soziale Zusammenhalt und die Solidarität der Menschen in Europa.

Mit dem Artikel 13 EGV eröffnet sich eine neue und umfassende Rechtsgrundlage zur Bekämpfung von Diskriminierungen[3]. Der Rat wird hierin ermächtigt, Vorkehrungen zu treffen, die Diskriminierungen aus Gründen des Geschlechts, der Rasse, der ethnischen Herkunft, der Religion oder der Weltanschauung, einer Behinderung, des Alters oder der sexuellen Ausrichtung bekämpfen. Zwei europäische Richtlinien sind seit der Existenz dieser Ermächtigung bisher erlassen worden. Die Richtlinie 2000/43/EG vom 29.06.2000 stellt Grundsätze zur Anwendung des Gleichbehandlungsgrundsatzes ohne Unterschied der Rasse oder der ethnischen Herkunft auf. Damit geht der Gemeinschaftsgesetzgeber zum ersten Mal über den Bereich seiner Antidiskriminierungspolitik, die an das Merkmal Geschlecht anknüpft, hinaus[4]. Ihre Umsetzungsfrist ist nach dem 19.07.2003 überschritten.

Die Richtlinie 2000/78/EG bezieht sich auf die Festlegung eines allgemeinen Rahmens für die Verwirklichung der Gleichbehandlung in Beschäftigung und Beruf und berücksichtigt die Merkmale Religion, Weltanschauung, Behinderung, Alter und sexuelle Ausrichtung. Die Richtlinie 2000/43/EG nennt nur die

---

[1] Waas, ZIP 2000, 2151, 2151 f.; vgl. eine Auflistung von Richtlinien, die unmittelbaren arbeitsrechtlichen Bezug aufweisen unter: http://www.bda-online.de/www/bdaonline.nsf/MainFrameSet.

[2] Erwägung 11 der Richtlinie 2000/78/EG vom 27.11.2000 (Anhang I), Abl. L 303/16 vom 02.12.2000, S. 16 f.; Erwägung 9 der Richtlinie 2000/43/EG vom 29.06.2000 (Anhang IV), Abl. L 180/22 vom 19.07.2000, S. 22; Erwägung 1.2 der Stellungnahme des Ausschusses der Regionen vom 12.04.2000, Abl. C 226/1, S. 2; Erwägung 1.4 der Stellungnahme des Wirtschafts- und Sozialausschusses vom 25.05.2000 (Anhang III), Abl. C 204/82 vom 18.07.2000, S. 83.

[3] Thüsing, ZfA 2001, 397, 397.

[4] Waas, ZIP 2000, 2151, 2151.

verpönten Merkmale Rasse und ethnische Herkunft und richtet ihr Anwendungsfeld auf Teile des Zivilrechts, u.a. die Felder Beschäftigung und Beruf. Sie geht so über den sachlichen Geltungsbereich der Richtlinie 2000/78/EG hinaus. Berücksichtigt man ferner, dass die Richtlinie 76/207/EWG[5] den nationalen Gesetzgeber anweist, ungerechtfertigte Ungleichbehandlungen wegen des Geschlechts zu verbieten, so wird klar, dass es im Bereich des Arbeitsrechts nunmehr einen umfassenden europäischen Diskriminierungsschutz im Sinne des Artikel 13 EGV gibt. Alle dort genannten Merkmale werden für den Bereich des Arbeitsrechts insgesamt fokussiert. Dadurch wird die Frage der Gleichbehandlung zum Schwerpunkt der Rechtssetzung im arbeitsrechtlichen Regelwerk der Europäischen Union.

Es bleibt allerdings keineswegs bei der Statuierung eines Diskriminierungsschutzes allein durch Richtlinien. Gleichzeitig beschloss der Rat auch ein Aktionsprogramm der Gemeinschaft zur Bekämpfung von Diskriminierungen, deren Ziel es ist, das Verständnis der Diskriminierungsproblematik zu verbessern, gegen Diskriminierungen gesellschaftlich präventiv vorzugehen und die Förderung von Sensibilisierungsmaßnahmen zu verstärken[6]. In diesem Zusammenhang soll auch die Mitteilung der Kommission an die Mitgliedstaaten zur Festlegung der Leitlinien für die Gemeinschaftsinitiative EQUAL[7] genannt werden, die die transnationale Zusammenarbeit bei der Förderung neuer Methoden zur Bekämpfung von Diskriminierungen und Ungleichheiten jeglicher Art im Zusammenhang mit dem Arbeitsmarkt fördern soll. Die Bemühungen um einen tatsächlich wirksamen Schutz vor Diskriminierungen erschöpfen sich demnach nicht in der Aufstellung verbindlicher Rechtssätze sondern sind umfassender als es auf den ersten Blick scheint. Dies hat zur Konsequenz, dass Argumentationen vor dem Hintergrund eines rechtlich und sozial weitreichenden Diskriminierungsschutzes geführt werden müssen[8].

Ein Teil dieses recht umfassenden Diskriminierungsschutzprogramms der Europäischen Gemeinschaften ist Gegenstand der vorliegenden Arbeit. Im Mittelpunkt stehen dabei die Umsetzungserfordernisse der Richtlinie 2000/78/EG an das deutsche Recht. Der nationale Gesetzgeber ist zu einer Umsetzung bis zum 02.12.2003 verpflichtet, wenn nicht besondere Bedingungen vorliegen. In die-

---

[5] Richtlinie 76/207/EWG vom 09.02.1976, Abl. L 39/40 vom 14.02.1976; vgl. auch: Vorschlag für eine Richtlinie zur Änderung der Richtlinie 76/207/EWG vom 07.06.2000, KOM(2000) 334 endgültig, 2000/0142 (COD); dazu: Bauer, NJW 2001, 2672, 2672.
[6] Beschluss des Rates über ein Aktionsprogramm vom 27.11.2000 (Anhang V), Abl. L 303/23 vom 02.12.2000.
[7] Mitteilung der Kommission an die Mitgliedstaaten (Anhang II), Abl. C 127/2 vom 05.05.2000.
[8] Waas, ZIP 2000, 2151, 2152; wohl auch: Bauer, NJW 2001, 2672, 2672.

sem Fall könnte ihm eine Zusatzfrist von drei Jahren eingeräumt werden, Artikel 18 Absatz 2 RL 2000/78/EG.

An dieser Stelle soll auch betont werden, dass – für den Bereich Beschäftigung und Beruf – die Ausführungen in großen Teilen auch für die Richtlinie 2000/43/EG gelten. Hier werden an einigen Stellen Parallelen gezogen. Dabei wird auch gezeigt, inwieweit bisherige Terminologien in Zukunft einem anderen Verständnis unterliegen müssen[9].

Der Frage nach den Anforderungen der Richtlinie 2000/78/EG an den deutschen Gesetzgeber wird in mehreren Abschnitten nachgegangen. Zunächst werden Ausführungen zum Diskriminierungsbegriff (B.) gemacht. Hier ergeben sich in Zukunft Neuerungen durch die Aufnahme eines Belästigungsschutzes. Außerdem muss – bedingt durch die Aufnahme der neuen Antidiskriminierungsmerkmale – der Begriff der mittelbaren Diskriminierung anders bewertet werden. Danach folgen Darlegungen hinsichtlich des allgemeinen Geltungsbereichs (C.) und bezüglich der Merkmale, die die Richtlinie 2000/78/EG verpönt (D.). Anschließend beschäftigt sich die Arbeit mit dem Erfordernis der Festlegung einer wirksamen, verhältnismäßigen und abschreckenden Sanktion gemäß Artikel 17 RL 2000/78/EG (E.). Hier wird neben der Frage einer möglichst allseits schonenden Lösung auch die Problematik der Beweislastumkehr, Artikel 10 RL 2000/78/EG, erörtert. Rückblickend soll danach der bisherige Diskriminierungsschutz abrissartig betrachtet werden (F.), um zu zeigen, inwieweit der deutsche Gesetzgeber zur Änderung oder zum Erlass von Regelungen verpflichtet ist[10]. Nachdem dann die Reichweite des Diskriminierungsschutzes durch die Richtlinie 2000/78/EG aufgezeigt worden ist, soll der Frage nachgegangen werden, ob für eine solche Regelung auf europäischer Ebene überhaupt eine ausreichende Kompetenz besteht (G.). Dabei steht der Bereich kirchlicher Arbeitsverhältnisse und Beschäftigungen im Rahmen der inneren und äußeren Sicherheit im Vordergrund der Betrachtung. Der letzte Teil (H.) thematisiert schließlich eine Reihe kritischer Fragen im Zusammenhang mit der Richtlinienumsetzung. Dort werden zudem die Ergebnisse der vorherigen Kapitel zusammengefasst.

---

[9] Vgl. dazu: Thüsing, ZfA 2001, 397, 398; derselbe, NZA 2001, 1061, 1061.

[10] Zum Teil besteht nämlich die Ansicht, dass das deutsche Recht den Richtlinienvorgaben bereits genüge, vgl.: FTD vom 19.10.2000, EU beschließt Regelwerk gegen Diskriminierung, S. 12, Nachweis bei: Thüsing, NZA 1061, 1061, Fn. 4 und Thüsing, ZfA 2001, 397, 398, Fn. 5; vgl. auch: Bauer, NJW 2001, 2672, 2672.

B. Diskriminierungsformen der Richtlinien

Eine ungleiche Behandlung von Personen im Erwerbsleben kann normal und rechtmäßig und sogar notwendig sein; ein Arbeitgeber, dem mehrere Bewerber für eine ausgeschriebene Stelle zur Verfügung stehen, kann nur eine Person einstellen. Ungleichbehandlungen sind demnach alltäglich. Zu einer Diskriminierung wird das Verhalten des Arbeitgebers aber erst dann, wenn die Auswahl anhand von Kriterien vorgenommen wird, die für die Unterscheidung im konkreten Fall unzulässig und damit untauglich sind. Diskriminierung bezeichnet dabei eine rechtswidrige Ungleichbehandlung zwischen Personen oder Personengruppen[11].

Das Verständnis vom Begriff der Diskriminierung hat seinen Ausgangspunkt in Artikel 3 des Grundgesetzes; die Regelung des Artikel 3 Absatz 3 GG, die ein Benachteiligungs- und Bevorzugungsverbot für bestimmte, besonders verpönte Merkmale statuiert, geht über den allgemeinen Gleichheitssatz des Grundgesetzes weit hinaus. Je nach Gegenstand der gesetzlichen Regelung ist nach dem allgemeinen Gleichheitssatz eine unterschiedliche Behandlung nämlich möglich; sie muss sich dabei nur an verschiedenen Grenzen messen lassen. Diese reichen vom Willkürverbot bis hin zu einer Überprüfung an den Grundsätzen der Verhältnismäßigkeit[12]. Diese Grundsätze gelten bei der unterschiedlichen Behandlung der Geschlechter nicht; hier sind nur Unterschiede zu berücksichtigen, die eine unterschiedliche Behandlung geradezu gebieten[13]. Die dargestellten Grundsätze gelten jedoch – das geht aus dem Charakter der Grundrechte als Abwehrrechte gegenüber dem Staat hervor – in erster Linie im Verhältnis des Staates zu den Bürgern. Eine Anwendung der Regelungen unter Privaten im Sinne einer Drittwirkung bedarf der Begründung. Zumindest bezüglich der Diskriminierung aufgrund des Geschlechts wurde aber eine Bindung des Arbeitgebers schon früher angenommen[14].

Diese rechtliche Betrachtung ist nunmehr spätestens seit der Umsetzung zweier Richtlinien der Europäischen Gemeinschaften im Jahr 1980 verbindlich. Eine unterschiedliche Behandlung aufgrund des Geschlechts ist nur noch ausnahmsweise zulässig, sofern das Geschlecht eine gewissermaßen unverzichtbare Voraussetzung für die auszuübende Tätigkeit darstellt. Die Entwicklung des Diskriminierungsschutzes und seine Begrifflichkeiten haben sich daher vor dem Hintergrund einer Gleichberechtigung von Mann und Frau entwickelt. Wenn die Merkmale nun durch zwei weitere umzusetzende Richtlinien erweitert worden

---

[11] Pfarr/Bertelsmann, Gleichbehandlungsgesetz, Rn. 44; Deter, ZRP 1993, 22, 22 ff.

[12] Vgl. nur: Halbach/Paland/Schwedes/Wlotzke, Arbeitsrecht, Kapitel 2, Nr. 337.

[13] Kalisch, Mittelbare Diskriminierung, S. 100; BVerfGE 3, 225, 242; Halbach/Paland/Schwedes/Wlotzke, Arbeitsrecht, Kapitel 2, Nr. 338.

[14] Nachweise bei: Halbach/Paland/Schwedes/Wlotzke, Arbeitsrecht, Kapitel 2, Nr. 338 f.

sind[15] und spezifische Ausnahmen besonders beachtet werden müssen, so lehnt sich doch die übrige Terminologie weitgehend an diesen Grundsätzen an.

Dabei beschreibt Artikel 2 der Richtlinie 2000/78/EG den Anwendungsbereich innerhalb des Geltungsbereichs. Tatbestandlich muss das Merkmal der Diskriminierung festgestellt werden. Hierzu zählt nach Absatz 1 der Richtlinie jede unmittelbare oder mittelbare Diskriminierung, wobei in Absatz 2 b)i) und ii) und Absatz 5 Ausnahmen in bestimmten Konstellationen vorgesehen sind. Insoweit Artikel 2 Absatz 3 der Richtlinie den Diskriminierungsbegriff qualitativ auf das Feld der Belästigungen erweitert, wird eine neue Kategorie des Schutzes vor Diskriminierungen durch den Richtliniengeber eingeführt. Was unter den verschiedenen Diskriminierungsstufen im Einzelnen zu verstehen ist, soll im Folgenden betrachtet werden[16].

I. Unmittelbare Diskriminierung

Die unmittelbare Diskriminierung wird selbstverständlich vom Anwendungsfeld der Richtlinie erfasst, Artikel 2 Absatz 2a) der Richtlinie. Unter einer unmittelbaren Diskriminierung versteht man dabei eine Sachlage, bei der das Differenzierungskriterium ausschließlich an eines der verpönten Merkmale anknüpft. Eine unmittelbare Diskriminierung ist dann gegeben, wenn eine Person aufgrund eines genannten Merkmals in einer vergleichbaren Situation eine weniger günstige Behandlung erfährt oder erfahren würde als eine andere Person[17]. Das ist etwa der Fall, wenn eine Stellenausschreibung ausdrücklich nur an Bewerber mit einer bestimmten Konfessionszugehörigkeit gerichtet ist. Auch dürften nunmehr Konstellationen, in denen ein bestimmtes Höchstalter definiert ist, unter Rechtfertigungsdruck geraten.

Einer Diskriminierungsabsicht bedarf es nach überwiegender Auffassung nicht[18]. Dabei spricht man auch dann von einer unmittelbaren Diskriminierung, wenn nicht offen und ausdrücklich diskriminiert wird. Als verdeckt unmittelbare Ungleichbehandlungen bezeichnet man dabei, wenn der Arbeitgeber eine nicht merkmalsbezogene Formulierung und Umstände verwendet, gleichwohl aber nur der merkmalsbezogene Personenkreis hiervon betroffen sein kann. Einige Autoren sprechen dabei von einem Tarnungsversuch[19]. Eine Maßnahme ist also auch dann als unmittelbare Diskriminierung zu bewerten, wenn sie so ausgestal-

---

[15] Richtlinie 2000/78/EG und Richtlinie 2000/43/EG.

[16] Die Darstellungen lassen sich sowohl auf die Richtlinie 2000/78/EG als auch auf die Richtlinie 2000/43/EG übertragen.

[17] Statt vieler: Richardi/Annuß in Staudinger, § 611 a BGB, Rn. 30; Hailbronner, ZAR 2001, 254, 256; Pfarr/Bertelsmann, Gleichbehandlungsgesetz, Rn. 46.

[18] Schlachter, NZA 1995, 393, 397; Richardi/Annuß in Staudinger, § 611 a BGB, Rn. 30.

[19] Vgl. Richardi/Annuß in Staudinger, § 611 a BGB, Rn. 30; Pfarr/Bertelsmann, Gleichbehandlungsgesetz, Rn. 47 ff.; Heun in Dreier, Artikel 3 GG, Rn. 96.

tet ist, dass sie nur von einem Merkmalsträger erfüllt werden kann. Entscheidendes Charakteristikum ist demnach, dass im Falle der unmittelbaren Diskriminierung nur Angehörige der Merkmalsgruppe zum beschwerten Personenkreis gehören können.

So liegt etwa nach bisheriger Rechtslage im Falle der Falschbeantwortung der Frage nach einer Schwerbehinderung durch einen Arbeitnehmer ein Anfechtungsgrund für den Arbeitgeber nach § 123 Absatz 1 BGB[20] vor. Diese Regelung kann ihrer Natur nach nur schwerbehinderte Arbeitnehmer betreffen und ist daher eine unmittelbare Diskriminierung, wobei eine Rechtfertigung grundsätzlich nicht möglich ist[21]. Auch Fälle, wie die Verweigerung einer Fahrvergünstigung für eine Person des gleichen Geschlechts, mit der der Arbeitnehmer eine feste Beziehung unterhält, bedürfen einer neuen Betrachtung, wenn der Arbeitgeber die Vergünstigung verheirateten Personen einräumt[22], da von diesen Regelungen ebenso nur Personen mit einer bestimmten sexuellen Ausrichtung berührt sein können. Bezüglich des Merkmals „Alter" fallen als unmittelbare Diskriminierung sofort Altersgrenzen ein[23]. Hier besteht bereits Streit hinsichtlich der Zulässigkeit von Altersgrenzen auf nationaler Ebene[24].

In allen Bereichen des Arbeitsrechts müssen demnach differenzierende Regelungen neu überdacht werden; das Ausmaß ist kaum überschaubar. Die Schwierigkeiten beginnen allerdings schon früher: Es ist nicht klar bestimmt, wie die einzelnen verpönten Differenzierungskriterien verstanden werden müssen. Für die Umsetzung von Mindestanforderungen im Sinne des Artikel 8 der Richtlinie 2000/78/EG ist es aber notwendig zu wissen, wann ein Mensch als behindert gilt oder was genau unter Religion bzw. Weltanschauung zu verstehen ist[25]. Schwierigkeiten bei der Auslegung des Begriffs „Alter" werden noch näher erläutert.

II. Mittelbare Diskriminierung

Fraglich ist, was der Richtliniengeber unter mittelbarer Diskriminierung verstanden wissen will. Hier soll zunächst der Begriff erläutert und auf allgemeine Schwierigkeiten hingewiesen werden. Danach stellt sich das Problem einer sinnvollen Kategorisierung (1.). Schließlich werden einige problematische Voraussetzungen dieses Begriffs erklärt (2. und 3.).

---

[20] BAG, NZA 1999, 584; BAF, NJW 2001, 1885.

[21] Schmidt/Senne, RdA 2002, 80, 85.

[22] Bauer, NJW 2001, 2672, 2675 zur Rechtssache Grant, EuGH, NJW 1998, 969.

[23] Thüsing, ZfA 2001, 397, 409 f.; Bauer, NJW 2001, 2672, 2673.

[24] Rolfs, ZfA 1999, 403, 463 f.; Pauly/Hesselbarth, NJ 1999, 464, 464 f.; Preis in FS Stahlhacke, 417, 417 ff.; Marschner, AuA 1998, 18, 18 f.; Löwisch, ZTR 2000, 531, 531 ff.; Pfeiffer, ZIP 1994, 264, 264 ff.; BVerfGE 64, 72, 82 ff.

[25] Thüsing, ZfA 2001, 397, 401 f. bezüglich des Merkmals Behinderung und 405 f. hinsichtlich der Religion und Weltanschauung.

1. Begriff der mittelbaren Diskriminierung

Von versteckten unmittelbaren Diskriminierungen schwer zu unterscheiden sind Fälle der mittelbaren Diskriminierung[26]. Hier werden nach Artikel 2 Absatz 2b) der Richtlinie die Fälle erfasst, bei denen dem Anschein nach neutrale Vorschriften, Kriterien oder Verfahren gewählt werden, die die Trägergruppen der verpönten Merkmale in besonderer Weise benachteiligen können. Die Richtlinie 2000/78/EG verwendet im Grundsatz ein Verständnis der mittelbaren Diskriminierung, das sich schon in Artikel 2 Absatz 2 RL 97/80/EG herauskristallisiert hat. Es kann demnach auf das System des Diskriminierungsschutzes, das auf der Grundlage eines Verbots der Diskriminierung aufgrund des Geschlechts entwickelt worden ist, zurückgegriffen werden[27].

a. Allgemeine Grundsätze

Dabei ist das grundlegende Prinzip, dass ein Diskriminierungsverbot oft wirkungslos bliebe, wenn es sich auf unmittelbare Benachteiligungen beschränken würde[28]. Die unmittelbare Anknüpfung einer gesetzlichen Regelung an ein verpöntes Merkmal ist in der Praxis nämlich vergleichsweise selten. Die Ausweitung des Diskriminierungsschutzes auf den Bereich der mittelbaren Diskriminierung ist also konsequent. Zugleich verdeutlicht die Aufnahme jeder mittelbaren Diskriminierung nochmals, dass es einer Diskriminierungsabsicht nicht bedarf, um von Diskriminierungen sprechen zu können. So erfasst diese Form gerade diejenigen Fälle, die eine Ungleichbehandlung erst im Ergebnis zeitigt, ihren Ursprung jedoch in einer neutralen Vorschrift hat[29].

Zwar ersetzt die Richtlinie 2000/78/EG in ihrer Definition zur mittelbaren Diskriminierung die Formulierung der „wesentlich stärkeren Betroffenheit" in RL 97/80/EG durch eine Benachteiligung „in besonderer Weise". Es ist aber nicht ersichtlich, dass damit auch sachlich ein anderes Verständnis gemeint ist. Es geht dem Richtliniengeber gerade um die Erweiterung des Diskriminierungsschutzes auf die benannten Merkmale[30] und nicht um einen richtlinienspezifischen Diskriminierungsbegriff. Bei der Konkretisierung der Begriffe kann demnach trotz des dargestellten minimalen Wortlautunterschiedes auf die Grundsätze zur Diskriminierung aufgrund des Geschlechts zurückgegriffen werden.

---

[26] Z.T. werden die versteckten Diskriminierungen aber auch den mittelbaren Benachteiligungen zugeordnet, so etwa: Halbach/Paland/Schwedes/Wlotzke, Arbeitsrecht, Kapitel 2, Nr. 340.

[27] Erwägungen 2 und 3 der Richtlinie 2000/78/EG vom 27.11.2000 (Anhang I), Abl. L 303/16 vom 02.12.2000, S. 16; Thüsing, ZfA 2001, 397, 408; Waas, ZIP 2000, 2151, 2152.

[28] Hailbronner, ZAR 2001, 254, 256.

[29] Vgl. hierzu: Sacksofsky, Gleichberechtigung, S. 20 f., 57 f., 93 f.; Kalisch, Mittelbare Diskriminierung, S. 102 und 127 f.

[30] Erwägung 6 der Richtlinie 2000/78/EG vom 27.11.2000 (Anhang I), Abl. L 303/16 vom 02.12.2000, S. 16.

Eine Erweiterung des Diskriminierungsschutzes auf die Merkmale Religion, Weltanschauung, Behinderung, Alter und sexuelle Ausrichtung lässt nur erahnen, wie verschiedenartig die Konstellationen einer mittelbaren und unmittelbaren Betroffenheit werden. Die Diskriminierungsthematik wird sich damit in nahezu jedem arbeitsrechtlichen Bereich wiederfinden. Etwaige Konstellationen sind nur beispielhaft:

Bei Fragen nach Diskriminierungen aufgrund der Behinderung ist vorstellbar, dass ein Arbeitgeber die innerbetriebliche Gestaltung von Arbeitsabläufen so ausrichtet, dass sie nur mit einer größeren körperlichen Geschicklichkeit bewältigt werden können. Bei solchen Fallkonstellationen ist nun prinzipiell denkbar, dass auch gesunde Personen mit wenig ausgeprägtem Geschick benachteiligt werden; insofern können beide Vergleichsgruppen betroffen sein. Behinderte Menschen dagegen werden hiervon quantitativ stärker berührt sein. Eine mittelbare Diskriminierung ist deshalb festzustellen.
Das gleiche gilt, wenn an einem Arbeitsplatz schwere körperliche Arbeiten bewältigt werden müssen. Hierunter könnte etwa das Tragen bestimmter Gewichte fallen[31]. Genauso ist die Sachlage wohl zu beurteilen, wenn der Arbeitgeber eine bestimmte Körpergröße als Voraussetzung definiert. Obgleich sich ohne Weiteres keine einheitliche Definition für den Begriff der Behinderung finden lässt, würde eine solche arbeitgeberseitige Vorgehensweise eine mittelbare Diskriminierung aufgrund einer Behinderung darstellen.

Ebenso wäre es bezüglich der Angehörigkeit zu einer bestimmten Religionsgemeinschaft, wenn der Arbeitgeber voraussetzt, dass der Arbeitnehmer an ganz bestimmten Tagen des Jahres tatsächlich seine Arbeitsleistung erbringt und in keinem Fall eine Beurlaubung erreichen könnte, obwohl diese Tage allesamt religiöse Feiertage einer ganz bestimmten Religion sind. Natürlich sind auch andere Umstände denkbar, die an diesen Tagen andere Arbeitnehmer daran hindern, ihrer Arbeitspflicht nachzukommen. Von den Anhängern der betreffenden Religion ist die dargestellte Voraussetzung aber in keinem Fall erfüllbar. Eine mittelbare Diskriminierung wäre folglich auch hier festzustellen.

b. Probleme einer Kategorisierung

Die Festlegung einer genauen Definition für den Begriff der mittelbaren Diskriminierung ist bis heute nicht gelungen. Insbesondere die Bestimmung, wann eine Personengruppe in *besonderer Weise* benachteiligt wird, ist problematisch. Diese Frage wird kontrovers diskutiert.

---

[31] Vgl.: LAG Köln, Urteil vom 08.11.2000, NZA-RR 2001, 232, 232 f.

Nach früherer Ansicht des BAG und des EuGH[32] ist eine mittelbare Diskriminierung zu bejahen, wenn durch eine Maßnahme ein wesentlich höherer Anteil der Angehörigen eines jeweiligen Merkmals benachteiligt wird. Erforderlich ist folglich ein quantitativer Vergleich. Eine Festlegung der Zahlengrenze ist dabei noch nicht erfolgt[33]. Eine wesentlich stärkere Betroffenheit soll jedenfalls dann vorliegen, wenn die Angehörigen einer bestimmten Merkmalsgruppe im Verhältnis 4 : 1 betroffen sind[34].

Eine andere Ansicht lehnt die Festlegung eines Zahlenverhältnisses ab. Hiernach soll bereits jede verlässlich festgestellte unterschiedliche Betroffenheit genügen, die nicht auf Zufall beruht[35]. Egal welche Zahlengrenze gewählt wird oder sich in der Rechtsprechung herausbilden wird oder ob man eine tatsächlich feststellbare Betroffenheit genügen lässt, so stellt die Ausweitung der Antidiskriminierungskriterien in den Richtlinien 2000/78/EG und 2000/43/EG die Praxis vor große Schwierigkeiten, sofern an diesen Grundsätzen festgehalten werden sollte.

Zum einen müssten überhaupt Erhebungen zu den verschiedenen Merkmalen statistisch durchgeführt werden[36]; zum anderen ist es nötig, umfassende Kategorien zu bilden, die übersichtlich und rechtlich handhabbar sind. Die Feststellung der genauen Vergleichsgruppen wurde schon beim Verbot der Geschlechterdiskriminierung als unsicher kritisiert[37]. Die Varianten, die durch das Einführen der neuen verpönten Merkmale entstehen, dürften um einiges vielschichtiger werden:

Allein die Kategorie Religion erfordert eine Registrierung sämtlicher Glaubensgemeinschaften, die irgendwie in Deutschland vertreten sind oder in der Zukunft vertreten sein könnten. Dabei ist kaum vorstellbar, dass auch zu den Mitgliederzahlen und den verschiedenen religiösen Riten und Gebräuchen, die in Kollision mit arbeitsrechtlichen Regelungen treten könnten, Daten umfassend festgestellt werden können. Noch größer könnten die Probleme bei Kategorien in Fragen der Weltanschauung werden.

---

[32] Vgl. EuGH – Kording – Slg. 1997, 5289, 5297, Rn. 16 = AP Nr. 12 zu EWG-Richtlinie 76/207; BAGE 76, 90 ff. = AP Nr. 31 zu § 23 a BAT; BAGE 76, 44 ff. = AP Nr. 51 zu Art. 119 EWG-Vertrag; ebenso: Blomeyer, SAE 1994, 174, 178; Müller-Glöge in MüKo, § 611 a BGB, Rn. 16; Hanau/Preis, ZfA 1988, 177, 187 f.; Schlachter, NZA 1995, 393, 396.

[33] Richardi/Annuß in Staudinger, § 611 a BGB, Rn. 37.

[34] Richardi/Annuß in Staudinger, § 611 a BGB, Rn. 37.

[35] Schiek, ArbuR 1996, 128, 131; Schiek/Horstkötter, NZA 1998, 863, 865.

[36] Erwägung 15 der Richtlinie 2000/78/EG vom 27.11.2000 (Anhang I), Abl. L 303/16 vom 02.12.2000, S. 17; weitere Nachweise zu dem Problem der statistischen Erhebung für die Fälle der mittelbaren Diskriminierung bei: Waas, ZIP 2000, 2151, 2152 f.; Horstkötter/Schiek, AuR 1998, 227, 228; Schiek/Horstkötter, NZA 1998, 863, 864 ff.

[37] Hanau/Preis, ZfA 1988, 177, 187; Blomeyer, SAE 1994, 174, 179; Richardi/Annuß in Staudinger, § 611 a BGB, Rn. 39; Pfarr/Bertelsmann, Gleichbehandlungsgesetz, Rn. 217 ff.

Im Zusammenhang mit der Richtlinie 2000/43/EG wird das Beispiel eines Verbots des Tragens von Schleiern in Schulen für muslimische Mädchen angeführt: In dieser religiös bedingten Diskriminierung könnte auch eine mittelbare Diskriminierung aufgrund der Rasse oder ethnischen Herkunft liegen[38]. Für einen zwingenden Rückschluss fehlen hier aber die Belege[39].

Sollte also wirklich daran festgehalten werden, eine mittelbare Diskriminierung durch einen Vergleich zu bestimmen, so wird die exakte Ermittlung einer derartigen Diskriminierung fast unmöglich. Methodische Schwierigkeiten sind vorprogrammiert: Wählt man die Kategorien zu klein und fasst damit jedwede Besonderheit als andere Strömung auf, dann ist zwar eine größere Betroffenheit dieser Personengruppe problemlos darzulegen, umgekehrt würde man dann aber dem Arbeitgeber unübersehbare Rücksichtnahmepflichten auferlegen. Sind die Vergleichsgruppen dagegen zu groß und umfassend, so trägt man den Besonderheiten der jeweiligen Betroffenengruppe nicht in genügendem Maße Rechnung. Die durch die Richtlinien aufgetragene Schutzpflicht wäre unzureichend beachtet und umgesetzt.

In diesem Bereich werden die Gerichte also vor eine neue Herausforderung gestellt; doch auch für die Verwaltungen der Arbeitgeber ergibt sich hier ein erhöhter Aufwand, da schon der Wortlaut des Artikel 2 Absatz 2 der Richtlinie 2000/78/EG eine Umkehr der Beweislast anzeigt, die in Artikel 10 RL 2000/78/EG dann ausdrücklich benannt ist. Probleme für den Arbeitgeber ergeben sich zudem, wenn man bedenkt, dass Merkmale wie die sexuelle Ausrichtung oder Fragen der Religion zum Intimbereich des Arbeitnehmers gehören, der ohne weiteres auch nicht ausgeforscht werden darf[40]. Die Feststellung einer mittelbaren Diskriminierung wegen eines Merkmals der Richtlinie 2000/78/EG kann daher kaum verlässlich auf quantitativer Grundlage erfolgen.

Um diese Schwierigkeiten abzumildern, knüpft der Rat an die einschlägige Rechtsprechung des EuGH zur Arbeitsnehmerfreizügigkeit an, nach der es nur noch darauf ankommt, ob Vorschriften oder Verfahren bestimmte Arbeitnehmer in besonderer Weise benachteiligen *können*[41]. Diesen Wortlaut übernimmt auch die Richtlinie 2000/78/EG in Artikel 2 Absatz 2 b). Nicht mehr beachtlich ist also, ob die zu überprüfende Regelung tatsächlich zu einer Benachteiligung einer Merkmalsträgergruppe führt. Hierzu wird folglich eine hypothetische Be-

---

[38] Ablehnend: Hailbronner, ZAR 2001, 254, 257.
[39] So auch: Hailbronner, ZAR 2001, 254, 257.
[40] Däubler in Kittner/Däubler/Zwanziger, § 123, 124 BGB, Rn. 11 und § 1 KSchG, Rn. 204a, 240a.
[41] Roetteken, PersR 2002, 12, 15; Waas, ZIP 2000, 2151, 2153; 150; EuGH, Urt. V. 23.05.1996 – Rs. C-237/94, Slg. 1996, I-2617 – O'Flynn/Adjudication Officer; EuGH, Urt. V. 24.09.1998 – Rs. 35/97, Slg. 1998, I-5325 – Kommission/Frankreich.

trachtung genügen. In diesem Sinne spiegelt sich die Rechtsprechung des EuGH in der Formulierung der Richtlinie wider[42].

Dadurch, dass ein statistischer Nachweis nicht mehr notwendig ist, ergeben sich wiederum rechtliche Probleme. Die Richtlinie schützt damit nämlich nicht nur vor tatsächlichen Diskriminierungen, sondern geht weit darüber hinaus. Den Schutz werden in Zukunft prinzipiell auch solche Maßnahmen auslösen, die nur potenziell geeignet wären zu diskriminieren, selbst wenn die tatsächliche Möglichkeit in einem Betrieb gar nicht besteht. Dafür besteht aber kein Anlass. Hier hat sich der Richtliniengeber aufgrund der Unpraktikabilität bisheriger Begrifflichkeiten für eine Ausweitung entschieden, die nicht notwendig ist und damit die Rechte des Adressaten unverhältnismäßig einschränkt. Denn wo ein Mensch von Diskriminierungen nicht tatsächlich betroffen ist, braucht es auch keinen Diskriminierungsschutz. Statt vor unpraktischen Begrifflichkeiten zu fliehen, hätte man versuchen sollen, diese handhabbar zu machen[43]. Die Kodifizierung eines potenziellen Diskriminierungsschutzes wird Rechtsunsicherheiten bei den Betroffenen auslösen, weil kaum denkbar ist, alle möglichen Auswirkungen einer Maßnahme vorab zu überdenken, um Diskriminierungen vorab zu vermeiden.

Von einer sinnvollen Kategorisierung kann diese Rechtsprechung gleichwohl nicht entbinden, da diese eine Grundlage jeder nachvollziehbaren hypothetischen Betrachtung ist. In welcher Hinsicht sich aber in der Rechtspraxis das Problem der Gruppenbildung entwickelt, muss abgewartet werden. Ein großes Potential von Rechtsunsicherheit bleibt also bestehen.

2. Kausalität

Es war lange Zeit nicht geklärt, wie das Antidiskriminierungsmerkmal mit der Ungleichbehandlung verknüpft sein muss. So verbietet der Wortlaut des § 611 a Absatz 1 BGB eine Benachteiligung *wegen* des Geschlechts. Diskutiert wird, ob das Hinzutreten anderer Gründe eine Benachteiligung wegen des Geschlechts auszuschließen vermag. Diese Frage hängt damit zusammen, ob man für den Tatbestand einer Diskriminierung bestimmte geschlechtsspezifische Gründe fordert[44]. Von dieser Voraussetzung ist die Rechtsprechung allerdings abgerückt[45]. Ausreichend ist, wenn lediglich ein Bezug zu einer Anknüpfung an das Geschlecht hergestellt werden kann[46].

---

[42] Ebenso: Waas, ZIP 2000, 2151, 2153; Schmidt/Senne, RdA 2002, 80, 83.

[43] Anders: Schmidt/Senne, RdA 2002, 80, 83.

[44] Pfarr/Bertelsmann, Gleichbehandlungsgesetz, Rn. 56; Hanau/Preis, ZfA 1988, 177, 189 f.; Classen, JZ 1996, 921, 924; Richardi/Annuß in Staudinger, § 611 a BGB, Rn. 41; BAGE 53, 161, 169 f.

[45] BAGE 72, 64, 73; BAGE 76, 90, 101; Wissmann, ZTR 1994, 223, 224 f.

[46] Pfarr/Bertelsmann, Gleichbehandlungsgesetz, Rn. 57; Kraft in Soergel, § 611 a BGB, Rn. 17.

Eine ähnliche Problematik könnte sich auch im Zusammenhang mit den neuen Merkmalen der Antidiskriminierungsrichtlinie 2000/78/EG, Artikel 1, stellen. Der Wortlaut des Artikel 2 Absatz 2 RL 2000/78/EG gebraucht die Wendung, dass es keine Diskriminierungen „wegen eines der in Artikel 1 genannten Gründe“ geben dürfe. Dass damit aber auf Seiten des Richtliniengebers keine Tatbestandseinschränkung bezüglich Diskriminierungen gemeint sein soll, zeigt sich an der Konzeption der Richtlinie selber:

Zum einen genügt bei Belästigungen im Sinne des Artikel 2 Absatz 3 jeglicher Zusammenhang (dazu siehe auch Ausführungen zur Belästigung unten); es wäre widersinnig, wenn die Richtlinie im Rahmen der klassischen unmittelbaren und mittelbaren Diskriminierungen eine Einschränkung vorsehen wollte, die Belästigungen aber schon dann eingreifen lässt, wenn sie überhaupt in irgendeinem Kontext stehen. Des weiteren sehen die Erwägungen zur Richtlinie vor, jeder Art von Diskriminierung entgegenzutreten[47]. Die Einschränkung auf merkmalstypische Diskriminierungen stünde dem aber entgegen. Schließlich ist zu beachten, dass die Thematisierung anderer Gründe typischerweise eine Frage der Rechtfertigung ist[48]. Artikel 10 der Richtlinie sieht aber gerade eine Beweislastumkehr vor, was auch dafür spricht, dass gerade keine merkmalstypischen Kriterien zu fordern sind, sondern der Beklagte vielmehr eine eventuelle Rechtfertigung vortragen muss.

Es muss folglich genügen, wenn zumindest die Möglichkeit besteht, dass die Ungleichbehandlung durch das Anknüpfen an ein Antidiskriminierungsmerkmal verursacht worden ist. Genau das ist immer der Fall, wenn das Merkmal wenigstens als ein Motiv mitgewirkt haben könnte. Sonstige Gründe oder Motivbündel sind auf dieser Stufe ohne Belang. Demnach ist kein qualifizierter Zusammenhang zwischen dem verpönten Merkmal und der Ungleichbehandlung zu fordern, um von einer Diskriminierung im Sinne der Richtlinie sprechen zu können.

3. Kriterium der Rechtswidrigkeit

Insbesondere in den Fällen der mittelbaren Diskriminierung ist fraglich, ob Ausnahmekonstellationen bereits auf Tatbestandsebene eingreifen, so dass das Vorhandensein eines sachlichen Grundes zur Verneinung einer Diskriminierung an sich führen würde[49]. Die Gegner dieser Ansicht sprechen von einer Zweiteilung und diskutieren sachliche Gründe als Rechtfertigungselemente auf der Rechts-

---

[47] Erwägung 6 der Richtlinie 2000/78/EG vom 27.11.2000 (Anhang I), Abl. L 303/16 vom 02.12.2000, S. 16.
[48] Müller-Glöge in MüKo, § 611 a BGB, Rn. 17.
[49] Müller-Glöge in MüKo, § 611 a BGB, Rn. 16; Classen, JZ 1996, 921, 924.

widrigkeitsebene[50]. Grundsätzlich ist zu sagen, dass der Wert dieser Auseinandersetzung nur dogmatischer Art ist, denn an die Bejahung einer Rechtswidrigkeit wird – anders als im Strafrecht – keine andere rechtliche Beurteilung geknüpft. Beide Ansichten prüfen die gleichen Gesichtspunkte: Wenn man eine Zweiteilung ablehnt, so versteht man den Tatbestand einer Diskriminierung normativ. Man wertet bereits im Tatbestand. Anderenfalls verlagert man diese Bewertung auf eine zweite Ebene.

Nichtsdestotrotz ist zu sagen, dass die Europäische Kommission die Diskriminierung als Schlechterbehandlung ohne triftigen Grund definiert[51]. Auch der Richtliniengeber verwendet die Zweiteilung nicht. Artikel 2 Absatz 2 i) und Artikel 6 RL 2000/78/EG geben die Möglichkeit, eine Diskriminierung zu verneinen, sofern ein sachlicher Grund existiert[52]. Der Richtliniengeber kennt somit nur den Begriff der Ungleichbehandlung, der – im Falle mangelnder sachlicher Gründe – zur Diskriminierung erwächst[53]. In diesem Sinne wird der Begriff Diskriminierung also normativ verstanden. Zwar gebraucht der Richtliniengeber den Begriff der Rechtfertigung an vielen Stellen[54]. Das allein bedeutet aber noch nicht, dass er die Rechtfertigung nicht auf der Tatbestandsseite ansiedeln würde[55]. Es kann insgesamt nicht entschieden werden, welches Verständnis europarechtlich zu favorisieren ist.

Gleichwohl schreibt die Richtlinie als Instrument des europäischen Gesetzgebers nur inhaltliche Mindestanforderungen vor, vgl. Art. 8 RL 2000/78/EG. Auch statuiert Artikel 249 Absatz 3 EGV, dass nur das Ziel einer Richtlinie für den Mitgliedstaat verbindlich ist, die Wahl der Formen und Mittel aber ihm überlassen bleibt. Es ist gerade die Angelegenheit des nationalen Gesetzgebers, die Anforderungen auf seine Art umzusetzen. Wenn also – wie im vorliegenden Fall – keine Konsequenzen mit einer Zweiteilung verbunden sind, stehen europarechtliche Grundsätze einem nationalen Verständnis nicht entgegen.

III. Belästigung

Der Diskriminierungsbegriff wird in den Richtlinien 2000/78/EG und 2000/43/EG um den Belästigungsbegriff erweitert. Neben unmittelbaren und mittelbaren Diskriminierungen findet sich somit eine neue dritte Gruppe im eu-

[50] BAGE 53, 161 ff = AP Nr. 11 zu Art. 119 EWG-Vertrag; BAGE 68, 320, 325 ff. = AP Nr. 95 zu § 1 LohnFG; Hanau in Erman, § 611 a BGB, Rn. 6; Richardi/Annuß in Staudinger, § 611 a BGB, Rn. 35

[51] Europäische Kommission (Generaldirektion Beschäftigung und Soziales), Aktionsprogramm der Gemeinschaft zur Bekämpfung von Diskriminierungen 2001-2006, S. 2.

[52] Richtlinie 2000/78/EG vom 27.11.2000 (Anhang I), Abl. L 303/16 vom 02.12.2000, S. 18 und 19 f.

[53] Vgl. dazu auch: Artikel 4 Absatz 2 RL 2000/78/EG; Artikel 2 Absatz 2 a) und b) RL 2000/43/EG.

[54] Vgl.: Artikel 6 Absatz 1 (dort auch die Überschrift), Artikel 2 Absatz 2 b)i) RL 2000/78/EG; Artikel 2 Absatz 2 a) und b) RL 2000/43/EG.

[55] Classen, JZ 1996, 921, 924.

ropäischen Diskriminierungsschutzprogramm. Fraglich ist, wie der Begriff verstanden werden soll.

Artikel 2 Absatz 3 der Richtlinie 2000/78/EG stellt auch Belästigungen den Diskriminierungen gleich. Der Richtliniengeber verwendet diesen Terminus in jüngster Zeit allerdings wiederholt[56]. Dabei bestehen bezüglich des Begriffsverständnisses enge Parallelen zur Definition der sexuellen Belästigung am Arbeitsplatz. Dieser Begriff hat das Verständnis von Belästigungen im Rahmen der auf der Grundlage von Artikel 13 EGV erlassenen Richtlinien geprägt[57]. Auf die dortigen Ausführungen ist folglich zurückzugreifen.

Insgesamt ist davon auszugehen, dass sich dieser Begriff als Terminus in der Sprache des Richtliniengebers manifestiert. So beurteilt die Kommission die Gleichstellung der Belästigung mit Diskriminierungen als selbstverständlich und führt Erwägungen hierzu nur klarstellend auf[58]. Der Wirtschafts- und Sozialausschuss begrüßt die Aufnahme des Begriffs der Belästigung und dessen Gleichstellung mit der Diskriminierung, ohne auf definitorische Bedenken hinzuweisen[59]. Ein möglichst weites Verständnis von Belästigungen in diesem Sinne bewerten auch Minderheitenvertretungen als positiv[60]. Der einzelne Mitgliedstaat wird sich folglich mit dem genauen Verständnis eines Belästigungsbegriffes auseinandersetzen müssen.

Neben begrifflichen Schwierigkeiten (2.) besteht auch das Problem, dass sich ein Belästigungsschutz nicht ohne weiteres in das bisherige europäische Diskriminierungsschutzprogramm einordnen lässt. Am Ende dieses Abschnitts sollen einige Folgen und Probleme aufgezeigt werden (3.).

---

[56] Vgl. auch: Artikel 2 Absatz 3 der Richtlinie 2000/43/EG vom 29. Juni 2000; Abl. L 180/22 vom 19.7.2000, S. 24; Nachweise auch bei: Thüsing, NZA 2001, 1061, 1064; ILGA, Sexuelle Orientierung, S. 34 ff.: Die Aufnahme des Belästigungsbegriffes in das Diskriminierungsschutzprogramm sei besonders dringend. Belästigungen seien die häufigsten Formen der Diskriminierung. Danach fühlten sich allein in Schweden 27 % der Befragten, die einer sexuellen Randgruppe zuzuordnen sind, am Arbeitsplatz Belästigungen ausgesetzt (aus dem Jahre 1997). Im Vereinigten Königreich sei die Zahl mit 48 % noch höher (im Jahre 1992).

[57] Hailbronner, ZAR 2001, 254, 257; Kommission der Europäischen Gemeinschaften, Vorschlag für eine Richtlinie zur Änderung der Richtlinie 76/207/EWG vom 07.06.2000, KOM(2000) 334 endgültig, S. 6 und 7; Thüsing, NZA 2001, 1061, 1064.

[58] Vorschlag für eine Richtlinie des Rates zur Festlegung eines allgemeinen Rahmens für die Verwirklichung der Gleichbehandlung in Beschäftigung und Beruf der Kommission vom 06.01.2000, Abl. C 177 E/42 vom 27.06.2000, S. 43, Erwägung 10.

[59] Vgl.: Stellungnahme des Wirtschafts- und Sozialausschusses vom 25.05.2000 (Anhang III), Abl. C 204/82 vom 18.07.2000, S. 85.

[60] Vgl. statt vieler: Positionspapier der Gesellschaft für bedrohte Völker vom 04.07.2001, http://www.gfbv.it/3dossier/eu-min/regenbogen.html, S. 2f.

1. Dogmatische Einordnung

Die Belästigung als Verhalten, das einen anderen in würdeverletzender Art und Weise erniedrigt oder belastet, kann die Fähigkeit des Betroffenen, seine Arbeitsleistung zu erbringen, erheblich beeinträchtigen. Dabei kann nicht einmal festgelegt werden, welcher Qualität Vorfälle sein müssen oder wie viele Vorfälle für den Tatbestand einer Belästigung nötig sind[61]. Vielmehr besteht ein Zusammenhang zwischen der Schwere der Vorfälle und deren Zahl gegenüber einem Betroffenen pro Zeiteinheit. Die vorstellbaren Verhaltensweisen sind dabei mannigfaltig. Sie reichen von Beschimpfungen über Späße im Sinne von Anspielungen auf irgendwelche Merkmale eines Betroffenen bis hin zum Zurschaustellen anstößiger Bilder[62]. An dieser Stelle soll das Gewicht der zu beurteilenden Verhaltensweise, damit sie die Anforderungen eines Belästigungsbegriffes erfüllen, (noch) keine Rolle spielen.

Belästigung ist in erster Linie ein soziales Phänomen, das im Umgang der Menschen miteinander seine Wurzeln hat. Seine Bedeutung im Rahmen wirtschaftlicher Vorgänge kann dabei kaum geschätzt werden[63]. Dennoch ist die Einordnung von Belästigungen – wie auch immer der Begriff inhaltlich genau zu verstehen ist – als Form der Diskriminierung nicht zwingend, sondern auf den ersten Blick eher ungewöhnlich[64]. Diesen Umstand verdeutlicht nicht nur die Existenz eines eigenständigen Gesetzes zum Schutz vor sexueller Belästigung am Arbeitsplatz[65] in Deutschland; auch werden gerade in der jüngeren Zeit erhebliche Anstrengungen darauf verwendet, die Richtlinie 76/207/EWG gegen Diskriminierung aufgrund des Geschlechts dahingehend zu erweitern, dass auch die sexuelle Belästigung – als besonders gravierende Form der Belästigung – im Diskriminierungsschutzprogramm der Europäischen Gemeinschaften verankert wird[66].

Dabei hat die Belästigung nicht unmittelbar einen Bezug zur Ungleichbehandlung. So wird eine sexuelle Belästigung am Arbeitsplatz nicht dadurch rechtmäßig, dass man sie gegenüber allen Arbeitnehmern begeht. Gleiches gilt für die

---

[61] Vgl. Positionspapier der Gesellschaft für bedrohte Völker vom 04.07.2001, http://www.gfbv.it/3dossier/eu-min/regenbogen.html, S. 3.

[62] Vgl. nur: LAG Schleswig-Holstein, NZA-RR 2002, 457, 457 f.; LAG Rheinland-Pfalz, NZA-RR 2001, 121, 122; Marzodko/Rinne, ZTR 2000, 305, 305 ff.

[63] Erwägung 2.10 der Stellungnahme des Wirtschafts- und Sozialausschusses vom 25.05.2000 (Anhang III), Abl. C 204/82 vom 18.07.2000, S. 84; Es wird geschätzt, dass allein durch „Mobbing" – einer besonders intensiven und damit hinsichtlich der Richtlinien keineswegs allumfassenden Belästigungsform – jährlich ein Schaden von über 15 Milliarden Euro angerichtet wird und dabei mehr als 1,27 Millionen Betroffene existieren, vgl. Esser/Wolmerath, Mobbing, S. 17. Das Beispiel zeigt die immensen wirtschaftlichen Ausmaße, die Belästigungen ausmachen können.

[64] Thüsing, ZfA 2001, 397, 411.

[65] Wiedemann/Thüsing, DB 2002, 463, 466.

[66] Siehe hierzu: Vorschlag für eine Richtlinie des Europäischen Parlaments und des Rates zur Änderung der Richtlinie 76/207/EWG vom 07.06.2000, KOM(2000) 334 endgültig, S. 5 ff.

übrigen Fälle der Belästigung, die von der Richtlinie erfasst werden. Diese Differenz des Diskriminierungsschutzes auf der einen Seite und des Schutzes vor Belästigungen auf der anderen Seite lässt sich dadurch erklären, dass beide Institute von verschiedenen Blickrichtungen ausgehen: Im Falle der klassischen Diskriminierung entsteht ein Unrecht erst, wenn zu einer Interaktion ein Vergleichspaar tritt, das trotz mangelnder Unterschiede ungleich behandelt wird. Belästigungen dagegen benötigen eben dieses Vergleichspaar nicht; bei ihnen wird das Unrecht schon aus der Interaktion selbst deutlich[67]. Ein Vergleich muss gerade nicht mehr angestellt werden. Es zeigt sich hierbei also die Nähe zum Deliktsrecht.

Diese Sichtweise und Argumentation ist allerdings nicht zwingend. Dem Belästiger kann ebenso ein spezifischer Vorwurf gemacht werden, dass er einen Arbeitnehmer im Vergleich zu den Übrigen schlechter behandelt[68] mit der Konsequenz, diese Ungleichbehandlung nicht auf alle Übrigen zu erweitern, sondern sie insgesamt zu unterlassen. Der Grundsatz, dass es keine Gleichbehandlung im Unrecht[69] geben darf, spricht eher dafür, die zuletzt dargestellte Sichtweise vorzuziehen. Die Umsetzung eines Belästigungsschutzes durch Antidiskriminierungsregelungen ist folglich durchaus systemkonform.

Eine Parallele hierzu findet sich auch im deutschen Verfassungsrecht in der Unterscheidung zwischen Freiheits- und Gleichheitsrechten. Auch hier beschreiben die Freiheitsgrundrechte ein Feld freiheitlicher Entfaltung, welches nicht verletzt werden darf, nur mit dem Unterschied, dass sich diese Rechte (fast) ausschließlich gegen den Staat richten. Von der Konzeption her aber sind auch Freiheitsrechte derartige Schutznormen, wie sie auch zwischen Privaten - etwa im Sinne der Strafgesetze durch die §§ 185 ff. StGB, die den Schutz der persönlichen Ehre gewährleisten wollen - gelten. Trotzdem wird ein Ausschließlichkeitsverhältnis zwischen Freiheits- und Gleichheitsgrundrechten – soweit es zu beurteilen ist – nicht vertreten. Vielmehr liegt in jeder Verletzung eines Freiheitsgrundrechts auch zugleich die Verletzung des Gleichheitssatzes[70]. Die vorrangige Prüfung der einen oder anderen Grundrechtsgruppe orientiert sich daran, wie der inhaltliche Schwerpunkt gesetzt wird, nicht aber an logischen Erwägungen. Wenn aber anerkannt ist, dass die Verletzung einer Freiheitssphäre immer zugleich die Verletzung eines Gleichheitssatzes bedeutet, so lässt sich ein Freiheitsschutz ebenso

[67] Thüsing, ZfA 2001, 397, 411; derselbe, NZA 2001, 1061, 1064; Wiedemann/Thüsing, DB 2002, 463, 466.
[68] So auch schließlich: Thüsing, ZfA 2001, 397, 412; allerdings wieder ganz ablehnend in: Wiedemann/Thüsing, DB 2002, 463, 466.
[69] Zwanziger in Kittner/Däubler/Zwanziger, Artikel 3 GG, Rn. 17 f.
[70] Vgl. nur Heun in Dreier, Artikel 3 GG, Rn. 124; Starck in von Mangoldt/Klein/Starck Band I, Artikel 3 I GG, Rn. 275; BVerfGE 30, 292, 312; BVerfGE 75, 382, 393.

gut durch eine Ausrichtung am Gleichheitsgedanken erreichen. Es bestehen demnach keine dogmatischen Bedenken, den Belästigungsschutz im Diskriminierungsrecht zu integrieren.

2. Probleme mit dem Begriff

Als Belästigungen versteht die Legaldefinition der Richtlinie unerwünschte Verhaltensweisen, die mit einem der Gründe nach Artikel 1 RL 2000/78/EG in Zusammenhang stehen und bezwecken oder bewirken, dass die Würde der betreffenden Person verletzt und ein von Einschüchterungen, Anfeindungen, Erniedrigungen, Entwürdigungen oder Beleidigungen gekennzeichnetes Umfeld geschaffen wird. Zwar wird der Begriff Belästigung in der Richtlinie 2000/78/EG in Artikel 2 Absatz 3 näher umschrieben. Ob ein Verhalten aber als unerwünschte Verhaltensweise, Einschüchterung, Anfeindung, Erniedrigung oder Entwürdigung einzuordnen ist, hängt im Wesentlichen von Umständen ab, die in der Persönlichkeitssphäre des Betroffenen liegen und von einem anderen in einem bestimmten Kontext gebraucht werden. Thematisch ist daher ein Bereich des Persönlichkeitsrechts betroffen, der als Rechtsgut in § 823 Absatz 1 BGB seinen Niederschlag gefunden hat.

Ob ein Umstand jedoch die Schwelle zur Belästigung erreicht, ist nicht zuletzt eine Frage der Sensibilität der beteiligten Personen. Ein und dasselbe Verhalten kann daher von verschiedenen Personen unterschiedlich aufgefasst werden. Das bedeutet, dass der Terminus Belästigung durch die gebrauchten Formulierungen in Artikel 2 Absatz 3 der Richtlinie 2000/78/EG beschrieben, aber nicht definiert wird.

Als Rechtsbegriff ist der Terminus Belästigung unbestimmt und bezüglich seines Gebrauchs im deutschen Recht auch verhältnismäßig ungewohnt. Festzustellen ist, dass nicht klar ist, was man unter Belästigungen genau zu verstehen hat. Die subjektive und emotionale Prägung macht den Begriff auch keiner letztverbindlichen Definition zugänglich. Belästigungen bilden eigentlich die Schwelle zu einer Diskriminierung in Gestalt einer sozialen Ausgrenzung; hier muss abgegrenzt werden[71]. Dabei entstehende Rechtsunsicherheiten tragen die Gefahr in sich, dem Diskriminierungsschutz entgegenzulaufen[72], wenn nämlich der Adressat der Antidiskriminierungsregelung nicht die Schwelle zum diskriminierenden

[71] Vgl.: Europäische Kommission (Generaldirektion Beschäftigung und Soziales), Aktionsprogramm der Gemeinschaft zur Bekämpfung von Diskriminierungen 2001-2006, S. 3 f.; Positionspapier der Gesellschaft für bedrohte Völker vom 04.07.2001, http://www.gfbv.it/3dossier/eu-min/regenbogen.html, S. 3; Heinrich Böll Stiftung, Bürgerschaft und Differenz, S. 4 f.; vgl. auch: Schmidt/Senne, RdA 2002, 80, 83.

[72] So wohl auch: Stellungnahme des Ausschusses der Regionen vom 12.04.2000, Abl. C 226/1 vom 08.08.2000, S. 3, der auf die Bedeutung von möglichst exakten und griffigen Definitionen zum Begriff der Diskriminierung hinweist, um den Weg zu Rechtsbehelfen zu eröffnen.

Verhalten erkennen kann. Auch der Betroffene vermag nicht zu entscheiden, welche Verhaltensweisen er gerade noch hinzunehmen hat.

a. Begriff Belästigung in der Richtlinie

Im Folgenden soll daher versucht werden, den Begriff zu charakterisieren und seine Schwierigkeiten darzustellen, um ihn etwas konturenschärfer zu machen. Die Probleme einer genaueren Definition hat der Richtliniengeber dabei auf den staatlichen Gesetzgeber verlagert, Artikel 2 Absatz 3 Satz 2 RL 2000/78/EG. Das geht aber auch aus dem Medium Richtlinie selbst hervor, die ohne legislative Umsetzung erst gar nicht unter Privaten und damit in weiten Teilen ihres eigentlichen Geltungsbereichs Anwendung fände[73].

Die Definierungsbedürftigkeit wurde auch vom Richtliniengeber erkannt, indem er in Artikel 2 Absatz 3 Satz 2 RL 2000/78/EG den Mitgliedstaaten die Kompetenz und damit die Aufgabe zuweist, eine Definition für den Begriff Belästigung im Einklang mit den einzelstaatlichen Vorschriften abzustimmen[74]. Die Tatsache, dass eine Abstimmung sowohl die einzelstaatlichen Rechtsvorschriften als auch die Gepflogenheiten berücksichtigen kann, gibt den Mitgliedstaaten eine weitgehende Definitionshoheit über diesen Begriff, soweit dessen Voraussetzungen nicht in der Richtlinie klar vorgegeben sind.

aa. Vorgaben einer Erheblichkeitsschwelle

Festzuhalten ist, dass die Wendung „unerwünschte Verhaltensweise" alles bedeuten kann. Unerwünscht ist, was nicht gefällt. Dieser situations- und einstellungsabhängige Begriff eignet sich nicht für eine Eingrenzung. Angeknüpft werden muss daher an der näheren Umschreibung, wie genau die unerwünschte Verhaltensweise ausgestaltet sein soll:

Als Vorgabe ist festzustellen, dass die genannten Beschreibungen in Form der Anfeindung, Entwürdigung oder Erniedrigung eine gewisse Erheblichkeitsschwelle impliziert, die von einer bloßen Disharmonie abgegrenzt werden muss. In den Kommissionsvorschlag wurden nachträglich die Formulierungen der Würdeverletzung, Erniedrigung und Entwürdigung aufgenommen und statt dessen die Wendung einer anderen Beeinträchtigung gestrichen[75]. Würdeverletzung

---

[73] Emmert, Europarecht, § 12, Rn. 15.

[74] Interessant in dem Zusammenhang ist, dass der ursprüngliche Vorschlag der Kommission diesen Satz nicht enthielt, vgl.: Vorschlag für eine Richtlinie des Rates zur Festlegung eines allgemeinen Rahmens für die Verwirklichung der Gleichbehandlung in Beschäftigung und Beruf vom 06.01.2000, Abl. C 177 E/42 vom 27.06.2000, S. 44. Der geänderte Vorschlag vom 12.10.2000 formuliert diesen Satz dann in der nun geltenden Fassung.

[75] Vgl.: Vorschlag für eine Richtlinie des Rates zur Festlegung eines allgemeinen Rahmens für die Verwirklichung der Gleichbehandlung in Beschäftigung und Beruf vom 06.01.2000, Abl. C 177 E/42 vom 27.06.2000, S. 44. Der geänderte Vorschlag vom 12.10.2000 gebraucht bezüglich der Formulie-

bedeutet aber stets, dass ein Verhalten eine bestimmte Schwelle erreicht; nicht jedes Verhalten kann hierbei genügen. Wenn der Richtliniengeber den Auffangtatbestand der anderen Beeinträchtigung streicht, so zeigt das eine Beschränkung auf die genannten Begriffe. Erniedrigungen und Entwürdigungen (etc.) erfordern bereits umgangssprachlich ein besonderes Maß an Schwere. Die inhaltliche Entwicklung der Richtlinie zeigt, dass nicht jede Beeinträchtigung genügen soll, um den Mechanismus eines Diskriminierungsschutzes auszulösen. Vielmehr muss eine bestimmte Schwelle der Persönlichkeitssphäre des Betroffenen berührt sein. Diese Voraussetzung zeigt Parallelen zum abgestuften System des Persönlichkeitsschutzes im deutschen Deliktsrecht: Hier werden nur Eingriffe bestimmter Qualität tatbestandlich erfasst[76]. Dennoch gibt es Stimmen, die ein möglichst weites Verständnis von Belästigungen favorisieren[77].

Zudem genügen nur solche Belästigungen, die *das Umfeld kennzeichnen*. Rein sprachlich deutet sich auch an dieser gebrauchten Formulierung schon das Erfordernis einer gewissen Bedeutung für den Betroffenen an. Zu beachten ist dabei allerdings, dass sich die Kennzeichnung nur auf das Umfeld bezieht, nicht hingegen auf das Arbeitsumfeld beschränkt ist[78]. Nicht erforderlich ist demnach ein unmittelbarer Bezug zu den arbeitsvertraglichen Pflichten. Für die Rechtswirklichkeit macht dies einen großen Unterschied, weil die Belästigungen keinen tätigkeitsspezifischen Kontext aufweisen müssen. Es genügt folglich eine Verbindung in Gestalt eines sozialen Zusammenhangs am Arbeitsplatz. Der Begriff einer Kennzeichnung des Umfeldes sollte daher weit verstanden und ausgelegt werden. Dennoch ist darauf zu achten, dass ein gewisser Bezug zum Umfeld des Betroffenen festgestellt werden muss. Dass die Möglichkeiten einer restriktiven Auslegung durch diesen Terminus trotzdem nicht überbewertet werden dürfen, zeigt sich erneut anhand der Entwicklung des Wortlauts der Richtlinie 2000/78/EG. So wurde der ursprüngliche Begriff der Prägung des Umfeldes

rungen die nun geltende Fassung, vgl. KOM (2000) 652 endgültig, S. 10. Die nun geltende Richtlinie unterscheidet sich in Artikel 2 Absatz 3 vom Kommissionsvorschlag zusätzlich dadurch, dass auch noch der Bezug zu den Diskriminierungsmerkmalen des Artikel 1 hergestellt wird.

[76] Mertens in MüKo, § 823 BGB, Rn. 124.

[77] Vlasto in: Stellungnahme des Ausschusses für Industrie, Außenhandel, Forschung und Energie zu dem Vorschlag für eine Richtlinie zur Änderung der Richtlinie 76/207/EWG vom 05.03.2001, AD/430721 1E.doc, 2000/0142(COD), S. 4; wohl auch: Heinrich-Böll-Stiftung, Bürgerschaft und Differenz, S. 4 ff.

[78] So aber irrtümlich: Thüsing, ZfA 2001, 397, 412; Der Begriff des Arbeitsumfeldes wurde in diesem Zusammenhang zunächst vom Kommissionsvorschlag aufgenommen, vgl.: Vorschlag für eine Richtlinie des Rates zur Festlegung eines allgemeinen Rahmens für die Verwirklichung der Gleichbehandlung in Beschäftigung und Beruf vom 06.01.2000, Abl. C 177 E/42 vom 27.06.2000, S. 44. Der geänderte Vorschlag vom 12.10.2000 spricht - wie auch die geltende Fassung der Richtlinie 2000/78/EG - nur noch vom Umfeld, vgl. KOM (2000) 652 endgültig, S. 10.

gegen den deutlich schwächeren eines gekennzeichneten Umfeldes ersetzt[79]. Folglich kann hieran gerade nicht ein Ansatzpunkt für eine einengende Interpretation zu sehen sein[80].

Der Kontext, in dem die unerwünschte Verhaltensweise zu den verpönten Diskriminierungsmerkmalen stehen muss, ist denkbar weit formuliert. Gefordert wird lediglich ein *Zusammenhang* mit den Merkmalen des Artikel 1 der Richtlinie 2000/78/EG. Ein Zusammenhang besteht hingegen immer dann, wenn eine – auch noch so weite – Beziehung der Verhaltensweise zu dem betreffenden Merkmal aufgezeigt werden kann. Hier korrespondiert der Belästigungsbegriff mit den Grundsätzen, die der Richtliniengeber bereits bei den klassischen Diskriminierungsformen aufgestellt hat: Nicht nur unmittelbare Belästigungen, also solche die direkt auf eines der Merkmale bezogen sind, sollen vom Anwendungsbereich umfasst sein, sondern auch die verschieden denkbaren Formen einer mittelbaren Belästigung sind gemeint. Nur so ist ein beliebiger Zusammenhang zu begreifen.

Aufgrund der Weite dieses Verständnisses von einer Belästigung im Zusammenhang mit der Religion, Weltanschauung, einer Behinderung, des Alters oder der sexuellen Ausrichtung muss eine Eingrenzung beim Begriff der Belästigung als einer unerwünschten Verhaltensweise erfolgen, die ein von Einschüchterung, Anfeindung, Erniedrigung, Entwürdigung oder Beleidigung gekennzeichnetes Umfeld schafft. Dazu geben die verwendeten Begriffe der Würdeverletzung und die in der Richtlinie aufgeführten Umfeldcharakteristika Ansatzpunkte. Hier besteht Definitionsspielraum aber auch Definitionsbedarf für den einzelstaatlichen Gesetzgeber und die Gerichte.

bb. Kritik an Erheblichkeitsanforderungen

Es ist festzuhalten, dass nur solche Entwürdigungen beachtlich sind, die das Umfeld in besonderer Art und Weise kennzeichnen. Beide Elemente müssen nach dieser Formulierung kumulativ vorliegen. Im Grundsatz sehen manche dazu nicht eine Erweiterung sondern einen Rückschritt verglichen mit den bisherigen Regelungen im deutschen Recht[81]. Insofern wäre es aber für den deutschen Gesetzgeber unproblematisch, die Richtlinie in diesem Bereich umzusetzen. Nach Artikel 8 RL 2000/78/EG enthält diese nämlich nur Mindestanforderun-

---

[79] Der Begriff „Prägung" wurde in diesem Zusammenhang zunächst vom Kommissionsvorschlag aufgenommen, vgl.: Vorschlag für eine Richtlinie des Rates zur Festlegung eines allgemeinen Rahmens für die Verwirklichung der Gleichbehandlung in Beschäftigung und Beruf vom 06.01.2000, Abl. C 177 E/42 vom 27.06.2000, S. 44. Der geänderte Vorschlag vom 12.10.2000 spricht – wie auch die geltende Fassung der Richtlinie 2000/78/EG - nur noch von einem „gekennzeichneten Umfeld", vgl. KOM (2000) 652 endgültig, S. 10.

[80] Wiederum irrtümlich: Thüsing, ZfA 2001, 397, 412.

[81] Wiedemann/Thüsing, DB 2002, 463, 467.

gen. Das bedeutet eine Umsetzungsverpflichtung bis zu dieser Schutzschwelle aber nicht unbedingt darüber hinaus. Das bestehende Recht würde folglich in diesem Punkt schon genügen.

Dass der deutsche Gesetzgeber gleichwohl dazu tendiert, den Wortlaut der Richtlinie bezüglich des Belästigungsschutzes aufzugreifen, zeigt ein Diskussionsentwurf des Bundesministeriums der Justiz zur Umsetzung der Richtlinie 2000/43/EG[82]. Nach der dargestellten, kritischen Ansicht verpflichtet bereits jede Würdeverletzung eines anderen nach geltendem deutschen Recht zum Schadensersatz. Es wird dabei kritisiert, dass nach diesem Gedanken geringfügige Abstufungen nicht erfasst sind[83]. Was aber den Inhalt der Richtlinie betrifft, ist diese Argumentation nicht zu stützen, denn ein wirklich absoluter Rechtsgüterschutz der Würde lässt sich so in deutschen Gesetzen nicht finden. Ob im immateriellen Bereich die Verletzung einer Würdeposition Schadensersatzpflichten auslöst, ist vielmehr eine Frage der Abwägung der Gesamtumstände[84], denn wenn der Tatbestand der Menschenwürde verletzt ist, indiziert dies noch nicht die Rechtswidrigkeit und löst damit für sich genommen noch keine Schadensersatzpflichten aus[85]. Folglich tritt neben den Aspekt der Würdeverletzung ein weiteres Element kumulativ im deutschen Recht hinzu. Demnach würde die genaue Umsetzung des Richtlinienwortlauts ein diesbezügliches Abwägungsinstrumentarium an die Hand geben. Das Schutzgut des allgemeinen Persönlichkeitsrechts als sonstiges Recht gemäß § 823 Absatz 1 BGB ist daher in diesem Sinne zu verstehen. Die Gefahr einer prinzipiellen Verringerung des Schutzniveaus ist folglich nicht zu befürchten.

Gleichwohl ist der Kritik Recht zu geben, wenn sie sich gegen die systematische Einordnung einer solchen Umsetzungsvorschrift im Schuldrecht wendet. Denn sachlich ist mit dem Begriff Belästigung ein Bereich im Persönlichkeitsrechtsschutz gemeint, der im Deliktsrecht geregelt ist. Dass sich dieser speziell auf den arbeitsrechtlichen Bereich bezieht, ändert an der Einordnung nichts. Dieses Prinzip ist schon bei anderen Rechtsgütern des Deliktsrecht zu finden wie etwa beim Schutz des eingerichteten und ausgeübten Gewerbebetriebs. Der Schaffung von Normen außerhalb dieses Bereichs ist die Gefahr eines unklaren Normverhält-

---

[82] Diskussionsentwurf eines Gesetzes zur Verhinderung von Diskriminierungen im Zivilrecht zu § 319b III BGB, Bundesministerium der Justiz, Stand: 10.12.2001, S. 4.

[83] Wiedemann/Thüsing, DB 2002, 463, 467; Trotz dieser Position prophezeit Thüsing, NZA 2001, 1061, 1064 im Zusammenhang mit der Erweiterung des Schutzbereichs des § 611 a BGB die Normierung eines Belästigungsschutzes entspr. § 611 a BGB für die übrigen Diskriminierungsmerkmale.

[84] Mertens in MüKo, § 823 BGB, Rn. 124; Schiemann in Erman, § 823 BGB, Rn. 48 f.; Teichmann in Jauernig, § 823 BGB, Rn. 12 ff.; für eine erhöhte Schwelle: Ehmann/Emmert, SAE 1997, 253, 257; Herrmann, ZfA 1996, 19, 49 f.; Volmer, BB 1997, 1582, 1583; Richardi/Annuß in Staudinger, § 611 a BGB, Rn. 89.

[85] Staudinger in Hk-BGB, § 823 BGB, Rn. 90, 91.

nisses inhärent[86]. Dennoch bestehen, was den Bereich des allgemeinen Persönlichkeitsrechts betrifft, nach h.M. keine das Deliktsrecht ausschließenden Entschädigungsnormen im sonstigen BGB[87]. Der nationale Gesetzgeber sollte bei der Umsetzung der Richtlinie 2000/78/EG trotzdem das Normverhältnis klarstellen.

cc. Hinweise zum Begriff im deutschen Recht

Wann genau ein Verhalten ein von Einschüchterungen, Anfeindungen, Erniedrigungen, Entwürdigungen oder Beleidigungen gekennzeichnetes Umfeld schafft, lässt sich nicht exakt klären. Jedenfalls dann soll es sich um Belästigungen in diesem Sinne handeln, wenn ein bestimmtes Verhalten mit rechtlichen Sanktionen belegt wird und in einem entsprechenden Kontext zum Diskriminierungsmerkmal steht[88]. Es leuchtet unmittelbar ein, dass ein Arbeitnehmer erwarten kann, auch an seinem Arbeitsplatz und Umfeld nicht mit rechtswidrigen Verhaltensweisen anderer in Berührung zu kommen. Das geht bereits aus dem Charakter der Sanktionsnorm als Schutzgesetz im Sinne des § 823 Absatz 2 BGB hervor[89]. Der Sinn und Zweck der Einführung des Begriffs Belästigung gibt aber eindeutig vor, dass bereits Verhaltensweisen unterhalb der Schwelle rechtlicher Sanktion unter bestimmten Umständen genügen müssen. Die Fragestellung muss demnach gerade im Hinblick auf den Gesetzgebungsauftrag aus Artikel 17 der Richtlinie 2000/78/EG, der eine angemessene Sanktionierung vorschreibt, umgekehrt lauten: Ab wann sollte ein Verhalten sozial geächtet werden, um es zu sanktionieren? Dagegen ist die Feststellung, dass sanktioniertes Verhalten als belästigend geächtet wird, banal: Hier geht die soziale Ächtung bereits aus der Sanktionierung hervor. Die Sanktionierung verdeutlicht dem Einzelnen, dass diese jeweiligen Verhaltensweisen weder von ihm noch von der Allgemeinheit geduldet zu werden brauchen.

Der Begriff der Belästigung findet sich auch im deutschen Recht der *Ordnungswidrigkeiten* etwa in § 118 OWiG. Er wird verstanden als ein belastendes Verhalten im Sinne eines grob ungehörigen Verhaltens gegenüber einem anderen[90]. Grob ungehörig nennt man diejenigen Verhaltensweisen, die sich nicht in das gedeihliche Zusammenleben der Rechtsgemeinschaft und seine erforderliche Ordnung einfügen. Es genügen dabei Handlungen, durch die andere in ihrem

[86] Wiedemann/Thüsing, DB 2002, 463, 467 f.
[87] HK-BGB/Staudinger, vor §§ 823-853 BGB, Rn. 12 f.; § 823 BGB, Rn. 92; Richardi/Annuß in Staudinger, § 611 a BGB, Rn. 68; Herrmann, ZfA 1996, 19, 45 f.; Wiese, JuS 1990, 357, 358; a.A.: Berger-Delhey, ZTR 1993, 267, 268; Zwanziger, DB 1998, 1330, 1331.
[88] Hailbronner, ZAR 2001, 254, 257; zum Begriff der sexuellen Belästigung: Marzodko/Rinne, ZTR 2000, 305, 306.
[89] Thomas in Palandt, § 823 BGB, Rn. 145 ff., für die meisten Normen des StGB siehe: Rn. 149.
[90] Köbler, Juristisches Wörterbuch, S. 60.

körperlichen oder seelischen Wohlbefinden mehr als nur unerheblich beschwert werden[91].
Eine Belästigung des *Straßenverkehrs* im Sinne des § 1 Absatz 2 StVO wird in jeder nicht ganz unwesentlichen Beeinträchtigung anderer gesehen. Abgestellt wird hierbei auf die Beurteilung eines durchschnittlichen Betrachters, der nicht aufgrund besonderer Empfindsamkeiten urteilt[92].

Dem deutschen Recht ist der Gebrauch des subjektiv gefärbten Begriffs Belästigung demnach nicht fremd. Eine gewisse Verobjektivierung wird dadurch erreicht, indem auf die Gefühle und Empfindungen eines über den Dingen stehenden Betrachters abgestellt wird. Dabei wird vom Gesamtgeschehen nur der Teil isoliert betrachtet, der unmittelbare Bezüge zur Belästigung aufweist. Dahinter steht die Frage, bis zu welchem Grad - unter Ausblenden aller emotionalen Affekte - ein Betroffener ein Eindringen in seine Individualsphäre zu dulden hat. Nun beschäftigt sich die StVO aber gerade mit einem Bereich, der in sich durchreglementiert ist und wenig Raum für eigene Beurteilungsmaßstäbe bietet.

Es sollen daher noch die Grundsätze über die sexuelle Belästigung betrachtet werden. Unter einer *sexuellen Belästigung* versteht man gemäß dem BeschSchG jedes (vorsätzlich,) sexuell bestimmte Verhalten, das die Würde von Beschäftigten am Arbeitsplatz verletzt[93]. Insoweit bringt die Definition keine weitere Klarheit. Sie wird auch im Zusammenhang mit der sexuellen Belästigung als unklar und vage kritisiert[94]. Gerade wenn verstärkt auf den Begriff der Würdeverletzung abgestellt wird, erreicht man keine höhere Schärfe des Begriffs[95], bezieht man hier doch gerade die individuellen und persönlichen Eigenheiten einer Person in die Beurteilung mit ein. So bleiben auch Indikatoren wie die Häufigkeit und Schwere des diskriminierenden Verhaltens stets mit einem subjektiven Beurteilungsmaßstab behaftet.

Zusammenfassend lässt sich feststellen, dass auch im deutschen Recht – trotz mancher gesetzlichen Normierung – die Belästigung als Handlungsform nur unbestimmt und unklar definiert ist. Die zahlreichen Versuche in den verschiedenen Bereichen, diesen Begriff zu konkretisieren, veranschaulichen den Klärungsbedarf[96]. Hilfreich ist dabei die Perspektive eines (unempfindlichen) objektiven Dritten.

---

[91] Göhler, § 118 OWiG, Rn. 4; Senge, § 118 OWiG, Rn. 6; Tilch, Rechtslexikon, Band I, S. 512.
[92] Tilch, Rechtslexikon, Band I, S. 513.
[93] Marzodko/Rinne, ZTR 2000, 305, 306.
[94] Worzalla, NZA 1994, 1016, 1017; Hohmann, ZRP 1995, 167, 167.
[95] So aber: Worzalla, NZA 1994, 1016, 1017.
[96] Zur Belästigung im Sinne einer sexuellen Belästigung: Bauer, NJW 2001, 2672, 2676; Hohmann, ZRP 1995, 167, 167 ff.; Worzalla, NZA 1016, 1017 ff.; Marzodko/Rinne, ZTR 2000, 305, 306; allgemein: Waas, ZIP 2000, 2151, 2152 (Fn. 14); Thüsing, NZA 2001, 1061, 1064; Hailbronner, ZAR

dd. Bedeutung eines subjektiven Elements

Die Richtlinie formuliert, dass die Würdeverletzung einer betreffenden Person und das näher gekennzeichnete Umfeld vom Belästigenden bezweckt oder bewirkt sein müssen. Hier muss die Rolle eines subjektiven Elements genauer betrachtet werden. Es stellt sich mit anderen Worten die Frage, ob als Voraussetzung der Belästigungsalternative ein Vorsatz erforderlich ist.

(1.) Alternative des Bewirkens

Dies ist insbesondere im Zusammenhang mit der (zweiten) Alternative des Bewirkens in der Richtlinie 2000/78/EG fraglich.

„Bewirken" heißt, etwas/eine Folge hervorbringen[97]. Die Wortwahl „Bewirken" spricht für sich genommen gegen ein Vorsatzelement. Eine Wirkung stellt sich unabhängig davon ein, ob eine Handlung zielgerichtet, bewusst oder sorgfaltswidrig vorgenommen wird. Bewirken impliziert daher eher eine Kausalität. Hätte der Richtliniengeber dagegen gewollt, dass eine Folge intendiert sein muss, so hätte er eine andere Formulierung wählen müssen. Dass ihm dieser Unterschied bewusst gewesen ist, zeigt die erste Alternative in Form des Bezweckens. Bewirken bedeutet demnach nicht mehr als Kausalität.

Auch der Blick auf die Übersetzung in anderen Amtssprachen unterstützt diese Interpretation[98]: In der französischen Fassung wird dabei der Begriff „pour effet" verwendet, der bedeutet, eine Wirkung oder eine Folge hervorzurufen[99]. Der englische Richtlinientext gebraucht die Wendung „effect", was übersetzt lediglich auswirken bedeutet[100]. Demnach genügt auch nach dem Wortlaut anderer Amtssprachen die Kausalität einer Handlung, ohne dass es eines subjektiven Erfordernisses bedarf.

Nichtsdestotrotz kann man die Frage stellen, ob nicht der Begriff Belästigung selber zwangsläufig ein subjektives Element beinhaltet. Hier könnte ein Blick auf das deutsche Recht helfen. Im Rahmen des § 118 OWiG, der die Belästigung der Allgemeinheit pönalisiert, wird einhellig mindestens Eventualvorsatz

---

2001, 254, 256 f.; vergleiche schließlich auch die verschiedenen Vorschläge für die Formulierung einer Definition für den Begriff Belästigung in Artikel 2 Absatz 3 RL 2000/78/EG: Vorschlag der Kommission vom 06.01.2000, Abl. C 177 E/42 vom 27.06.2000, S. 44; Geänderter Vorschlag für eine Richtlinie des Rates vom 12.10.2000, KOM(2000)652 endgültig, S. 10; schließlich Richtlinie 2000/78/EG vom 27.11.2000 (Anhang I), Abl. L 303/16 vom 02.12.2000, S. 19.

[97] Hermann, Die deutsche Rechtschreibung, S. 1014.

[98] Englischer Richtlinientext abrufbar: http://europa.eu.int/comm/employment/social/news/2001/jul/directive78ecen.pdf.; Französische Fassung abrufbar : http://europa.eu.int/comm/employment_social/news/2001/jul/directive78ec_fr.pdf.

[99] Langenscheidt Wörterbuch Französisch, S. 184.

[100] Pons Wörterbuch, S. 359.

des Handelnden gefordert[101]. Das hat seinen Grund aber in der Normierung dieser bestimmten Form der Belästigung als Ordnungswidrigkeit. Das Vorsatzerfordernis findet sich also gemäß § 10 OWiG unmittelbar im Gesetz. Vor dieser Normierung wurde durchaus vertreten, dass Fahrlässigkeit genüge[102]. Dem Begriff der Belästigung wohnt also selber kein Vorsatzerfordernis inne.

Dabei sind auch unzählige Fälle vorstellbar, bei denen eine Belästigung fahrlässig verursacht wird: Zwei Personen erzählen sich Witze über Minderheiten hinsichtlich Religionen, Alter oder einer sexuellen Ausrichtung. Dieses Verhalten erfüllt nicht den Tatbestand der Belästigung. Es ist offensichtlich kein unerwünschtes Verhalten, solange es nicht nach außen dringt und einen Bezug zu einem Belästigten hat. Wenn nun aber von den beiden Personen nicht bemerkt wird, dass diese Witze von Trägern des jeweiligen Merkmals mitgehört werden, so kann eine Belästigung - je nach Intensität des Verhaltens - vorliegen. Hier wird die Handlung zwar vorsätzlich vorgenommen; die Belästigung dagegen geschieht fahrlässig, da sie nur aus Unachtsamkeit nach außen dringt und demnach als Belästigung Wirkung zeigt. Anzumerken ist, dass der Belästigte nicht unbedingt Träger des im Rahmen der Belästigung aufgegriffenen Merkmals sein muss. Nach den Richtlinienvorgaben ist auch vorstellbar, dass ein Dritter sich belästigt fühlen kann.

Das unbeabsichtigte Herbeiführen eines in Artikel 2 Absatz 3 der Richtlinie charakterisierten Umfeldes und einer Würdeverletzung der betreffenden Person muss also bereits genügen. Dabei soll nochmals betont werden, dass ein fahrlässiges Herbeiführen eines belästigenden Umfeldes vorstellbar und in der Praxis wahrscheinlich nicht selten ist. Der Wortlaut der Richtlinie ist in dieser Hinsicht eindeutig. Der nationale Gesetzgeber ist dabei gehalten, diese geringen Anforderungen gemäß Artikel 8 RL 2000/78/EG als Mindeststandard zu übernehmen. Die Normierung eines Vorsatzerfordernisses im nationalen Recht würde somit nicht die zwingenden Vorgaben der Richtlinie 2000/78/EG einhalten.

(2.) Alternative des Bezweckens

Als Nächstes ist die (erste) Alternative des Bezweckens zu untersuchen. Zweck einer Handlung ist immer ein bestimmtes Ziel. Zielgerichtetes Handeln ist dabei ein besonders intensives Wollen, das auf einen bestimmten Erfolg gerichtet ist[103]. Bei dieser Variante muss es tatsächlich nicht einmal zu einer der darge-

---

[101] Vgl. nur: Göhler, § 118 OWiG, Rn. 16; Senge, § 118 OWiG, Rn. 21.
[102] RGSt 16, 100; BGH, NJW 1956, 1889.
[103] Vgl. nur: Kühl, Strafrecht AT, § 5, Rn. 33 f.

stellten Folgen kommen[104]. Es ist festzuhalten, dass es genügt, wenn eine Würdeverletzung und ein näher charakterisiertes Umfeld kumulativ bezweckt werden. Der Betroffene muss demnach gemäß Artikel 2 Absatz 3 RL 2000/78/EG mit der Behandlung nicht in Kontakt kommen. Die Belästigung in dieser Form muss also nur beabsichtigt sein. Nach außen hat dabei lediglich eine unerwünschte Verhaltensweise zu treten. Eine solche kann aber grundsätzlich in allen menschlichen Verhaltensweisen erblickt werden (s.o.), die in einen bestimmten Kontext gestellt werden und mit den Gründen des Artikel 1 RL 2000/78/EG in einem Zusammenhang stehen. Auch der Blick in die englische und französische Fassung der Richtlinie 2000/78/EG unterstützt diese Auslegung[105].

Die Alternative des Bezweckens ist also eine Handlungsform mit überschießender Innentendenz[106]. Wie diese bloße Absicht nachgewiesen oder wiederlegt werden soll, bleibt unklar. Auch hier wird die Beweislast eine große Rolle spielen.

(3.) Ergebnis

Der Wortlaut der Richtlinie gebraucht die Wendungen Bezwecken und Bewirken. Während zwar Bezwecken ein Absichtselement des Belästigenden voraussetzt, genügt beim Bewirken jeder kausale Kontext. Beide Formen stellt die Richtlinie gleich. Die Formen ergänzen sich dabei jeweils: Während bei der Bezweckensalternative ein spezifischer Vorsatz des Handelnden aber keine tatsächliche Beeinträchtigung einer Person erforderlich ist, muss es bei der Bewirkensvariante zu einer tatsächlichen Beeinträchtigung in der dargestellten Art kommen. Nicht erheblich ist hier aber, ob der Belästigende vorsätzlich handelt.

b. Ergebnis zu 2.

Der Begriff Belästigung ist in besonderem Maß subjektiv gefärbt. Einschränkungen im Rahmen der Definition lassen sich nur erzielen, wenn man die Würdeverletzung der betreffenden Person und das näher charakterisierte Umfeld restriktiv interpretiert, indem eine Erheblichkeitsschwelle beachtet wird. Dieser Bereich des Diskriminierungsschutzes ist sachlich und aufgrund seines Zusammenhangs mit dem Schutz des allgemeinen Persönlichkeitsrechts im Deliktsrecht einzuordnen. Dafür bietet sich einen richtlinienkonforme Auslegung des sonstigen Rechts in § 823 Absatz 1 BGB an[107].

---

[104] Bauer, NJW 2001, 2672, 2676 in der Parallele zum vorgesehenen Belästigungsbegriff bei der sexuellen Belästigung.

[105] So bedeutet die englische Wendung „(...) takes place with the purpose (...)“, dass etwas mit einer Absicht stattfindet, Pons Wörterbuch, S. 939. Das französische „qui a pour objet“ hat die gleiche Bedeutung, Langenscheidt Wörterbuch Französisch, S. 328.

[106] Vgl. dazu: Kindhäuser, Strafrecht BT II, § 2, Rn. 9.

[107] Wiedemann/Thüsing, DB 2002, 463, 467.

Zusätzliche Probleme entstehen durch die Normierung zweier Handlungsalternativen: Während bei der Bewirkensvariante die tatsächliche Herbeiführung der Voraussetzungen nur kausal an die Handlung geknüpft werden muss, genügt im Falle der Bezweckensalternative bereits die Absicht bezüglich der Voraussetzungen. Beide Varianten sind – verglichen miteinander – durch ein Mehr und Weniger gekennzeichnet: Ein objektives Mehr bei der einen Variante lässt ein subjektives Weniger bei derselben ausreichen und umgekehrt.

3. Mögliche Folgen und Konsequenzen

Die oben aufgezählten Beispiele zeigen, dass der Begriff der Belästigung abhängig von subjektiv verallgemeinerten Werteinschätzungen ist, die ihrerseits einem gesellschaftlichen Wandel unterliegen. Es kommt hinzu, dass der nationale Gesetzgeber in Artikel 17 RL 2000/78/EG verpflichtet wird, wirksame und abschreckende Sanktionen vorzusehen. Falls dies – in Anlehnung an § 611a BGB – darauf hinausläuft, dem Betroffenen einen Schadensersatzanspruch zuzubilligen (dazu später), dann kann dies dazu führen, dass Prozesse aus unerheblichem Anlass forciert werden[108], eben weil die Tatsachenlage so schwer beweisbar ist. Die Richtlinie ist jedoch insoweit verbindlich, als es die Belästigungsalternative umzusetzen gilt. Hier können aber auch die Gerichte durch das Zusprechen maßvoller Schadensersatzsummen regulativ tätig werden. Wenn im Bereich gesellschaftlicher Wertvorstellungen dem Handelnden allerdings Sanktionen auferlegt werden, bleibt jedoch immer ein unangenehmer Beigeschmack[109]. Die Unklarheit des Begriffs, an den letztlich eine Sanktion geknüpft wird, birgt somit ein erhebliches Maß an Rechtsunsicherheit. Besondere Probleme könnten in diesem Bereich auch noch im Zusammenhang mit Zurechnungsvorschriften auftreten, die dann den Arbeitgeber für Fremdverhalten verantwortlich machen. Es wird hier die Gefahr gesehen, dass ein Arbeitgeber sich belästigende Handlungen Dritter zurechnen lassen muss[110]. In diesem Punkt sind mögliche Fallgestaltungen zu untersuchen.

---

[108] Diese Gefahr sieht Thüsing, NZA 2001, 1061, 1064 in Anlehnung an das amerikanische Arbeitsrecht. Die durch die Literatur dort beobachtete Tendenz einer Zunahme von Prozessen aus nichtigem Anlass wird auch durch die astronomischen Schadensersatzzusprüche verstärkt.

[109] Bedenken in diesem Bereich bezüglich § 360 I Nr. 11 StGB alte Fassung („grober Unfug") werden geäußert bei: Senge, § 118 OWiG, Rn. 1; Lenckner, JuS 1968, 304, 305 ff.; Schröder, JR 1964, 392, 392; Schultz, MDR 1965, 17, 18: Es bildete sich das geflügelte Wort: „Was man nicht subsumieren kann, sieht man als groben Unfug an." Bedenken bestehen auch hinsichtlich des § 118 OWiG bei: Göhler, § 118 OWiG, Rn. 3, der diesbezüglich sogar eine Verfassungswidrigkeit thematisiert.

[110] Stellungnahme des Wirtschafts- und Sozialausschusses vom 25.05.2000 (Anhang III), Abl. C 204/82 vom 18.07.2000, S. 85; siehe auch: Thüsing, ZfA 2001, 397, 413, der dabei auf die Interpretation der Rechtsprechung U.S.-amerikanischer Gerichte verweist.

Auch ist festzuhalten, dass der subjektiv geprägte Belästigungsbegriff einem Beweis bzw. Gegenbeweis nur schwer zugänglich ist. In Zukunft wird daher in diesem Bereich der Beweislast erhöhte Bedeutung zukommen[111].

Diese aufgezählten Schwierigkeiten im Bereich der Auslegung der Begriffe stehen einem wirksamen Diskriminierungsschutz tendenziell entgegen; diese strukturelle Gefahr wurde auch im Rahmen der Stellungnahmen zu den Vorschlägen der Richtlinie 2000/78/EG gesehen[112]. Denn überall, wo Rechtsunsicherheiten bestehen, führen gesetzliche Regelungen nicht zwangsläufig dazu, dass sich die Adressaten einer Regelung diskriminierungsfrei verhalten. Wer nicht weiß, was gewollt ist, kann auch beim besten Willen nicht handeln, so wie es gewollt ist.

Wenngleich der umsetzende Mitgliedstaat nicht daran gehindert ist, über das angestrebte Schutzniveau hinauszugehen, Artikel 8 RL 2000/78/EG, so ist doch erforderlich, dass auch bei der Umsetzung eine Erheblichkeitsschwelle vorgesehen wird, da sonst die Rechte, Interessen und Erwägungen der Adressatenseite unverhältnismäßig belastet werden. Diese Befürchtung ist auch deshalb nicht ganz unbegründet, da als Beziehung zu den Diskriminierungsmerkmalen des Artikel 1 RL 2000/78/EG jeglicher Zusammenhang genügen soll, der die unerwünschten Folgen bezweckt oder bewirkt.

IV. Anweisung zur Diskriminierung

Artikel 2 Absatz 4 RL 2000/78/EG stellt zusätzlich alle Anweisungen zur Diskriminierung der Diskriminierung nach Absatz 1 gleich. Da Belästigungen gemäß Absatz 3 des Artikel 2 auch als Diskriminierungen im Sinne des Absatzes 1 gelten, muss man die Formulierung in Absatz 4 so verstehen, dass Anweisungen zur Diskriminierung und damit selbstverständlich auch zur Belästigung als Diskriminierungen im Sinne des Absatzes 1 bewertet werden müssen.

Der Vorschlag der Kommission für eine Richtlinie zur Gleichbehandlung in Beschäftigung und Beruf vom 06.01.2000 enthielt den Passus bezüglich der Anweisung nicht[113]. Der Wirtschafts- und Sozialausschuss rügte dies in seiner Stellungnahme, woraufhin der geänderte Vorschlag für eine derartige Richtlinie

---

[111] So: Epstein, Forbidden Grounds, page 355; Bauer, NJW 2001, 2672, 2676.

[112] Stellungnahme des Ausschusses der Regionen vom 12.04.2000, Abl. C 226/1 vom 08.08.2000, S. 3, wo auf das Erfordernis klarer Definitionen zur Umsetzung eines Diskriminierungsschutzes hingewiesen wird.

[113] Vorschlag für eine Richtlinie zur Gleichbehandlung in Beschäftigung und Beruf vom 06.01.2000, Abl. C 177 E/42 vom 27.06.2000, S. 43 f.

nunmehr die Anweisung zur Diskriminierung in einem eigenen Absatz vorsieht[114].

Diese Regelung verlagert den Anwendungsbereich der Richtlinie noch ein Stück weiter nach vorn: Unmittelbare und mittelbare Diskriminierungen im Sinne der Absätze 1 und 2 setzen zwar keinen Diskriminierungsvorsatz voraus[115]. Gleichwohl muss die beeinträchtigende Regelung bereits wirken, denn die Behandlung muss durch die Person erfahren werden, Artikel 2 Absatz 2 RL 2000/78/EG. Der Merkmalsträger muss danach folglich potenziell betroffen sein können. Auch die potenzielle Betroffenheit im Sinne einer mittelbaren Diskriminierung setzt aber voraus, dass die Verhaltensweise bereits nach außen getreten ist. In der Regel ist es einer Person also nicht möglich, gegen Verhaltensweisen anzugehen, die sich erst im Planungsstadium befinden. Im Falle einer Anweisung zu einer solchen Diskriminierung kann dagegen schon früher angeknüpft werden; die Verhaltensweise muss nicht tatsächlich abgewartet werden. Somit ist zu konstatieren, dass der Begriff Anweisung aus Artikel 2 Absatz 4 RL 2000/78/EG nicht nur Zurechnungsfragen behandelt, sondern eine neue, vierte Kategorie neben den beiden Diskriminierungsformen im engeren Sinne und der Belästigung darstellt.

Schwieriger zu beurteilen sind die Fälle der Anweisung zur Belästigung:
Bereits die Anweisung zu einer unerwünschten Verhaltensweise, die – im Falle ihrer tatsächlichen Umsetzung – eine Belästigung bewirken würde, gilt als Diskriminierung im Sinne der Richtlinie 2000/78/EG. Es wurde oben gezeigt, dass die Bewirkensalternative keinen Vorsatz voraussetzt. Das heißt, dass auch geplante Vorhaben innerhalb einer Hierarchie, die nicht als Belästigungen beabsichtigt sind, in diesem frühen Stadium als Diskriminierung gelten müssen. Dies stellt eine beträchtliche Ausweitung des Anwendungsbereichs der Richtlinie 2000/78/EG dar.

Dagegen ist eine Anweisung, die sämtliche Belästigungsvoraussetzungen bezweckt (als eine andere denkbare Alternative), schon in direkter Anwendung des Artikel 2 Absatz 3 RL 2000/78/EG eine Belästigung: Ordnet man nämlich die Anweisung selber als eine unerwünschte Verhaltensweise ein, so erfüllt der Anweisende im Falle der Absicht sämtliche Belästigungsvoraussetzungen in eigener Person. In dieser Konstellation muss Absatz 4 demnach nicht angewendet werden sondern hat nur Klarstellungsfunktion.

---

[114] Erwägung 5.2 der Stellungnahme des Wirtschafts- und Sozialausschusses vom 24.05.2000, Abl. C 204/82 vom 18.07.2000, S 87; siehe dazu: Geänderter Vorschlag für eine Richtlinie zur Gleichbehandlung in Beschäftigung und Beruf vom 12.10.2000, KOM(2000) 652 endgültig, S. 11.
[115] Vgl.: Kapitel B I. bis III.

Die Aufnahme der Anweisung zur Diskriminierung in den Schutzkatalog der Diskriminierungsschutzrichtlinie führt auch zu einer *Anspruchsdopplung*. Hier sind Fälle denkbar, in denen der unmittelbar Diskriminierende bereits in die Pflicht genommen worden ist und der Anweisende nun über die Umsetzung von Artikel 2 Absatz 4 der Richtlinie 2000/78/EG hinzugenommen werden kann. Ob das sinnvoll ist, mag dahinstehen.

Die Besonderheit im Falle der Anweisung liegt in der Hierarchie selbst begründet: Anweisung bedeutet im Zusammenhang mit diskriminierenden Verhaltensweisen immer das Ausnutzen einer Machtstellung[116]. Der Zweck einer Aufnahme von Anweisungen wird wohl in der Vermeidung von einem „Verstecken hinter Untergebenen" liegen: Grundsätzlich ist zu sehen, dass Anweisungskonstellationen in einem Hierarchieverhältnis geschehen. Der Angewiesene hat dabei immer aufgrund einer Anweisung eines Vorgesetzten gehandelt; der Vorgesetzte selber aber handelt gegenüber dem eigentlich Betroffenen nicht. Ohne Einbeziehen der Anweisungsalternative wären Schutzbehauptungen Tür und Tor geöffnet. Es bestünde dann nämlich nur die Möglichkeit über Zurechnungen das Verhalten des Anweisenden zu sanktionieren.

[116] Vgl. zum Begriff der Anweisung: Art. 25 Bundespersonalverordnung, http://www.pvb.ch/ documents/Aktuelles/News/d_BPV_2001_09_13.htm; AG Frankfurt a.M., Urteil vom 20.03.2001, Az. 5 Ca 4459/00, http://www.jurpc.de/rechtspr/20010155.htm, S. 2 ff.; Gitter/Michalski, Arbeitsrecht, S. 30 f.

C. Geltungsbereich der Richtlinie 2000/78/EG

Die Umsetzung einer europäischen Richtlinie erfolgt stets durch den nationalen Gesetzgeber. Nur so erlangt die Richtlinie Wirksamkeit zwischen Privatrechtssubjekten. Das hat seinen Grund unter anderem darin, dass eine Richtlinie lediglich hinsichtlich des zu erreichenden Ziels verbindlich ist, den innerstaatlichen Stellen die Wahl der Form und Mittel aber überlässt, Artikel 249 Absatz 3 EGV. Daher muss der nationale Gesetzgeber bei der Richtlinienumsetzung auf der einen Seite beachten, welche Handlungen, Verhaltensweisen und Missstände angegangen werden sollen. Dieser Bereich wird durch die verpönten Merkmale und die verschiedenen Diskriminierungsformen umschrieben (s.o.). Auf der anderen Seite ist der einzelstaatliche Gesetzgeber auch nur innerhalb des beschriebenen Geltungsbereichs zu einer Umsetzung verpflichtet, Artikel 18 Satz 1 RL 2000/78/EG. Eine darüber hinausgehende Umsetzung in anderen Rechtsbereichen ist fakultativ, Artikel 8 Absatz 1 RL 2000/78/EG.

Es ist daher zu erörtern, welchen Geltungsbereich die Richtlinie zeitlich, sachlich und personell beschreibt. Davon hängt schließlich die Beantwortung der Frage ab, inwieweit der nationale Gesetzgeber zur Umsetzung verpflichtet und zur Vorsehung von Ausnahmebereichen befugt ist. An dieser Stelle muss aber auch klargestellt werden, dass der Geltungsbereich einer Richtlinie zudem durch andere Faktoren eingegrenzt wird, die bereits erörtert worden sind oder noch werden. Zweck der Richtlinie ist es, bestimmte Diskriminierungsmerkmale zu verpönen, Artikel 1 RL 2000/78/EG. Nur bei Diskriminierungen wegen der Religion oder der Weltanschauung, einer Behinderung, des Alters oder der sexuellen Ausrichtung finden die genannten Grundsätze Anwendung. Andere Differenzierungskriterien werden folglich nicht berührt. Auf diese Weise wird bereits ein grober Rahmen für den Anwendungsbereich der Richtlinie gezogen. Eine weitere Eingrenzung erfolgt durch Festlegung der Diskriminierungsformen.

Die Frage nach dem Geltungsbereich also allein auf Aspekte einer zeitlichen, personellen und sachlichen Reichweite zu beschränken, wäre unvollständig.

I. Zeitlicher Geltungsbereich

Die Richtlinie ist nur an die Mitgliedstaaten gerichtet. Das stellt Artikel 21 RL 2000/78/EG klar. Eine verspätet umgesetzte Richtlinie wirkt grundsätzlich nicht innerhalb des Mitgliedstaates auf privatrechtlicher Ebene. Daher ist es auch erklärbar, dass die festgesetzten Umsetzungsfristen konkret und verhältnismäßig streng bemessen sind. Denn solange ein Mitgliedstaat im Sinne einer umzusetzenden Richtlinie nicht tätig geworden ist, können die Ziele der Richtlinie nicht verwirklicht werden. Das gilt selbst dann, wenn der einzelne Staat die Umsetzungsfrist überschritten hat. In diesen Fällen können sich zwar Konstellationen ergeben, in denen Ersatzansprüche des Privaten gegenüber dem säumigen Mitgliedstaat entstehen[117]. Auch kann seitens der Kommission oder auf Anregung eines anderen Mitgliedstaates über die Kommission ein Vertragsverletzungsverfahren eingeleitet werden, Artikel 226 f. EGV, was für den einzelnen Staat hohe Geldbußen zur Folge haben kann[118]. Diese Mittel und Vorgehensweisen ersetzen jedoch niemals eine Umsetzung, sondern dienen eher der Sanktion.

Artikel 18 RL 2000/78/EG schreibt vor, dass die Richtlinie 2000/78/EG bis zum 02.12.2003 in nationales Recht umgesetzt worden sein muss. Dafür haben die Mitgliedstaaten die erforderlichen Maßnahmen zu treffen. Bezüglich der Merkmale Alter und Behinderung können die Staaten, sofern sie eine Erforderlichkeit darzulegen vermögen, eine Zusatzfrist von weiteren drei Jahren in Anspruch nehmen[119]. Davon muss allerdings die Kommission unverzüglich nach Beschlussfassung des Mitgliedstaates in Kenntnis gesetzt werden. Die Möglichkeit einer Vorsehung von Zusatzfristen im Zusammenhang mit europäischen Rechtsakten kommt zwar verhältnismäßig selten vor, ist aber dem Europarecht auch nicht völlig fremd[120]. Derjenige Staat, welcher die Zusatzfrist ausschöpfen möchte, ist dabei der Kommission zur jährlichen Berichterstattung verpflichtet, Artikel 18 Absatz 2 RL 2000/78/EG. Zu betonen ist an dieser Stelle aber, dass sich die Möglichkeit der Inanspruchnahme einer Zusatzfrist nur auf die verpönten Diskriminierungsmerkmale des Alters und der Behinderung bezieht. Für alle Übrigen gilt der Termin des 02.12.2003.

Auch schon vor Ablauf der Umsetzungsfrist besteht aber eine Pflicht der Mitgliedstaaten zur richtlinienkonformen Auslegung des nationalen Rechts. Der BGH hält eine Berücksichtigung von Richtlinien vor Ablauf ihrer Umsetzungsfrist zumindest für zulässig[121].

---

[117] EuGH – Francovich I, Urteil vom19.11.1991, Rs. C-6 und 9/90, Slg. 1991, S. I-5357; EuGH – Faccini Dori, Urteil vom 14.07.1994, Rs. C-91/92, Slg. 1994, S. I-3325; EuGH – Brasserie du Pecheur, Urteil vom 05.03.1996, Rs. C-46 und C-48/93, EuZW 1996, 205.

[118] Emmert, Europarecht, § 15, Rn. 11.

[119] Thüsing, NZA 2001, 1061, 1061.

[120] Vgl.: Vorschlag für eine Richtlinie zur Koordinierung der Auftragsvergabe durch Auftraggeber im Bereich der Wasser-, Energie- und Verkehrsversorgung vom 31.08.2000, KOM(2000) 276 final/2, 2000/0117 (COD), S. 8; Sechster Bericht über die Umsetzung des Reformpakets für den Telekommunikationssektor, KOM(2000) 814 endgültig vom 07.12.2000, S. 31; Richtlinie 2000/29/EG über Maßnahmen zum Schutz der Gemeinschaft gegen Einschleppung und Ausbreitung von Schadorganismen der Pflanzen und Pflanzenerzeugnisse vom 08.05.2000, Abl. L 169/1 vom 10.07.2000, S. 31; Beschlüsse der Kommission: 97/568/EG, Abl. L 234 vom 26.08.1997, S. 7; 97/603/EG, Abl. L 243 vom 05.09.1997, S. 48; 97/114/EG, Abl. L 41 vom 12.02.1997, S. 8; 97/310/EG, Abl. L 133 vom 24.05.1997, S. 19; 97/607/EG, Abl. L 245 vom 09.09.1997, S. 6.

[121] EuGH - Kolpinghuis Nijmwegen, Rs. 80/86, Slg. 1987, 3969, Rn. 15; BGHZ 138, 55, 59 ff.; Weber, AuR 2002, 401, 405; zu den Grenzen: Kerwer, NZA 2002, 1316, 1320 f.

II. Sachlicher und personeller Geltungsbereich

Anliegen der Richtlinie 2000/78/EG ist – schon anhand ihrer Überschrift – die Verwirklichung der Gleichbehandlung in Beschäftigung und Beruf. Im Kern beschreibt Artikel 3 RL 2000/78/EG den Geltungsbereich der Richtlinie. Wenngleich der einzelne Staat nicht daran gehindert ist, den Geltungsbereich der Richtlinie zu erweitern und damit günstigere Vorschriften zur Wahrung des Gleichbehandlungsgrundsatzes vorzusehen, Artikel 7 und 8 RL 2000/78/EG, muss doch zumindest innerhalb des verpflichtenden Bereichs die Richtlinienumsetzung umfassend erfolgen. Daher ist es wichtig, dieses Anwendungsfeld so genau wie möglich zu beschreiben. Dies ist auch darum bedeutend, weil zwar die Richtlinie selber nur Mindestanforderungen beinhaltet, Artikel 8 RL 2000/78/EG, der Mitgliedstaat aber in vielen Fällen bestrebt ist, auch nur die zwingenden Maßnahmen vorzunehmen[122]. Der Hauptgrund dafür dürfte sein, dass der nationale Gesetzgeber – je nach Regelungsmaterie und Umfang – schnell in Konflikt mit höherrangigem nationalen Recht geraten kann. Derartige Spannungen lassen sich auch nicht durch einen bloßen Verweis auf wiederum höherrangiges Europarecht beseitigen, denn zu den in Frage stehenden zusätzlichen Maßnahmen war der nationale Gesetzgeber europarechtlich gerade nicht verpflichtet.

Der sachliche und personelle Geltungsbereich der Richtlinie 2000/78/EG lassen sich nicht trennen. Hinsichtlich des personellen Geltungsbereichs trifft die Richtlinie in Artikel 3 Absatz 1 die Aussage, dass sie für alle Personen in öffentlichen und privaten Bereichen, einschließlich der öffentlichen Stellen gelte, sofern die Gemeinschaft auf dem jeweiligen Gebiet eine übertragene Zuständigkeit besitzt[123].

Welche Personen von der Richtlinie verpflichtet und berechtigt werden, lässt sich nur unter Berücksichtigung des sachlichen Geltungsbereichs feststellen. Eine Beschränkung des personellen Anwendungsbereichs ausschließlich auf private und öffentliche Arbeitgeber geht fehl. Schon der Richtliniengeber formuliert in Artikel 2 Absatz 2 b ii) RL 2000/78/EG neben den Arbeitgebern auch andere Personen und Organisationen als vom Anwendungsfeld erfasst. Darauf ist noch zurückzukommen. Die Umsetzung der Richtlinie 2000/78/EG soll auch nicht dazu führen, dass nur Bürger der Europäischen Union in den Genuss eines Diskriminierungsschutzes kommen; grundsätzlich sind auch Staatsangehörige dritter Länder mit einzubeziehen[124].

---

[122] Das lässt sich am Umsetzungsverhalten des deutschen Gesetzgebers zur Richtlinie 76/207/EWG vom 09.02.1976, Abl. L 39/40 vom 14.02.1976 erahnen. Vgl.: Kapitel E I. 2.

[123] Emmert, Europarecht, § 16, Rn. 2 ff. und § 43, Rn. 1 ff.

[124] Erwägung 12 der Richtlinie 2000/78/EG vom 27.11.2000 (Anhang I), Abl. L 303/16 vom 02.12.2000, S. 17.

Die Grenze der übertragenen Zuständigkeit gilt (selbstverständlich) auch hier. Der Richtliniengeber formuliert zunächst positiv den Geltungsbereich der Richtlinie 2000/78/EG.

Schon der Titel der Richtlinie zeigt, dass mit ihr ein allgemeiner Rahmen für die Verwirklichung der Gleichbehandlung in Beschäftigung und Beruf angestrebt wird. So grenzt sich dieser Anwendungsbereich bereits deutlich ein, im Gegensatz etwa zur Richtlinie 2000/43/EG, die grundsätzlich *auch* vor Diskriminierungen in anderen Teilen des Zivilrechts schützen will[125]. Was genau in den Bereich einer Gleichbehandlung in Beschäftigung und Beruf fallen soll, erklärt Artikel 3 RL 2000/78/EG.

1. Zugang und beruflicher Aufstieg

Artikel 3 Absatz 1 a) RL 2000/78/EG beschreibt den Geltungsbereich für sämtliche Bedingungen hinsichtlich des *Zugangs* zur Erwerbstätigkeit. Damit ist diese Variante der Richtlinie 76/207/EWG nachgezeichnet. Im Mittelpunkt stehen dabei etwa Auswahlkriterien, wie sie in Auswahlrichtlinien für die Einstellung festgelegt sein können und in größeren Betrieben regelmäßig festgelegt sind[126]. Dabei sind sowohl selbständige als auch unselbständige Formen erfasst. Ausnahmen gelten zudem nicht für bestimmte berufliche Positionen. Eine Ausnahmestellung etwa von leitenden Angestellten ist demnach europarechtlich nicht akzeptabel. Die Diskriminierungsgrundsätze schützen also Stellenbewerber auf jeder Stufe beruflicher Entwicklung und Hierarchie. Insbesondere werden in diesem Zusammenhang die Auswahlkriterien und Einstellungsbedingungen genannt. Diese Geltungsalternative betrifft demnach den Bewerber auf eine neue Arbeitsstelle. Diese Variante greift in besonderer Weise in die Gestaltungsfreiheit des Arbeitgebers ein, da er hier unmittelbar und sanktionsbewehrt in seiner Abschlussfreiheit betroffen ist[127].

Geschützt ist jedoch nur der Bereich der Erwerbsarbeit. Erwerbsarbeit unterscheidet sich von Dienstverpflichtungen wie etwa dem Wehr- oder Zivildienst dadurch, dass für die Tätigkeit eine Gegenleistung erbracht wird[128]. Nicht aufgegriffen wurde in diesem Zusammenhang der Vorschlag, auch unbezahlte und freiwillige Arbeit unter Schutz zu stellen[129]. Durch die realisierte Formulierung

---

[125] Artikel 3 der RL 2000/43/EG vom 29.06.2000 (Anhang IV), Abl. L 180/22 vom 19.07.2000, S. 24.

[126] Bauer, NJW 2001, 2672, 2673; Schaub, Arbeitsrechtshandbuch, § 238, Rn. 28; Grunewald, NZA 1996, 15, 15 f.; Hanau, BB 1972, 451, 453; Steckler/Schmidt, Arbeitsrecht, B/005 f.; Hanau/Adomeit, Arbeitsrecht, F, S. 164-168; Gitter/Michalski, Arbeitsrecht, S. 294.

[127] Bauer, NJW 2001, 2672, 2673.

[128] Schmidt/Senne, RdA 2002, 80, 82.

[129] Artikel 3 a) des geänderten Vorschlags für eine Richtlinie vom 12.10.2000, KOM(2000)652 endgültig, 1999/0225 (CNS), S. 11.

eines Schutzes der Erwerbstätigkeit zeigt sich das materielle Erfordernis der Entgeltlichkeit.

Als zweite Variante umfasst lit. a) aber auch den beruflichen Aufstieg, also Bewerbungen innerhalb eines Betriebes oder Unternehmens auf eine besser dotierte Stelle in einem höheren Verantwortungssegment. Bei dieser Variante ist der von der Richtlinie Begünstigte der jeweilige Stellenbewerber.

Artikel 3 Absatz 1 a) RL 2000/78/EG sieht folglich Rechte zugunsten des Arbeitnehmers und des potenziellen Arbeitnehmers vor. Anspruchsgegner ist - nach erfolgter Umsetzung im nationalen Recht - nach einer Kehrseitenbetrachtung der (potenzielle) Arbeitgeber.

Welche vorvertraglichen Konsequenzen sich daraus in Zukunft ergeben, wird in der Literatur als unsicher bewertet[130]. Die Folgen können mit Blick auf die Rechtslage in den USA eingeschätzt werden. Dort können Arbeitgeber nur neutralisierte Bewerbungsunterlagen erwarten[131]. Aus diesen muss dann weder das Alter noch eine Religionszugehörigkeit hervorgehen. Auch hinsichtlich des Geschlechts und einer etwaigen Behinderung müssen keine Angaben gemacht und dürfen keine Angaben erwartet werden. Notwendigerweise ist dem Bewerber dann auch im Zusammenhang mit den durch die Richtlinien 2000/78/EG und 2000/43/EG verpönten Merkmalen ein Recht zur Lüge zuzubilligen[132], falls eines dieser Kriterien durch den Arbeitgeber erfragt werden sollte und diese Frage nicht europarechtlich gerechtfertigt ist. Für das deutsche Recht ergibt sich ein großes Maß an Rechtsunsicherheit.

2. Berufsberatung und Berufsbildung

Artikel 3 Absatz 1 b) der Richtlinie erstreckt den Anwendungsbereich auf den unterschiedslosen Zugang zur Berufsberatung und Berufsbildungsmaßnahmen. Es werden die Berufsausbildung und die berufliche Weiterbildung und Umschulung, einschließlich der praktischen Berufserfahrung genannt. Auch hier gilt, dass sich die Geltung auf alle Formen und Ebenen erstreckt. Dabei ist zu beachten, dass der Einschluss der praktischen Berufserfahrung erst durch den geänderten Richtlinienvorschlag aufgenommen wurde[133]. Auf welcher Stufe innerhalb einer Unternehmensstruktur sich der Betroffene befindet, macht demnach keinen

[130] Bauer, NJW 2001, 2672, 2673.

[131] Thüsing, NZA 2001, 939, 940 ff.; Bauer, NJW 2001, 2672, 2673; Leuchten, NZA 2002, 1254, 1253 ff.

[132] Leuchten, NZA 2002, 1254, 1257; Thüsing, NZA 2001, 1061, 1064; vgl. dazu auch: Brosette, Wert der Wahrheit, S. 203 ff.; Buchner in Münchener Handbuch Arbeitsrecht Band I, § 41, Rn. 39 ff.

[133] Artikel 3 b) des Vorschlags für eine Richtlinie vom 06.01.2000, Abl. C 177 E/42 vom 27.06.2000, S. 44; dazu dann Artikel 3 b) des geänderten Vorschlags für eine Richtlinie vom 12.10.2000, KOM(2000)652 endgültig, 1999/0225 (CNS), S. 11.

Unterschied. Artikel 3 Absatz 1 b) RL 2000/78/EG orientiert sich deutlich an Artikel 4 c) RL 76/207/EWG.

Oftmals lässt sich die Berufsberatung nicht trennscharf von Berufsbildungsmaßnahmen unterscheiden. Gemeint sind damit jedenfalls alle Elemente einer aktiven Arbeitsförderung, wie etwa Trainingsmaßnahmen, Mobilitätshilfen, Übernahme von Kosten und Arbeitsvermittlungen. In erster Linie gehört zum Kernbereich aber die Erteilung von Rat und Auskunft[134]. Klassisch unter die Berufsbildung sind all diejenigen Bereiche zuzuordnen, die in Deutschland in den Anwendungsbereich des Berufsbildungsgesetzes fallen, zum Beispiel die Aneignung und Erweiterung aller für die Ausübung der Tätigkeit notwendigen fachlichen Kenntnisse und Fertigkeiten, § 1 Absatz 2 bis 4 BBiG[135]. Dieser Bereich ist für den Arbeitnehmer daher oftmals von existentiellem Interesse, um seine Arbeitskraft für den Markt attraktiv zu erhalten. Gleichfalls kommt er auch in den Genuss arbeitgeberseitiger Arbeitsfreistellung und Lohnfortzahlung[136].

Auch hier betrifft der personelle Geltungsbereich sowohl bereits beschäftigte Arbeitnehmer als auch diejenigen, welche sich erst um eine Ausbildungsstelle bewerben. Insoweit reicht bei lit. b) der Schutzbereich noch weiter als bei lit. a), weil auch der potenzielle Zugang zur Arbeitnehmereigenschaft vor Diskriminierungen geschützt wird. Die in lit. b) enthaltenen Rechte richten sich auch hier gegen den (potenziellen) Arbeitgeber.

3. Beschäftigungs- und Arbeitsbedingungen

Ferner gilt die Richtlinie nach Artikel 3 Absatz 1 c) RL 2000/78/EG für alle Beschäftigungs- und Arbeitsbedingungen. Dies findet seinen Vorläufer in RL 76/207/EWG in Artikel 5. Hervorgehoben werden dabei die Entlassungsbedingungen und das Arbeitsentgelt. Nach Sinn und Zweck der Richtlinie ist der Begriff der Beschäftigungs- und Arbeitsbedingung weit zu verstehen. Umfasst werden von diesem Begriff alle Fragen der Art und Weise der Arbeitsleistung, sofern sie Gegenstand von Tarif- oder Arbeitsverträgen sein können[137]. Daher ist die Hervorhebung der Entlassungsbedingungen und des Arbeitsentgelts nur deklaratorisch. Gerade hinsichtlich der Entlassungsbedingungen ist noch einmal auf die Auswahlrichtlinien hinzuweisen, die allgemeine Grundsätze zur Sozialauswahl enthalten; sofern Auswahlrichtlinien nicht bestehen, müssen auch die

---

[134] Steckler/Schmidt, Arbeitsrecht, D/139 ff.; Schaub, Arbeitsrechtshandbuch, § 19, Rn. 6.

[135] Zöllner/Loritz, Arbeitsrecht, § 28, S. 339 f.; Schaub, Arbeitsrechtshandbuch, § 173, Rn. 3; Steckler/ Schmidt, Arbeitsrecht, B/385; Hanau/Adomeit, Arbeitsrecht, E, S. 152-154; Gitter/Michalski, Arbeitsrecht, S. 37 f.

[136] Schaub, Arbeitsrechts-Handbuch, § 174, Rn. 64 f.

[137] Gitter/Michalski, Arbeitsrecht, S. 294; Steckler/Schmidt, Arbeitsrecht, A/047 f.; Dütz, Arbeitsrecht, Rn. 830; Schaub, Arbeitsrechtshandbuch, § 187, Rn. 18; Zöllner/Loritz, Arbeitsrecht, § 12, S. 164-168; Lieb, Arbeitsrecht, Rn. 52.

Grundsätze der Sozialauswahl diskriminierungsfrei angewandt werden[138]. Der Richtliniengeber gebraucht hierbei nämlich den allgemeineren Begriff der „Auswahlkriterien“. Dieser Begriff beschränkt sich gerade nicht auf Auswahlrichtlinien.

Von Arbeits- und Beschäftigungsbedingungen kann in personeller Hinsicht nur ein Arbeitnehmer betroffen sein. Zwar ist auch der Neubewerber hiervon berührt, allerdings erst in seiner Position als (ausgewählter) Arbeitnehmer. Rechte aus dieser Variante müssen sich daher ebenso gegen den Arbeitgeber richten.

4. Mitgliedschaft und Mitwirkung in Organisationen

Zusätzlich erstreckt Artikel 3 Absatz 1 d) RL 2000/78/EG den Anwendungsbereich auf die Mitgliedschaft und Mitwirkung in Arbeitgeber- und Arbeitnehmerorganisationen oder anderen berufsspezifischen Organisationen. Das schließt auch die Inanspruchnahme von Leistungen solcher Organisationen mit ein. Dabei darf die Anwendung der Grundsätze dieser Richtlinie aber nicht dazu führen, die Vereinigungsfreiheit, was das Recht jeder Person umfasst, zum Schutz ihrer Interessen Gewerkschaften zu gründen und Gewerkschaften beizutreten, zu beschränken[139].

Ungewöhnlich an dieser Aufzählung in der Reihe der Fälle a) bis c) ist allerdings, dass die gemeinten Organisationen keinen unmittelbaren Einfluss auf das Arbeitsverhältnis ausüben. Andererseits hat der Richtliniengeber wohl vor Augen, dass es dem Einzelnen nur im Verband möglich ist, seine Rechte effektiv zu schützen und durchzusetzen[140]. Daher muss ihm ein weitgehender Zugang zu diesen Organisationen eröffnet werden. Ein Fremdkörper ist dieses Element im Kontext mit dem sonstigen Richtlinieninhalt gleichwohl. Beispiele für solche Organisationen sind Gewerkschaften und Arbeitgeberverbände, aber wohl auch Institutionen wie Arbeitnehmerkammern[141]. Dafür spricht schon der Sinn und Zweck der Regelung.

Ob von diesem weiten Begriff auch Organisationen wie Betriebsräte und Sprecherausschüsse umfasst sein sollen, ist zweifelhaft und hängt davon ab, ob deren

---

[138] Zu diesen Grundsätzen bei Entlassungen: Schaub, Arbeitsrechtshandbuch, § 238, Rn. 28; Dütz, Arbeitsrecht, Rn. 339; Gift, ZfA 1974, 123, 123 ff.; Lieb, Arbeitsrecht, Rn. 346; Gitter/Michalski, Arbeitsrecht, S. 101; Hromadka/Maschmann, Arbeitsrecht Band 1, § 10, Rn. 207 ff.

[139] Erwägung 5 der Richtlinie 2000/78/EG vom 27.11.2000 (Anhang I), Abl. L 303/16 vom 02.12.2000, S. 16.

[140] Siehe dazu Angaben bei: Gitter/Michalski, Arbeitsrecht, S. 207.

[141] Hanau/Adomeit, Arbeitsrecht, C, S. 61; Lieb, Arbeitsrecht, Rn. 554; Gitter/Michalski, Arbeitsrecht, S. 209 f.; Steckler/Schmidt, Arbeitsrecht, B/009 f. und C/011; Dütz, Arbeitsrecht, Rn. 39 ff.; Schaub, Arbeitsrechtshandbuch, § 7, Rn. 35 ff. und 43; Großmann, RdA 1968, 297, 297 ff. und 481 ff.; Zacher, RdA 1971, 193, 193 ff.

Mitglieder tatsächlich *einer bestimmten* Berufsgruppe angehören, Artikel 3 Absatz 1 d) RL 2000/78/EG. Fraglich ist dann aber, ob es nicht inkonsequent wäre, Gewerkschaften und Arbeitgeberverbände, die häufig ein breiteres Tätigkeitsspektrum umfassen, einzubeziehen, dies auf der anderen Seite aber bei Betriebsräten und Sprecherausschüssen zu verneinen.

Bemerkenswert ist zudem, dass lit. d) den Schutz der Richtlinie auch auf den Arbeitgeber ausdehnt. Während er im Rahmen der Fälle a) bis c) derjenige ist, welcher über Anliegen seiner Arbeitnehmer entscheidet, gibt ihm lit. d) eigene Rechte gegen einen ihn betreffende Arbeitgeberverbund. Der Geltungsbereich der Richtlinie richtet sich damit sowohl aktiv als auch passiv an den Arbeitgeber. Die pauschale Aussage, Richtlinie 2000/78/EG richte sich (nur) an alle privaten und öffentlichen Arbeitgeber[142], greift etwas zu kurz. Gleichzeitig spricht die Richtlinie nämlich auch die Organisationen selber als Verpflichtete an.

Die Richtlinie 2000/78/EG setzt damit auch Rahmenbedingungen für die Koalitionsfreiheit. Anzumerken ist an dieser Stelle, dass dem Regelungsgehalt auch Artikel 137 Absatz 6 EGV nicht entgegensteht. Die Richtlinie wurde auf der Basis des Artikel 13 EGV erlassen[143]. Die Beschränkungen des Artikel 137 Absatz 6 EGV greifen aber nicht für andere als die in diesem Artikel genannten Kompetenzen.

5. Ergebnis zu II.

Ziel der Richtlinie 2000/78/EG ist der umfassende Schutz des Einzelnen vor benannten Diskriminierungen in Beschäftigung und Beruf. Erfasst werden die privaten und öffentlich-rechtlichen Dienstverhältnisse, also auch Beamte, Soldaten und Richter. Dabei wird die gesteigerte Bedeutung des Berufes für den Bürger hinsichtlich seiner gesellschaftlichen Teilhabe betont. In diesem Verständnis sind Beschäftigung und Beruf Bereiche, die für die Gewährleistung gleicher Chancen für alle und für eine volle Teilhabe der Bürger am wirtschaftlichen, kulturellen und sozialen Leben sowie für die individuelle Entfaltung von entscheidender Bedeutung sind[144]. Vor diesem Hintergrund lässt sich nun die Gemeinschaftsinitiative EQUAL[145] verstehen, die im Zusammenhang mit den An-

---

[142] So wohl: Bauer, NJW 2001, 2672, 2673.

[143] Zu Problemen im Zusammenhang mit der Kompetenz zum Erlass der Richtlinie 2000/78/EG auf der Basis des Artikel 13 EGV vgl.: Kapitel G und dort besonders Abschnitt III.

[144] Erwägung 9 der Richtlinie 2000/78/EG vom 27.11.2000 (Anhang I), Abl. L 303/16 vom 02.12.2000, S. 16; Erwägung 8 des Vorschlags für eine Richtlinie zur Gleichbehandlung in Beschäftigung und Beruf vom 06.01.2000, Abl. C 177 E/42 vom 27.06.2000, S. 42; Stellungnahme des Ausschusses der Regionen vom 12.04.2000, Abl. C 226/1 vom 08.08.2000, S. 2 ff.; Erwägung 1.4 der Stellungnahme des Wirtschafts- und Sozialausschusses vom 25.05.2000 (Anhang III), Abl. C 204/82 vom 18.07.2000, S. 83.

[145] Mitteilung der Kommission (Anhang II), Abl. C 127/2 vom 05.05.2000, S. 2-10.

tidiskriminierungsrichtlinien genannt wird und durch die unter anderem versucht werden soll, den Diskriminierungen auf dem Arbeitsmarkt politisch entgegenzutreten. Bezweckt wird auf diese Weise sozialer Schutz zur Anhebung der Lebensqualität und Solidarität untereinander, aber auch Steigerung der Wirtschaftlichkeit und Effizienz[146].

Fortgeführt wird mit RL 2000/78/EG der Diskriminierungsschutz, welcher durch die Richtlinien 76/207/EWG und 75/117/EWG bereits begonnen wurde[147]. Der Geltungsbereich der Richtlinien 76/207/EWG und 2000/78/EG ist nämlich weitestgehend deckungsgleich: So erstreckt sich RL 76/207/EWG auch auf gleiche(n) Zugang, Aufstieg, Berufsbildungsmaßnahmen und Arbeitsbedingungen innerhalb jeder Stufe oder beruflichen Rangordnung, Artikel 3, 4 und 5 RL 76/207/EWG[148]. Es fehlt dort lediglich die ausdrückliche Erstreckung auf die Mitgliedschaft und Mitwirkung in Arbeitnehmer- und Arbeitgeberorganisationen und ähnlichen Organisationen. Schließlich spricht für diese Sicht auch der Bezug, der im Rahmen der Richtliniendiskussion immer wieder zur Diskriminierung aufgrund des Geschlechts hergestellt worden ist[149].

Diese Parallele zur Richtlinie 76/207/EWG kann bei Konkurrenzfragen wichtig für das Verständnis sein. Gemeint sind solche Konstellationen, in denen jemand unter Umständen wegen verschiedener Merkmale diskriminiert wird. Die Richtlinie 2000/78/EG beabsichtigt dabei eine Ausweitung des Schutzes der Merkmalsträger. Im Falle von Überschneidungen darf sich somit nicht ergeben, dass der Diskriminierte, welcher sachlich beiden Richtlinien unterfallen würde, nur den Schutz der einen oder anderen genießt. Überschneidungen sind insbesondere bei Diskriminierungen aufgrund der sexuellen Ausrichtung vorstellbar[150]. Bei Fällen, in denen Transsexuelle betroffen sind, wurde bislang auf eine Diskriminierung wegen des Geschlechts abgestellt. Vorstellbar ist aber in Zukunft auch,

---

146 Erwägung 11 der Richtlinie 2000/78/EG vom 27.11.2000 (Anhang I), Abl. L 303/16 vom 02.12.2000, S. 16 f.; Erwägung 9 des Vorschlags für eine Richtlinie zur Gleichbehandlung in Beschäftigung und Beruf vom 06.01.2000, Abl. C 177 E/42 vom 27.06.2000, S. 42; Erwägung 2.6 der Stellungnahme des Wirtschafts- und Sozialausschusses vom 25.05.2000 (Anhang III), Abl. C 204/82 vom 18.07.2000, S. 84.

147 Richtlinie 76/207/EWG vom 09.02.1976, Abl. L 39/40 vom 14.02.1976 und Richtlinie 75/117/EWG vom 10.02.1975, Abl. L 45/19 vom 19.02.1975; siehe auch:
Powietzka, BB 2002, 146, 148.

148 Vgl. KR/Pfeiffer, § 611 a BGB, Rn. 8 f.

149 Erwägung Nr. 3, Vorschlag der Kommission vom 06.01.2000, Abl. C 177 E/42 vom 27.06.2000, S. 42; Stellungnahme des Wirtschafts- und Sozialausschusses vom 25.05.2000 (Anhang III), Abl. C 204/82, S. 83; Stellungnahme des Ausschusses der Regionen vom 12.04.2000, Abl. C 226/1 vom 08.08.2000, S. 2; Hailbronner, ZAR 2001, 254, 259.

150 Krickler, Sexuelle Orientierung im internationalen Menschenrechtsschutzsystem, http://www.humanrights.at/menscherechtmaterialien.asp?kat=e-er, S. 2; LSVD: Antidiskriminierungsgesetz für Lesben und Schwule, http://www.lsvd.de/recht/antid.html, S. 5 f.; dazu auch: Powietzka, BB 2002, 146, 148 ff.; KR/Pfeiffer, § 611 a BGB, Rn. 73.

dass diese Fälle – insbesondere solange es nicht zur Geschlechtsumwandlung gekommen ist – in den Bereich der sexuellen Orientierung eingeordnet werden.

Auch auf eine Mehrfachdiskriminierung wird bei der Kombination der Merkmale Geschlecht und Alter hingewiesen, etwa wenn an die Betriebszugehörigkeit angeknüpft wird. Das benachteilige typischerweise Frauen[151].

III. Reichweite hinsichtlich der Intensität

Auf der einen Seite wird der Geltungsbereich durch Festlegung der sachlichen und personellen Reichweite begrenzt. Stellt man sich dieses als Achse vor, so wird eine weitere Begrenzung – gewissermaßen auf der zweiten Achse – durch die von der Richtlinie erfassten Intensitätsschwellen beschrieben. Das sind die verschiedenen, von der Richtlinie erfassten Diskriminierungsformen.

Während sich durch die Aufnahme der unmittelbaren Diskriminierung nichts Neues ergibt, gilt im Zusammenhang mit der Umsetzung der Richtlinien 2000/78/EG und 2000/43/EG ein weiter Begriff der mittelbaren Diskriminierung. Die mitumfassten Belästigungsformen eröffnen zudem ein neues Anwendungsfeld. Das leuchtet schon unmittelbar ein, wenn man sich vor Augen führt, dass Belästigungen auch zwischen Arbeitnehmern untereinander vorkommen können. In diesem Zusammenhang müssen also – und das ist neu – auch die Arbeitnehmer untereinander durch die Umsetzung der Richtlinie in die Pflicht genommen werden. Folglich lässt sich auch hier feststellen, dass der personelle Anwendungsbereich der Richtlinie über die Einbeziehung der privaten und öffentlichen Arbeitgeber hinausgeht[152].

Es wurde gezeigt, dass ein Arbeitnehmer, der einen anderen belästigt, nach deutschem Recht zu Schadensersatz verpflichtet ist. Die richtlinienspezifischen Anforderungen sind so geartet, dass – im Falle ihres Vorliegens – immer auch das allgemeine Persönlichkeitsrecht betroffen ist. Zu vermuten bleibt nur, dass der nationale Gesetzgeber zur Umsetzung einer wirksamen und abschreckenden Sanktion, Artikel 17 RL 2000/78/EG, auch den Belästigungsschutz weitreichender sanktionieren muss, um einen Abschreckungseffekt jenseits von zivilen Entschädigungen zu erzielen[153].

IV. Bereichsausnahmen

Die Diskriminierungsverbote der Richtlinie 2000/78/EG können nicht absolut innerhalb des positiv beschriebenen Geltungsbereichs angewendet werden. Ansonsten hätte dies in einigen Bereichen die Schwächung von Systemen zur Fol-

[151] Roetteken, PersR 2002, 12, 14.
[152] Vgl. dazu nochmals die Aussage von: Bauer, NJW 2001, 2672, 2673.
[153] Vgl. dazu: Kapitel E.

ge, die für ein Zusammenleben und einen produktiven Fortbestand einer demokratischen Industrie- und Dienstleistungsgesellschaft unabdingbar sind.

1. Problematik einer genauen Kategorisierung

Das europäische Recht trennt nicht klar zwischen Tatbestandsmäßigkeit und Rechtswidrigkeit[154]. Gleichwohl stellt die Richtlinie Abwägungsinstrumente zur Verfügung, bei denen sich erst aus der Gewichtung verschiedener Interessen ergibt, dass eine Ungleichbehandlung keine Diskriminierung darstellen soll.

Fraglich ist, ob hier eine systematische Unterteilung sinnvoll ist, wenngleich die Unterscheidung für eine sachliche Prüfung nicht erheblich ist. Es wurde schon oben darauf verwiesen, dass eine nationale Systematik nie zu einer europarechtlich nicht intendierten Schutzbereichsverkürzung führen darf. Dennoch soll anhand von Sinn und Zweck einiger Regelungen überlegt werden, ob es für eine trennscharfe Unterteilung einen Sachgrund geben kann.

Allerdings verwendet der Richtliniengeber verschiedenste Formulierungen, mit denen er dem einzelstaatlichen Gesetzgeber die Möglichkeit gibt, Bereichsausnahmen vorzusehen: Auf der einen Seite wird die Wendung der Rechtfertigung benutzt – vgl. etwa Artikel 6 RL 2000/78/EG. Einer Rechtfertigung liegt dabei immer ein Abwägungsvorgang der betroffenen Interessen zugrunde. Auf der anderen Seite können die Mitgliedstaaten ohne Abwägung die Anwendbarkeit der Richtlinie für bestimmte Felder pauschal ausschließen, z. B. Artikel 3 Absatz 4 RL 2000/78/EG. Weiter sind solche Vorschriften der Richtlinie zu nennen, die ohne Tätigwerden des einzelstaatlichen Gesetzgebers den Anwendungsbereich der Richtlinie verkürzen, vgl. Artikel 3 Absatz 3 RL 2000/78/EG. Schließlich gibt es auch Mischformen aus Rechtfertigungsmöglichkeiten und durch die Richtlinie vorgegebenen Bereichsausnahmen, z.B. Artikel 2 Absatz 5 RL 2000/78/EG, wo nämlich ein Ausnahmebereich vorgesehen werden kann, wenn dies notwendig ist. Welche Formulierung der Richtliniengeber auch immer verwendet, so soll es im Ergebnis nur zu einer Unanwendbarkeit der statuierten Antidiskriminierungsgrundsätze führen. Das Ziel ist also in jedem Fall dasselbe.

---

[154] Vgl. oben: Kapitel B. II 3.; außerdem: Europäische Kommission (Generaldirektion Beschäftigung und Soziales), Aktionsprogramm der Gemeinschaft zur Bekämpfung von Diskriminierungen 2001-2006, S. 2; Richtlinie 2000/78/EG vom 27.11.2000 (Anhang I), Abl. L 303/16 vom 02.12.2000, S. 18 und 19 f.; Steindorff, RdA 1988, 129, 134; Müller-Glöge in MüKo, § 611 a BGB, Rn. 16; Classen, JZ 1996, 921, 924; für eine Zweiteilung: BAGE 53, 161 ff = AP Nr. 11 zu Art. 119 EWG-Vertrag; BAGE 68, 320, 325 ff. = AP Nr. 95 zu § 1 LohnFG; Hanau in Erman, § 611 a BGB, Rn. 6; Richardi/Annuß in Staudinger, § 611 a BGB, Rn. 35.

Eine saubere Unterteilung in Bereichsausnahmen bezüglich des Geltungsbereichs und in Rechtfertigungsgründe ist außerdem nicht möglich: Artikel 4 RL 2000/78/EG statuiert im zweiten Absatz die Möglichkeit, zugunsten der Kirchen eine Ungleichbehandlung im Hinblick auf den Ethos der Organisation zu *rechtfertigen*. Auch wenn die Formulierung hier eher für einen Rechtfertigungsgrund spricht, steht der Sinn und Zweck der Vorschrift wohl dagegen. Ob nämlich der Ethos einer Organisation eine gerechtfertigte berufliche Anforderung darstellt, ist in vielen Bereichen das Ergebnis einer subjektiven Wertung und historischer Entwicklung. Eine im Ganzen nachvollziehbare und objektive Interessenabwägung kann man hier kaum vornehmen. Trotz des Wortlauts dieser Vorschrift ist eine Nähe zu einer klassischen Rechtfertigungsvorschrift nicht ohne Weiteres erkennbar. Hier liegt wohl eher eine mitgliedstaatlich anzuordnende Bereichsausnahme vor.

Schließlich nivelliert sich die Differenz zwischen den Formulierungen der Ausnahmen weiter, wenn man bedenkt, dass zum Teil klare Bereichsausnahmen lediglich Ergebnis einer bereits vollzogenen Interessenabwägung sind: Artikel 3 Absatz 4 RL 2000/78/EG etwa gibt den Mitgliedstaaten die Möglichkeit vorzusehen, dass die Richtlinie hinsichtlich von Diskriminierungen wegen einer Behinderung oder des Alters nicht für die Streitkräfte gilt. Nach seinem Wortlaut müsste man diese Regelung als Einschränkung des Geltungsbereichs ansehen. Dahinter steht aber das Anliegen, die Streitkräfte eines Landes in besonderer Weise einsatzbereit zu halten. Hier hat also der Richtliniengeber seinerseits eine Abwägung getroffen, von der der Mitgliedstaat Gebrauch machen kann. Sinn und Zweck der Vorschrift sprechen demnach eher für einen Rechtfertigungsgrund, die Formulierung dagegen lässt eine Bereichsausnahme vermuten.

An vielen Stellen wird die Parallele zum Diskriminierungsschutz gemäß der Richtlinie 76/207/EWG gezogen. Es ist offensichtliches Anliegen des Richtliniengebers, den vorhandenen Diskriminierungsschutz fortzuschreiben und bisherige Terminologien weiterzuverwenden. Artikel 2 Absatz 2 der Richtlinie 76/207/EWG[155] gibt den Mitgliedstaaten die Möglichkeit, bestimmte Konstellationen vom Anwendungsbereich auszuschließen. Eine sinngleiche Befugnis eröffnet auch Artikel 4 Absatz 1 der Richtlinie 2000/78/EG für die dort verpönten Differenzierungskriterien. Bei der Richtlinie 76/207/EWG scheint demnach eine klare Bereichsausnahme vorzuliegen, zu der der Mitgliedstaat ermächtigt wird, die Richtlinie 2000/78/EG formuliert dagegen einen Rechtfertigungsgrund für den gleichen Sachbereich[156]. Für diese Unterscheidung in beiden Richtlinien gibt es keinen Sachgrund; inhärent ist beiden Regelungen nur der strenge Sach-

[155] Richtlinie 76/207/EWG vom 09.02.1976, Abl. L 39/40 vom 14.02.1976.
[156] Siehe dazu Erwägung 23 der der Richtlinie 2000/78/EG vom 27.11.2000 (Anhang I), Abl. L 303/16 vom 02.12.2000, S. 17.

grund. Demnach unterliegen die verschiedenen Wendungen der (möglichen) Bereichsausnahmen keinem System. Eine genaue Kategorisierung ist folglich nicht erstrebt oder gewollt.

Es ist festzuhalten, dass eine Einteilung der vorgesehenen Ausnahmen in Rechtfertigungsmöglichkeiten oder Geltungsbereichsausnahmen davon abhängig ist, ob das Schwergewicht auf der Formulierung oder dem dahinter stehenden Sinn gelegt wird. Die Kategorisierung ist daher fast immer willkürlich. Bedenkt man, dass eine unterschiedliche nationale Konzeption nie zu einer Verkürzung zu Lasten des Betroffenen entgegen dem Schutzzweck führen darf, degradiert sich eine Einteilung ohnehin (fast) zur Bedeutungslosigkeit.

2. (Mögliche) Ausnahmebereiche

Interessant und von ganz wesentlicher Bedeutung ist dagegen die inhaltliche Reichweite der verschiedenen Ausnahmebereiche. In diesen Fällen nämlich kann eine europarechtswidrige Diskriminierung abgelehnt werden. Im Folgenden sollen die einzelnen Aussagen der Richtlinie 2000/78/EG hierzu näher erklärt werden. Eine genaue Betrachtung der offerierten Ausnahmemöglichkeiten ist schon deshalb bedeutend, da der EuGH die Rechtfertigung einer unmittelbaren Diskriminierung durch sachliche Gründe außerhalb ausdrücklicher Regelungen nicht anerkennt[157]. Bei der Darstellung stehen die Bereiche, welche die Bundesrepublik Deutschland betreffen, im Vordergrund; etwaige andere nationale Sonderregelungsbefugnisse werden nicht thematisiert[158].

a. Allgemeine Abwägungsgrundsätze

Artikel 2 Absatz 2 b i) bietet für mittelbare Diskriminierungen eine erste Abwägungsmöglichkeit. Eine mittelbare Diskriminierung ist dann nicht gegeben, wenn die Handlung durch ein rechtmäßiges Ziel sachlich gerechtfertigt und die Mittel zur Erreichung des Ziels angemessen und erforderlich sind. Schon im Rahmen eines Verbots der Ungleichbehandlung aufgrund des Geschlechts kristallisierte sich heraus, dass bestimmte sachliche Gründe geeignet sind, eine Diskriminierung zu verneinen. Dabei genügt allerdings nicht eine bloße Willkürfreiheit[159]. Das stellt bereits der Richtlinienwortlaut klar, denn das Mittel muss angemessen und erforderlich sein. Die Maßnahme ist demnach am Verhältnismäßigkeitsgrundsatz zu messen, ein Erfordernis, das der EuGH bereits zuvor

---

[157] EuGH – Barber, Slg. 1990, I-1889, 1953; EuGH – Ten Oever, Slg. 1993, I-4879; EuGH – Moroni, JZ 1994, 722; Classen, JZ 1996, 921, 924; Darmon/Huglo, RTDE 1992, 1, 10.

[158] Vgl. zu diesem Komplex bezüglich der Sonderstellung Nordirlands: Artikel 15 der Richtlinie 2000/78/EG, sowie Erwägung 34 der Richtlinie 2000/78/EG vom 27.11.2000 (Anhang I), Abl. L 303/16 vom 02.12.2000, S. 18; KR/Pfeiffer, § 611 a BGB, Rn. 55.

[159] Franzen, ZEuP 1995, 796, 811 f.; Schiek/Horstkötter, NZA 1998, 863, 866; KR/Pfeiffer, § 611 a BGB, Rn. 57.

aufgestellt hat[160]. Im Einzelfall muss folglich eine Interessenabwägung und -gewichtung ergeben, ob eine mittelbare Diskriminierung gerechtfertigt ist. Dabei sind die einzelnen Abwägungen, die seitens des Richtliniengebers selbst vorgenommen werden, mit in die Beurteilung einzubeziehen.

So ist der Arbeitgeber nach Artikel 5 RL 2000/78/EG dazu verpflichtet, die Gleichstellung behinderter Kollegen mit den nichtbehinderten Mitarbeitern zu erreichen. Der Richtliniengeber geht folglich über einen bloßen Gleichbehandlungsgrundsatz hinaus, indem er eine Gleichstellung statuiert[161]. Die Abwägung im Falle einer (mittelbaren) Diskriminierung wegen der Behinderung muss dann etwa auch solche starken Gewichtungen berücksichtigen.

Ob nach diesen Grundsätzen im Ergebnis eine mittelbare Diskriminierung aufgrund der sexuellen Orientierung vorliegt, wenn der Gesetzgeber an das Institut der Ehe anknüpft, kann bezweifelt werden. Zwar scheint es naheliegend, dass mehr homosexuelle Menschen unverheiratet sind als Heterosexuelle, jedoch steht der Schutz der Ehe unter einem besonderen Schutz, Artikel 6 Absatz 1 GG[162]. Es muss gleichwohl genau differenziert werden, ob der Schutz der Ehe im Vordergrund einer Regelung steht, oder ob es um Ausgleich für Fürsorge- und Unterhaltsbelastungen geht. In diesem Fall müßten eingetragene Lebenspartnerschaften grundsätzlich der Ehe gleichgestellt werden, da die Partner hier einander in gleichem Maße zur Fürsorge verpflichtet sind[163]. Eine Diskriminierung ist dann folglich zu bejahen.

b. Förderung von Menschen mit Behinderungen

Artikel 2 Absatz 2 b ii) RL 2000/78/EG nimmt Bezug auf Artikel 5 der Richtlinie. Eine mittelbare Diskriminierung liegt danach dann nicht vor, wenn die in Rede stehende Maßnahme, zu der der Arbeitgeber oder eine andere Person oder Organisation einzelstaatlich verpflichtet ist, dazu dient, eine (tatsächliche) Gleichstellung von Menschen mit einer bestimmten Behinderung im Beschäftigungs- und Berufsleben zu erreichen und die sich ergebenen Nachteile zu beseitigen. Artikel 5 der Richtlinie verpflichtet nun aber den nationalen Gesetzgeber zur Umsetzung eines Systems, dass die Anwendung des Gleichbehandlungsgrundsatzes auf Menschen mit Behinderungen gewährleistet. Damit hat aber die

[160] EuGH – Bilka, Urteil vom 13.05.1986, Slg. 1986, S. 1628; EuGH – Kachelmann, Urteil vom 26.09.2000, NZA 2000, 1155; Herrmann, SAE 1993, 281; Waas, EWS 1994, 47, 49 f.; Hanau/Preis, ZfA 1988, 177, 192; Cousins, ELR 1994, 123, 140.

[161] Erwägungen 8, 16, 20, 21 und insbesondere 27 der Richtlinie 2000/78/EG vom 27.11.2000 (Anhang I), Abl. L 303/16 vom 02.12.2000, S. 16 ff.; Thüsing, NZA 2001, 1061, 1063; derselbe, ZfA 2001, 397, 403; Bauer, NJW 2001, 2672, 2674; von Koppenfels, WM 2002, 1489, 1489 f.

[162] Powietzka, BB 2002, 146, 148; Thüsing, NZA 2001, 1061, 1062.

[163] Powietzka, BB 2002, 146, 148, der in solchen Konstellationen richtigerweise eine unmittelbare Diskriminierung bejaht; pauschal ablehnend dagegen: Thüsing, NZA 2001, 1061, 1062.

Voraussetzung einer im einzelstaatlichen Recht bestehenden Verpflichtung gemäß Artikel 2 Absatz 2 b ii) RL 2000/78/EG keine eigenständige Bedeutung, denn der Arbeitgeber ist zwangsläufig zu einer derartigen Gleichstellungsmaßnahme verpflichtet, wenn sie ihn nicht unverhältnismäßig belastet. Wenn die Maßnahme den Arbeitgeber aber unverhältnismäßig belasten würde, so wäre es keine Maßnahme im Sinne des Artikel 5 RL 2000/78/EG mehr.

Im gleichen Kontext steht auch die Regelung des Artikel 7 Absatz 2 2.Halbsatz RL 2000/78/EG. Solange eine Maßnahme dazu dient, die Eingliederung von Menschen mit Behinderung zu fördern, steht dem der Gleichbehandlungsgrundsatz nicht entgegen. Hier ist der einzelne Mitgliedstaat befugt, eigentlich diskriminierende Vorkehrungen beizubehalten oder einzuführen. Die Eingliederung gesellschaftlich benachteiligter Gruppen ist ein besonderes Anliegen des Richtliniengebers[164].

Der Richtliniengeber nimmt demnach hier eine Abwägung zugunsten der Förderung behinderter Arbeitnehmer vor. Sich daraus ergebende mittelbare Diskriminierungen anderer müssen in diesem Sinne zurückstehen. Sie sind gerechtfertigt.

c. Schutz der öffentlichen Ordnung und Sicherheit am Arbeitsplatz

Den Antidiskriminierungsgrundsätzen unterliegen ebenso diejenigen Maßnahmen nicht, die in einer demokratischen Gesellschaft für die Gewährleistung der öffentlichen Sicherheit, der Verteidigung der Ordnung und der Verhütung von Straftaten, sowie zum Schutze der Gesundheit und zum Schutze der Rechte und Freiheiten anderer notwendig sind, Artikel 2 Absatz 5 RL 2000/78/EG. Damit wird der Bereich der inneren Sicherheit angesprochen. Den gleichen Regelungsbereich betrifft auch Artikel 7 Absatz 2 1.Halbsatz der Richtlinie. Die Förderung von Menschen mit Behinderungen finden hiernach dort ihre Grenze, wo der Schutz der Gesundheit und die Sicherheit am Arbeitsplatz intendiert ist.

In beiden Fällen stellt der Richtliniengeber klar, dass Antidiskriminierungsgrundsätze nur insoweit Anwendung finden, wie nicht die Sicherheit und Ordnung und der gesundheitliche Schutz anderer betroffen ist. Dies lässt sich anhand einer vorweggenommenen Güter- und Interessenabwägung erklären: Die dort angesprochenen Rechtsgüter sind allesamt derart bedeutend für ein gedeihliches Zusammenleben und das Sicherheitsbedürfnis des Einzelnen, dass auf sie nicht verzichtet werden darf. Selbst der Gleichstellungsauftrag zugunsten behinderter Arbeitnehmer muss dahinter zurückstehen, Artikel 7 Absatz 2 1.HS RL 2000/78/EG.

---

[164] Erwägungen 8 und 16 der Richtlinie 2000/78/EG vom 27.11.2000 (Anhang I), Abl. L 303/16 vom 02.12.2000, S. 16.

Den Mitgliedstaaten muss insbesondere möglich sein, die Einsatzbereitschaft aller erforderlichen Dienste zu wahren, die für die Aufrechterhaltung der öffentlichen Sicherheit und Ordnung notwendig sind. Es werden exemplarisch die Streitkräfte, die Polizei, Haftanstalten und Notfalldienste genannt[165]. Diese Berufsgruppen müssen in der Lage sein, sämtliche ihnen übertragene Aufgaben zu erfüllen. Dieser Gesichtspunkt gibt dem einzelnen Mitgliedstaat einen gewissen Einschätzungsspielraum.

Allerdings muss die Maßnahme zur Erreichung des Zweckes auch notwendig sein, damit Artikel 2 Absatz 5 RL 2000/78/EG angewendet werden darf. Sofern eine solche Notwendigkeit aber nicht festgestellt werden kann, müssen die Grundsätze der Richtlinie dagegen Anwendung finden. Eine grundsätzliche Freistellung von Diskriminierungsverboten der Richtlinie 2000/78/EG für den Bereich der inneren Sicherheit ist mit der Regelung des Artikel 2 Absatz 5 RL 2000/78/EG daher nicht gemeint.

d. Ausnahmebereich für Drittstaatenangehörige

Artikel 3 Absatz 2 der Richtlinie nimmt von ihrem Anwendungsbereich die Ungleichbehandlung von Personen aus Gründen der Staatsangehörigkeit aus. Ferner werden von ihr nicht die Vorschriften und Bedingungen für die Einreise, den Aufenthalt und die Behandlung von Staatsangehörigen dritter Länder und von staatenlosen Personen betroffen. In diesem Bereich verbleibt den Mitgliedstaaten weitgehende Regelungsautonomie. Der betroffene Personenkreis muss sich innerstaatlich nicht auf einen Diskriminierungsschutz der Richtlinie berufen können, sofern sich die beschwerende Behandlung aus der Rechtsstellung dieser Personen ergibt.

Es geht dabei um den Zugang des betroffenen Personenkreises zu Beschäftigung und Beruf[166]. Es ist also nicht zu beanstanden, dass Ausländer weiterhin für die Einreise und den Aufenthalt in die Bundesrepublik Deutschland eine Aufenthaltsgenehmigung benötigen, § 3 Absatz 1 und 3 AuslG; eine Ausübung beruflicher Tätigkeit kann auch weiterhin der Erteilung einer Arbeitserlaubnis unterfallen[167]. Relevant wird diese Regelung insbesondere im Hinblick auf den Beitritt ehemaliger Ostblockstaaten zu den Europäischen Gemeinschaften. Durch die Ausnahme des Artikel 3 Absatz 2 RL 2000/78/EG wird den Mitgliedstaaten in

---

[165] Erwägung 18 der Richtlinie 2000/78/EG vom 27.11.2000 (Anhang I), Abl. L 303/16 vom 02.12.2000, S. 17; Vorschlag für eine Richtlinie zur Änderung der Richtlinie 76/207/EWG vom 07.06.2000, KOM(2000)334 endgültig (2000/0142 (COD)), S. 7 ff.

[166] Erwägung 12 der Richtlinie 2000/78/EG vom 27.11.2000 (Anhang I), Abl. L 303/16 vom 02.12.2000, S. 17.

[167] Diese und weitere Angaben zur deutschen Migrationspolitik bezüglich Drittstaatenangehöriger: Koschorreck, Rechtliche Rahmenbedingungen einer Migrationspolitik in der Bundesrepublik Deutschland, wysiwyg://17/http://www.uni-konstanz.d...fak/fzaa/german/dokdown/AKreramig.html, S. 2 ff.

diesen Fragen im Bereich beschäftigungspolitischer Übergangsregelungen weitgehende Autonomie gewährt[168].

Es mag zunächst verwundern, dass eine derartige Regelung auch in der Richtlinie 2000/78/EG normiert ist, obgleich die dort angesprochenen Merkmale weder Rasse noch ethnische Zugehörigkeit unmittelbar betreffen. Dagegen erscheint dieser Passus im Zusammenhang mit Richtlinie 2000/43/EG plausibel[169]. Jedoch wurde im Zusammenhang mit Diskriminierungsformen aufgezeigt, dass eine Maßnahme, die an die Staatsangehörigkeit anzuknüpfen scheint, als mittelbare Diskriminierung aufgrund der Religion oder Weltanschauung eingeordnet werden kann. Im Falle von Maßnahmen, die mittelbar politische oder religiöse Einstellungen betreffen könnten, kann daher die Regelung des Artikel 3 Absatz 2 auch im Zusammenhang mit den verpönten Merkmalen der Richtlinie 2000/78/EG durchaus relevant werden.

Zu bemerken ist aber, dass im Übrigen Drittstaatenangehörige und Staatenlose dem Schutz der Richtlinie unterfallen sollen, sofern sich nicht etwas anderes aus dieser Rechtsstellung ergibt. Das ist auch im Allgemeinen ein besonderes Anliegen des Richtliniengebers[170]. Ausdrücklich wurde eine solche klarstellende Formulierung aber nicht bereits im ersten Richtlinienvorschlag aufgenommen[171].

e. Ausnahmebereich für staatliche Leistungen

Vom Anwendungsbereich ausgenommen sind auch Leistungen staatlicher Systeme oder der damit gleichgestellten Systeme. Hervorgehoben werden dabei Systeme der sozialen Sicherheit oder des sozialen Schutzes, Artikel 3 Absatz 3 RL 2000/78/EG. Angesprochen wird damit der Bereich der Sozialversicherungssysteme. Damit bleibt dem Mitgliedsstaat etwa vorbehalten, wie er Sozialversicherungen gliedert. Dies umfasst den Bereich der Krankenversicherung, Pflegeversicherung, Rentenversicherung, Unfallversicherung, Arbeitslosenversicherung und Insolvenzgeldversicherung[172].

---

[168] Bauer, NJW 2001, 2672, 2673; zur Bedeutung dieser Frage siehe nur: Politik der Woche vom 15.01. bis 21.01.2002, http://www.oe-journal.at/Aktuelles/0102/polarchiv15012101.htm, S. 15 f.

[169] Artikel 3 Absatz 2 RL 2000/43/EG vom 29.06.2000 (Anhang IV), Abl. L 180/22 vom 19.07.2000, S. 24.

[170] Erwägung 12 der Richtlinie 2000/78/EG vom 27.11.2000 (Anhang I), Abl. L 303/16 vom 02.12.2000, S. 17.

[171] Vgl. dazu: Erwägung 10 des Vorschlags für eine Richtlinie vom 06.01.2000, Abl. C 177 E/42 vom 27.06.2000, S. 43; darauffolgend dann: Erwägung 12 des geänderten Vorschlags vom 12.10.2000, KOM(2000)652 endgültig, 1999/0225 (CNS), S. 7.

[172] KR/Wolff, SozR, Rn. 1; Gitter/Michalski, Arbeitsrecht, S. 5; Dütz, Arbeitsrecht, Rn. 15; Zöllner/Loritz, Arbeitsrecht, S. 20 ff.

Systeme des sozialen Schutzes sind ebenso ausdrücklich vom Geltungsbereich ausgenommen. Damit ist im deutschen Recht beispielsweise die Regelung der Sozialhilfe nach dem BSHG gemeint, obwohl diese zum Arbeitsrecht keinen besonderen Bezug hat[173]. Wenn auch diskutiert wird, inwiefern Sozialrecht und Sozialpolitik überhaupt eine Beziehung zum Arbeitsrecht aufweisen[174], so ist die ausdrückliche Ausnahmeregelung in der Richtlinie 2000/78/EG dennoch nicht überflüssig, denn die Richtlinie bezieht sich ausdrücklich auf die Bereiche Beschäftigung und Beruf und eben nicht nur auf das Arbeitsrecht. Eine Nähe der Sozialversicherungssysteme und Sozialhilfe zu Beschäftigung und Beruf ist nämlich nicht zu übersehen. Ausgenommen sind hiervon nur solche Leistungssysteme, die nicht einem Arbeitsentgelt gleichgestellt werden können[175].

Der einzelne Mitgliedstaat ist demnach auch nicht daran gehindert, die einzelnen Voraussetzungen für den Zugang zu diesen Systemen zu kreieren und dabei die Grundsätze der Antidiskriminierungsrichtlinie außer Acht zu lassen. Nicht zu beanstanden sind danach geltende Regelungen, wonach das Ausländerrecht vorsieht, hilfsbedürftige Ausländer vom Bundesgebiet fernzuhalten, bzw. in bestimmten Fällen ein Ausländer seinen Sozialhilfeanspruch verliert[176].
Nicht beansprucht werden kann hiernach außerdem eine Vergütung des Staates, die den Zugang zu einer Beschäftigung oder die Aufrechterhaltung eines Beschäftigungsverhältnisses zum Ziel hat[177].

Zu beachten ist dabei aber, dass nationale Regelungen gleichwohl dem höherrangigen Recht genügen müssen. Damit ist gemeint, dass eine Ausnahme vom Geltungsbereich der Richtlinie 2000/78/EG nicht bedeutet, dass sämtliche europarechtliche Regelungen ausgeblendet werden dürfen. Nationale Regelungen müssen sich im Falle einer Betroffenheit von EG-Ausländern stets noch hinsichtlich anderer Grundsätze rechtfertigen, wie z.B. der Freizügigkeitsgarantie.

f. Sonderregelung für die Streitkräfte

Artikel 3 Absatz 4 RL 2000/78/EG kodifiziert eine spezielle Bereichsausnahme für die Merkmale Behinderung und Alter. Es liegt im Ermessen der Mitgliedstaaten vorzusehen, dass die Richtlinie hinsichtlich der beiden Merkmale nicht für die Streitkräfte gilt. Differenziert werden darf demnach weiterhin wegen des Alters und einer Behinderung, sofern der Mitgliedstaat dies vorsieht. Abzugren-

---

[173] Dütz, Arbeitsrecht, Rn. 15 und 74.
[174] Zöllner/Loritz, Arbeitsrecht, S. 39 f.
[175] Erwägung 13 der Richtlinie 2000/78/EG vom 27.11.2000 (Anhang I), Abl. L 303/16 vom 02.12.2000, S. 17.
[176] Koschorreck, wysiwyg://17/http://www.uni-konstanz.d...fak/fzaa/german/dokdown/AKreramig.html, S. 4.
[177] Erwägung 13 der Richtlinie 2000/78/EG vom 27.11.2000 (Anhang I), Abl. L 303/16 vom 02.12.2000, S. 17.

zen ist hier von dem Ausnahmebereich des Artikel 2 Absatz 5 RL 2000/78/EG: Während dort die Notwendigkeit einer Regelung festgestellt werden muss, ist diese für den Bereich der Streitkräfte nicht erforderlich.

Angesprochen wird mit der wirkungsvollen Streitkraft ein sensibler Bereich, der stark von der körperlichen und geistigen Leistungsfähigkeit der Beschäftigten abhängt. Wären Mitgliedstaaten gezwungen, Alter und Behinderung als Entscheidungskriterien auszublenden, würde die Effizienz und Leistungsfähigkeit stark beeinträchtigt. Damit sind elementare nationale Interessen betroffen. So gesehen stehen die Ausnahmen des Artikel 2 Absatz 5 und Artikel 3 Absatz 4 RL 2000/78/EG in einem sachlichen Zusammenhang. Den Mitgliedstaaten soll hier in jedem Fall die Möglichkeit erhalten bleiben, Effizienzgesichtspunkten gegenüber Alter und Behinderung den Vorzug zu geben und so die besonderen Verhältnisse zu berücksichtigen. Auf diesem Sektor sind die innerstaatlichen Interessen besonders betroffen, im Mittelpunkt steht die Sicherung der Schlagkraft der Streitkräfte[178].

In diesem Zusammenhang müssen besondere Altersregelungen also nicht neu überdacht werden. So liegt die allgemeine Altersgrenze für männliche und weibliche Berufssoldaten zur Zeit bei der Vollendung des 61. Lebensjahres, § 44 Absatz 1 Soldatengesetz. Besondere Altersgrenzen setzen aber zum Teil schon mit 53 Lebensjahren ein, im Falle von Offizieren, die in Strahlflugzeugen als Flugzeugführer oder Waffensystemoffiziere verwendet werden, gilt bereits das 41. Lebensjahr[179].

Festzuhalten bleibt, dass demnach auch die Rechtsverhältnisse, die die Streitkräfte betreffen, von der Richtlinie 2000/78/EG erfasst sein sollen. Verpönt sind dort die Unterscheidungsmerkmale Religion, Weltanschauung und sexuelle Ausrichtung grundsätzlich. Für Alter und Behinderung gilt das nicht, wenn der Mitgliedstaat dies vorsieht. Folglich ist ein Tätigwerden des nationalen Gesetzgebers erforderlich[180].

g. Wesentliche berufliche Anforderungen

Artikel 4 Absatz 1 RL 2000/78/EG gibt den Mitgliedstaaten die Befugnis vorzusehen, dass eine Ungleichbehandlung dann keine Diskriminierung darstellt, wenn das betreffende Merkmal eine wesentliche und entscheidende berufliche Anforderung darstellt, sofern der Zweck rechtmäßig und die Anforderung an-

---

[178] Vgl. auch: Kapitel G. IV. I.

[179] Beendigung des Dienstverhältnisses von Soldatinnen und Soldaten, http://www.deutsches-wehrrecht.de.

[180] Erwägung 19 der Richtlinie 2000/78/EG vom 27.11.2000 (Anhang I), Abl. L 303/16 vom 02.12.2000, S. 17.

gemessen ist. Insoweit besteht auch ein sinngleicher Ausnahmebereich im Zusammenhang mit der Richtlinie 76/207/EWG[181]. Diese Ausnahmevorschrift lässt auch Ungleichbehandlungen aufgrund unmittelbarer Anknüpfung an das eigentlich verpönte Merkmal zu und stellt insofern eine der wenigen derartigen Vorschriften dar.

aa. Voraussetzung einer wesentlichen Anforderung

Wann aber ein eigentlich verpöntes Merkmal eine derart wesentliche Voraussetzung darstellt, damit eine Ungleichbehandlung keine Diskriminierung darstellen muss, kann nicht eindeutig beurteilt werden. Der verwendete Wortlaut und der Sinn und Zweck der Vorschrift zwingen dazu, Ausnahmetatbestände restriktiv auszulegen[182]. Das Merkmal muss für die Tätigkeit unbedingt notwendig und erforderlich sein[183]. Anerkannt sind dabei Fälle der Authentizitätswahrung[184]. Welche Fälle damit bezüglich der in Artikel 1 RL 2000/78/EG genannten Merkmale gemeint sein könnten, ist fraglich.

Hinsichtlich des Alters sind Regelungen denkbar, die eine unverzichtbare und wesentliche Voraussetzung in der körperlichen Belastbarkeit aufstellen. Bei Piloten, Polizisten, Feuerwehrleuten und Fluglotsen besteht ab einem bestimmten Alters die Gewährleistung einer jederzeitigen Belastbarkeit und Stressresistenz eben nicht[185]. Bei dieser Personengruppe ist das Alter eine wesentliche berufliche Anforderung in diesem Sinne. Gegen eine solche pauschale Argumentation und die genaue Festlegung eines Alters spricht, dass häufig nachvollziehbare gerontologische Forschungen fehlen[186]: Pauschale Altersgrenzen berücksichtigen gerade nicht einen individuellen Alterungsprozess.

Hinsichtlich des Merkmals der Religion und Weltanschauung werden in der Literatur Beispiele genannt. Einer Fluggesellschaft sei es demnach gestattet, für

---

[181] Artikel 2 Absatz 2 der Richtlinie 76/207/EWG vom 09.02.1976, Abl. L 39/40 vom 14.02.1976, S. 40; Thüsing, ZfA 2001, 397, 408; derselbe, RdA 2001, 319, 319 f.

[182] Schmidt/Senne, RdA 2002, 80, 83; EuGH, Urteil vom 15.05.1986, Slg. 1986, 1651, 1686 f.; KR/Pfeiffer, § 611 a BGB, Rn. 48; ArbG Hamm, DB 1984, 2700; LAGE Köln, § 611 a BGB, Nr. 1; LAG Köln, AuR 1996, 504; LAG Berlin, NZA 1998, 312; BAG, AP Nr. 16 zu § 611 a BGB; Hanau in Erman, § 611 a BGB, Rn. 11 f.; bezüglich der Richtlinie 2000/78/EG siehe: Erwägung 23 der Richtlinie 2000/78/EG vom 27.11.2000 (Anhang I), Abl. L 303/16 vom 02.12.2000, S. 17; Erwägung 5.4 der Stellungnahme des Wirtschafts- und Sozialausschusses zur Richtlinie 2000/78/EG vom 25.05.2000, Abl. C 204/82 vom 18.07.2000, S. 87; Vorschlag für eine Richtlinie zur Änderung der Richtlinie 76/207/EWG vom 07.06.2000, KOM(2000)334 endgültig (2000/0142 (COD)), S. 9.

[183] Buchner in Münchener Handbuch Arbeitsrecht Band I, § 40, Rn. 169; Söllner in MüKo, § 611 a BGB, Rn. 13; Eich, NJW 1980, 2329, 2331 f.; Richardi/Annuß in Staudinger, § 611 a BGB, Rn. 53.

[184] KR/Pfeiffer, § 611 a BGB, Rn. 50; Richardi/Annuß in Staudinger, § 611 a BGB, Rn. 53; LAG Köln, AuR 1996, 504; Schmidt/Senne, RdA 2002, 80, 83; Pfarr/Bertelsmann, Gleichbehandlungsgesetz, Rn. 69.

[185] Thüsing, NZA 2001, 1061, 1063; derselbe, NZA 2002, 1234, 1237.

[186] Nussberger, JZ 2002, 524, 532.

die Auswahl ihrer Piloten nach deren Religionszugehörigkeit zu differenzieren, wenn diese eine notwendige Landevoraussetzung in einer ausländischen Stadt darstellt. So wird nach saudi-arabischem Recht nur Muslimen der Zutritt nach Mekka gewährt. Auch das Anbieten von koscherem Fleisch in einer Schlachterei mache es erforderlich, dass der Schlachter Jude sei[187].

Man kann auf den Gedanken kommen, dass die erforderlichen Anforderungen erfüllt sind, wenn es beispielsweise um die Arbeit eines Minderheitenbeauftragten geht. Dann könnte es gerade erforderlich sein, aufgrund des betreffenden Merkmals zu differenzieren. In solchen Fällen wären dann auch Konstellationen denkbar, in denen die sexuelle Ausrichtung eine ganz wesentliche berufliche Voraussetzung darstellen könnte. In Analogie zur Rechtsprechung hinsichtlich der Differenzierung aufgrund des Geschlechts bei einer zu besetzenden Stelle eines/r Gleichstellungsbeauftragten muss dazu festgehalten werden, dass diese beruflichen Positionen nicht notwendigerweise von Merkmalsträgern besetzt sein müssen[188]. Sähe man dies anders, so würde sich im nächsten Schritt die Problematik des Nachweises einer solchen Orientierung stellen, die die intimsten Angelegenheiten einer Person betrifft.

bb. Probleme der Einordnung dieser Kategorie

Problematisch an der Ausnahme, die durch Artikel 4 Absatz 1 RL 2000/78/EG aufgestellt wird, ist, dass es sich im Endeffekt nur um eine wertende Privilegierung bestimmter Unternehmensinteressen handelt[189]. Daher muss eine Abgrenzung in diesem Bereich unsicher bleiben. Ziel der Antidiskriminierungsrichtlinien ist doch eigentlich die Betonung der Gleichbehandlung eben gerade vor Interessen des Unternehmers. Wenn dieses Anliegen partiell wieder umgekehrt wird, lässt sich nicht mehr mit den ursprünglichen Intentionen argumentieren.

Zu bemerken bleibt, dass eine ähnliche Ausnahme vom Geltungsbereich der Richtlinie auch im Zusammenhang mit der Richtlinie 2000/43/EG diskutiert wird[190]. Fraglich ist dann beispielsweise, ob die Zugehörigkeit zu einer bestimmten Rasse oder eine bestimmte ethnische Herkunft eine wesentliche und entscheidende berufliche Voraussetzung für den Beruf eines folkloristischen Tänzers ist. Die Abgrenzungsschwierigkeiten in beiden Richtlinien bleiben gleich. Hält der Mitgliedstaat ein Merkmal für eine wesentliche und entschei-

---

187 Thüsing, ZfA 2001, 397, 407.

188 BAG, EzA, § 611 a BGB, Nr. 13 und 14; Richardi/Annuß in Staudinger, § 611 a BGB, Rn. 53; KR/Pfeiffer, § 611 a BGB, Rn. 53.

189 KR/Pfeiffer, § 611 a BGB, Rn. 54; Richardi/Annuß in Staudinger, § 611 a BGB, Rn. 54; Hanau in Erman, § 611 a BGB, Rn. 12.

190 Artikel 4 der Richtlinie 2000/43/EG vom 29.06.2000 (Anhang IV), Abl. L 180/22 vom 19.07.2000, S. 24; Hailbronner, ZAR 2001, 254, 257.

dende berufliche Anforderung, so hat er dies im nationalen Recht besonders vorzusehen.

cc. Reichweite für den öffentlichen Dienst

Dieser mögliche Ausnahmebereich lässt auch weiterhin zu, für den öffentlichen Dienst Loyalitätsanforderungen vorzusehen. Man könnte erwägen, die Zulässigkeit von Loyalitätsanforderungen vom Ausnahmebereich des Artikel 2 Absatz 5 RL 2000/78/EG abgedeckt zu sehen. Allerdings stellen die Treuanforderungen im öffentlichen Dienst eine Einstellungsvoraussetzung dar und stehen daher den wesentlichen beruflichen Anforderungen näher. Nicht bei jeder Loyalitätsanforderung ist nämlich die Gewährleistung der öffentlichen Sicherheit und Ordnung einer Gesellschaft sogleich betroffen.

Hiernach kann das bisherige System einer differenzierten Betrachtung je nach Stellung des Betroffenen fortbestehen[191]. Das ist insbesondere dort von Bedeutung, wo der Treuepflichtanforderung die Betätigung in einer religiösen oder politischen Organisation entgegenstehen könnte. Das Bundesarbeitsgericht legt hier zugunsten des Bewerbers schon strenge Maßstäbe an[192], die mit dem restriktiven Verständnis von einer wesentlichen beruflichen Anforderung übereinstimmen. Daher ist – sofern eine ausreichende nationale Umsetzung passiert oder beibehalten bleibt – nicht zu befürchten, dass im Bereich des öffentlichen Dienstes nun nicht mehr wegen der Zugehörigkeit in einer extremistischen Organisation abgelehnt werden dürfte. Dennoch muss zukünftig eine für den öffentlichen Arbeitgeber ungünstige Beweislast vorgesehen werden. Insoweit gelten die allgemeinen Regeln.

h. Religions- und Weltanschauungsprivileg

Artikel 4 Absatz 2 RL 2000/78/EG sieht für den Bereich kirchlicher oder weltanschaulicher Organisationen mögliche Ausnahmebereiche vor. Für die Praxis ist dieser Ausnahmebereich schon deshalb von besonderer Bedeutung, weil die beiden großen Kirchen in Deutschland zusammen den größten Arbeitgeber darstellen[193]. Es soll betrachtet werden, in welchem Rahmen es den Mitgliedstaaten offen steht, kirchliche und weltanschauliche Organisationen von den richtlinienspezifischen Antidiskriminierungsgrundsätzen auszunehmen.

---

[191] Buchner, Münchener Handbuch Arbeitsrecht Band 1, § 40, Rn. 130 ff.

[192] BAG vom 12.03.1986, AP Nr. 23 zu Art. 33 Abs. 2 GG; BAG vom 29.07.1982, AP Nr. 17 zu Artikel 33 Absatz 2 GG; auch: BVerfGE 83, 341, 353.

[193] Reichold, NZA 2001, 1054, 1056: Danach beschäftigen die Kirchen knapp eine Million Mitarbeiter in Deutschland. Allein in Einrichtungen der Caritas arbeiten 300000 und in Einrichtungen der Diakonie 250000 hauptberufliche Arbeitnehmer. Vgl. auch Richardi, Arbeitsrecht in der Kirche, § 1, Rn. 19-21.

aa. Reichweite der Sonderregelungsbefugnis

Bezüglich des Verhältnisses zur Ausnahmevorschrift des Artikel 4 Absatz 1 RL 2000/78/EG ist die jetzige Fassung der Richtlinie eindeutig. Absatz 1 enthält eine allgemeine Regelung, die für sämtliche in Artikel 1 RL 2000/78/EG genannten Merkmale gilt. Daneben beinhaltet Absatz 2 spezielle Regelungen für die Kirchen und kirchlichen Organisationen[194]. Greifen diese Regelungen also einmal nicht, so verbleibt der Ausnahmebereich des Artikel 4 Absatz 1 RL 2000/78/EG trotzdem.

Eine Ausnahme von einer europarechtswidrigen Diskriminierung besteht nach Artikel 4 Absatz 2 RL 2000/78/EG dann, wenn eine Organisation auf religiösen oder weltanschaulichen Grundsätzen beruht und die Religion oder Weltanschauung nach der Art der Tätigkeit oder den Umständen ihrer Ausübung eine wesentliche, rechtmäßige und gerechtfertigte berufliche Anforderung angesichts des Ethos der Organisation darstellt und dabei keine anderweitige unzulässige Diskriminierung beinhaltet, Artikel 4 Absatz 2 Satz 2 RL 2000/78/EG.

Festzuhalten ist, dass Artikel 4 Absatz 2 RL 2000/78/EG lediglich eine Befugnis zugunsten des einzelnen Mitgliedstaates enthält. Die fakultative Ausnahmevorschrift muss dabei eine einzelstaatliche Gepflogenheit widerspiegeln, die zum Zeitpunkt der Annahme dieser Richtlinie besteht. Maßstab für ein mögliches Ausnahmeprivileg bleibt also das Rechtsverhältnis innerhalb des Mitgliedstaates. Daher führt auch die Richtlinie 2000/78/EG nicht zu einer Erweiterung des deutschen Kirchenprivilegs auf ein Weltanschauungsprivileg[195]. Dies passt sich auch in das bisherige europäische Verständnis von dem Privileg der Kirchen, wie sie in Erklärung Nr. 11 der Schlussakte der Amsterdamer Konferenz vom 02.10.1997 verdeutlicht wird, ein[196].

Somit gelten die Kriterien eines Körperschaftsstatus der Religionsgemeinschaften also weiterhin in den bisher bestehenden Grenzen[197]. Mit dem in Artikel 137

---

[194] Thüsing, ZfA 2001, 397, 407; kritisch dazu: ILGA, Sexuelle Orientierung, S. 36 f.

[195] Das drückt auch Erwägung 24 der Richtlinie 2000/78/EG vom 27.11.2000 (Anhang I), Abl. L 303/16 vom 02.12.2000, S. 17 aus, wenn dort steht, dass sich der Status der Kirchen und weltanschaulichen Gemeinschaften nach innerstaatlichen Rechtsvorschriften richtet. Die Europäische Union achtet (nur) diesen Status. Siehe dazu auch: Reichold, NZA 2001, 1054, 1059.

[196] Erklärung Nr. 11 der Schlussakte der Amsterdamer Konferenz vom 02.10.1997: Die Europäische Union achtet den Status, den Kirchen und religiöse Vereinigungen oder Gemeinschaften in den Mitgliedstaaten nach deren Rechtsvorschriften genießen, und beeinträchtigt ihn nicht. Die Europäische Union achtet den Status von weltanschaulichen Gemeinschaften in gleicher Weise.

[197] Zur Reichweite und zum Begriff der arbeitsrechtlichen Regelungsautonomie: Richardi, Arbeitsrecht in der Kirche, § 3, Rn. 1-23; Heckel in FS Zacher, 235, 243 ff.; BVerfGE 70, 138, 168; BAGE 30, 247, 256 = AP Nr. 2 zu Art. 140 GG; von Hoyningen-Huene, RdA 2002, 65, 65 ff.; Müller-Volbehr, Europa und das Arbeitsrecht der Kirchen, S. 17-31; Ehnes, ZevKR 34, 382, 385 ff. Im Übrigen siehe auch: Robbers in FS Heckel, 411, 413 f.; BVerfG, NJW 2001, 429.

Absatz 5 Satz 1 WRV verankertem Körperschaftsstatus ist in Deutschland das Recht der beiden Volkskirchen verbunden, eigene Kirchengesetze zu erlassen.

Die Idee einer Regelungsautonomie der Kirchen findet seine Grundlage im kirchlichen Selbstverständnis. So antwortet Jesus dem Pilatus: „Mein Königreich gehört nicht zu dieser Welt, man kann es mit keinem anderen Reich vergleichen. Wäre ich ein weltlicher Herrscher, dann hätten meine Leute für mich gekämpft, damit ich nicht in die Hände der Juden falle. Aber mein Reich ist von anderer Art[198]." An anderer Stelle wird über das weltliche Gesetz und seinem Gehorsam gesagt: „Bis dahin hatte das Gesetz für uns die Funktion eines strengen Erziehers. Seitdem aber Christus gekommen ist und wir durch den Glauben an ihn Gottes Anerkennung gefunden haben, sind wir dem Gesetz, diesem strengen Erzieher, nicht mehr unterstellt[199]."

Welche Bereiche im Einzelnen gemeint sind, bestimmt sich nach einer Güterabwägung zwischen Kirchenfreiheit und den kollidierenden Rechtsgütern betroffener Dritter[200]. Mit einer Regelungsautonomie einer kirchlichen Organisation haben Fragen des Gesundheits- und Arbeitsplatzschutzes nichts mehr zu tun[201]. Auch die im Weiteren auf diesem Autonomieverständnis bauenden Loyalitätsgrundsätze, die eine Organisation im Sinne des Artikel 4 Absatz 2 RL 2000/78/EG anlegen darf, muss sich somit stets an innerstaatlichen Verfassungs- und sonstigen Rechtssätzen messen lassen. Dennoch ist der nationale Gesetzgeber durch die Regelung des Artikel 4 Absatz 2 RL 2000/78/EG gezwungen, die Reichweite dieser Ausnahmevorschrift genau einzugrenzen, um dem Diskriminierungsschutz des Einzelnen – wie ihn die Richtlinie beabsichtigt – möglichst weitgehend zu realisieren.

Das einzelstaatliche Recht gibt also nach wie vor den Rahmen für eine Privilegierung religiöser oder weltanschaulicher Organisationen vor. Daher steht die Richtlinie den Mitgliedstaaten nicht im Wege, wenn sich diese entschließen, Statuspositionen der genannten Organisationen wieder zu beschränken[202]. Eine

---

[198] Bibel, Johannes, Kapitel 18, Vers 33.

[199] Bibel, Galater, Kapitel 3, Vers 25; dazu auch: Ehnes, ZevKR 44, 509, 509 f.

[200] Müller-Volbehr, Europa und das Arbeitsrecht der Kirchen, S. 17 ff.; BVerfGE 18, 385, 387; BVerfGE 66, 1, 19; BVerfGE 70, 138, 165; Richardi, Arbeitsrecht in der Kirche, § 2, Rn. 25 f.

[201] Reichold, NZA 2001, 1054, 1056; zu diesem Komplex auch: Ehnes, ZevKR 34, 382, 394 f.

[202] Reichold, NZA 2001, 1054, 1060; Vergleiche erneut den Diskussionsentwurf eines Gesetzes zur Verhinderung von Diskriminierungen im Zivilrecht, a.a.O. Dieser Entwurf sieht eine Ausnahmeregelung für kirchliche Institutionen nicht vor. Europarechtlich ungezwungen müssten nach diesem Entwurf auch kirchliche Einrichtungen ohne Rücksicht auf Religion und Weltanschauung behandeln. Siehe dazu auch: Positionen der katholischen und evangelischen Kirchenvertreter in FAZ vom 17.05.2002, S. 5, Kritik am Gesetz gegen Diskriminierung; FAZ vom 18.05.2002, S. 4, Antidiskriminierungsgesetz ungewiß.

derartige Rücknahme müsste sich dann aber am Verfassungsrecht messen lassen, da sie europarechtlich nicht zwingend ist.

Der Diskriminierungsschutz des Einzelnen, der durch die Richtlinie 2000/78/EG aufgebaut werden soll, muss folglich dort zurücktreten, wo der nationale Gesetzgeber von der Ausnahmemöglichkeit der Kirchen Gebrauch macht, Artikel 4 Absatz 2 RL 2000/78/EG. Das betrifft auch das Merkmal der Religion des Einzelnen und klingt deshalb zunächst widersprüchlich. Denn um die religiös begründete Regelungsautonomie der Kirchen zu gewährleisten, wird der Schutz vor religiöser Diskriminierung des Einzelnen in den Hintergrund gedrängt. Allerdings kennt auch das deutsche Recht derartige Bestimmungen, etwa § 118 BetrVG. Der deutsche Gesetzgeber muss aber die Grenzen dieser Ausnahmebereiche klar aufzeigen, damit europäischer Diskriminierungsschutz nicht weiter als nötig zurückgedrängt wird[203].

bb. Kirchliche oder weltanschauliche Gemeinschaft

Erforderlich ist zuerst die Klassifizierung eines Organisationsbetriebes als religiös oder weltanschaulich. Eine derartige Zuordnung kennt das deutsche Arbeitsrecht etwa aus § 118 Absatz 2 BetrVG, § 1 Absatz 3 Nr. 2 SprAuG, § 1 Absatz 4 Nr. 1 MitbestG. Die nationalen Abgrenzungskriterien bleiben maßgeblich, das europäische Recht verhält sich diesbezüglich neutral[204].

Erforderlich ist zunächst ein materielles Kriterium, als ein wenigstens teilweiser Bezug der fraglichen Einrichtung zur Wesens- und Lebensäußerung der Organisation. Dies kann für karitative, erzieherische, missionarische, wissenschaftliche oder mediale Werke bejaht werden, nicht jedoch für rein gewerbliche Betätigungen[205]. Dazutreten muss nach deutschem Recht auch ein formales Element. Die Organisation muss auch ein Mindestmaß an Einfluss behalten, um auf Dauer eine einstellungsgemäße Betätigung der Einrichtung mit Vorstellungen der Organisation gewährleisten zu können[206]. Notwendig aber auch hinreichend ist, wenn etwa der kirchliche Segen im Zweifel wieder entzogen werden könnte.

cc. Loyalitätsanforderungen

Fraglich ist, wann eine Loyalitätsanforderung einen wesentlichen, rechtmäßigen und gerechtfertigten Anspruch darstellt. Dazu könnte man erwägen, die mögli-

[203] Thüsing, NZA 2001, 1061, 1063.
[204] Reichold, NZA 2001, 1054, 1059.
[205] Dütz in FS Stahlhacke, 101, 110 f.; Richardi, § 118 BetrVG, Rn. 200 ff.; Wedde in Däubler/Kittner/Klebe, § 118 BetrVG, Rn. 108; Hanau/Kania in ErfK, § 118 BetrVG, Rn. 33; Weth/Wern, NZA 1998, 118, 119 ff.
[206] BAG, NZA 1997, 1240, 1241; Weth/Wern, NZA 1998, 118, 121; Hollerbach, Handbuch des Staatsrechts VI, § 138, Rn. 121; Dütz in FS Stahlhacke, 101, 105; Hanau/Thüsing, Europarecht und kirchliches Arbeitsrecht, S. 28 ff.; Winter in FS Hollerbach, 893, 896 ff.

chen Fallgruppen ebenso restriktiv auszulegen, wie für den Ausnahmebereich des Artikel 4 Absatz 1 RL 2000/78/EG[207]. Dafür spricht die Regelung seitens des Richtliniengebers in einem Artikel und einem damit einhergehenden parallelem Verständnis.

Eine derart enge Auslegung entspricht jedoch nicht dem Regelungszweck. Zum einen zeigt der Richtliniengeber in seinen Erwägungen, dass er nur den Ausnahmebereich des Artikel 4 Absatz 1 der Richtlinie besonders eng verstanden wissen will[208]. Bezüglich der Ausnahme im religiösen und weltanschaulichen Bereich lassen sich nur allgemeine Erwägungen ohne ausdrücklich restriktiven Charakter finden. Außerdem spricht die Natur des Sachbereichs gegen eine strenge Anwendung des Verhältnismäßigkeitsgrundsatzes: Da der zu regelnde Bereich die innersten Überzeugungen, Glaubens- und Weltanschauungssätze des Einzelnen, bzw. der Organisation betrifft, lassen sich diese gerade nicht auf ihre Notwendigkeit hin überprüfen[209]. Der materielle Inhalt eines Ethos der Organisation muss der Organisation selber überlassen bleiben. Es verbleibt aber weiterhin eine Art Missbrauchskontrolle, ob die Anforderungen nach Art der Tätigkeit oder den Umständen ihrer Ausübung geeignet und angemessen sind[210].

Es finden sich abgestufte Loyalitätsanforderungen in den Ordnungen der evangelischen und katholischen Kirchen[211]. Die Grundanforderungen werden dabei biblisch hergeleitet: Dort heißt es für die Gläubigen: „Nehmt nicht die Forderungen dieser Welt zum Maßstab, sondern ändert euch, indem ihr euch an Gottes Maßstäben orientiert. Nur dann könnt ihr beurteilen, was Gottes Wille ist, was gut und vollkommen ist und was ihm gefällt[212]." An anderer Stelle heißt es: „Weil ihr Gottes Barmherzigkeit erfahren habt, fordere ich euch auf, liebe Brüder, mit Leib und Leben für Gott dazusein. Seid ein lebendiges und heiliges Op-

---

[207] Eine solche Interpretation könnte man Hanau/Thüsing, Europarecht und kirchliches Arbeitsrecht, S. 32, unterstellen, da sie auf § 611 a I S. 2 BGB rekurrieren; siehe dazu auch: Thüsing, ZfA 2001, 397, 408.

[208] Erwägung 23 der Richtlinie 2000/78/EG vom 27.11.2000 (Anhang I), Abl. L 303/16 vom 02.12.2000, S. 17 bezieht sich nur auf Artikel 4 Absatz 1 und fordert nur für diesen einen restriktiv verstandenen Anwendungsbereich.

[209] So auch: BAG, NZA 1998, 145; Reichold, NZA 2001, 1054, 1059; so wohl auch: Richardi/Annuß in Staudinger, § 611 a BGB, Rn. 56.

[210] BAG, NZA 2000, 208, 210; Thüsing/Börschel, NZA-RR 1999, 561, 563; Reichold, NZA 2001, 1054, 1059; Thiel in Bleistein/Thiel, MAVO, Präambel, Rn. 34.

[211] Für die katholische Kirche gilt die Grundordnung (GrO) der Deutschen Bischofskonferenz vom 22.09.1993, NJW 1994, 1394, 1394 ff., auch abrufbar unter: http://www.caritas.de/2ver/arbeitsrecht/8070503.htm; vgl. dazu: Dütz, NJW 1994, 1369, 1371 ff.; Richardi, NZA 1994, 19, 21; DiAG-MAV, Das kirchliche Arbeitsrecht, http://www.diag-mav.org/rechtspr/komment/kirchlarbeitsrecht.htm, S. 2; Für den evangelischen Bereich existieren keine einheitlichen Regelungen, dazu: Triebel, ZMV 2001, 60, 60 ff.; Ehnes, ZevKR 44, 509, 515 ff.

[212] Bibel, Römer, Kapitel 12, Vers 2.

fer, das Gott gefällt. Einen solchen Gottesdienst erwartet er von euch[213]." Auch für die Abstufung der verschieden hohen Loyalitätsanforderungen finden sich biblische Aussagen. So heißt es, dass ein Amtsbevollmächtigter der Kirche ein Vorbild für die Gläubigen im Wort, im Wandel, in der Liebe, im Glauben, in der Reinheit sein solle[214]. Die Diakone sollen ehrbar sein, nicht zweizüngig, nicht dem Wein ergeben, nicht schändlichen Gewinn suchen (...). Desgleichen ihre Frauen sollen ehrbar sein, nicht Lästerinnen, nüchtern, treu in allen Dingen[215].

Am Beispiel der katholischen Kirche lassen sich dazu folgende Erwägungen formulieren und feststellen: Je nach Nähe zum kirchlich-diakonischen Auftrag sind solche Anforderungen zu akzeptieren, die zur Wahrung der Glaubwürdigkeit der kirchlichen Einrichtung erforderlich sind, Artikel 3 Absatz 3 Satz 2 GrO. Im Zentrum dafür steht die Sendung der Kirche. Die Eigenart des kirchlichen Dienstes ist demnach seine religiöse Dimension im Sinne der Erfüllung des Auftrages Christi[216]. Dabei formuliert etwa Artikel 4 GrO für den Bereich der katholischen Kirche abgestufte Anforderungen der katholischen und leitenden Mitarbeiter (Absatz 1), der nichtkatholischen christlichen Mitarbeiter (Absatz 2) und schließlich der nichtchristlichen Mitarbeiter (Absatz 3). Damit wird anerkannt, dass nichtkatholische Mitarbeiter geringere Förderungspflichten als katholische oder leitende (katholische) Mitarbeiter haben. Über dieses System kann der Einzelfall hinsichtlich der zu stellenden Loyalitätsanforderungen hinreichend berücksichtigt werden. Den Anforderungen des europäischen Verhältnismäßigkeitsgrundsatz gemäß Artikel 4 Absatz 2 RL 2000/78/EG wird dabei Rechnung getragen.

Macht der Gesetzgeber im Rahmen der Umsetzung der Richtlinie 2000/78/EG also von seiner Befugnis gemäß Artikel 4 Absatz 2 RL 2000/78/EG Gebrauch, für den kirchlichen Bereich eine allgemeine Kirchenklausel zu statuieren, so wären zweifellos auch weiterhin Fragen nach der Religionszugehörigkeit – vgl. dazu auch Artikel 3 Absatz 2 GrO für die katholische Kirche - und einer Beziehung zu Sekten durch den (kirchlichen) Arbeitgeber zulässig[217].

---

[213] Bibel, Römer, Kapitel 12, Vers 1.
[214] Bibel, Erster Brief des Heiligen Paulus an Timotheus, Kapitel 4, Vers 12.
[215] Bibel, Erster Brief des Heiligen Paulus an Timotheus, Kapitel 3, Vers 8 und 11.
[216] Thiel in Bleistein/Thiel, MAVO, Präambel, Rn. 16, 23 und 25 f. Der Mensch wird auch im kirchlichen Arbeitsrecht als Abbild Gottes geschaffenes Wesen gesehen, das durch seine Arbeit am Werk des Schöpfers teilnimmt und es im Rahmen seiner menschlichen Möglichkeiten weiterentwickelt und vollendet. Die Rückbesinnung auf die Hingabe Christi, der sich dadurch zum Diener aller gemacht hat, wird zentrales Element für ein Verständnis der kirchlichen Dienstgemeinschaft (Rn. 25 f.).; Richardi, Arbeitsrecht in der Kirche, § 6, Rn. 14 ff.
[217] Richardi, Arbeitsrecht in der Kirche, § 6, Rn. 2 f.; Reichold, NZA 2001, 1054, 1060.

i. Gerechtfertigte Ungleichbehandlung wegen des Alters

Artikel 6 der Richtlinie 2000/78/EG beschreibt den Ausnahmebereich einer gerechtfertigten Ungleichbehandlung wegen des Alters.

aa. Verhältnis zu anderen Ausnahmevorschriften

Hinsichtlich des Verhältnisses zur Ausnahmevorschrift des Artikel 4 Absatz 1 RL 2000/78/EG lässt sich wiederholen, was schon zu Artikel 4 Absatz 2 RL 2000/78/EG gesagt worden ist. Grundsätzlich stehen beide Vorschriften nebeneinander. Das heißt, Artikel 4 Absatz 1 der Richtlinie ist grundsätzlich auch bei Ungleichbehandlungen wegen des Alters anwendbar.

Gleichwohl macht eine Anwendung wenig Sinn, denn Artikel 6 Absatz 1 RL 2000/78/EG statuiert geringere Anforderungen: Während Artikel 4 Absatz 1 verlangt, dass das Merkmal eine wesentliche und entscheidende berufliche Anforderung darstellt, greift Artikel 6 Absatz 1 bereits, sofern die Ungleichbehandlung objektiv und angemessen und durch ein legitimes Ziel gerechtfertigt ist[218]. Exemplarisch werden hierzu Ziele aus den Bereichen Beschäftigungspolitik, Arbeitsmarkt und berufliche Bildung aufgeführt. Nicht geschützt wird dagegen das Interesse eines Arbeitgebers an einem jüngeren und seiner Ansicht leistungsfähigeren Arbeitnehmer[219]. Auch die sich anschließende Erläuterung versteht sich nur beispielhaft, was der Richtliniengeber wiederum durch die Verwendung des Wortes insbesondere zum Ausdruck bringt.

bb. Inhalt der Ausnahmevorschrift

Vorgesehen werden können besondere Bedingungen für den Zugang, die Arbeitsbedingungen und Bedingungen für Entlassung und Entlohnung, die der beruflichen Eingliederung von Jugendlichen, älteren Arbeitnehmern und Personen mit Fürsorgepflichten dienen, Artikel 6 Absatz 1 a) RL 2000/78/EG. Artikel 6 Absatz 1 b) RL 2000/78/EG nennt weiter Mindestanforderungen an das Alter für den Zugang zu einer Beschäftigung oder damit verbundener Vorteile. Diese Alternative geht also zu Lasten jüngerer Arbeitnehmer. Artikel 6 Absatz 1 c) der Richtlinie ergänzt dann in die andere Richtung, da auch die Festsetzung eines Höchstalters aufgrund der Ausbildungs- oder Arbeitsplatzanforderungen oder Anforderungen hinsichtlich der Beschäftigungszeit vor dem Ruhestand möglich ist. Eine Schwierigkeit dieser Ausnahmevorschrift liegt darin, dass es oft an fundierten gerontologischen Forschungen fehlt, so dass ein sachlicher Grund nicht plausibel und nachvollziehbar dargelegt werden kann[220].

---

[218] Vgl. zur Entwicklung der vorliegenden Formulierung: Artikel 5 des Vorschlags für eine Richtlinie vom 06.01.2000, Abl. C 177 E/42 vom 27.06.2000, S. 44 und Artikel 5 des geänderten Vorschlags für eine Richtlinie vom 12.10.2000, KOM(2000)652 endgültig, 1999/0225 (CNS), S. 11 f.

[219] Thüsing, ZfA 2001, 397, 409.

[220] Nussberger, JZ 2002, 524, 532.

Artikel 6 Absatz 2 RL 2000/78/EG nimmt in weiten Teilen die nationale Festsetzung von Altersgrenzen aus dem Anwendungsbereich der Richtlinie aus, sofern dabei die Festsetzung als Voraussetzung für die Mitgliedschaft oder den Bezug spezifischer Leistungen oder die versicherungsmathematische Berechnung im Zusammenhang mit betrieblichen Systemen der sozialen Sicherheit betroffen ist.

Intention des Richtliniengebers ist, dass die einzelstaatlichen Bestimmungen über die Festsetzung der Altersgrenzen für den Eintritt in den Ruhestand von vorneherein nicht berührt sein sollen[221]. Möchte man gleichwohl aus dem Gegenschluss zu Artikel 6 Absatz 2 RL 2000/78/EG interpretieren, dass damit Altersgrenzen, die zur Versetzung in den Ruhestand führen, rechtfertigungsbedürftig würden[222], hieße das, den ausdrücklichen Willen des Richtliniengebers zu missachten. Spricht man den Erwägungen einer Richtlinie überhaupt eine Aussagekraft zu, so muss diese jedenfalls in den expliziten Fällen Geltung beanspruchen können. Nach dem Gedanken einer möglichen Mehrfachdiskriminierung müssen sich solche Altersgrenzenregelungen aber an anderen Diskriminierungsverboten messen lassen.

Ganz offensichtlich ist der Richtliniengeber bestrebt, Ungleichbehandlungen wegen des Alters unter einfacheren Bedingungen zuzulassen, sofern der Mitgliedstaat dies vorsieht. Den Mitgliedstaaten steht in weiten Bereichen eine Befugnis für die Vorsehung von Ausnahmevorschriften zu[223]. Die Abwägungsanforderungen des Artikel 6 Absatz 1 RL 2000/78/EG sind vergleichsweise gering.

Zugunsten der Zulässigkeit des § 14 III TzBfG lässt sich daher argumentieren, diese Vorschrift diene der Wiedereingliederung älterer Menschen in den Berufsalltag und verhindere somit Langzeitarbeitslosigkeit. Diese Argumentation wird freilich mit dem Absenken der Altersgrenze fragwürdiger[224]; sie muss zudem dann überdacht werden, wenn sich der Arbeitsmarkt wieder erholt.

Ebenso könnte die Regelung des Artikel 6 Absatz 1 RL 2000/78/EG bei der Frage der Zulässigkeit der Bemessung von Sozialplanleistungen helfen: Es geht um die möglichst gerechte Verteilung eines begrenzten Volumens, um die Zeit

---

[221] Erwägung 14 der Richtlinie 2000/78/EG vom 27.11.2000 (Anhang I), Abl. L 303/16 vom 02.12.2000, S. 17.
[222] So aber: Schmidt/Senne, RdA 2002, 80, 84 f.; Thüsing, ZfA 2001, 397, 410; dagegen: Lenz in Lenz, Artikel 13 EGV, Rn. 14; Nussberger, JZ 2002, 524, 530.
[223] Erwägung 5.5 der Stellungnahme des Wirtschafts- und Sozialausschusses vom 25.05.2000 (Anhang III), Abl. C 204/82 vom 18.07.2000, S. 87.
[224] Weber, AuR 2002, 401, 404; Kerwer, NZA 2002, 1316, 1316. Grundsätzlich zweifelnd: Leuchten, NZA 2002, 1254, 1257.

der Arbeitslosigkeit zu überbrücken. Dabei ist der zeitlich nahe Bezug von Altersrente ein sachlicher Grund[225].

cc. Probleme dieser Ausnahmevorschrift

Die Weite dieser Ausnahmevorschrift ist problematisch. Anliegen des Richtliniengebers ist es, Diskriminierungen wegen des Alters in Beschäftigung und Beruf weitestgehend zu unterbinden; die Statuierung dieses Merkmals als verpönt, ist ein wesentliches Element der Richtlinie 2000/78/EG[226]. Gleichwohl wird erkannt, dass gerade das Kriterium Alter häufig einer differenzierenden Regelung bedarf, was es erforderlich macht, den Mitgliedstaaten ein hohes Maß an Regelungskompetenz zuzuerkennen, um den besonderen Situationen Rechnung zu tragen[227]. Die Beachtung beider Aspekte schafft Kollisionen und Reibungen. Wegen dieses Dilemmas wird teilweise befürchtet, dass sich der Schutz der Richtlinie hinsichtlich des Alters in Deutschland nur auf das beschränke, was ohnehin schon gelte[228]. Sollte sich dies als tatsächlich herausstellen, so ist nicht nachvollziehbar, in dieser Feststellung eine Sorge zu erblicken. Zum einen will die Richtlinie 2000/78/EG nur Mindeststandards statuieren. Wenn ein Mitgliedstaat daher die Notwendigkeit eines weiterreichenden Schutzes erkennt, ist es ihm unbenommen, über die Richtlinienanforderungen hinauszugehen. Ist ein Standard aber in einem Mitgliedstaat bereits erreicht, so entspricht innerstaatliches Recht den Gemeinschaftsanforderungen. Es geht schließlich bei Richtlinienvorgaben nicht um Rechtsänderung per se. Im Mittelpunkt steht vielmehr die Intention eines bestimmten Schutzniveaus. Das Bestehen einer Richtlinie bedeutet für den einzelnen Mitgliedstaat schließlich nicht Zwang zur Rechtsänderung. Zum anderen zeigt eine pauschale Betrachtung, dass Deutschland hinsichtlich des Arbeitsplatzschutzes kein Schlusslicht in der Europäischen Gemeinschaft darstellt[229].

---

[225] Leuchten, NZA 2002, 1254, 1260.

[226] Erwägung 25 der Richtlinie 2000/78/EG vom 27.11.2000 (Anhang I), Abl. L 303/16 vom 02.12.2000, S. 17.

[227] Siehe dazu: Erwägung 5.5 der Stellungnahme des Wirtschafts- und Sozialausschusses vom 25.05.2000 (Anhang III), Abl. C 204/82 vom 18.07.2000, S. 87; Erwägung 25 der Richtlinie 2000/78/EG vom 27.11.2000 (Anhang I), Abl. L 303/16 vom 02.12.2000, S. 17. Gerade die Möglichkeit der Mitgliedstaaten, Ungleichbehandlungen anhand von Belangen aus den Bereichen Beschäftigungspolitik und Arbeitsmarkt rechtfertigen zu können, wird wegen der damit verbundenen Weite der Regelung kritisch gesehen, vgl.: Erwägung 1.12 der Stellungnahme des Ausschusses der Regionen vom 12.04.2000, Abl. C 226/1 vom 08.08.2000, S. 3: Es werden hier eindeutige Definitionen empfohlen.

[228] Thüsing, ZfA 2001, 397, 409 f., der auf U.S.-amerikanisches Recht verweist, hier aber nur aufzeigen kann, wie ungeordnet sich dort die Meinungslager gegenüberstehen.

[229] Siehe nur Beispiel Spanien: Euro-Info Nr. 618 Oktober 1999, Sozialpolitische Entwicklung in Spanien.

j. Gewährleistung der völligen Gleichstellung

Artikel 7 Absatz 1 RL 2000/78/EG ermöglicht den Mitgliedstaaten, Ungleichbehandlungen beizubehalten oder einzuführen, wenn diese der Gewährleistung einer völligen Gleichstellung der Merkmalsträger gemäß Artikel 1 dienen. Auch diese Vorschrift hat eine Parallele in Artikel 2 Absatz 4 der Richtlinie 76/207/EWG. Damit bringt der Richtliniengeber zum Ausdruck, dass eine Beseitigung faktischer Ungleichheiten wichtiger ist, als ein prinzipiell geltendes individuelles Diskriminierungsverbot. Es geht hierbei um Diskriminierungen zugunsten der zu schützenden Minderheit[230].

Die Diskussion darum, wie eine solche Förderung des bisher diskriminierten Geschlechts im nationalen Recht aussehen kann und welchen Grenzen diese unterliegt, setzt sich noch heute fort[231]. Im Mittelpunkt der Auseinandersetzung steht die Förderung einer Minderheit durch Quotenregelungen. Nach dem jetzigen Stand der Diskussion und Rechtsprechung des EuGH wird hierzu nunmehr der Weg über eine leistungsbezogene Quote mit Öffnungsklausel gewählt[232].

Zu beachten ist, dass Artikel 7 Absatz 1 RL 2000/78/EG die Mitgliedstaaten lediglich an der Einführung oder Beibehaltung von Regelungen, die zugunsten benachteiligter Minderheiten im Sinne des Artikel 1 wirken, nicht hindert. Statuiert wird demnach nur die grundsätzliche Möglichkeit der Vorsehung derartiger Regelungen im nationalen Recht. Folglich müssen solche nationalen Regelungen weiterhin am höherrangigem nationalen Recht gemessen werden, denn sie werden durch europarechtliche Vorgaben nicht zwingend und verpflichtend vorgeschrieben[233].

Inwieweit grundsätzlich Quotenregelungen mit Artikel 3 GG vereinbar sind, ist fraglich. Bei der Diskussion im Zusammenhang mit Förderungsklauseln hinsichtlich des Merkmals des Geschlechts dient der in Artikel 3 Absatz 2 GG neueingefügte Satz 2 den Befürwortern der Zulässigkeit einer Quotenregelung als

---

[230] Erwägung 26 der Richtlinie 2000/78/EG vom 27.11.2000 (Anhang I), Abl. L 303/16 vom 02.12.2000, S. 17.

[231] Vgl. zu dieser Diskussion: Loritz, EuZW 1995, 762, 763 ff.; Starck, JZ 1996, 197, 198 f.; Heilmann/Hoffmann, AuA 1995, 406, 406 f.; Pape, ArbuR 1998, 14, 14 ff.; Pfarr, NZA 1995, 809, 809 ff.; dieselbe, RdA 1995, 204, 204 f.; Colneric, BB 1996, 265, 268; Schmidt, NJW 1996, 1724, 1725 f.; Hanau in FS Herschel, 191, 212; Vachek, JuS 1997, 410, 413 f.; Sachs, RdA 1998, 129, 133 ff.; Compensis, BB 1998, 2470, 2471 f.; Holznagel/Schlünder; Jura 1996, 519, 523 f.; Buchner in Münchener Handbuch Arbeitsrecht Band I, § 40, Rn. 183 ff.

[232] König, DÖV 1995, 837, 843 ff.; EuGH – Marschall, Slg. 1997, 6363, 6392, Rn. 31; Ebsen, RdA 1993, 11, 15 f.; Schiek, ArbuR 1996, 128, 134 f.

[233] Buchner, Münchener Handbuch Arbeitsrecht Band I; § 40, Rn. 184 f.; Richardi/Annuß in Staudinger, § 611 a BGB, Rn. 48.

starkes Argument[234]. Im Zusammenhang mit den verpönten Merkmalen des Artikel 1 RL 2000/78/EG kann diese Argumentation auf das Merkmal der Behinderung übertragen werden. Auch hier bringt der Verfassungsgesetzgeber in Artikel 3 Absatz 3 Satz 2 GG einen besonderen Förderauftrag zugunsten Behinderter zum Ausdruck. Quotenregelungen sind in diesem Zusammenhang durchaus mit dem deutschen Verfassungsrecht vereinbar[235]. Auch bezüglich des Kriteriums Alter steht Artikel 3 GG differenzierenden gesetzlichen Regelungen nicht im Wege, denn gerade im Bereich Beschäftigung und Beruf spielt das Alter eine derart wesentliche Rolle, dass es – abstrakt gesehen – nicht unvertretbar sein kann, von nicht vergleichbaren Sachverhalten auszugehen, die dann in der Konsequenz auch nicht zwangsläufig gleich behandelt werden müssen. Eine genaue Bewertung muss am konkreten Fall vorgenommen werden. Ein grundsätzliches Entgegenstehen des Artikel 3 GG kann demnach nicht festgestellt werden.

Im Gegensatz dazu lässt sich diese Argumentation nicht auf alle Merkmale des Artikel 1 der Richtlinie 2000/78/EG übertragen. Aussagen der Verfassung über einen Förderauftrag hinsichtlich der Merkmale Religion, Weltanschauung oder sexueller Ausrichtung sind nicht zu finden. Auch spielen diese Merkmale in Beschäftigung und Beruf nicht eine derart wesentliche Rolle, dass ohne Weiteres ein Entgegenstehen des Artikel 3 GG zu befürchten wäre.

Bedenkt man aber einmal die Konsequenz von Förderklauseln zugunsten dieser Merkmalsträger bezüglich Stellenausschreibungen, so mutet Einiges fremd an: Es ist wohl nicht beabsichtigt, bei Stellenausschreibungen einen Passus vorzusehen, der etwa Bewerbern mit homosexueller Ausrichtung einen Vorzug einräumen soll, bis es zu einer tatsächlichen Gleichstellung dieser Merkmalsträgergruppe gekommen ist. Zum einen steht dem wiederum das Fragerecht des Arbeitgebers entgegen[236], zum anderen lassen sich sexuelle Ausrichtungen kaum beweisen. Gleiches gilt so auch für Religion und Weltanschauung. In diesem Kontext ist Artikel 7 Absatz 1 RL 2000/78/EG missverständlich[237]. Zu Kollisionen mit Artikel 3 GG wird es zumindest im Zusammenhang mit Quoten zugunsten der genannten Merkmalsträger in der Praxis wohl nicht kommen. Nichtsdestotrotz löst die Ermächtigung des Artikel 7 Absatz 1 RL 2000/78/EG Irritationen aus.

---

[234] Vgl. zu dieser Auseinandersetzung: Kokott, NJW 1995, 1049, 1051; König, DÖV 1995, 837, 844; Heun in Dreier, Artikel 3 GG, Rn. 90; Hanau in Erman, § 611 a BGB, Rn. 15; KR/Pfeiffer, § 611 a BGB, Rn. 134; Buchner, Münchener Handbuch Arbeitsrecht Band I, § 40, Rn. 184 ff.

[235] Heun in Dreier, Artikel 3 GG, Rn. 122; Jürgens, ZRP 1993, 129, 130 f.; Schmidt-Bleibtreu/Klein, Artikel 3 GG, Rn. 42 a.

[236] Brosette, Wert der Wahrheit, S. 203 ff.; Buchner in Münchener Handbuch Arbeitsrecht Band I, § 41, Rn. 39 ff.

[237] So auch Erwägung 5.6 der Stellungnahme des Wirtschafts- und Sozialausschusses vom 25.05.2000 (Anhang III), Abl. C 204/82 vom 18.07.2000, S. 87.

Gleichwohl kann Artikel 7 Absatz 1 RL 2000/78/EG hinsichtlich der Rechtfertigung von Altersdiskriminierung etwa bei der Sozialauswahl nach § 1 Absatz 3 KSchG ansetzen[238]: Die Dauer der Betriebszugehörigkeit und das Lebensalter unterscheiden (mittelbar und unmittelbar) nach dem Alter. Grundsätzlich sind ältere Arbeitnehmer in Zeiten hoher Arbeitslosigkeit auf ihren Arbeitsplatz stärker angewiesen als jüngere. Dennoch kann es Gründe in der Person des jüngeren Arbeitnehmers geben, die eine andere Beurteilung nahelegen. Dann wird aber schon nach jetziger Rechtslage unter Umständen eine andere Beurteilung vorgenommen[239]. Diese Rechtslage entspricht den Anforderungen des EuGH nach einer weichen Quotenregelung.

[238] Weber, AuR 2002, 401, 404; Schmidt/Senne, RdA 2002, 80, 83 f.

[239] Vgl. nur die Angaben bei Schmidt/Senne, RdA 2002, 80, 84, Fn. 45-48; Leuchten, NZA 2002, 1254, 1260.

D. Verpönte Merkmale der Richtlinie 2000/78/EG

Die Reichweite der Richtlinie wird auch durch das Verständnis der verpönten Diskriminierungsmerkmale begrenzt. Die Richtlinie 2000/78/EG verbietet Diskriminierungen wegen der Religion, der Weltanschauung, einer Behinderung, des Alters oder der sexuellen Ausrichtung, Artikel 1 RL 2000/78/EG. Alle fünf Merkmale lassen Raum für Interpretationen. An dieser Stelle ist auch darauf hinzuweisen, dass der Richtliniengeber die verpönten Merkmale der Richtlinien 2000/78/EG und 2000/43/EG als eine Einheit versteht. Die Richtlinie 2000/43/EG bezieht sich in gleichem Maße wie die Richtlinie 2000/78/EG auf die Bereiche Beschäftigung und Beruf und geht in ihrem Anwendungsbereich noch darüber hinaus, indem sie auch andere Teile des Zivilrechts mit einbezieht. So werden die Merkmale Rasse und ethnische Zugehörigkeit in gleicher Weise als Anknüpfungspunkte für eine Ungleichbehandlung in Beschäftigung und Beruf geächtet, wie die Merkmale aus Artikel 1 der Richtlinie 2000/78/EG[240].

Wie die Antidiskriminierungsmerkmale der Richtlinie 2000/78/EG verstanden werden müssen und ob sich das deutsche Verständnis mit europäischer Begrifflichkeit vereinbaren lässt, soll im Folgenden betrachtet werden.

I. Alter

Die Auslegung des Differenzierungskriteriums „Alter“ scheint auf den ersten Blick problemlos, beim zweiten Hinsehen allerdings offenbaren sich deutliche Schwierigkeiten[241]. Dabei stellt sich die Frage, wann eine Diskriminierung wegen des Alters im Sinne der Richtlinie 2000/78/EG vorliegt.

1. Auslegungsproblematik

Das Alter in diesem Sinne kann man zum einen als bezugsneutrales Kriterium verstehen[242]. Das bedeutet, dass die Berücksichtigung irgendeines Lebensalters im Rahmen der Richtlinie ausgeschlossen sein soll. Nur dort, wo dies extra vorgesehen ist, darf dann das Alter ausnahmsweise mitberücksichtigt werden. Auf der anderen Seite kann der Begriff auch als Beziehungsbegriff aufgefasst werden. Dann würde das Kriterium Alter nur einen Sinn geben, wenn es als Ver-

---

[240] Erwägung 10 der Richtlinie 2000/78/EG vom 27.11.2000 (Anhang I), Abl. L 303/16 vom 02.12.2000, S. 16: Nur weil sich Richtlinie 2000/43/EG zwangsläufig auf das Arbeitsrecht beziehen müsse, wurden die Merkmale in RL 2000/78/EG nicht nochmals ausdrücklich erwähnt. Zu den Merkmalen Rasse und ethnische Zugehörigkeit siehe: Waas, ZIP 2000, 2151, 2152 ff.; Thüsing, ZfA 2001, 397, 399 ff.; derselbe, NZA 2001, 1061, 1061 f.

[241] Dies übersieht Thüsing, ZfA 2001, 397, 408, wenn er dort schreibt: „Wann eine Ungleichbehandlung wegen des Alters vorliegt, wird in der Regel einfach zu erkennen sein.“ Das mag hinsichtlich der Feststellung von Ungleichbehandlungen richtig sein, nicht aber bezüglich derer, die von der Richtlinie 2000/78/EG erfasst sind.

[242] So: Schmidt/Senne, RdA 2002, 80, 82; wohl auch: Thüsing, NZA 2001, 1061, 1064; Weber, AuR 2002, 401, 402.

gleichsgröße verwendet werden würde[243]. In der Konsequenz müsste man dann das Begriffspaar Alter und Jugend gegenüberstellen. Bei einem solchen Verständnis wäre (nur) der ältere Mensch von der Richtlinie 2000/78/EG geschützt.

Die grundsätzliche Bedeutung dieser Auslegungsfrage für das weitere Vorgehen kann kaum überschätzt werden. Zwar bestehen gerade im Hinblick auf das Kriterium Alter weite (mögliche) Ausnahmebereiche, in denen sowohl in der einen als auch in der anderen Richtung Ungleichbehandlungen zugelassen werden könnten. Auf der anderen Seite setzt Artikel 6 RL 2000/78/EG voraus, dass der nationale Gesetzgeber die Fälle einer gerechtfertigten Ungleichbehandlung vorsieht und normiert. Legt man dem Altersbegriff ein enges Verständnis zugrunde, so wären auch nur diejenigen nationalen Regelungen und Verhaltensweisen beachtlich, die die Älteren benachteiligen. Hier ergibt sich Diskussionsbedarf in vielen arbeitsrechtlichen Bereichen: Fraglich ist dann etwa, ob man auch künftig rentennahe Arbeitnehmer von Sozialplanabfindungen im Sinne des § 112 BetrVG ausnehmen kann[244]. Ob und inwieweit ältere Arbeitnehmer Kürzungen in Kauf nehmen oder sogar ganz auf Sozialplanabfindungen verzichten müssen, ist schon im deutschen Recht strittig und wird diskutiert[245]. Auch stellt sich die Problematik der Vorsehung von Altersgrenzen neu[246], wenngleich sie sich angesichts der Erwägung 14 der Richtlinie 2000/78/EG mehr auf das Wie als auf das Ob bezieht.

Dagegen müssen nur bei einer weiten Auslegung auch Regelungen neu überdacht werden, die die älteren Arbeitnehmer privilegieren und in der Folge die jüngeren benachteiligen. Das betrifft zum Beispiel die Sozialauswahl bei der Kündigung gemäß § 1 Absatz 3 KSchG. Entscheidend sind hier die Faktoren Dauer der Betriebszugehörigkeit, Lebensalter und Zahl der Unterhaltverpflichtungen[247]. Dabei ist auch zu beachten, dass zumindest die Dauer der Betriebszu-

---

[243] Bauer, NJW 2001, 2672, 2673, der aber dort auch auf eine neutrale Auslegungsmöglichkeit des Merkmals hinweist.

[244] Bauer, NJW 2001, 2672, 2673.

[245] Rolfs, AR-Blattei SD 10, Rn. 72, 87 ff.; Weber/Ehrich, BB 1997, 1530, 1534 f.; Meyer, SAE 1999, 190, 193 f. Es wird aber innerhalb dieser Diskussion auch erörtert, ob die Bevorzugung älterer Arbeitnehmer über das Kriterium der Dauer der Betriebszugehörigkeit zulässig ist, vgl.: Meyer, SAE 1999, 190, 194 f.; Weber/Ehrich, BB 1997, 1530, 1533. Je nach Verständnis des Altersbegriffs der Richtlinie 2000/78/EG müsste auch diese Praxis neu überdacht werden.

[246] Rolfs, ZfA 1999, 403, 463 f.; Bauer, NJW 2001, 2672, 2674; zur Diskussion um die Zulässigkeit von Altersgrenzen im deutschen Recht vgl.: Pauly/Hesselbarth, NJ 1999, 464, 464 f.; Preis in FS Stahlhacke, 417, 417 ff.; Marschner, AuA 1998, 18, 18 f.; Waltermann, NZA 1994, 822, 822 ff.; Löwisch, ZTR 2000, 531, 531 ff.; Pfeiffer, ZIP 1994, 264, 264 ff.; BVerfGE 64, 72, 82 ff.

[247] Rolfs/Holthöwer, DB 1995, 1074, 1074; Bütefisch, Sozialauswahl, S. 203 ff.; Däubler, NJW 1999, 601, 602 f.; Fischermeier, NZA 1997, 1089, 1093 f.; Ascheid in ErfK, § 1 KSchG, Rn. 492; von Hoyningen-Huene/Linck, § 1 KSchG, Rn. 466; Trittin, ArbuR 1995, 51, 51 ff.; Bauer/Lingemann, NZA 1993, 625, 626 ff.

gehörigkeit und auch die Zahl der Unterhaltsverpflichtungen prinzipiell eine mittelbare Altersdiskriminierung darstellen können. Denn typischerweise ergibt sich bei einem höheren Lebensalter auch eine höhere Zahl an Unterhaltsverpflichtungen. Ebenso steht es mit der Dauer der Betriebszugehörigkeit.

Unter einem Rechtfertigungsdruck stünde schließlich auch § 14 Absatz 3 TzBfG, der eine sachgrundlose und zeitlich unbegrenzte Befristung von Arbeitsverträgen erst bei Arbeitnehmern mit einem Lebensalter von über 58 Jahren erlaubt[248]. Jüngere Arbeitnehmer kommen folglich nicht in den Genuss dieser Regelung. Für sie ist der Abschluss von befristeten Arbeitsverträgen ungleich schwerer, § 14 Absatz 1 und 2 TzBfG. Andererseits wird den älteren Arbeitnehmern in großen Teilen der soziale Schutz versagt. In gleicher Weise verhält es sich mit der Regelung des § 10 Absatz 2 KSchG, der älteren Arbeitnehmern mit einer längeren Betriebszugehörigkeit einen höheren Abfindungsbetrag zuerkennt[249].

2. Altersbegriff der Richtlinie

Das Verständnis des Merkmals Alter hat folglich Auswirkungen auf die Umsetzung der Richtlinie 2000/78/EG in das deutsche Recht. Zwar sind dem einzelstaatlichem Gesetzgeber Ausnahmemöglichkeiten eröffnet; deren Gebrauch müsste er aber explizit darlegen, Artikel 6 RL 2000/78/EG. Es ist nun zu erörtern, wie der europäische Richtliniengeber den Begriff verstanden wissen möchte.

a. Wortlaut

Dabei ist zunächst festzuhalten, dass die *Wortlautauslegung* wenig Aufschluss ergibt. Artikel 1 RL 2000/78/EG spricht von Diskriminierungen wegen des Alters. Der Begriff Alter hat aber verschiedene Bedeutungen: In erster Linie bezeichnet er (neutral) eine wertfreie Zeiteinheit; ebenso versteht man darunter auch den letzten Lebensabschnitt vor dem Greisenalter[250]. Dementsprechend kann die Wortlautbedeutung für beide Auslegungsvarianten herangezogen werden. Etwas anderes ergibt sich auch nicht aus der Wortlautbedeutung anderer Amtssprachen: So wurde in der französischen Fassung die Wendung „l'âge“

---

[248] Bauer, NJW 2001, 2672, 2673; vgl. zur Diskussion in Deutschland und Bedenken hinsichtlich der Vereinbarkeit mit geltendem Gemeinschaftsrecht: Rolfs, EAS Teil B 3200, Rn. 38 f., Löwisch, NZA 2000, 1044, 1044 f.; Schmalenberg, NZA 2000, 1043, 1043 f.; Däubler, ZIP 2000, 1961, 1967; Richardi/Annuß, BB 2000, 2201, 2204; Schiefer, DB 2000, 2118, 2122 f.; Bauer, NZA 2000, 1039, 1042; Däubler, ZIP 2001, 217, 223 f.; Preis/Gotthardt, DB 2000, 2065, 2072. Vgl. auch Weber, AuR 2002, 401, 404 und Kerwer, NZA 2002, 1316, 1316, die auf eine Absenkung der Altersgrenze auf 50 bzw. 52 Jahre durch das Hartz-Konzept hinweisen.

[249] Von Hoyningen-Huene/Linck, § 10 KSchG, Rn. 18-20.

[250] Der Brockhaus, Band 1, S. 140; Nussberger, JZ 2002, 524, 524.

gewählt[251]; dies kann in der Übersetzung sowohl im Sinne der neutralen Bedeutung „Lebensalter", als auch im Sinne eines „Bejahrtseins" verstanden werden[252]. Das in der englischen Version[253] gebrauchte „age" meint in direkter Übersetzung „Alter" und lässt je nach Sinnzusammenhang - wie die deutsche Sprachversion - beide genannten Interpretationen zu[254].

Betont werden soll, dass eine eindeutige Formulierung für beide Auslegungsmöglichkeiten möglich gewesen wäre. Beispielsweise hätte man durch die Wendung „Diskriminierung wegen irgendeines Alters" eindeutig ein weites Verständnis betont. Dagegen hätte die Formulierung „Diskriminierung älterer Menschen" klargestellt, dass die enge Auffassung favorisiert werden muss. So aber kann nicht mit Gewissheit anhand des Wortlauts entschieden werden, ob der Richtliniengeber nur ältere Menschen oder alle Altersgruppen schützen will.

b. Systematische Auslegung

Etwas anderes könnte sich aus der *systematischen Auslegung* ergeben. Artikel 6 RL 2000/78/EG nennt gerechtfertigte Ungleichbehandlungen wegen des Alters. Dort werden einige exemplarische Möglichkeiten besonders hervorgehoben. Unter anderem heißt es in Artikel 6 Absatz 1 a), dass insbesondere solche Ungleichbehandlungen akzeptiert werden, die die berufliche Eingliederung von Jugendlichen und älteren Arbeitnehmern sicherstellen. Artikel 6 Absatz 1 b) nennt die Möglichkeit der Statuierung von Mindestanforderungen an das Alter unter bestimmten Voraussetzungen. Sowohl Litera a) als auch Litera b) werden dabei vom Richtliniengeber als Ungleichbehandlung bezeichnet, die – unter bestimmten Voraussetzungen – gerechtfertigt wäre. Wenn der Richtliniengeber aber ausdrücklich eine Schlechterbehandlung jüngerer Arbeitnehmer ermöglicht und dies als Ausnahmevorschrift deklariert, so müssen Jüngere grundsätzlich vom Altersbegriff der Richtlinie 2000/78/EG umfasst werden. Damit wird deutlich, dass sowohl jüngere als auch ältere Arbeitnehmer unter den Altersbegriff subsumiert werden müssen. Anders lassen sich die exemplarisch aufgereihten, gerechtfertigten Ungleichbehandlungen nicht erklären, in denen auch Jugendliche genannt werden. Die systematische Auslegung ergibt, dass die Richtlinie 2000/78/EG jegliche ungerechtfertigte Ungleichbehandlung wegen des Alters verbietet[255].

---

[251] http://europa.eu.int/comm/employment_social/news/2001/jul/directive78ec_fr.pdf.
[252] Langenscheidt Wörterbuch Französisch, S. 28.
[253] http://europa.eu.int/comm/employment_social/news/2001/jul/directive78ec_en.pdf.
[254] Pons Wörterbuch, S. 23 f.
[255] Vgl. auch: Schmidt/Senne, RdA 2002, 80, 82.

c. Teleologische Auslegung

Zum Teil wird *teleologisch* argumentiert, dass es das Ziel der Richtlinie 2000/78/EG sei, ältere Arbeitnehmer vor einer Benachteiligung zu schützen[256]. Auch werden bei der Diskussion um den Begriff „Alter" Statistiken hervorgehoben, die eine besondere Betroffenheit älterer Arbeitnehmer belegen[257]. Die pauschale Bejahung einer sozial stärkeren Schutzwürdigkeit älterer Arbeitnehmer gegenüber jüngeren greift aber zu kurz. Beachtlich sind vielmehr die Chancen auf dem Arbeitsmarkt[258]. Ein Altersunterschied von einigen Jahren spielt bei jüngeren Arbeitnehmern in manchen Branchen keine Rolle; mit zunehmendem Gesamtalter wird der gleiche Unterschied an Jahren aber beträchtlich. Eine Bewertung kann demnach aus diesem Grund nicht pauschal erfolgen, sondern muss auf den Einzelfall und die Branche abstellen[259].

Auch die Erwägungen und Materialien zur Richtlinie 2000/78/EG geben Auskunft hinsichtlich des Regelungszwecks: Die Erwägungen der Richtlinie 2000/78/EG führen ausdrücklich an, dass es Motivation des Richtliniengebers war, ältere Menschen zu unterstützen und ihren Anteil an der Erwerbsbevölkerung zu erhöhen[260]. Es geht dabei um die wirtschaftliche Eingliederung älterer Menschen. Das bedeutet aber nicht, dass diese Beweggründe die einzigen sind. An einigen Stellen wird vielmehr allgemein auf das Alter rekurriert. Es wird davon gesprochen, dass jede Diskriminierung aufgrund eines bestimmten Alters angegangen werden soll[261]. Daraus lässt sich folgern, dass nicht nur ältere Menschen einen Diskriminierungsschutz genießen sollen, sondern jede Altersgruppe spezifisch angesprochen wird, auch wenn der Schutz der Älteren ein besonderes Anliegen des Richtliniengebers bleibt.

Interessant sind in diesem Zusammenhang auch die Stellungnahmen des Wirtschafts- und Sozialausschusses und des Ausschusses der Regionen, auf welche der Erlass der Richtlinie 2000/78/EG ausdrücklich gestützt worden ist. Während der Ausschuss der Regionen es im Allgemeinen bei einer (neutralen) Begrifflichkeit belässt[262], wird an einigen Stellen nur der Schutz älterer Menschen im

[256] Bauer, NJW 2001, 2672, 2673; Weber, AuR 2002, 401, 402 ff.
[257] Schmidt/Senne, RdA 2002, 80, 80 f.
[258] Von Hoyningen-Huene/Linck, § 1 KSchG, Rn. 466 d; BAG, Urteil vom 21.01.1999, AP Nr. 3 zu § 1 KSchG 1969 – Namensliste; a.A.: Bütefisch, Sozialauswahl, S. 217 ff.
[259] Das erkennt hingegen auch Bütefisch an: Bütefisch, Sozialauswahl, S. 220.
[260] Erwägungen 6 und 8 der Richtlinie 2000/78/EG vom 27.11.2000 (Anhang I), Abl. L 303/16 vom 02.12.2000, S. 16.
[261] Etwa: Erwägungen 12, 26, 31 der Richtlinie 2000/78/EG vom 27.11.2000 (Anhang I), Abl. L 303/16 vom 02.12.2000, S. 17 f.
[262] Dazu nur: Erwägung 1.14 der Stellungnahme des Ausschusses der Regionen vom 12.04.2000, Abl. C 226/1 vom 08.08.2000, S. 3.

Arbeitsleben pointiert[263]. Allerdings verweist der Wirtschafts- und Sozialausschuss auf frühere Stellungnahmen zu Fragen bezüglich Diskriminierungen[264]. Dabei geht es um unterstützende Aktionen zugunsten älterer Menschen, aber auch ausdrücklich um beschäftigungspolitische Leitlinien und die Bekämpfung der Jugendarbeitslosigkeit. Diese Stellungnahmen werden explizit für die Begründung der Richtlinie 2000/78/EG bemüht. In der Mitteilung der Kommission an die Mitgliedstaaten ist schließlich das Ziel eines hohen Beschäftigungsniveaus für alle Gruppen auf dem Arbeitsmarkt formuliert[265]. Diesen Gedanken greift auch der Wirtschafts- und Sozialausschuss auf[266]. Eine Beschränkung auf den Schutz nur älterer Menschen greift demnach zu kurz. Eher wird deutlich, dass man bemüht ist, alle problematischen Alterskonstellationen unter Diskriminierungsschutz zu stellen. Daraus kann man auch nicht den Schluss ziehen, es seien folglich nur die besonders jungen und die besonders alten Arbeitnehmer geschützt. Zum einen ist die Schutzwürdigkeit einer Altersgruppe stark branchenabhängig. Hier lassen sich keine allgemeinen Grundsätze aufstellen. Zum anderen gibt der Wortlaut eine solche Interpretation nicht her (s.o.). Folglich umfasst der Altersbegriff der Richtlinie jedes Anknüpfen an ein Lebensalter.

Für eine solche Interpretation sprechen letztlich auch Erwägungen, die im Hinblick auf die nationalen Regelungen zur Differenzierung aufgrund des Alters an verschiedenen Stellen angeführt werden. Zwar steigt mit zunehmendem Alter auch die soziale Schutzwürdigkeit[267]. Andererseits sind auch jüngere Arbeitnehmer etwa von Kündigungen hart betroffen: So befinden sich diese im Aufbau einer Existenz und haben oftmals Kinder, für deren Unterhalt und Ausbildung sie zu sorgen haben[268]. Gerade in Zeiten hoher Arbeitslosigkeit kann nicht mehr ohne weiteres angenommen werden, Jüngere fänden schnell eine neue Arbeitsstelle. Das belegt auch die hohe Jugendarbeitslosigkeit[269]. Diese Ambivalenz des

[263] Beispielsweise: Erwägung 1.28 der Stellungnahme des Ausschusses der Regionen vom 12.04.2000, Abl. C 226/1 vom 08.08.2000, S. 4.

[264] Erwägung 2.2 der Stellungnahme des Wirtschafts- und Sozialausschusses vom 25.05.2000 (Anhang III), Abl. C 204/82 vom 18.07.2000, S. 83 (Fn. 2).

[265] Punkte 5, 14 und 16 a) der Mitteilung der Kommission an die Mitgliedstaaten (Anhang II), Abl. C 127/2 vom 05.05.2000, S. 2 f.

[266] Erwägung 2.3 der Stellungnahme des Wirtschafts- und Sozialausschusses vom 25.05.2000 (Anhang III), Abl. C 204/82 vom 18.07.2000, S. 84.

[267] Rolfs/Holthöwer, DB 1995 1074, 1078; vgl. dazu auch: Fitting/Kaiser/Heither/Engels/Schmidt, § 75 BetrVG, Rn. 72; Berg in Däubler/Kittner/Klebe, § 75 BetrVG, Rn. 30 ff.; Löwisch/Kaiser, § 75 BetrVG, Rn. 19.

[268] Ascheid in ErfK, § 1 KSchG, Rn. 495; Bauer/Lingemann, NZA 1993, 625, 628; Gagel, ArbuR 1992, 225, 230; Hanau, DB 1992, 2625, 2632; Stindt, DB 1993, 1361, 1366.

[269] Gros/Glaab, Faktenlexikon, S. 397 f.: EU-weit betrug die Arbeitslosenquote der unter 25jährigen 21 %. Vgl. auch: Wirtschaftskammer Österreich, http://www.wko.at/statistik/wgraf/wg2400.htm: In Spanien betrug die Jugendarbeitslosigkeit (Arbeitslosigkeit der unter 25jährigen) im Jahre 1998 35 %, in Italien lag sie bei 33,8 % und in Griechenland bei 29,8 %; Gabriel, EG-Staaten im Vergleich, S. 505 f.; Weltalmanach 2002, S. 245; Datenreport 1999, S. 88 f.; dazu auch: Kleinhenz/Hanau, Gutachten, B

Lebensalters kommt schließlich in der neueren deutschen Gesetzgebung zum Ausdruck[270]. So wurde beispielsweise das Lebensalter für eine sachgrundlose und zeitlich unbegrenzte Befristung nach § 14 Absatz 3 TzBfG von 60 auf 58 Jahre abgesenkt.

Eine teleologische Argumentation spricht demnach für eine weite Auslegung und mithin für die Ausweitung des Diskriminierungsschutzes auf alle Altersgruppen.

d. Historische Auslegung

Anhaltspunkte für ein Verständnis des Altersbegriffes können auch aus der Entstehungsgeschichte der Richtlinie hergeleitet werden. Einerseits orientiert sich die Richtlinie 2000/78/EG – wie auch Richtlinie 2000/43/EG – an der Gleichbehandlungsrichtlinie 76/207/EWG. Dabei wird auch die inzwischen ergangene Rechtsprechung des Europäischen Gerichtshofes aufgegriffen[271]. Da ein umfassender Diskriminierungsschutz, der am Merkmal Alter anknüpft, auf europäischer Ebene neuartig ist, lassen sich aus diesen Grundlagen keine Rückschlüsse für eine Auslegung des Altersbegriffes ziehen.

Der Gemeinschaftsgesetzgeber hat sich aber beim Entwurf der Richtlinie auch vom irischen Employment Equality Act vom 18.06.1998 (im Weiteren nur noch EEA 1998) inspirieren lassen[272]. § 6 Absatz 2 f) EEA 1998 verbietet, dass eine Ungleichbehandlung an das unterschiedliche Alter zweier Vergleichspersonen anknüpft[273]. Dieser Altersbegriff lässt aber keinen Zweifel daran, dass von ihm prinzipiell alle Altersgruppen erfasst werden sollen. Dieser Schutz reicht zwar beim EEA 1998 nur vom 18ten bis zum 65sten Lebensjahr. Das wird aber ausdrücklich herausgestellt[274]. Eine solche Begrenzung nennt die Richtlinie 2000/78/EG zwar nicht; sie würde aber an der Auslegung wenig ändern, denn auch die Altersspanne von 18 bis 65 zeigt einen breiten Schutz vor Altersdiskriminierungen. Die historische Auslegung spricht folglich für eine weite Interpretation des Merkmals Alter.

---

21 f. und B 24; Maier, Arbeitsmarktpolitik, S. 13 ff.; Krätschell/Renner, Informationen zur politischen Bildung 213 (2000), 12, 33; Fritzler/Unser, Die Europäische Union, S. 98.

[270] Von Hoyningen-Huene/Linck, § 1 KSchG, Rn. 466 c; Preis, RdA 1999, 311, 316.

[271] Vgl. nur: Kapitel B.

[272] Thüsing, ZfA 2001, 397, 402 (Fn. 15); Schmidt/Senne, RdA 2002, 80, 81.

[273] § 6 II h) EEA 1998: "As between any 2 persons, the discriminatory grounds (...) are (...) that they are of different ages, but subject to subsection (...)." Der Text der EEA 1998 ist im Internet abrufbar: http://www.bailii.org/ie/legis/num_act/eea1998251.txt.

[274] § 6 III EEA 1998: "Where a person has attained the age of 65 years, or a person has not attained the age of 18 years, then subjects to section 12 (3) (...) shall not be regarded as discrimination on the age ground."

3. Ergebnis zu I.

Der Wortlaut ist nicht eindeutig. Die systematische Auslegung, die historischen Grundlagen und der Sinn und Zweck der Richtlinie sprechen aber für einen weiten Altersbegriff. Damit ist festzuhalten, dass dem europäischen Altersbegriff ein neutrales Verständnis zugrunde liegt. Alter meint also Lebensalter und ist demnach keine Bezugsgröße hinsichtlich eines Vergleichs zu jüngeren Menschen. Die Beschränkung des Diskriminierungsschutzes auf ältere Menschen entspricht somit nicht dem Richtlinienzweck[275]. Demzufolge wird der deutsche Gesetzgeber sämtliche nationalen Regelungen neu auf den Prüfstand stellen müssen, um zu beurteilen, ob hier eine sachgerechte Differenzierung vorgenommen wird, wenngleich herauszustellen ist, dass die weiten Ausnahmevorschriften bezüglich des Merkmals Alter ein breites Begründungsspektrum akzeptieren.

II. Religion und Weltanschauung

Die Richtlinie 2000/78/EG verbietet nicht gerechtfertigte Differenzierungen aufgrund der Religion und Weltanschauung. Die Richtlinie 2000/78/EG stellt danach das umzusetzende Erfordernis einer religiösen und weltanschaulichen Neutralität im Arbeitsrecht auf[276]. Was europarechtlich genau damit gemeint ist, wird in der Richtlinie selbst nicht definiert. Wie diese Merkmale im deutschen Recht verstanden werden und ob sich dies mit dem Verständnis auf europäischer Ebene in Einklang bringen lässt, soll nunmehr betrachtet werden.

1. Aspekte aus dem deutschen Recht

Im deutschen Verfassungsrecht findet sich das Verbot einer Diskriminierung wegen der Religion oder Weltanschauung in Artikel 3 Absatz 3 GG. Geschützt wird dieser Bereich aber letztlich auch durch die Gewährleistung der Freiheit des religiösen und weltanschaulichen Bekenntnisses in Artikel 4 Absatz 1 GG. Zentrales Element ist hier der Glaube, der sich auf der Grundlage einer Religion oder Weltanschauung entfalten kann[277]. Es geht um die Gewissheit über Aussagen zum Weltganzen. Dabei gründet sich eine religiöse Überzeugung auf transzendentale Erklärungs- und Verständnismuster, wohingegen die Weltanschauung die Erklärung für bestimmte Phänomene und den Sinn des Seins in der Gesellschaft selbst zu ergründen sucht. Weltanschauung meint folglich das weltliche Pendant zum Bereich Religion. Innere Einstellungen und Überzeugungen

---

[275] Anders: Bauer, NJW 2001, 2672, 2673.

[276] Vgl. zur religiösen und weltanschaulichen Neutralität des Staates: BVerfGE 19, 206, 216; BVerfGE 24, 236, 246; BVerfGE 33, 23, 28; BVerfGE 93, 1, 16 ff.; BVerwGE 90, 320, 328; Benda/Maihofer/Vogel, Handbuch des Verfassungsrechts, § 29, Rn. 8 f.; Isensee/Kirchhof, Handbuch des Staatsrechts VI, § 136, Rn. 2 ff.; Zippelius in BK, Artikel 4 GG, Rn. 19 ff.

[277] Hesselberger, Artikel 4 GG, Rn. 3; Bleckmann, Staatsrecht II, Rn. 19 ff.; Jarass in Jarass/Pieroth, Artikel 4 GG, Rn. 6; Reich, Artikel 4 GG, Rn. 1.

genügen den Voraussetzungen einer Weltanschauung. Sie müssen aber einen Bezug zu einer Weltanschauung in sich tragen. Hier ist von der bloßen Meinung abzugrenzen[278]. Daher ist die Mitgliedschaft und Aktivität in einer politischen Partei eine Weltanschauung[279].

Aus dem Glauben ergeben sich für den Gläubigen bindende Verpflichtungen, von denen er ohne ernste Gewissensnot nicht abweichen könnte[280]. Religion umfasst zum einen die freie Konfessionszugehörigkeit sowie die Freiheit des Bekenntnisses[281]. Nicht entscheidend ist schließlich die zahlenmäßige Stärke oder der Grad an Abweichung zu offiziellen Lehren[282]. Dabei darf der im Sprachgebrauch stark religiös besetzte Begriff des Glaubens nicht zu der Annahme verleiten, hier seien nur Bezüge zu einer jenseits des Weltlichen stehenden Macht gemeint. Geschützt ist jede tiefgehende Überzeugung religiöser oder weltlicher Art.

Dass dieser Begriff keinen trennscharfen Bereich bezeichnen kann, wird aus den obigen Erklärungen ersichtlich. Wann man eine Religion oder Weltanschauung so bezeichnen kann, ist und bleibt letztlich eine Wertungsfrage. Das Bundesverfassungsgericht versucht, der Gefahr einer Konturlosigkeit dadurch zu begegnen, dass es fordert, es müsse sich nach geistigem Gehalt und äußerem Erscheinungsbild auch tatsächlich um eine Religion oder Weltanschauung handeln[283]. Das Erfordernis der plausiblen Glaubensgeleitetheit macht demnach notwendig, dass ein spezifischer sachlicher oder organisatorischer Zusammenhang besteht.

Eine weitere Begrenzung im nationalen Recht erfolgt dadurch, dass nicht in jedem Fall das Wie religiösen oder weltanschaulichen Handelns geschützt ist[284]. Ausnahmen vom Anwendungsbereich der Richtlinie ergeben sich in Gestalt des Artikel 2 Absatz 5 RL 2000/78/EG im Schutz der öffentlichen Sicherheit und Ordnung, wenngleich hierin hohe inhaltliche Hürden liegen. Das führt etwa dazu, dass – selbstverständlich – auch weiterhin keine verfassungsfeindlichen Par-

---

[278] Bleckmann, Staatsrecht II, Rn. 20 ff.; Ipsen, Staatsrecht II, Rn. 353; Reich, Artikel 4 GG, Rn. 1; Isensee/Kirchhof, Handbuch des Staatsrechts VI, § 136, Rn. 42; Leibholz/Rinck/Hesselberger, Artikel 3 GG, Rn. 4061.

[279] Reich, Artikel 3 GG, Rn. 4; Isensee/Kirchhof, Handbuch des Staatsrechts VI, § 136, Rn. 43.

[280] Maunz/Zippelius, Deutsches Staatsrecht, S. 188 f.; Jarass in Jarass/Pieroth, Artikel 4 GG, Rn. 6.

[281] Hess in Hess/Schlochauer/Glaubitz, § 75 BetrVG, Rn. 7; Löwisch/Kaiser, § 75 BetrVG, Rn. 15; Berg in Däubler/Kittner/Klebe, § 75 BetrVG, Rn. 13; Richardi in Richardi, § 75 BetrVG, Rn. 18.

[282] BVerfGE 33, 23, 28 f.; BVerwGE 94, 82, 87; BVerfGE 24, 236, 246; Pieroth/Schlink, Staatsrecht II, Rn. 511; Rüfner in BK, Artikel 3 II und III GG, Rn. 847 f.; Leibholz/Rinck/Hesselberger, Artikel 4 GG, Rn. 48.

[283] BVerfGE 83, 341, 353. Dieses Verhalten ist etwa abzugrenzen von wirtschaftlicher Betätigung: BVerwGE 90, 112, 118; Bleckmann, Staatsrecht II, § 25, Rn. 12.

[284] Für das Ausnutzen einer Zwangslage: BVerfGE 12, 1, 4 f.; bei Abhängigkeitsverhältnissen: BVerwGE 15, 134, 136; Hesselberger, Artikel 4 GG, Rn. 6.

teien und Vereinigungen geduldet zu werden brauchen. Der Schutz vor religiöser und weltanschaulicher Diskriminierung endet, sobald die Grenze zur Rechtswidrigkeit überschritten wird. Diese Grenze ist durch den Ausnahmebereich auch der Richtlinie immanent. Dieser enge, nicht umfasste Bereich dürfte inhaltlich vom Ausnahmebereich des Artikel 2 Absatz 5 RL 2000/78/EG gedeckt sein.

2. Europäisches Verständnis und Probleme

Das Vorbild für die Richtlinien 2000/78/EG und 2000/43/EG, nämlich der EEA 1998, verbietet in § 6 Absatz 2 e) jede ungerechtfertigte Differenzierung aufgrund eines andersartigen religiösen Glaubens oder aufgrund des Nichthabens eines derartigen Glaubens[285]. Hier wird also nur der Begriff der Religion aufgegriffen. Die EEA 1998 kennt die Kategorie Weltanschauung dagegen nicht, denn allein der Schutz des Nichthabens einer religiösen Einstellung schützt nicht eine Weltanschauung. Unter Religion in diesem Sinne versteht die EEA 1998 sämtliche religiösen Hintergründe und Ansichten[286]. Diese Definition ist bewusst weit und auch nicht auf nur bestimmte metaphysische Formen festgelegt. Es ergeben sich im Vergleich zur nationalen Religionsfreiheit auf Verfassungsebene keine neuen Erkenntnisse. Für den Begriff Religion lässt sich demnach keine eindeutige Definition finden, die ein europäisches Begriffsverständnis widerspiegeln würde. Dafür sind die Ansatzpunkte und Auffassungen der unterschiedlichsten Glaubensrichtungen auch zu verschieden. Das macht auch eine weitere Besonderheit eines religiösen und weltanschaulichen Diskriminierungsverbotes im Arbeitsrecht deutlich, denn es geht hier gerade nicht um eine Gleichbehandlung. Vielmehr steht im Zentrum die Forderung nach einer sachgerechten und angemessenen Ungleichbehandlung der Religionen und Weltanschauungen[287].

Es kann daher nur versucht werden, (sehr) allgemeine Kriterien für eine Begriffseingrenzung zu erarbeiten. In diesem Befund ist erhebliches Konfliktpotential angelegt, das in einer aktuellen Fragestellung zu Tage tritt: Ob es sich bei Scientology um eine Religion handelt oder nicht, wird von verschiedenen nationalen Gerichten unterschiedlich beantwortet[288]. Dabei muss man allerdings betonen, dass sich hier keine neuen grundsätzlichen Schwierigkeiten durch die europaweite Ausdehnung des religiösen und weltanschaulichen Diskriminierungs-

---

[285] § 6 II e) EEA 1998: "As between any 2 persons, the discriminatory grounds (...) are (...) that the one has a different religious belief from the other, or that one has a religious belief and the other has not (...)."

[286] EEA 1998, Sect 2 Interpretations: "religious belief includes religious background or outlook (...)."

[287] Vgl. dazu: Berg in Däubler/Kittner/Klebe, § 75 BetrVG, Rn. 13.

[288] Thüsing, ZfA 2001, 397, 405: Deutsche und englische Gerichte verneinen diese Frage, wohingegen sie von französischen Gerichten bejaht wird.

schutzgedankens ergeben. Die Probleme und Definitionsschwierigkeiten sind vielmehr bereits im nationalen Recht angelegt.

Für die Praxis sind hier nicht die Fälle von Bedeutung, in denen jemand unmittelbar aufgrund der Religion eine Diskriminierung erfährt, sondern vielmehr die nunmehr geltenden, modifizierten Grundsätze der mittelbaren Diskriminierung. Da es ausreicht, wenn eine Maßnahme eine Person wegen ihrer Religion potenziell benachteiligen kann, Artikel 2 Absatz 2 b) RL 2000/78/EG, muss hier ein großes Spektrum von Maßnahmen und Verhaltensweisen arbeitgeberseitig neu überdacht werden. Denn jede Religions- und Glaubensform fordert individuelle Rücksichtnahmepflichten[289]. Die Konsequenzen sind – wiederum verstärkt durch die Beweislastumkehr – kaum zu übersehen.

III. Behinderung

Im Jahre 1999 waren in Deutschland allein ca. 193000 Schwerbehinderte arbeitslos[290]. Die Zahl der arbeitslosen Behinderten dürfte wesentlich höher sein, wenn man sich vor Augen führt, dass man in Deutschland erst bei einem Grad von 50 % als Schwerbehinderter gilt[291]. Dabei entpuppt sich eine grundsätzliche Problematik im Zusammenhang mit dem Begriff: Körperliche und geistige Behinderungen gibt es in jeder Schwere und in den verschiedensten Erscheinungsformen. Es ist eine Wertungsfrage, wann man einen besonderen Schutz gehandicapter Menschen einsetzen lässt. Ob man an dieser Stelle zur Krankheit abgrenzt, ist letztlich auch nur eine Frage der Begrifflichkeit. Hier ist nun zu klären, wie in Deutschland das Merkmal Behinderung ausgelegt wird und ob dieses Verständnis den Umsetzungserfordernissen einer europäischen Auffassung genügt.

1. Begriffsverständnis in Deutschland

Im deutschen Verfassungsrecht existiert das Verbot der Diskriminierung Behinderter mit Artikel 3 Absatz 3 Satz 2 GG seit 1994. Wie jedoch der dortige Behindertenbegriff inhaltlich zu verstehen ist, ist strittig. Eine Ansicht vertritt die Auffassung, dass verfassungsrechtlich nur Behinderte im Sinne des Schwerbehindertengesetzes dem besonderen Schutz des Staates unterfallen[292]. Dabei wird maßgeblich auf die Entstehungsgeschichte verwiesen. Außerdem seien im unteren Bereich der Behinderung Zweifel an der Bestimmtheit des Verfassungsbeg-

[289] Thüsing, NZA 2001, 1061, 1062.
[290] Weltalmanach 2002, S. 245.
[291] Zwanziger in Kittner/Däubler/Zwanziger, Artikel 3 GG, Rn. 12 f. und § 15 SchwbG, Rn. 16.
[292] Hesselberger, Artikel 3 GG, Rn. 11; Schmidt-Bleibtreu/Klein, Artikel 3 GG, Rn. 42 a; Osterloh in Sachs, Artikel 3 GG, Rn. 308 f.; Heun in Dreier, Artikel 3 GG, Rn. 121 und Fn. 663; Sannwald, NJW 1994, 3313, 3314; Jürgens, NVwZ 1995, 452.

riffes angebracht[293]. Wichtig ist, dass nach dieser Ansicht von einem Behinderten im Sinne des Verfassungsrechts erst ab einem bestimmten Schwellenwert auszugehen ist. Damit ergibt sich eine entscheidende verfassungsrechtliche Begrenzung.

Diese Ansicht bleibt aber nicht unwidersprochen[294]. Im Rahmen der Diskussion um eine Ergänzung des Artikel 3 Absatz 3 GG um den Satz 2 traten die betreffenden Interessengruppen für einen umfassenden Behindertenschutz ein[295]. Der daraufhin gewählte Wortlaut lässt auch keinerlei Beschränkung eines Behindertenschutzes nur auf Schwerbehinderte zu. Schließlich muss man sehen, dass es die unterschiedlichsten Behinderungen gibt. Diese reichen von Sprachbehinderungen über Lern- bis hin zur Körperbehinderung und geistigen Behinderung. Wenn sich der Verfassungsgesetzgeber für den allgemeinen Begriff Behinderung entscheidet, wäre es willkürlich, diesem nur die Schwerbehinderten zu unterstellen. Genauso gut ließe sich vertreten, Artikel 3 Absatz 3 Satz 2 GG beinhalte nur den Schutz geistig Behinderter mit Lerndefiziten. Der Schutz des Artikel 3 Absatz 3 Satz 2 GG würde sich – folgte man der erstgenannten Ansicht – nur auf einen kleinen Teil der Behinderten beschränken[296]. Letztlich bleibt auch offen, wie eine Übertragung von Begrifflichkeiten aus dem einfachen Recht auf das Verfassungsrecht dogmatisch zu rechtfertigen ist. Eine Parallele kann zu den Anforderungen des Berufsbegriffes aus Artikel 12 GG gezogen werden: Überwiegend wird hier die fehlende Gemeinschädlichkeit der Tätigkeit verlangt, nicht das einfachgesetzliche Erlaubtseins[297]. Der Grund liegt darin, dass der einfache Gesetzgeber gerade nicht über die Reichweite grundgesetzlicher Gewährleistungen bestimmen soll. Die Normhierarchie würde sonst auf den Kopf gestellt. Gleiches muss auch für den Behindertenbegriff gelten.

Schließlich ging es bei der Verfassungsergänzung um eine geplante Integration behinderter Menschen in Arbeit, Beruf und Gesellschaft. Es wäre daher nach Sinn und Zweck der Norm kurzsichtig, die Integrationsbedürftigkeit nur auf bestimmte Behinderungen und einen kleinen Kreis der Betroffenen zu beschränken[298]. Von den Gegnern eines weiten Begriffsverständnisses wird angeführt, dass es schwierig sei, zwischen Krankheit und Behinderung zu differenzieren

---

[293] Seifert/Hömig, Artikel 3 GG, Rn. 20; so im Ergebnis auch: Schwidden, RiA 1997, 70, 71.
[294] Spranger, DVBl 1998, 1058 ff.; Rüfner in BK, Artikel 3 II und III GG, Rn. 870; Jarass in Jarass/Pieroth, Artikel 3 GG, Rn. 106.
[295] Jürgens, DVBl 1997, 410, 410 f.; Spranger, DVBl 1998, 1058, 1059.
[296] Spranger, DVBl 1998, 1058, 1060.
[297] Ipsen, Staatsrecht II, Rn. 596 ff.; Jarass in Jarass/Pieroth, Artikel 12 GG, Rn. 7.
[298] Avenarius, Rechtsordnung, S. 42; Rüfner in BK, Artikel 3 II und III GG, Rn. 871; Spranger, DVBl 1998, 1058, 1060; dennoch auch: Hesselberger, Artikel 3 GG, Rn. 11; Reich, Artikel 3 GG, Rn. 5; so wohl auch: Rolfs/Paschke, BB 2002, 1260, 1261 und Rolfs in ErfK, § 81 SGB IX, Rn. 5.

und daher ein enges Verständnis zugrundegelegt werden müsse[299]. Dieses Argument trägt nicht. Definitionsschwierigkeiten dürfen nie dazu führen, einen Schutzbereich eng auszulegen. Vielmehr muss dann nach plausiblen Abgrenzungskriterien gesucht werden. Auslegungs- und Darlegungsprobleme rechtfertigen für sich nie die Begrenzung eines angestrebten Schutzes.

Eine Beschränkung des Verständnisses des Behindertenbegriffes im deutschen Verfassungsrecht auf Schwerbehinderte ist demnach nicht gerechtfertigt. Sachliche Gründe lassen sich nicht finden. Es überzeugt also die Ansicht, die den Behindertenbegriff nach geltendem deutschen Recht weit versteht. Wortlaut, Entstehungsgeschichte und Teleologie tragen diese Auffassung.

2. Begriffsverständnis des EEA 1998

Der Richtliniengeber hat sich auch hinsichtlich des Diskriminierungsschutzes Behinderter in der Richtlinie 2000/78/EG am EEA von 1998 orientiert. In § 6 Absatz 2 g) EEA 1998 wird das Verbot der Diskriminierung Behinderter festgeschrieben[300]. Wenn auch die europäische Richtlinie über ein bloßes Diskriminierungsverbot hinsichtlich dieses Merkmals hinausgeht, indem sie ein Gleichstellungsgebot aufstellt, so kann doch das Verständnis des Merkmals im EEA 1998 bei der Auslegung helfen. Eine Legaldefinition findet sich im einleitenden, interpretierenden Teil des EEA 1998[301]. Behinderung meint demnach die völlige oder teilweise Abwesenheit körperlicher oder geistiger Funktionen, chronische Leiden, Fehlfunktionen, Missbildungen oder Entstellungen, erhebliche Lernschwächen und Störungen auf dem Gebiet des Verhaltens und der Realitätswahrnehmung. Nach dieser rechtlichen Grundlage werden Menschen also nicht erst ab einer bestimmten Schwelle als behindert klassifiziert. Auch zeigt sich an der Darstellung, dass auch diejenigen Fehlfunktionen als Behinderungen eingestuft werden, die nach deutschem Verständnis eher in den Bereich der Krankheit eingeordnet werden würden. Der Behindertenbegriff des EEA 1998 ist folglich umfassender als der der engeren deutschen Auffassung.

---

[299] Sannwald, NJW 1994, 3313, 3314.

[300] § 6 II g) EEA 1998: "As between any 2 persons, the discriminatory grounds (...) are (...) that one is a person with a disability and the other either is not or is a person with a different disability (...)."

[301] EEA 1998 – Sect 2 Interpretation: "Disability means: (a) the total or partial absence of a person's bodily or mental functions, including the absence of a part of a person's body, (b) the presence in the body of organisms causing, or likely to cause, chronic disease or illness, (c) the malfunction, malformation or disfigurement of a part of a person's body, (d) a condition or malfunction which results in a person learning differently from a person without the condition or malfunction, or (e) a condition, illness or disease which affects a person's thought processes, perception of reality, emotions or judgement or which results in disturbed behaviour, and shall be taken to include a disability which exists at present, or which previously existed but no longer exists, or which may exist in the future or which is imputed to a person."

3. Begriffsverständnis auf europäischer Ebene

Schließlich muss man davon ausgehen, dass der europäische Gesetzgeber die verschiedenen nationalen Interpretationen der Staaten Europas vor Augen hatte, als er sich zum Erlass der Richtlinie 2000/78/EG entschloss. In Frankreich, Irland (wie bei der Darstellung des EEA 1998 gezeigt) und Großbritannien wird ein bestimmter Schwellenwert, der erreicht werden muss, um von einer Behinderung sprechen zu können, nicht gefordert[302]. Im Vordergrund steht dort z.T. nur eine erhebliche und langfristige Beschränkung der Ausführung von gewöhnlichen Lebensaktivitäten. Nimmt man diese Definition ernst und prüft im individuellen Fall die Voraussetzungen, ergeben sich auch keine Probleme mit Erscheinungsformen wie Pädophilie , Exhibitionismus, Kleptomanie[303]. Erhebliche und langfristige Beschränkungen bei der Ausführung gewöhnlicher Lebensaktivitäten ergeben sich bei dem betroffenen Personenkreis nämlich nicht. Würde man dies bejahen und als vom Behindertenbegriff umfasst ansehen, müsste auch ein schwerer (und damit langanhaltender) Liebeskummer als Behinderung akzeptiert werden. Hier ist die normale Lebensaktivität mitunter sogar noch stärker eingeschränkt als bei den dargestellten Formen. Außerdem bestehen bei den genannten Formen psychischer Krankheiten wie Kleptomanie Möglichkeiten der Heilung durch psychiatrische und andere klinische Behandlungen. Solcherlei Krankheitsbilder unterfallen demnach selbst einem weiten Behindertenbegriff nicht.

Differenziert werden muss dagegen bei Alkoholabhängigkeit, Drogensucht und anderen langandauernden Krankheiten[304]: Sofern hier reale Heilungschancen bestehen, ist es nicht angebracht, unter den Behindertenbegriff zu subsumieren, auch wenn die Ausführung alltäglicher Lebensnotwendigkeiten stark und auf Dauer eingeschränkt ist. Gilt eine Krankheit dagegen als unheilbar und verfällt der Betroffene in ein siechtumartiges Stadium, so liegt rechtlich eine Behinderung vor.

4. Ergebnis zu III.

Die dargestellte Auffassung vom Begriff der Behinderung ist europäisch weiter verbreitet als die deutsche Schwellenwerttheorie. Auch das spricht letztlich für einen weiten Behindertenbegriff, der allerdings zur physischen und psychischen Krankheit abgegrenzt werden muss. Die nach deutschem Recht Schwerbehinderten sind demnach auch nach europäischem Verständnis unter den Behindertenbegriff zu fassen. Dies allein genügt jedoch nicht. Der Behindertenbegriff der

---

302 Siehe Darstellung bei: Thüsing, ZfA 2001, 397, 401 f., Fn. 14-18.

303 A.A.: Thüsing, ZfA 2001, 397, 402 mit Verweisen auf das amerikanische Recht.

304 Von Hoyningen-Huene/Linck, § 1 KSchG, Rn. 191 f.; so wohl auch: Jarass in Jarass/Pieroth, Artikel 3 GG, Rn. 106.

Richtlinie muss insgesamt weit verstanden werden[305]. Das hat erhebliche Auswirkungen auf das deutsche Arbeitsrecht, da hier ein weitgehender Behindertenschutz nur für Schwerbehinderte existiert. Bisherige Normen, die an die Schwerbehinderteneigenschaft anknüpfen, schützen demnach nicht umfassend vor Diskriminierungen wegen (jeder) Behinderung. Das entspricht offensichtlich nicht dem Anliegen und der Intention des Richtliniengebers[306].

IV. Sexuelle Ausrichtung

Ein Verbot der Ungleichbehandlung wegen der sexuellen Ausrichtung ist für sich genommen unmittelbar verständlich. Kaum ein anderer Bereich fällt derart in den intimsten Persönlichkeitsbereich eines Menschen wie die sexuelle Orientierung. In der Arbeitswelt kommt es dennoch immer wieder vor, dass Menschen diskriminiert werden und sich diese Diskriminierung – nach gesundem Menschenverstand – auch auf die sexuelle Orientierung des Betroffenen zurückführen lässt[307]. Es fehlt diesbezüglich im Arbeitsrecht an allgemeinen Grundsätzen, so dass die Rechtsprechung hier die Grundsätze aus Treu und Glauben bemühen musste, was jedoch nur möglich ist, wenn gegen elementarste Prinzipien verstoßen worden ist. Dem Arbeitnehmer stand vielfach nur die Möglichkeit offen, seine sexuelle Ausrichtung zu verheimlichen; erfuhr der Arbeitgeber dennoch davon und stand dem Betroffenen kein besonderer Kündigungsschutz zur Seite, dann waren und sind Diskriminierungen wegen sexueller Orientierung möglich. In diese Schutzlücke greift nunmehr die Richtlinie 2000/78/EG.

Die sexuelle Ausrichtung wird soziologisch als eine von vier Komponenten der sexuellen Identität betrachtet. Zu den anderen zählen das biologische Geschlecht, die Geschlechtsidentität und die Geschlechterrolle[308]. Was genau unter den Begriff der sexuellen Ausrichtung subsumiert werden kann, ist zunächst nicht klar. Man könnte diesen Begriff weit verstehen, so dass der Diskriminierungsschutz der Richtlinie auch auf sexuelle Vorlieben und Tendenzen ausgedehnt werden würde. Der Begriff bedarf somit der Auslegung.

---

305 Rolfs/Paschke, BB 2002, 1260, 1261; Thüsing, ZfA 2001, 397, 402; Rolfs in ErfK, § 81 SGB IX, Rn. 5.

306 Rolfs in ErfK, § 81 SGB IX, Rn. 5; siehe dazu auch: Rolfs/Paschke, BB 2002, 1260, 1261.

307 BAG vom 23.06.1994, EzA § 242 BGB, Nr. 39; vgl. dazu auch: Meyer, http://www.oetv-berlin.de/akgaylesbi/vers_4/report/re_07_05.htm, S. 1; KR/Etzel, § 1 KSchG, Rn. 454; Däubler in Kittner/Däubler/Zwanziger, § 1 KSchG, Rn. 240a; von Hoyningen-Huene, Anmerkung zu BAG, EzA § 242 BGB, Nr. 39; LAG Hamm, Urteil vom 19.01.2001 – 5 Sa 491/00, EzA-Schnelldienst Nr. 4/7; ArbG Gelsenkirchen, Urteil vom 08.05.1998, 3 Ca 122/98, EzA, § 630 BGB, Nr. 21.

308 Schwarz, http://www.wien.gv.at/queerwien/sexo.htm, S. 1; Dass diese Begrifflichkeiten oft sehr durcheinander gebraucht werden, zeigt sich auch an § 75 BetrVG, wodurch die RL 2000/78/EG wenigstens teilweise umgesetzt werden sollte, vgl.: Powietzka, BB 2002, 146, 148; Krings, ZRP 2000, 409, 410 f.; Beck, NJW 2001, 1894, 1895.

1. Auslegung nach dem Wortlaut

Man muss allerdings davon ausgehen, dass die Begriffe Ausrichtung und Orientierung mehr meinen als eine bloße Vorliebe. Die Terminologien beinhalten für sich schon eine gewisse Festigkeit. Unter Sexualität und den Begriff des Sexuellen fasst man die sexuelle Befriedigung in den verschiedenen Erscheinungsformen; man unterscheidet hier Homo- und Heterosexualität und etwaige Mischformen[309]. Hätte der Richtliniengeber hier einen anderen Sinn gemeint, hätte er sich auf die Wendung Sexualität beschränken müssen. So aber deutet der Wortlaut darauf, dass der Begriff in einem engen, eingegrenzten Sinn verstanden werden muss. Es geht um die Einbeziehung einer im Zusammenhang mit der Sexualität stehenden Freiheit des Auslebens der mit der Sexualität korrespondierenden Bereiche[310]. Umfasst sind nur grundsätzliche Ausrichtungen der Homo-, Hetero- und Bisexualität.

Im Folgenden sollen die sich aus der Auslegung ergebenen Begriffe skizziert werden.

Der Begriff *Homosexualität* inkludiert gleichgeschlechtlich liebende Männer und Frauen. Schwul meint dabei die gleichgeschlechtliche Liebe von Männern, wobei lesbisch das weibliche Äquivalent dazu darstellt[311].
Als *bisexuell* werden diejenigen Menschen bezeichnet, die sich zu beiden Geschlechtern emotional und sexuell hingezogen fühlen[312]. Die wissenschaftlichen Schätzungen bezüglich des Anteils der Homosexuellen in der Gesellschaft gehen weit auseinander und reichen von 5 bis 15 % der Gesamtbevölkerung[313]. Das liegt unter anderem daran, dass die Scham, seine Ausrichtung offen zu bekennen, sehr hoch ist und diese selbst vielfach von den Betroffenen gar nicht oder erst sehr spät wahrgenommen wird. Schon Freud hatte erkannt, dass gesellschaftliche Tabus zu einer Verdrängung der homosexuellen Anteile ins Unterbewusste führen[314].

Unter Heterosexualität versteht man schließlich die sexuelle Begegnung und Anziehung von Angehörigen verschiedenen Geschlechts[315]. Diese Form der se-

---

[309] Goldmann Lexikon, Band 20, S. 8950; Der Brockhaus, Band 13, S. 11.
[310] Marowsky, Homosexuelle Arbeitnehmer, S. 75.
[311] Goldmann Lexikon, Band 10, S. 4397 f.; Der Brockhaus, Band 6, S. 299; Schwarz, http://www.wien.gv.at/queerwien/homo.htm, S. 1; Fromme, Sexual-Report, S. 137.
[312] Schwarz, http://www.wien.gv.at/queerwien/defhomo.htm, S. 1; Dorsch, http://www.netdoktor.de/sex_partnerschaft/fakta/Bisexualitaet.htm, S. 1; Goldmann Lexikon, Band 3, S. 1226; Der Brockhaus, Band 2, S. 151.
[313] Eichner/Habermehl, RALF-Report, S. 191; Dorsch, http://www.netdoktor.de/sex_partnerschaft/fakta/Bisexualitaet.htm, S. 1; Schwarz, http://www.wien.gv.at/queerwien/defhomo.htm, S. 1.
[314] Schwarz, http://www.wien.gv.at/queerwien/defhomo.htm, S. 1.
[315] Der Brockhaus, Band 6, S. 219; Goldmann Lexikon, Band 10, S. 4265.

xuellen Ausrichtung ist statistisch gesehen die häufigste, wobei wissenschaftlich diskutiert wird, ob eine einmal gelebte Orientierung auf sexuellem Gebiet nicht im Laufe des Lebens auch geändert werden kann[316].

2. Entwicklungsgeschichte

Um zu erfahren, was genau unter dem Begriff zu verstehen ist, hilft (erneut) ein Blick auf den Employment Equality Act 1998, der – das wurde schon im Rahmen des Merkmals „Alter" erörtert – als Vorbild der Antidiskriminierungsrichtlinien RL 2000/78/EG und 2000/43/EG diente. In § 6 Absatz 2 d) EEA 1998 wird die sexuelle Orientierung als verpöntes Differenzierungskriterium aufgeführt[317]. Was damit gemeint ist, erklärt der EEA 1998 zuvor. Unter sexueller Orientierung, die durch diesen Komplex geschützt werden soll, versteht man Heterosexualität, Homosexualität und Bisexualität[318]. Es ist damit insgesamt davon auszugehen, dass der europäische Richtliniengeber die gleiche Begrifflichkeit meint.

3. Sinn und Zweck der Richtlinie

Für die dargestellte Auslegung spricht zudem, dass es das Anliegen der Antidiskriminierungsrichtlinien ist, insbesondere die Diskriminierungen gleichgeschlechtlich orientierter Menschen zu bekämpfen[319]. Das wird auch – soweit das zu beurteilen ist - in der Literatur nicht bestritten.

Insbesondere die Geschichte der sozialen und rechtlichen Diskriminierung aufgrund der homosexuellen Ausrichtung reicht – wie kaum eine andere – weit in unsere heutige Zeit hinein. Das wird deutlich, wenn man sich die lange Diskussion um § 175 StGB (a. F.) vor Augen führt: Bis zum Ende der sechziger Jahre war die „Unzucht zwischen Männern" strafbewehrt[320]. Homosexuelle Handlungen unter Männern wurden so per se und ohne Rücksicht auf das Alter der Beteiligten strafrechtlich verfolgt. Begründet wurde das mit dem Erhalt des allgemeinen Wohls des deutschen Volkes in seiner sittlichen und gesundheitlichen Kraft[321]. Die Änderung der Vorschrift durch das erste Strafrechtsreformgesetz

---

[316] Vgl. dazu: Goldmann Lexikon, Band 10, S. 4398; Fromme, Sexual-Report, S. 137; Dorsch, http://www.netdoktor.de/sex_partnerschaft/fakta/Bisexualitaet.htm, S. 1.

[317] § 6 II d) EEA 1998: "As between any 2 persons, the discriminatory grounds (...) are (...) that they are of different sexual orientation (...)."

[318] EEA 1998 – Sect 2 Interpretation: "sexual orientation means heterosexual, homosexual or bisexual orientation (...)."

[319] Bauer, NJW 2001, 2672, 2674 f.; Thüsing, NZA 2001, 1061, 1062.

[320] Schönke/Schröder, § 175 StGB, 10.Auflage, die auch Hinweise zur bis dahin bestehenden Rechtslage in anderen europäischen Staaten geben, S. 741 f.; zur aktuellen internationalen Rechtslage: Kapell, ZAR 1999, 260, 267 ff.

[321] Schönke/Schröder, § 175 StGB, 10.Auflage, S. 739; siehe dazu: Marowsky, Homosexuelle Arbeitnehmer, S. 76; Kapell, ZAR 1999, 260, 264 und 267 f.

vom 25.06.1969 beließ es immer noch bei der Strafbarkeit der männlichen Homosexualität im Alter zwischen 18 und 21 Jahren. Heftig diskutiert wurde in diesem Zusammenhang, ob Küsse und „sonstige Verirrungen“ unter den Tatbestand subsumiert werden sollten[322]. Erst am 21.05.1994 wurde der § 175 StGB schließlich aufgehoben und damit die Strafbarkeit männlicher homosexueller Handlungen – ohne Hinzutreten weiterer Umstände – endgültig entpönalisiert. Es bleibt bei den allgemeinen Grundsätzen des Missbrauchs von Jugendlichen[323]. Die Geschichte dieses Paragraphen versinnbildlicht auch die Geschichte der sozialen Ausgrenzung Homosexueller. Tradierte gesellschaftliche Anschauungen verbinden mit der Homosexualität und gerade mit der männlichen Form eine sexuelle und charakterliche Abartigkeit[324]. Homosexualität wurde von manchen als eine Krankheit angesehen, andere sehen die Ursachen homosexuellen Verhaltens in der Verführung[325]. Hier spielt auch gerade die Morallehre der christlichen Kirchen eine bedeutende Rolle[326]. Das lässt aber wiederum die Frage stellen, warum gerade für die Kirchen ein möglicher Ausnahmebereich auf vielen Gebieten geschaffen wurde, Artikel 4 Absatz 2 RL 2000/78/EG.

Wenn nun die Richtlinie 2000/78/EG bezweckt, Gleichgeschlechtliche unter einen besonderen Schutz zu stellen, so zeigen die Darlegungen die Begründetheit dieses Ansatzes. Sinn und Zweck der Vorschrift sprechen somit für eine Auslegung der sexuellen Ausrichtung als homo-, hetero- und bisexuelle Ausprägungen.

4. Ergebnis zu IV.

Damit sprechen die Entwicklungsgeschichte und die Teleologie dafür, unter sexueller Ausrichtung (nur) die bi-, homo- und heterosexuellen Ausprägungen zu verstehen. Das wird vom Wortlaut unterstützt.

---

[322] Schönke/Schröder, § 175 StGB, 16.Auflage, S. 1023; Hohmann, Homosexualität und Subkultur, S. 6.

[323] Lenckner/Perron in Schönke/Schröder, § 175 und § 182 Rn. 1 ff., 26.Auflage; siehe dazu: Marowsky, Homosexuelle Arbeitnehmer, S. 76.

[324] Kapell, ZAR 1999, 260, 260 f.; Horn, Phänomenologie der Sexualität, S. 36 f.; Imielinski, Milieubedingte Entstehung, S. 11 f.; Eysenck, Sexualität und Persönlichkeit, S. 266 ff.; Giese, Sexualität des Menschen, S. 56 f. und 188 f.; Schwarz, http://www.wien.gv.at/queerwien/immer.htm, S. 1; zum Wertewandel hinsichtlich der Homosexualität: Diederichsen, NJW 2000, 1841, 1842 ff.; Krings, ZRP 2000, 409, 409 ff.; Beck, NJW 2001, 1894, 1894 f.; Giegerich, JZ 1998, 724, 726 f.

[325] Imielinski, Milieubedingte Entstehung, S. 14 ff.; Hohmann, Homosexualität und Subkultur, S. 12 f.; Bell/Weinberg/Hammersmith, Kinsey-Report, S. 11 f. und 204 ff.; Eichner/Habermehl, RALF-Report, S. 191 ff. und 332 ff.

[326] Marowsky, Homosexuelle Arbeitnehmer, S. 27 f. und S. 10 ff. zur Geschichte der Verfolgung Homosexueller; Fuchtmann, Identität und Sexualität, S. 33 ff. und 57 ff.; vgl. auch: Thüsing, NZA 2001, 1061, 1062; Goldmann Lexikon, Band 10, S. 4398.

Die Tatsache, dass sämtliche der aufgezählten sexuellen Ausrichtungen von der Richtlinie 2000/78/EG umfasst sind, verdeutlicht nochmals die Bedeutung des Artikel 7 Absatz 1 RL 2000/78/EG und der damit einhergehenden Befugnis zum Erlass positiver Maßnahmen. Die Bevorzugung sexueller Minderheiten ist hingegen aus vielerlei Erwägungen heraus unpraktikabel und nicht durchführbar. Zum einen bestehen kaum stichhaltige statistische Erhebungen, die anzeigen, wann genau die quotale Parität hergestellt ist. Zum anderen zeigen sich auch hier wieder die Schwierigkeiten im Zusammenhang mit einem begrenzten Fragerecht des Arbeitgebers und dem damit zusammenhängenden Recht zur Lüge seitens des Arbeitnehmers[327]. Schließlich ist fraglich, wie der Arbeitgeber nach den richtlinienspezifischen Grundsätzen der Beweislast den Gegenbeweis antreten kann. Hier besteht demnach in der Zukunft eine besonders hohe Missbrauchsgefahr.

[327] Buchner in Münchener Handbuch Arbeitsrecht, Band 1, § 41, Rn. 33 ff.; Brossette, Wert der Wahrheit, S. 129 ff.; vgl. auch Erwägungen von: Rolfs/Paschke, BB 2002, 1260, 1261; Thüsing/Lambrich, BB 2002, 1146, 1148 f.

E. Umsetzung des Sanktionserfordernisses

Artikel 17 RL 2000/78/EG verpflichtet die Mitgliedstaaten dazu, Sanktionen festzulegen, die dann erfolgen sollen, wenn gegen eine einzelstaatliche Vorschrift verstoßen wird, die zur Anwendung dieser Richtlinie erlassen worden ist. Grundsätzliche Voraussetzung ist dabei in jedem Fall eine tatsächliche Durchsetzbarkeit der Sanktion im innerstaatlichen Recht seitens des Betroffenen. Der Wortlaut unterscheidet sich diesbezüglich nicht vom Sanktionserfordernis der Richtlinie 2000/43/EG in Artikel 15[328], was wiederum die Parallele der Problematik verdeutlicht.

Insgesamt müssen die Sanktionen wirksam, verhältnismäßig und abschreckend sein. Was darunter genau zu verstehen sein soll, ist zunächst unklar. Die Erwägungen zur Richtlinie machen dazu keine näheren Angaben. Der Ausschuss der Regionen gibt hierüber keine Auskunft[329]; auch der Wirtschafts- und Sozialausschuss beschränkt sich darauf, den Sanktionsvorschlag insgesamt positiv zu bewerten[330]. Der genaue Weg zur Umsetzung dieses Sanktionserfordernisses bleibt also den Mitgliedstaaten überlassen.

Satz 2 des Artikel 17 RL 2000/78/EG bietet als Option auch Schadensersatzleistungen an die Opfer an. Diese ausdrückliche Formulierung enthielt erst der geänderte Vorschlag der Kommission[331]. Zuvor war dieser Passus nicht vorgesehen. Artikel 17 RL 2000/78/EG erwähnt also ausdrücklich die Möglichkeit eines Schadensersatzzuspruchs an die Opfer von Diskriminierungen. An vielen Stellen wird zudem eine Parallele zu den Antidiskriminierungsgrundsätzen aufgrund des Geschlechts gezogen[332]. Im Zusammenhang mit dem Umsetzungserfordernis aus der Richtlinie 76/207/EWG[333] hat der EuGH mehrfach im Zusammenhang mit Verbesserungen des § 611 a BGB gefordert, die Sanktionen wirksam und abschreckend zu gestalten[334]. Diese Voraussetzungen, die sich durch die Recht-

---

[328] Richtlinie 2000/43/EG vom 29.06.2000 (Anhang IV), Abl. L 180/22 vom 19.07.2000, S. 26.

[329] Stellungnahme des Ausschusses der Regionen vom 12.04.2000, Abl. C 226/1 vom 08.08.2000, S. 1 ff.

[330] Artikel 14 der Stellungnahme des Wirtschafts- und Sozialausschusses vom 25.05.2000 (Anhang III), Abl. C 204/82 vom 18.07.2000, S. 88.

[331] Geänderter Vorschlag für eine Richtlinie des Rates vom 12.10.2000, KOM(2000)652 endgültig, 1999/0225 (CNS), dort Artikel 15, S. 17; ursprünglicher Vorschlag der Kommission vom 06.01.2000, Abl. C 177 E/42 vom 27.06.2000, dort Artikel 14 , S. 46.

[332] Erwägung Nr. 3, Vorschlag der Kommission vom 06.01.2000, Abl. C 177 E/42 vom 27.06.2000, S. 42; Stellungnahme des Wirtschafts- und Sozialausschusses vom 25.05.2000 (Anhang III), Abl. C 204/82, S. 83; Stellungnahme des Ausschusses der Regionen vom 12.04.2000, Abl. C 226/1 vom 08.08.2000, S. 2; Hailbronner, ZAR 2001, 254, 259.

[333] Richtlinie 76/207/EWG vom 09.02.1976, Abl. L 39/40 vom 14.02.1976.

[334] Hailbronner, ZAR 2001, 254, 259; EuGH, Slg. 1984, 1891, 1908 = AP Nr. 1 zu § 611 a BGB Rn. 24 – Colson/Kamann; EuGH, Slg. 1984, 1921, 1941 = AP Nr. 2 zu § 611 a BGB, Rn. 24 – Harz; EuGH, Slg. 1990, 3941, 3975 = AP Nr. 23 zu Art. 119 EWG – Dekker; EuGH, Slg. 1993, 4367, 4408,

sprechung des EuGH entwickelt haben, werden also jetzt durch den Richtliniengeber übernommen[335]. Es ist folglich davon auszugehen, dass bisherige Sanktionsnormen und Verfahren im Sinne der Richtlinie 2000/78/EG fortgeschrieben werden, bzw. der europäische Gesetzgeber an den entwickelten Grundprinzipien festhalten wird. Daran ist auch der deutsche Gesetzgeber gebunden.

Gleichwohl ist anerkannt, dass der nationale Gesetzgeber durch das dargestellte Erfordernis nicht dazu verpflichtet ist, bestimmte Sanktionsformen zu statuieren[336]. Der deutsche Gesetzgeber hat sich bezüglich der Umsetzung des Sanktionserfordernisses für die Fälle der Diskriminierung aufgrund des Geschlechts für die Aufnahme eines zivilen Entschädigungsanspruches in § 611 a BGB entschieden. Der Diskussionsentwurf des Bundesministeriums der Justiz zur Umsetzung der Richtlinie 2000/43/EG zeigt, dass die Aufnahme von Schadensersatzansprüchen für Betroffene hinsichtlich unzulässiger Ungleichbehandlungen ein wesentliches Umsetzungsinstrument im deutschen Recht bleiben wird und sich der deutsche Gesetzgeber daran weiter orientiert[337]. Obwohl in diesem Zusammenhang nur eine Umsetzung der Richtlinie 2000/43/EG erfolgen sollte, enthält die dort vorgesehene Haftungsnorm einen Verweis auf verbotene Benachteiligungen. Diese sind in § 319a Absatz 1 BGB des Entwurfes auf S. 3 f. genannt und umfassen auch die Merkmale der Richtlinie 2000/78/EG. Obwohl nun § 319 a Absatz 2 BGB des Entwurfes bestimmte Teile des Arbeitsrechts unter den Vorbehalt speziell zu erlassener Regelungen stellt, zeigt der Gesetzgeber hier weiterhin eine nicht zu übersehene Tendenz zur Normierung zivilrechtlicher Entschädigungsregelungen. Wenngleich der Diskussionsentwurf des Bundesministeriums der Justiz vorerst gescheitert ist[338], wird an dieser Gesetzgebungspraxis wohl festgehalten werden, denn maßgebliche Kritikpunkte lagen auf anderen Gebieten[339].

Rn. 27 = EuZW 1993, 706 ff. – Marshall II; schließlich EuGH, Slg. 1997, 2195 = AP Nr. 13 zu § 611 a BGB – Draehmpaehl; dazu: Rolfs/Freyberg, AR-Blattei ES 800.2 Nr. 2, S. 9 ff.

[335] Artikel 15 der Richtlinie 2000/43/EG vom 29.06.2000 (Anhang IV), Abl. L 180/22 vom 19.07.2000, S. 26; Artikel 17 der Richtlinie 2000/78/EG vom 27.11.2000 (Anhang I), Abl. L 303/16 vom 02.12.2000, S. 21; Artikel 8c des Vorschlags der Kommission für eine Richtlinie zur Änderung der Richtlinie 76/207/EWG vom 07.06.2000, KOM(2000) 334 endgültig – 2000/0142 (COD), S. 20.

[336] Das übersieht Düwell, FA 2001, 105, 107.

[337] Diskussionsentwurf eines Gesetzes zur Verhinderung von Diskriminierungen im Zivilrecht des Bundesministeriums der Justiz, Stand: 10.12.2001, Vorschlag für § 319e I S.2, BGB, S. 5; auch in einem anderen Zusammenhang: Thüsing, ZfA 2001, 397, 413.

[338] Friedrich, FAZ vom 20.04.2002, S. 21; Kahlweit, Benachteiligt sind irgendwie alle, 09.04.2002, www.nrwgegendiskriminierung.de/de/docs/aktuelles.html, S. 1-3; SPD stoppt grüne Gesetzesvorhaben, FAZ vom 05.06.2002, S. 2.

[339] Von Koppenfels, WM 2002, 1489, 1489: Begründet wurde das Scheitern des Gesetzesvorhabens offiziell mit Problemen auf Koalitionsebene und interministeriellen Differenzen. Vgl. auch: Wiedemann/Thüsing, DB 2002, 463, 463 ff.; Stellungnahme des Deutschen Anwaltsvereins durch den Ausschuss Zivilrecht vom 13.02.2002, 14/02, S. 2 ff; Stellungnahme des Paritätischen Wohlfahrtsverbandes zu dem Diskussionsentwurf eines Gesetzes zur Verhinderung von Diskriminierungen im Zivilrecht

Fraglich ist, welchen Anforderungen der deutsche Gesetzgeber für die Umsetzung einer wirksamen und abschreckenden Sanktion genügen muss und welche Wege er dafür beschreiten kann. In einem ersten Schritt soll daher die Auseinandersetzung mit § 611 a BGB zeigen, welche Anforderungen an eine „wirklich abschreckende Sanktion“ durch den EuGH und nun auch den Richtliniengeber gestellt werden.

I. Voraussetzungen wirksamer und abschreckender Sanktionen

Im Folgenden soll gezeigt werden, was der nationale Gesetzgeber bei der Umsetzung einer Norm beachten muss. Die Entwicklung des § 611 a BGB bietet dafür Anhaltspunkte.

1. Bedeutung eines § 611 a BGB

§ 611 a BGB soll die Gleichstellung der Geschlechter im Arbeitsrecht effektiv durchsetzen. Dies Benachteiligungsverbot gilt auch gegenüber Individualvereinbarungen vorrangig und erstreckt sich weiterhin auf die Begründung von Arbeitsverhältnissen. Gleichwohl stellte Annuß auf einem am 12.03.1999 vor der 37. Arbeitstagung der „Arbeitsgemeinschaft Fachanwälte für Arbeitsrecht“ fest, dass der Unterschied zwischen wissenschaftlicher Auseinandersetzung und praktischer Relevanz bei kaum einer Norm größer sei als bei der des § 611 a BGB[340]. Die Erfolgsaussichten gerichtlicher Auseinandersetzungen seien unsicher und der materielle Anreiz gering. Angeführt wird ferner ein psychologischer Hinderungsgrund, der darin liege, dass die Durchsetzung von Schadensersatzansprüchen wegen Geschlechterdiskriminierung in der gesellschaftlichen Beurteilung nach wie vor kritisch gesehen werde[341].

---

vom 11.02.2002, www.paritaet.org/via/Archiv/1-02/ADG-DPWV.pdf; Stellungnahme des Lesben- und Schwulenverbandes Deutschland vom 18.02.2002, www.lsvd.de/recht/adgzivil03.html; Stellungnahme des Büros gegen Altersdiskriminierung e.V. vom 17.02.2002, www.altersdiskriminierung.de; Stellungnahme des Juristinnenbundes vom 10.12.2001, www.djb.de/content.php/pmsn-82.html; Stellungnahme des Deutschen Gewerkschaftsbundes vom 10.12.2001, S. 3 ff. Insbesondere wurde an einigen Stellen (informell) die Befürchtung geäußert, dass durch ein solches Gesetz aufgrund des besonderen Schutzes der Weltanschauung ein Vorgehen gegen die NPD erschwert werden würde. Diese Bedenken ließen sich allerdings auf ein selbstgemachtes Problem zurückführen, denn hinsichtlich des Kriteriums der Weltanschauung ist der deutsche Gesetzgeber im Sinne der Richtlinie 2000/78/EG nur verpflichtet, diese im Arbeitsrecht umzusetzen. Statt dessen überträgt der Diskussionsentwurf die Merkmale der Richtlinie 2000/78/EG auf den (weiteren) Geltungsbereich der Richtlinie 2000/43/EG und schießt so – unaufgefordert – über das Ziel hinaus. Zu diesem Kritikpunkt siehe auch: FAZ vom 17.05.2002, S. 5, Kritik am Gesetz gegen Diskriminierung; FAZ vom 18.05.2002, S. 4, Antidiskriminierungsgesetz ungewiß; SPD stoppt grüne Gesetzesvorhaben, FAZ vom 05.06.2002, S. 2; noch deutlicher: Weitere Richtlinie gegen Diskriminierung, FAZ vom, 15.06.2002, S. 23; Thüsing, NJW 2002, Heft 24, NJW-Editorial.

340 Vortrag als Beitrag abgedruckt: Annuß, NZA 1999, 738, 738.

341 Herrmann, ZfA 1996, 19, 20; Richardi/Annuß in Staudinger, § 611 a BGB, Rn. 6.

Diese Erwägungen lassen sich auf die Geltendmachung von Ersatzansprüchen wegen Diskriminierungen aufgrund der Behinderung, religiösen oder weltanschaulichen Zugehörigkeit, aber auch im Falle von Diskriminierung wegen der Rasse oder ethnischen Zugehörigkeit (RL 2000/43/EG) für die Zukunft wohl nicht ohne Weiteres übertragen. Allein die Quantität der verpönten Merkmale lässt eine Zunahme von Klagen und Prozessen erwarten, wenn sich der Gesetzgeber weiterhin dafür entscheidet, als zentrale Vorschrift eine zivilrechtliche Entschädigungsregel zu statuieren. Die Gefahr einer Prozessflut ist vor diesem Hintergrund kaum zu überschätzen, weil sich auch nicht systematisch überschauen lässt, wo im Arbeitsrecht überall unterschiedliche Behandlungen wegen Religion, Weltanschauung, Behinderung, Alter oder sexueller Ausrichtung vorgenommen werden.

Schließlich trägt die Aufnahme des Belästigungsschutzes mit dazu bei, den sachlichen Anwendungsbereich einer jeden Diskriminierungsschutzvorschrift um ein Vielfaches zu erweitern.

2. Zur Entwicklung des § 611 a BGB

Die ursprüngliche Fassung des § 611 a BGB wurde durch das Gesetz über die Gleichbehandlung von Männern und Frauen am Arbeitsplatz und über die Erhaltung von Ansprüchen beim Betriebsübergang am 13.08.1980 ins BGB eingefügt[342]. Damit beabsichtigte der deutsche Gesetzgeber, das deutsche Arbeitsrecht an die Richtlinie 76/207/EWG anzupassen, eine Pflicht, der er schon zum 14.08.1978 hätte nachkommen müssen. Nach allgemeiner Auffassung wurde der Gesetzgeber nicht eigeninitiativ tätig, sondern kam nur seiner Verpflichtung nach, die sich für ihn aus der Zugehörigkeit zur Europäischen Wirtschaftsgemeinschaft ergab[343]. Ziel des deutschen Gesetzgebers war es, die Sanktionen gerade nur in dem Maße vorzusehen, wie sie durch das EG-Recht verlangt wurden[344]. In mehreren Bereichen hatte dies eine pendelartige Annäherung an europarechtliche Vorgaben zur Konsequenz.

a. Ursprüngliche Fassung des § 611 a Absatz 2 BGB

Ursprünglich sah § 611 a Absatz 2 BGB nur den Ersatz des negativen Interesses für den benachteiligten Arbeitnehmer vor. Dies lief im Endeffekt auf den Ersatz der Bewerbungskosten hinaus, was zur Folge hatte, dass man diese Norm in der Literatur als „Porto-Paragraph" betitelte[345]. Der EuGH verlangte allerdings in

---

[342] BGBl. I, 1980, 1308; Rolfs/Freyberg, AR-Blattei ES 800.2 Nr. 2, S. 10 f.

[343] Abele, EuR 1990, 371; Mayer-Maly in FS Herschel, 257, 258; Hanau in GS Kahn-Freund, 457, 458 ff.; Richardi/Annuß in Staudinger, § 611 a BGB, Rn. 2.

[344] Ausführlich zur ersten Fassung des § 611 a BGB: Bertelsmann, BB 1983, 1805, 1807 ff.

[345] Kocher, AuR 1998, 221, 221; Zuleeg, RdA 1984, 325, 327; Bertelsmann, BB 1983, 1805, 1808, Fn. 43; Annuß, NZA 1999, 738, 740; Wendeling-Schröder, DB 1999, 1012, 1012.

der Reaktion auf diese Gesetzgebung eine Norm, die nicht nur symbolischen Schadensersatz zuspricht, sondern über den Bewerbungskostenersatz hinausgeht[346]. Das BAG reagierte darauf, indem es dem Betroffenen in diesen Fällen aufgrund Verletzung des allgemeinen Persönlichkeitsrechts daneben einen Anspruch aus §§ 823 Absatz 1, 847 BGB in Höhe eines Monatsgehalts zusprach[347]. Dabei ist aber auch deutlich zu sehen, dass nur der Schadensersatz in Höhe eines Monatsgehalts maximal galt. Es mussten dabei die Abwägungsgrundsätze zum allgemeinen Persönlichkeitsrecht angelegt werden, was im Einzelfall auch zu einer Anspruchreduzierung auf Null führen konnte.

b. Die Änderungen im Jahre 1994

Der deutsche Gesetzgeber reagierte auf das Urteil des EuGH, wo erneut das Erfordernis einer wirklich abschreckenden Wirkung deutlich gemacht wurde. Er sah durch die Änderung des § 611 a BGB im Zweiten Gleichberechtigungsgesetz vom 24.06.1994[348] nunmehr eine angemessene Entschädigung in Geld vor. Ein solcher Anspruch konnte höchstens drei Monatsgehälter betragen und war verschuldensabhängig ausgestaltet. Umstritten dabei war, ob diese Norm nur auf den Ersatz von immateriellen Schäden gehen[349], oder ob auch die materiellen Schäden erfasst werden sollten[350]. Es bestand außerdem in § 61 b ArbGG das sogenannte „Summenbegrenzungsverfahren"[351], was die prinzipielle Möglichkeit eröffnete, die Haftung zu begrenzen, wenn der Arbeitgeber bei der Auswahl mehrere Personen aufgrund des Geschlechts benachteiligt hatte.

Der EuGH erklärte diese Regelungen insgesamt - sowohl hinsichtlich des Verschuldenserfordernisses, als auch im Hinblick auf das Summenbegrenzungsverfahren - für europarechtswidrig[352]. In dem Urteil des EuGH wurde aber auch deutlich darauf abgestellt, dass die Unzulässigkeit einer Höchstsummenbegrenzung nur für die Bewerber gelten solle, die bei einer nicht diskriminierenden Maßnahme des Arbeitgebers überhaupt nur zum Zuge gekommen wären.

c. Die Änderung im Jahre 1998

Zuletzt änderte der deutsche Gesetzgeber den § 611 a BGB und § 61 b ArbGG durch das Gesetz zur Änderung des Bürgerlichen Gesetzbuches und des Ar-

---

346 EuGH – Colson/Kamann, Slg. 1984, 1891, 1908, Rn. 24; EuGH – Harz, Slg. 1984, 1921, 1941, Rn. 24 = AP Nr. 1, 2 zu § 611 a BGB.
347 BAGE 61, 219; 61, 226 = AP Nr. 4, 5 zu § 611 a BGB.
348 BGBl. I, 1406.
349 Oetker, ZIP, 1997, 802, 803; Steinmeister, PersR 1995, 9, 10.
350 Müller-Glöge in MüKo, § 611 a, Rn. 47; Ehmann/Emmert, SAE 1997, 253, 260; Herrmann, ZfA 1996, 19, 32.
351 Richardi/Annuß in Staudinger, § 611 a BGB, Rn. 73.
352 EuGH – Draehmpaehl, Slg. 1997, 2195, 2223, Rn. 38 ff. = AP Nr. 13 zu § 611 a BGB; Rolfs/Freyberg, AR-Blattei ES 800.2 Nr. 2, S. 9 ff.

beitsgerichtsgesetzes vom 29.06.1998[353] in seine jetzige Fassung. Der EuGH hatte zuvor kritisiert, dass der nationale Gesetzgeber kein Verschuldenserfordernis statuieren dürfe; außerdem würde das bis dahin geltende Summenbegrenzungsverfahren einer effektiven Durchsetzung des Gemeinschaftsrechts entgegenstehen[354].

Der deutsche Gesetzgeber gestaltete daraufhin § 611 a Absatz 2 BGB ohne Voraussetzung eines Verschuldens. Dabei wurde auch die generelle Ausschlussfrist von zwei Monaten variiert: Nach § 611 a Absatz 4 BGB ist nunmehr diejenige Frist relevant, die aus dem Tarifvertrag, der Betriebsvereinbarung oder dem Arbeitsvertrag hervorgeht. Es gilt dabei aber stets eine Mindestfrist von zwei Monaten, § 611 a Absatz 4 Satz 2, 2.Halbsatz BGB und eine Höchstfrist von sechs Monaten, § 611 a Absatz 4 Satz 3 BGB. Der Wortlaut der Regelung legt dabei den Beginn der Frist eindeutig auf den Zugang der Ablehnung fest[355]. Nach dieser Fristwahrung beginnt eine zweite Stufe der Fristbeachtung gemäß § 61 b Absatz 1 ArbGG: Innerhalb von drei Monaten nach Geltendmachung im Sinne des § 611 a Absatz 4 BGB muss durch den Betroffenen Klage erhoben werden. Diese Frist dient der Herstellung von Rechtssicherheit nach einer bestimmten Zeit. Insgesamt soll mit dieser letzten Veränderung den Kriterien aus dem Draehmpaehl-Urteil des EuGH entsprochen werden. Nichtsdestotrotz wird teilweise die Vereinbarkeit der im deutschen Recht geltenden Ausschlussfristen mit europäischem Gemeinschaftsrecht nach wie vor bezweifelt[356].

Die nun geltende Fassung des § 611 a Absatz 2 bis 4 BGB hat sich somit aus dem ständigen Versuch heraus entwickelt, den europäischen Umsetzungsvorgaben zu entsprechen. Der EuGH hatte damit Gelegenheit, inhaltliche Vorgaben festzusetzen. Erforderlich ist, dass der Mitgliedstaat – wenn er sich für Schadensersatzregelungen zugunsten des Betroffenen entscheidet – diese vom Verschulden, der Rechtswidrigkeit und einer generellen Höchstbetragsbegrenzung abkoppelt[357].

---

[353] BGBl. I, 1998, 1694 ff.

[354] EuGH – Draehmpaehl, Slg. 1997, 2195, 2223, Rn. 38 ff. = AP Nr. 13 zu § 611 a BGB; Wendeling-Schröder, DB 1999, 1012, 1012.

[355] Treber, NZA 1998, 856, 860; Richardi/Annuß in Staudinger, § 611 a BGB, Rn. 95.

[356] Gotthardt, ZTR 2000, 448, 448 ff.

[357] EuGH – Dekker, Slg. 1990, 3941, 3975, Rn. 22 = AP Nr. 23 zu Art. 119 EWG-Vertrag, Rn. 22; EuGH – Draehmpaehl, Slg. 1997, 2195, 2219, Rn. 17 = AP Nr. 13 zu § 611 a BGB; Rolfs/Freyberg, AR-Blattei ES 800.2 Nr. 2, S. 9 ff. Siehe dazu aber auch: Gotthardt, ZTR 2000, 448, 456, der feststellt, dass die Interpretation der Vorgaben des Europäischen Gerichtshofes noch keineswegs abgeschlossen ist.

II. Zu den Voraussetzungen im Einzelnen

Was aber die vorgenommenen Änderungen für das deutsche Recht zur Konsequenz haben und inwieweit sich diese in das Haftungssystem einordnen lassen, wird kontrovers beurteilt. Die Kontroverse ist auf die Diskussion bezüglich der einzelnen Tatbestandsmerkmale zurückzuführen. Dabei wird deutlich, welche Probleme in der Praxis erwartet werden können, wenn der Gesetzgeber daran festhält, ein zivilrechtliches Sanktionssystem für die Fälle der RL 2000/78/EG als Diskriminierungsschutz zu etablieren.

1. Kausalität

Nach der Vorschrift des § 611a Absatz 2 BGB muss die geschlechtsspezifische Benachteiligung sich nicht ursächlich auf einen tatsächlichen Nachteil hin ausgewirkt haben. Ansonsten würde der Umstand, dass der Arbeitgeber eine Stelle am Ende doch nicht besetzt, diesen von einer Schadensersatzpflicht befreien. In solchen Konstellationen würde nämlich eine notwendige Kausalität der Benachteiligung für die tatsächliche Nichtberücksichtigung fehlen[358]. Bedeutend ist nur, dass das Geschlecht bei der Auswahl überhaupt eine nachteilige Rolle gespielt hat[359].

Diese Auslegung lässt sich auch an der Systematik des § 611a Absatz 3 BGB festmachen: Wenn schon ein eigentlich nicht qualifizierter Bewerber Anspruch auf Schadensersatz hat – wenn auch in beschränktem Umfang -, dann kann die Kausalität im Sinne einer sine qua non Formel gerichtet auf einen tatsächlich erlittenen Nachteil nicht Voraussetzung sein. Dieser Auslegung könnte man gemäß einer solchen Sicht nur entgehen, wenn man in Absatz 3 eine Sonderregelung sehen würde und somit Absatz 2 nur die materiellen Schäden ersetzt. Dies hätte zwar zur Konsequenz, dass ein Kausalitätserfordernis nicht ohne Weiteres zu verneinen wäre, eine solche Sichtweise ist aber widersprüchlich: Wenn schon der Minderqualifizierte einen Anspruch auf Ersatz des immateriellen Schadens hat, so kann ein solcher dem Bestqualifizierten nicht verwehrt werden. Das Ergebnis muss schließlich über § 611 a Absatz 2 BGB erreicht werden, da Absatz 3 dem Bestqualifizierten schon seinem Wortlaut nach nicht zusteht[360]. Damit ist klargestellt, dass grundsätzlich kein Kausalitätserfordernis hinsichtlich eines *tatsächlich messbaren* Nachteils bestehen kann.

a. Objektive Eignung

Diese Darlegungen dürfen aber nicht über den Umstand hinwegtäuschen, dass ein Kausalitätszusammenhang hinsichtlich des diskriminierenden Verhaltens zum immateriellen Schaden nicht bezweifelt wird. Der EuGH hat geurteilt, dass

---

[358] KR/Pfeiffer, § 611 a BGB, Rn. 98.
[359] Richardi/Annuß in Staudinger, § 611 a BGB, Rn. 78.
[360] KR/Pfeiffer, § 611 a BGB, Rn. 102.

eine europarechtlich sanktionspflichtige Diskriminierung aus dem Ausschluss vom Einstellungsverfahren erfolgen könne[361]. In diesen Fällen, bei denen die ausgeschriebene Stelle letztlich zwar tatsächlich nicht besetzt wird, der Arbeitgeber aber diskriminierend begründet, liegt aber gerade ein *immateriell kausal* betroffenes Eigeninteresse des Bewerbers vor.

Daraus ist die Konsequenz zu ziehen, dass der Bewerber objektiv für die ausgeschriebene Stelle überhaupt geeignet sein, d.h. die notwendigen Grundqualifikationen vorweisen können muss[362]. So setzt die Bewerbung um eine zu besetzende Stelle als Bäckermeister in jedem Fall den Abschluss einer Bäckerlehre voraus. Fehlt diese und wird bei der Ablehnung trotzdem auf das Geschlecht abgestellt, so wird der Schutzbereich des § 611 a BGB für diesen Bewerber nicht eröffnet. In diesen Fällen hätte der (untaugliche) Bewerber schon vorab aus dem Verfahren ausgesondert werden müssen. Es fehlt daher an der Kausalität im Hinblick auf den immateriellen Schaden. In diesem Bereich kann auch im Falle einer Erweiterung auf die Merkmale der RL 2000/78/EG in Zukunft ein Filter gesehen werden.

b. Professionelle Diskriminierungskläger

Problematische Konstellationen entstehen auch, wenn der Bewerber die ausgeschriebene Position von vorneherein nicht ernsthaft erstrebt, wenngleich er für sie geeignet wäre. Diesen Komplex betreffen die in der Literatur sogenannten „professionellen Diskriminierungskläger“[363]. Nach der geltenden Rechtslage ist die Lösung dieses Problems im Zusammenhang mit § 611 a Absatz 2 BGB umstritten.

aa. Tatbestandlicher Ausschluss

Es wird vertreten, dass in diesen Fällen bereits die Tatbestandsmäßigkeit verneint werden solle[364]. Jedoch lässt die Norm selber eine solche Vorgehensweise nicht zu. Der EuGH hat in diesem Zusammenhang festgestellt, dass *jeder Verstoß* gegen das Diskriminierungsverbot die volle Haftung des Arbeitgebers auslösen müsse[365]. Das bedeutet aber, dass grundsätzlich jeder geeignete Bewerber den Erfordernissen des § 611 a BGB genügt. Wenn das nicht der Fall wäre, so würde der Arbeitgeber quasi von selbst der Entschädigungspflicht entzogen, obwohl er einen an sich geeigneten Bewerber zunächst aufgrund diskriminie-

---

[361] EuGH, ZIP 1997, 798.

[362] EuGH – Dekker, Slg. 1990, 3941, 3973 f., Rn. 14 = AP Nr. 23 zu Art. 119 EWG-Vertrag; BAGE 71, 252, 258 = AP Nr. 8 zu § 611 a BGB; BAG, EzA § 611 a BGB, Nr. 14; Volmer, BB 1997, 1582, 1584.

[363] Pfarr, RdA 1995, 204, 208 f.; Richardi/Annuß in Staudinger, § 611 a BGB, Rn. 79; KR/Pfeiffer, § 611 a BGB, Rn. 112a.

[364] BAG, EzA, § 611 a BGB, Nr. 14.

[365] EuGH, EzA, § 611 a BGB, Nr. 7.

render Auswahlkriterien abgelehnt hatte. § 611 a Absatz 2 BGB würde folglich einem gewissen Kreis der Bewerber nicht schützen, was den Arbeitgeber letztlich nicht zwingend von diskriminierenden Auswahlverfahren abhalten würde. Man erreicht demnach die europarechtliche Vorgabe einer wirklich abschreckenden Sanktionierung nur, wenn man auch den nicht ernsthaften Bewerber zunächst den Tatbestand passieren lässt.[366].

bb. Rechtsmissbrauchslösung

Der Weg über den Tatbestand wäre schließlich auch nicht nötig, um befriedigende Ergebnisse zu erzielen. Lösungen des Problems erreicht man ebenso über das Verbot rechtsmissbräuchlichen Verhaltens. Ein Bewerber, der ein gerichtliches Verfahren nur anstrebt, um einen Vermögensvorteil auf Kosten des Arbeitgebers zu erlangen, handelt objektiv treuwidrig[367]. Festzuhalten ist bis hierher aber, dass es in der Praxis nur selten gelingen wird zu beweisen, ob eine Person tatsächlich eine berufliche Position angestrebt hat oder nicht. Meistens fallen diese Rechtsmissbrauchsfälle nur auf, weil dasselbe Gericht für die Klagen desselben Klägers gegen verschiedene Arbeitgeber zuständig ist. In einem vom Arbeitsgericht Köln zu entscheidenden Fall hatte sich der Kläger gleich auf sieben nicht geschlechtsneutral ausgeschriebene Stellen beworben[368]. Liegen die Fälle nicht so eindeutig, ist die Feststellung eines treuwidrigen Verhaltens umso schwieriger. So ist etwa der Fall zweier Studenten, die bundesweit ca. 44 Arbeitgeber verklagten, nur zufällig ermittelt worden[369].

Egal an welcher Stelle man den Anspruch eines professionellen Diskriminierungsklägers zu verneinen gedenkt, die Praxis wird vor die gleichen Beweisschwierigkeiten gestellt. Unter diesem Aspekt sprechen daher keine Argumente für die Lösung auf irgendeiner bestimmten Ebene. In Zukunft wird demzufolge der Beweislastverteilung erhöhte Bedeutung zukommen. Erweitert man nun den Tatbestand einer Entschädigungsnorm um einen Katalog von Diskriminierungsmerkmalen, so wird die aufgezeigte Problematik noch schwerer in den Griff zu bekommen sein. Die Konstellationen potenzieren sich. Gleichwohl lassen die Vorgaben des EuGH, die der Richtliniengeber kodifiziert hat, diesbezüglich keine andere Sicht zu.

---

[366] So auch: Richardi/Annuß in Staudinger, § 611 a BGB, Rn. 79; Ehmann/Emmert, SAE 1997, 253, 254.

[367] Ehrich, BB 1996, 1007, 1007 f.; KR/Pfeiffer, § 611 a BGB, Rn. 112a; LAG Hamm, LAGE, § 611 a BGB, Nr. 9; ArbG Köln, ZIP 1997, 804, 804 ff.

[368] ArbG Köln, ZIP 1997, 804, 805.

[369] Trierischer Volksfreund vom 21./22.06.1997, S. 4, Nachweis bei Ehmann/Emmert, SAE 1997, 253, 254.

cc. Kein Ausschluss

Gleichwohl vermögen beide Wege nicht ganz zu überzeugen: Es kann zumindest bezweifelt werden, dass seitens derartiger Kläger überhaupt ein treuwidriges Verhalten vorliegt. Fordern die Richtlinien – RL 2000/78/EG und 2000/43/EG, aber auch schon RL 76/207/EWG in Verbindung mit der Rechtsprechung des EuGH – eine Sanktionierung arbeitgeberseitiger Diskriminierungen, so geht es gerade nicht nur um den Ausgleich von erlittenen Nachteilen, sondern auch um Abschreckung zum Zwecke der effektiven Durchsetzung von Diskriminierungstendenzen. In diesem Bereich aber handeln die sogenannten „professionellen Diskriminierungskläger" keineswegs objektiv treuwidrig, da sie die Durchsetzung der Richtlinienzwecke im Gegenteil eher beschleunigen.

Zumindest vor dem Hintergrund einer Sanktionierung arbeitgeberseitigen Verhaltens bedarf der Ausschluss von subjektiv nicht ernsthaften Bewerbern einer europarechtlich tragfähigen Begründung. Allein aufgrund von innerstaatlichen Rechtssätzen kann Europarecht nicht ohne Weiteres eingeschränkt werden[370]. Das folgt schon aus der Normhierarchie. Auf europarechtlicher Ebene kann dagegen gerade kein treuwidriges Verhalten konstatiert werden.

Ob also die professionellen Diskriminierungskläger in Zukunft vor Gericht ausgeschlossen bleiben dürfen, hängt eng mit der Frage zusammen, inwieweit der Schadensersatz nach § 611 a BGB rein pönale Elemente enthält. Kommentarlose Rückgriffe auf das Rechtsinstitut des Missbrauchs sind infolgedessen nicht möglich. Vor dem Hintergrund einer Erweiterung des Katalogs der Antidiskriminierungsmerkmale erlangt diese Problematik neue Aktualität. Es ist beinahe zu erwarten, dass findige Bewerber versuchen werden, einen Anspruch aufgrund vermeintlich tatsächlicher Diskriminierung wegen ihrer sexuellen Ausrichtung, Religion, Weltanschauung, Behinderung oder des Alters durchzusetzen.

2. Verschulden

Die Fassung des § 611 a Absatz 2 BGB sah vor der Novellierung im Jahr 1998 noch ein Vertretenmüssen des Arbeitgebers als Voraussetzung vor. In der jetzigen Fassung ist dagegen kein schuldhaftes Verhalten des Arbeitgebers erforderlich. Damit kam der deutsche Gesetzgeber den Forderungen des EuGH nach[371]. Der EuGH fordert folglich zur Umsetzung einer wirksamen und abschreckenden Sanktion, dass der Arbeitgeber selbst dann haften müsse, wenn ihm bei Anwendung der im Verkehr erforderlichen Sorgfalt die Rechtswidrigkeit seines Handelns nicht erkennbar war.

---

[370] Auch: Ehmann/Emmert, SAE 1997, 253, 254; Volmer, BB 1997, 1582, 1584.

[371] EuGH – Draehmpaehl, Slg. 1997, 2195, 2220, Rn. 20 = AP Nr. 13 zu § 611 a BGB; Rolfs/Freyberg, AR-Blattei ES 800.2 Nr. 2, S. 9 ff.; Ehmann/Emmert, SAE 1997, 253, 259.

Dagegen wurde in der Literatur vertreten, dass der objektive Fahrlässigkeitsmaßstab des deutschen Zivilrechts den europarechtlichen Anforderungen einer verschuldensunabhängigen Haftung genüge[372]. Dem hat der EuGH aber im oben genannten Urteil deutlich widersprochen. Die Gesetzeslage ist damit in diesem Punkt eindeutig. Dennoch wird zum Teil in der Literatur eine differenzierte Betrachtung vorgenommen:

Dieser Argumentation liegt das Problem zu Grunde, dass eine verschuldensunabhängige Haftungsnorm im deutschen Zivilrecht ein Fremdkörper ist. Grundsätzlich ist ein Schädiger nach dem zugrundeliegenden, herrschenden Prinzip nur für Schäden verantwortlich, wenn er die im Verkehr erforderliche Sorgfalt außer Acht gelassen hat[373]. Die im deutschen Recht existierenden Vorschriften, welche eine unabhängig vom Verschulden eintretende Ersatzpflicht statuieren, haben einen anderen Hintergrund. § 833 Satz 1 BGB etwa sieht die Gefährdungshaftung des Tierhalters vor, sofern er nicht unter die Regelung des Satz 2 fällt. Allerdings ist hier erforderlich, dass sich eine typische Tiergefahr realisiert[374]. Aber auch §§ 7 StVG, 29-32 BJagdG, 25 ff. AtomG, 84 ArzneiMG sehen ein Verschuldenserfordernis nicht vor. Begründet wird das damit, dass der Schädiger rechtmäßig einen Risikobereich eröffnet, den er aber aus der Natur der Sache heraus niemals ganz kontrollieren kann. Damit werden für den möglichen Geschädigten ganz erhebliche Gefahren in die Welt gesetzt. In diesen engen Grenzen soll die Ersatzpflicht dann billigerweise den treffen, der ursächlich die Gefahr- und Risikoquelle in die Welt gesetzt hat[375].

Auf der anderen Seite kennt das Gesetz auch eine verschuldensunabhängige Haftung im Vertragsrecht. Dort geht aber stets ein gesteigerter Haftungswille im Sinne einer Garantiehaftung voran, oder aber die Situation ist so gelagert, dass die Hindernisse nicht im Einflussbereich des Verhandlungspartners liegen[376].

Eine solche Interessen- und Wertungssituation besteht hingegen im Bereich des Diskriminierungsschutzes nicht. Es wirkt schon konstruiert, hier überhaupt von einer Gefahrensituation für die möglichen Betroffenen zu sprechen; in jedem Fall aber entzieht sich dieser Bereich nicht dem Beherrschungsvermögen des

---

[372] Ehmann/Emmert, SAE 1997, 253, 258 f.; Müller-Glöge in MüKo, § 611 a BGB, Rn. 48; Richardi/Annuß in Staudinger, § 611 a BGB, Rn. 74.
[373] Ehmann/Emmert, SAE 1997, 254, 258.
[374] Teichmann in Jauernig, § 833 BGB, Rn. 4.
[375] Teichmann in Jauernig, vor § 823 BGB, Rn. 9 f.; Ehmann/Emmert, SAE 1997, 253, 259.
[376] Vgl. etwa: die Abgabe einer Garantieerklärung, § 122 I BGB für den Anfechtenden, § 179 II BGB für den Stellvertreter oder die Regeln im Falle anfänglicher Mängel; Beispiele bei: Ehmann/Emmert, SAE 1997, 253, 259.

Schädigers[377]. § 611 a Absatz 2 BGB passt sich damit nicht in das deutsche System der Gefährdungstatbestände ein.

3. Beweislastregelung

Im Arbeitsrecht lassen sich insbesondere mittelbare Diskriminierungen und Belästigungen, die oftmals subtil ablaufen können, seitens des Arbeitnehmers kaum beweisen. Im Zusammenhang mit zivilrechtlichen Vorschriften kommt demnach der Beweislastregelung die entscheidende Bedeutung zu[378]. Ob in diesem Zusammenhang weiter auf die Grundsätze des Diskriminierungsverbots aufgrund des Geschlechts zurückgegriffen werden kann, erscheint zunächst fraglich.

a. Grundsätzliche Orientierung

Die Richtlinie 76/207/EWG enthält nämlich keine ausdrücklichen Beweislastregelungen. Beweislastfragen werden aber durch die Beweislastrichtlinie 97/80/EG[379] bei Diskriminierungen aufgrund des Geschlechts konkretisiert. Die dort in Artikel 4 geregelten Beweislastgrundsätze entsprechen inhaltlich denen in Artikel 10 der Richtlinie 2000/78/EG. Der Richtliniengeber hat folglich die zur Richtlinie 76/207/EWG versäumten Beweislastgrundsätze nunmehr direkt in die Antidiskriminierungsrichtlinien – RL 2000/78/EG und RL 2000/43/EG – integriert. Da sich inhaltlich aber keine Unterschiede ergeben, sind die Anforderungen des Richtliniengebers also gleich geblieben.

Die Entwicklung und das Verständnis der Verteilung der Beweislast im Rahmen des § 611 a BGB soll zeigen, wie eine Verteilung der Beweislastgrundsätze im Arbeitsrecht aussehen muss. Insofern wurden die Anforderungen der Beweislastrichtlinie vom deutschen Gesetzgeber konkretisiert. Im Falle unmittelbarer Diskriminierungen muss sich die Beweislastumkehr auf die Kausalität des Merkmals für die Benachteiligung beziehen; im Falle mittelbarer Diskriminierungen erfasst sie zudem die merkmalsbezogene Benachteiligungstendenz und die Rechtfertigungsproblematik[380]. Schon von der europarechtlichen Konzeption her trägt der Arbeitgeber für Rechtfertigungsgründe die Beweislast. Außerdem unterteilt das Europarecht nicht in eine Tatbestands- und eine Rechtfertigungsebene. Es wurde gezeigt, dass das nationale Recht eine derartige Unterteilung sehr wohl vornehmen kann, allerdings nur so weit, wie sich keine Konsequenzen für den Rechtsschutz der Betroffenen ergeben. Demzufolge muss die Beweislast dem Arbeitnehmer im Fall der mittelbaren Diskriminierung umfassend zugute

---

[377] Richardi/Annuß in Staudinger, § 611 a BGB, Rn. 81; Ehmann/Emmert, SAE 1997, 253, 258.
[378] KR/Pfeiffer, § 611 a BGB, Rn. 136.
[379] Richtlinie 97/80/EG, Abl. L 14/6 vom 15.12.1997.
[380] Hanau in FS Gnade, 351, 351 und 358 ff.; KR/Pfeiffer, § 611 a BGB, Rn. 138; Ehrich, BB 1996, 1007, 1008.

kommen; nationale Konzepte können zu keiner unterschiedlichen Behandlung führen[381].

Der Arbeitnehmer muss also nur solche Tatsachen glaubhaft machen, die eine Diskriminierung vermuten lassen[382]. Diskriminierung in diesem Sinne bedeutet – das soll an dieser Stelle nochmals hervorgehoben werden – auch Belästigung. Gleiches muss gelten, soweit ein deliktischer Anspruch auf den Verstoß gegen ein Diskriminierungsverbot gestützt wird[383]. Durch die Erweiterung des Diskriminierungsbegriffes auf Belästigungen ist hier ein größerer Anwendungsbereich eröffnet. Wann genau eine Tatsache aber eine Diskriminierung vermuten lassen kann, entscheidet sich im Einzelfall.

Damit der Arbeitgeber den Gegenbeweis überhaupt führen kann, wird es ihm obliegen, hinsichtlich all seiner Entscheidungen, die in den Zusammenhang mit den Merkmalen der Richtlinie 2000/78/EG gestellt werden können, umfangreiche Dokumentationen anzulegen. Das lässt in der Wirtschaft einen enormen Aufwand an Umstellungs- und Folgekosten erwarten[384]. Verschärft wird diese Problematik dadurch, dass für das Vorliegen einer mittelbaren Diskriminierung in Zukunft keine tatsächliche statistische Beeinträchtigung festgestellt werden muss. Statt dessen genügt hier nämlich eine hypothetische Betrachtung.

b. Problem der eidesstattlichen Versicherung

Fraglich ist, wie der Begriff „glaubhaft machen" genau zu verstehen ist und ob damit auf die Regelung des § 294 ZPO Bezug genommen wird. Dabei konzentriert sich die dabei entstehende Auseinandersetzung vornehmlich auf die Zulassung der eidesstattlichen Versicherung gemäß § 294 Absatz 1 ZPO.

Ob sie zuzulassen ist oder nicht, entscheidet der Sinn und Zweck der europäischen Beweislastumkehr. Eine Glaubhaftmachung soll nur Behauptungen ins Blaue verhindern[385]. In diesem Sinne stellt sie eine Ausnahme zum Vollbeweis dar.

Grundsätzlich ist zu bemerken, dass der Gesetzgeber, möchte er die eidesstattliche Versicherung nicht im Rahmen des Diskriminierungsschutzes genügen las-

---

[381] Hohmeister, BB 1998, 1790, 1792; KR/Pfeiffer, § 611 a BGB, Rn. 138.

[382] Erwägung 31 und Artikel 10 Absatz 1 der Richtlinie 2000/78/EG (Anhang I), Abl. L 303/16 vom 02.12.2000, S. 18 und 20.

[383] Hanau in FS Gnade, 351, 353; Richardi/Annuß in Staudinger, § 611 a BGB, Rn. 98 und 105; BAG, AP Nr. 5, 6 zu § 611 a BGB.

[384] Stellungnahme des Wirtschafts- und Sozialausschusses, Abl. C 204 vom 18.07.2000, S. 84; Bauer, NJW 2001, 2672, 2675.

[385] Binkert, JZ 1979, 747, 749; Engelken, DNotZ 1977, 587; Lippert, NJW 1976, 881, 882; BGH, VersR 1986, 59; BFH, BB 1974, 1378.

sen, diese ausdrücklich ausnehmen muss. Das zeigen die Regelungen in §§ 406 Absatz 3, 511a Absatz 1 ZPO, 64 Absatz 5 ArbGG. Ob aber ein solcher Ausschluss dem Anliegen der Beweislastverteilung durch den Richtliniengeber entspricht, ist zu bezweifeln.

Zum Teil wird zwar kritisch eingewandt, dass es nicht Sinn und Zweck sein könne, einem Arbeitnehmer durch die bloße eidesstattliche Versicherung, eine Beweislastumkehr zu ermöglichen[386]. Diese Ansicht übersieht aber, dass eine pauschale Versicherung sowieso nicht genügt. Vielmehr müssen konkrete Vermutungstatsachen eidesstattlich versichert werden[387]. Gewisse Anforderungen bestehen also auch hier. Außerdem spricht für eine Zulassung das europarechtliche Gebot eines effektiven Rechtsschutzes: Der Diskriminierungsschutz wird in Zukunft auf Belästigungen ausgeweitet werden. Belästigungen erlangen ihrem Sinn nach im sozialen Bereich Bedeutung. Maßgeblich passieren sie besonders im engen persönlichen Umgang des Arbeitgebers, bzw. seiner Hilfspersonen, mit dem Arbeitnehmer. Der Arbeitnehmer gerät für den Fall gesteigerter Beweisanforderungen gerade hier in unüberwindliche Beweisnöte[388].

Artikel 9 und 10 RL 2000/78/EG fordern den nationalen Gesetzgeber aber zwingend dazu auf, für die wirksame gerichtliche Geltendmachung der Rechte aus dieser Richtlinie zu sorgen. Schließlich hat der EuGH seine Anforderungen bei der Frage, wann eine mittelbare Diskriminierung vorliegt, zurückgeschraubt[389]. Das spricht für die Tendenz einer schnelleren Bejahung des Diskriminierungstatbestandes und damit für eine Zulassung der eidesstattlichen Versicherung und damit eine konsequente Verlagerung der Beweislast auf den Arbeitgeber. Andererseits ergibt sich aus jeder Beweiserleichterung zugleich eine Missbrauchsmöglichkeit.

Nichtsdestotrotz sind derartige Schlüsse nicht zwingend, denn auch aus dem Gebot eines effektiven Rechtsschutzes kann nicht die verpflichtende Aufnahme der eidesstattlichen Versicherung geschlussfolgert werden, solange auch auf andere Art und Weise ein gleichwohl effektiver Rechtsweg existiert und beschritten werden kann.

---

386 Richardi/Annuß in Staudinger, § 611 a BGB, Rn. 100; Zwanziger, DB 1998, 1330, 1333.

387 Eich, NJW 1980, 2329, 2332 f.; KR/Pfeiffer, § 611 a BGB, Rn. 140.

388 So auch: Molitor, RdA 1984, 13, 16; Schiek/Horstkötter, NZA 1998, 863, 866; KR/Pfeiffer, § 611 a BGB, Rn. 140; Epstein, Forbidden Grounds, page 350.

389 EuGH, Urt. V. 23.05.1996 – Rs. C-237/94, Slg. 1996, I-2617 – O'Flynn/Adjudication Officer; EuGH, Urt. V. 24.09.1998 – Rs. 35/97, Slg. 1998, I-5325 – Kommission/Frankreich; vgl. Auch Erwägung 31 der Richtlinie 2000/78/EG (Anhang I), Abl. L 303/16 vom 02.12.2000, S. 18.

4. Reichweite der Entschädigung

a. Entschädigungsumfang

Dem Bestqualifizierten steht ein Anspruch auf Ersatz seiner materiellen und immateriellen Schäden zu. Dies ergibt sich zwangsläufig aus dem Zusammenspiel der Absätze 2 und 3 des § 611 a BGB zueinander (s.o.). Zudem lässt sich hierfür die Forderung des EuGH nach einer wirksamen und abschreckenden Sanktion anführen. Das wurde oben gezeigt. § 611 a Absatz 2 BGB ist folglich eine Entschädigungsnorm mit Doppelnatur[390]; der Begriff der angemessenen Entschädigung in Geld beinhaltet materiellen und auch immateriellen Ersatz. Der Wortlaut gestattet demnach eine europarechtskonforme Auslegung der Norm. Diese Entwicklung zeigt, dass der EuGH für eine wirksame und abschreckende Sanktion eine nationale Regelung verlangt, die jedenfalls materielle und immaterielle Nachteile ausgleicht, sofern zivile Entschädigungsnormen das Instrument sind[391]. Die Norm soll eben gerade *alle* Nachteile der Betroffenen ausgleichen. Dogmatisch stellt § 611 a Absatz 2 und 3 BGB eine besondere gesetzliche Bestimmung im Sinne des § 253 BGB dar. Damit reiht sich diese Vorschrift in die Ausnahmetatbestände des deutschen Rechts ein, wie etwa § 651 f Absatz 2 BGB – entgangene Urlaubsfreude – oder § 847 BGB – Schmerzensgeld.

Die bisherige Darstellung und die Forderungen des EuGH nach einer wirksamen und abschreckenden Sanktion, wie sie nun auch vom Richtliniengeber, etwa Artikel 17 Satz 2 RL 2000/78/EG, aufgegriffen wird, zeigen, dass allein der Ersatz materieller und immaterieller Nachteile nicht genügt. Der Wortlaut spricht von Sanktion und Abschreckung. Die eigentliche Doppelnatur der Vorschrift des § 611 a Absatz 2 BGB deckt somit vielmehr drei Bereiche ab. Verschärft wird diese Problemstellung noch, wenn man mit großen Teilen der Literatur im Regelfall einen immateriellen Schaden eines in diskriminierender Weise behandelten Bewerbers ablehnt. Danach werde ein Bewerber in einem solchen Fall von der Entscheidung des Arbeitgebers nicht anders betroffen als von jeder anderen nicht näher begründbaren Entscheidung eines Dritten[392].

Ohne Hinzutreten besonderer Umstände ist danach auch eine Betroffenheit des Persönlichkeitsbereichs nicht festzustellen. Insbesondere für Fälle der mittelba-

---

[390] KR/Pfeiffer, § 611 a BGB, Rn. 101; Richardi/Annuß in Staudinger, § 611 a BGB, Rn. 84; Treber, NZA 1998, 856, 857 f.; Zwanziger, DB 1998, 1330, 1331; Kocher, AuR 1998, 221, 222; Wendeling-Schröder, DB 1999, 1012, 1013 f.

[391] EuGH – Colson/Kamann, Slg. 1984, 1891, 1908, Rn. 24; EuGH – Harz, Slg. 1984, 1921, 1941, Rn. 24 = AP Nr. 1, 2 zu § 611 a BGB; EuGH – Marshall II, Slg. 1993, 4367, 4409, Rn. 32 = EuZW 1993, 706, 708; EuGH – Draehmpaehl, Slg. 1997, 2195, 2223, Rn. 38 ff. = AP Nr. 13 zu § 611 a BGB; dazu: Rolfs/Freyberg, AR-Blattei ES 800.2 Nr. 2, S. 9 ff.

[392] Ehmann/Emmert, SAE 1997, 253, 257; Herrmann, ZfA 1996, 19, 49 f.; Volmer, BB 1997, 1582, 1583; Richardi/Annuß in Staudinger, § 611 a BGB, Rn. 89.

ren Diskriminierung ist diese Ansicht plausibel, da hier nicht unmittelbar an ein verpöntes Merkmal angeknüpft wird. Im Bereich der Belästigungen hingegen, die nunmehr mit zum Anwendungsfeld der Diskriminierungsrichtlinien 2000/78/EG und 2000/43/EG gehören sollen, ist diese Ansicht nicht haltbar: Die Definition der Richtlinie legt dabei eine Intensität fest, welche dem Schutzbereich entspricht, der durch das Persönlichkeitsrecht abgedeckt ist (s.o.).

b. Strafschadensersatz

Im Zusammenhang mit zivilen Entschädigungsnormen kann die Forderung des europäischen Richtliniengebers nur auf Strafschadensersatz hinauslaufen. Im Mittelpunkt des § 611 a Absatz 3 BGB steht sodann nicht nur der Anspruch auf Ersatz eines immateriellen Schadens, sondern die europarechtliche Vorgabe einer effektiven Entschädigungshöhe, die eine Sanktion bezweckt[393]. Das Maß der Entschädigung soll gerade zum Zwecke eines bloßen Sanktionsinteresses überschritten werden.

aa. Einordnung in das deutsche Rechtssystem

Ob und wie sich eine solche Norm in das zivilrechtliche System der Bundesrepublik Deutschland einordnet und in Zukunft einordnen wird, ist umstritten. Gleichwohl hat sich der deutsche Gesetzgeber jüngst in einem ähnlichen Zusammenhang dazu entschlossen, weiter an der Gesetzgebungspraxis in Form der privatrechtlichen Entschädigungsnormen festzuhalten[394]. Die darzustellende Problematik wird sich daher erneut im Zusammenhang mit der Umsetzung der Richtlinie 2000/78/EG stellen.

Eine Schadensersatznorm, die aufgrund der Umsetzungsvoraussetzungen der Richtlinie pönalen Charakter hat, ist verfassungsrechtlich nicht unbedenklich. Strafschadensersatzansprüche, sogenannte punitive damages, sind dem deutschen Zivilrecht nämlich fremd[395]. Eigentlich steht im Mittelpunkt des zivilrechtlichen Haftungssystems der Ausgleich für erlittene Nachteile, m.a.W. ein Kompensationsgedanke. Die Rolle des Einzelnen wird sonst zu der eines priva-

---

[393] KR/Pfeiffer, § 611 a BGB, Rn. 104; BT-Dr. 13/10242, S. 6; Herrmann, ZfA 1996, 19, 35; Hohmeister, BB 1998, 1790, 1791.

[394] Im Zusammenhang mit der Umsetzung der Richtlinie 2000/43/EG: § 319e I, S. 5 BGB im Diskussionsentwurf eines Gesetzes zur Verhinderung von Diskriminierungen im Zivilrecht, Bundesministerium der Justiz, Stand: 10.12.2001, S. 5.

[395] Thüsing, ZfA 2001, 397, 413; Zwanziger, BB 1995, 1404, 1406; Volmer, BB 1997, 1582, 1582; Herrmann, ZfA 1996, 19, 35 ff.; Ehrich, BB 1996, 1007, 1008; Annuß, NZA 1999, 738, 741; Larenz/Canaris, Schuldrecht II/2, § 83 III 2a; Müller-Glöge in MüKo, § 611 a BGB, Rn. 47; KR/Pfeiffer, § 611 a BGB, Rn. 101; Richardi/Annuß in Staudinger, § 611 a BGB, Rn. 19 f.; Adomeit, NJW 1997, 2295, 2296; a.A.: Wendeling-Schröder, DB 1999, 1012, 1013, die dabei versucht, die Präventionsfunktion aus dem Ausgleichsprinzip herzuleiten; wohl auch: Hohmann, ZRP 1995, 167, 168 f.; dagegen grundsätzlich positiv beurteilend: Roetteken, PersR 2002, 12, 17.

ten Staatsanwalts. Das kollidiert mit dem Bestrafungsmonopol des Staates und den dafür eingeführten besonderen Verfahrensgarantien[396].

Außerdem hat der EuGH geurteilt, dass es auf einen Verschuldensgrad des Arbeitgebers für ein Auslösen des Schadensersatzanspruches nicht ankommen dürfe. Dies hatte die verschuldensunabhängige Regelung des § 611 a (Absatz 2 und 3) BGB zur Konsequenz. Unter dem Blickwinkel einer Bestrafung und Abschreckung bedeutet dies im Endeffekt Konstellationen einer Strafe ohne Verschulden. Verfassungsrechtlich stellt jedoch das Schuldprinzip eine Grenze jeder Bestrafung dar[397]. Durch die Beweislastregel wird aber unter dem Sanktionsaspekt der Grundsatz „in dubio pro reo“ auf den Kopf gestellt, der bei Strafen grundsätzlich Geltung beansprucht.

Auch trägt in diesem Kontext der bloße Verweis auf die Normhierarchie als Gegenargument aus zweierlei Gründen nicht:
Zum einen beansprucht das Schuldprinzip auch auf europarechtlicher Ebene Geltung über Artikel 6 Absatz 2 EMRK, die Unschuldsvermutung im strafrechtlichen Verfahren. Artikel 6 Absatz 2 EU-Vertrag spricht dabei ausdrücklich von der Achtung der Menschenrechte der EMRK. Selbst wenn also die EU selber nicht der EMRK beitreten kann, so ist doch der Inhalt der EMRK für sie selbstverpflichtend verbindlich. Verschuldensunabhängige Strafschadensersatzansprüche sind vor diesem Hintergrund nicht ohne Weiteres vereinbar[398]. Der Inhalt und die Reichweite des Artikel 6 Absatz 2 EMRK geht dahin, dass die dort statuierte Unschuldsvermutung nicht bloße Verfahrensregel ist; vielmehr soll danach die Erfüllung eines gesetzlichen Tatbestandes für sich genommen nicht ausreichen. Dem Betroffenen muss zumindest die Möglichkeit der wirksamen Verteidigung überlassen bleiben[399]. Gerade in Kombination mit der Beweislastumkehr entstehen aber erhebliche Friktionen mit der Unschuldsvermutung. Dabei ist nochmals zu betonen, dass sich diese Regeln zwar nur auf das Strafverfahren beziehen. Die Argumentation wird jedoch auch für den zivilrechtlichen Bereich relevant, sofern der Sanktionsgedanke einer Regelung betont wird.

Selbst wenn man dieser Begründung nicht folgen mag, ergibt sich, dass der deutsche Gesetzgeber keinen Strafschadensersatz im Zivilrecht vorsehen darf. Es wurde dargestellt, dass der nationale Gesetzgeber nicht zwangsläufig zivile

[396] BGHZ 118, 312, 338 f.
[397] BVerfGE 9, 169; BVerfGE 20, 331; BVerfGE 23, 132; BVerfGE 25, 285; BVerfGE 41, 125; BVerfGE 45, 259; BVerfGE 50, 133; BVerfGE 54, 108.
[398] KR/Pfeiffer, § 611 a BGB, Rn. 104; so wohl auch: Richardi/Annuß in Staudinger, § 611 a BGB, Rn. 81, 90 und Hanau in FS Gnade, 351, 364, die dennoch den Strafschadensersatz grundsätzlich anerkennen, aber nur, wenn dem Arbeitgeber das Verhalten subjektiv vorwerfbar ist.
[399] Peukert in Frowein/Peukert, Artikel 6 EMRK, Rn. 158; Villiger, EMRK, Artikel 6, Rn. 493 ff.

Entschädigungsnormen zur Umsetzung der Richtlinie kreieren muss. Der Richtlinienwortlaut nennt nur die Möglichkeit[400]. Bereits im Rahmen der Beratungen zum BGB wurde im Zusammenhang mit § 253 BGB festgelegt, dass schon aus dem Ersatz immaterieller Schäden „nur die schlechteren Elemente Vortheil ziehen, Gewinnsucht, Eigennutz und Begehrlichkeit würden gesteigert und aus unlauteren Motiven zahlreiche chikanöse Prozesse angestrengt"[401] werden würden. Der BGH bemerkte zur Frage eines zivilrechtlichen Strafschadensersatzes, dass ein solcher dem deutschen Rechtssystem fremd sei und gegen den deutschen ordre public verstoße; dies gelte sowohl dem Grunde als auch der Höhe nach[402]. Hinzukommen können Reibungen mit dem Verfassungsrecht hinsichtlich des Schuldprinzips und dem staatlichen Strafverfolgungsmonopols.

Daher versucht eine Ansicht in der Literatur, den Rest eines Verschuldenselements zu bewahren: In den Fällen nämlich, in denen die Schadensersatzpflicht über das bloße Kompensationselement hinausgeht und es einzig um das pönale Element geht, durch welches gerade der Forderung nach einer wirklich abschreckenden Wirkung des EuGH nachgekommen werden soll, ist nach einer Ansicht in der Literatur weiterhin ein Verschuldenselement zu fordern[403]. Abschreckung lasse sich nämlich nur erreichen, wenn dem Arbeitgeber auch ein individueller Schuldvorwurf gemacht werden könne, insofern sei in diesen Fällen ein subjektiver Fahrlässigkeitsmaßstab zu Grunde zu legen. Der EuGH habe folglich die Voraussetzung eines individuellen Schuldvorwurfes durch das Ziel der Abschreckung eingebracht[404]. Derartige Fälle sind aber nach dieser Ansicht ohnehin nur bei mittelbaren Diskriminierungen denkbar[405].

Diese Ansicht berücksichtigt aber die Vorgaben des EuGH nicht. Durch eine umständliche Argumentation versucht sie, die Möglichkeit einer Erziehungs- und Bestrafungsfunktion nur im Falle des Verschuldens des Arbeitgebers als sinnvoll darzustellen. Die Entscheidung des EuGH ist aber eindeutig: Sofern die erforderliche Sanktion durch zivilrechtliche Haftungsregelungen umgesetzt wird, muss diese verschuldensunabhängig ausgestaltet sein[406]. Eine andere Interpretation im Wege psychologisierender Betrachtung hieße, diese Entscheidung zu ignorieren, zumal man dem EuGH dann unterstellen würde, verschuldensunabhängig geurteilt, aber verschuldensabhängig gemeint zu haben.

---

400 Artikel 15 S. 2 der Richtlinie 2000/43/EG vom 29.06.2000 (Anhang IV), Abl. L 180/22 vom 19.07.2000, S. 26 und Artikel 17 S. 2 der Richtlinie 2000/78/EG vom 27.11.2000 (Anhang I), Abl. L 303/16 vom 02.12.2000, S. 21.

401 Mugdan, Materialien zum BGB II, S. 517 zu Protokolle S. 1247.

402 BGHZ 118, 312, 338 und 343; Erläuterungen dazu bei: Kocher, AuR 1998, 221, 222.

403 Richardi/Annuß in Staudinger, § 611 a BGB, Rn. 82.

404 Vgl. EuGH – Draehmpaehl, Slg. 1997, 2195, 2220, Rn. 20 = AP Nr. 13 zu § 611 a BGB.

405 Richardi/Annuß in Staudinger, § 611 a BGB, Rn. 83.

406 EuGH, SAE 1997, 269, 269 und 271 f.; statt vieler auch: Ehmann/Emmert, SAE 1997, 253, 259 f.

Schließlich besteht für derartige Konstruktionen auch keinerlei Motivation, solange eine Umsetzung in anderer Weise erfolgen könnte.

Daraus ergibt sich, dass der nationale Gesetzgeber gezwungen ist, eine Regelung zu finden, die sowohl den europäischen Erfordernissen, als auch dem nationalen Verfassungsrecht und dem übrigen innerstaatlichen Rechtssystem genügt. Bislang ist keineswegs abschließend festgestellt worden, dass Entschädigungsnormen das einzige Mittel zur Umsetzung sind. Vielmehr wäre auch der Weg über einen Ordnungswidrigkeitstatbestand gangbar[407]. Alternativen wurden demnach im Rahmen der Diskussion um § 611 a BGB durchaus erörtert. Es ist festzuhalten, dass Schadensersatz nicht ohne Weiteres als Sanktion für diskriminierendes Verhalten zugesprochen werden darf[408]. Verschärft wird die Problematik noch zusätzlich durch die Kombination mit einer teilweisen Beweislastumkehr. Insoweit zeigen sich die Auswirkungen der erforderlichen Beweislastregelung erst im Zusammenhang mit den materiellen Voraussetzungen. Der Begriff einer angemessenen Entschädigung in Geld, § 611 a Absatz 2 BGB, kann demnach verfassungskonform nur dahingehend verstanden werden, dass sie materiellen und immateriellen Ersatz zuspricht. Sobald aber der Kompensationsgedanke zugunsten einer Sanktion verlassen wird, verstößt eine solche Norm gegen höherrangiges Recht. Sie ist somit nicht haltbar.

bb. Praktische Erfahrungen mit Strafschadensersatz

Der Strafschadensersatz ist dem amerikanischen Recht entlehnt. Gerade im Diskriminierungsrecht besteht in den USA diesbezüglich eine weite Verbreitung. Inzwischen wird diesem Rechtsinstitut aber auch dort erhebliche Kritik entgegengebracht, die sich insbesondere auf die astronomische Höhe bezieht: So sind Urteile, die dem Kläger einen zweistelligen Millionenbetrag zusprechen, keine Seltenheit[409]. Dies provoziere und reize zu Klagen aus unerheblichem Anlass, eine Kritik, die zumindest dem Grunde auch auf das deutsche Recht übertragbar ist, wenn es bei der Gesetzgebungspraxis bleibt[410].

Im Bereich eines Belästigungsschutzes wird zudem ein Dilemma des Arbeitgebers deutlich: Entlässt er einen Arbeitnehmer aufgrund diskriminierendem Fehlverhalten gegenüber einem anderen Arbeitnehmer, so macht er sich diesem gegenüber eventuell schadensersatzpflichtig (natürlich in immenser Höhe); unter-

---

[407] Stellungnahme des Bundesrates in BT-Dr. 12/5468, S. 64 f.; Kocher, AuR 1998, 221, 221, Fn. 6; KR/Pfeiffer, § 611 a BGB, Rn. 104.

[408] Herrmann, ZfA 1996, 19, 41; KR/Pfeiffer, § 611 a BGB, Rn. 104; Richardi/Annuß in Staudinger, § 611 a BGB, Rn. 21; anders Roetteken, PersR 2002, 12, 17; Weber, AuR 2002, 401, 405.

[409] Thüsing, NZA 1999, 693, 694; derselbe, NZA 2001, 939, 941; Hohmann, ZRP 1995, 167, 169; umfassend dazu: PHI-Beilage 2002 zu Heft 5, 1, 3 f.

[410] Annuß, NZA 1999, 738, 738.

lässt er die Kündigung, so kann ihm u.U. ein Vorwurf der zurechenbaren Schaffung eines diskriminierenden Umfeldes gemacht werden, was wiederum Schadensersatzverpflichtungen auslösen kann[411].

Die rechtlichen Konsequenzen sind für den Arbeitgeber wegen der Einbeziehung eines Belästigungsschutzes kaum zu überblicken, denn es wird ja nicht einmal vorausgesetzt, dass der klagende Arbeitnehmer in eigener Person von der Belästigung betroffen ist[412]. Dies macht es dem Arbeitgeber kaum möglich, sich rechtmäßig zu verhalten. Der Sinn und Zweck eines Strafschadensersatzes, nämlich den Arbeitgeber abzuschrecken und ihn in Zukunft zu rechtmäßigem Verhalten zu motivieren, wird dadurch nicht erreicht.

Infolge dieser Erkenntnis lässt sich hinsichtlich der Schadensersatzhöhe ein Abwärtstrend verzeichnen. Keine Stringenz in den Urteilen der u.s.-amerikanischen Gerichte ist schließlich im Bereich Rassendiskriminierung, der religiösen Diskriminierung und der Diskriminierung aufgrund sexueller Orientierung festzustellen[413]. Hier besteht erhebliche Rechtsunsicherheit. Eine besondere Schwierigkeit besteht darin, vorgetäuschte von wirklichen Gründen zu unterscheiden[414].

c. Entschädigungshöhe

§ 611 a Absatz 2 BGB begründet sowohl Ansprüche für Bewerber, die im Falle einer benachteiligungsfreien Auswahl eingestellt worden wären, als auch für an sich nicht geeignete Bewerber. Für letztere sieht § 611 a Absatz 3 BGB eine Beschränkung auf drei Monatsverdienste vor. Die genaue Berechnung erfolgt nach § 611 a Absatz 3 Satz 2 BGB. Hier findet sich eine Definition des Monatsverdienstes, die sich an § 10 KSchG anlehnt. Eine Beschränkung der Schadensersatzhöhe bei sogenannten Minderqualifizierten wird vom EuGH toleriert[415]. Diese Unterscheidung kann auch im Hinblick auf die Aufnahme weiterer Antidiskriminierungsmerkmale helfen zu verhindern, gerade in Fällen, in denen sich die

---

[411] Player, Employment Discrimination Law, pages 250, 254, especially 427; Epstein, Forbidden Grounds, page 355; Thüsing, NZA 1999, 693, 694 f.

[412] Vgl.: Kapitel B. III.

[413] Zur Rassendiskriminierung vergleiche: Court of Appeals for the 7th Circuit, Bermudez v. RC Holdings, 76 FEP Cases 465 (13.03.1998) und im Gegensatz dazu: Court of Appeals for the 4th Circuit, Childress v. Richmond, 74 FEP Cases 749 (05.08.1997); zur religiösen Diskriminierung vergleiche: Court of Appeals for the 9th Circuit, Balint v. Carson City, 76 FEP Cases 1876 (26.05.1998) und im Gegensatz dazu: Court of Appeals for the 9th Circuit, Tiano v. Dillard Dept. Stores, 76 FEP Cases 561 (18.03.1998); vgl. auch Zusammenstellung von: Thüsing, NZA 2001, 939, 942 ff.

[414] Thüsing, NZA 1999, 693, 695.

[415] EuGH - Draehmpaehl, Slg. 1997, 2195, 2223, Rn. 38 ff. = AP Nr. 13 zu § 611a BGB; Richardi/Annuß in Staudinger, § 611a BGB, Rn. 76 f.; kritisch dazu: Kocher, AuR 1998, 221, 223.

Diskriminierung nicht auf die Auswahl kausal ausgewirkt hat, eine Beschränkung zu erreichen.

Die Berechnung des materiellen Anteils einer Entschädigung aufgrund diskriminierender Handlungen erfolgt somit nach allgemeinen Grundsätzen[416]. Hier sind keine Besonderheiten zu beachten. Geht es um die Entschädigung des Betroffenen für seine immateriellen Schäden, so hat sich innerhalb dieser Grenzen aus einer Abwägung der Gesamtumstände, wie Art und Schwere der Beeinträchtigung, Nachhaltigkeit und Fortdauer der Interessensschädigung des Bewerbers, sowie Anlass und Beweggründe arbeitgeberseitigen Handelns, zu ergeben, in welcher Höhe ein Anspruch besteht[417].

III. Konsequenzen für die Richtlinienumsetzung

Schon die dargestellten Erörterungen zeigen, dass die Richtlinie 2000/78/EG in Deutschland zu einer Änderung der Rechtslage zwingt[418]. Zu betonen ist nochmals, dass der EuGH, bzw. der Richtliniengeber, sich nicht auf Entschädigungsregelungen zum Zwecke der Umsetzung einer wirksamen und abschreckenden Sanktion im Falle des Verstoßes gegen ein Diskriminierungsverbot (das auch Belästigungen erfasst) festlegt. Der Richtlinienwortlaut der RL 2000/78/EG oder RL 2000/43/EG macht dazu keine näheren Angaben. Der Vorschlag für eine Richtlinie zur Änderung der Richtlinie 76/207/EWG legt zwar in Artikel 6 zwingend fest, dass weiterhin ein Entschädigungsanspruch zugunsten des Betroffenen bestehen muss[419], dass dadurch aber auch die durch Artikel 8c des Entwurfs erforderlichen wirksamen und abschreckenden Sanktionen umgesetzt werden müssten, ergibt sich nicht[420].

Aus dem bisher Dargestellten lassen sich folgende Möglichkeiten aufzeigen.

1. Normierung als Entschädigungsregel

Sollte sich herausstellen, dass bereits eine verschuldensunabhängig ausgestaltete Entschädigungsregelung ohne pönale Elemente dem Erfordernis einer wirksamen und abschreckenden Sanktion genügt, so wäre eine Regelung ähnlich der des § 611 a Absatz 2 und 3 BGB, die die verpönten Diskriminierungsmerkmale

---

416 Ehmann/Emmert, SAE 1997, 253, 260; Hergenröder, JZ 1997, 1174, 1175; Oetker, ZIP 1997, 802, 803; Herrmann, ZfA 1996, 19, 45; Treber, NZA 1998, 856, 858.

417 KR/Pfeiffer, § 611 a BGB, Rn. 110; Zwanziger, DB 1998, 1330, 1331; BAG, EzA, § 611 a BGB, Nr. 4; Treber, NZA 1998, 856, 858 f.; Richardi/Annuß in Staudinger, § 611 a BGB, Rn. 88.

418 Entgegen der Ansicht eines Berliner Unterhändlers nach der politischen Einigung und Festlegung auf die Richtlinie, FTD vom 19.10.2000, EU beschließt Regelwerk gegen Diskriminierung, S. 12.

419 Vorschlag für eine Richtlinie zur Änderung der Richtlinie 76/207/EWG vom 07.06.2000, KOM(2000) 334 endgültig, S. 19.

420 Insofern aber widersprüchlich: Bauer, NJW 2001, 2672, 2677; vgl. auch: Vorschlag für eine Richtlinie zur Änderung der Richtlinie 76/207/EWG vom 07.06.2000, KOM(2000) 334 endgültig, S. 20.

der Richtlinie 2000/78/EG nennt, zumindest mit höherrangigem Recht vereinbar. Die Bedenken bezüglich einer „privaten Staatsanwaltschaft“ und eines zivilrechtlichen Strafschadensersatzes wären beseitigt. Außerdem ist so die Gefahr vor professionellen Diskriminierungsklägern wesentlich verringert, indem – unter Außerachtlassung eines pönalen Elements – moderate Schadensersatzzahlungen zugesprochen werden könnten. Gleichwohl blieben Bedenken im Hinblick der Ausgestaltung der Norm als Gefährdungstatbestand, auch im Kontext mit der Beweislastumkehr.

Dass eine solche Regelung genügen könnte, ist aber vor dem Hintergrund der Rechtsprechung des EuGH stark zu bezweifeln, gerade wenn man – wie Teile der Literatur – ohne Hinzutreten besonderer Umstände das Vorliegen eines immateriellen Schadens beim Betroffenen verneint.

Diese Norm *allein* kann somit kaum als wirksame und abschreckende Sanktion bezeichnet werden. Zumindest flankierende Regelungen sind notwendig.

2. Einordnung im Persönlichkeitsschutz

In einem anderen Zusammenhang – mit der Umsetzung der Richtlinie 2000/43/EG, die auch in anderen Teilen des Zivilrechts gelten soll – wird vorgeschlagen, die Umsetzung des Belästigungsschutzes in § 823 Absatz 1 BGB zu regeln. Hier solle das Rechtsgut des allgemeinen Persönlichkeitsschutzes ausdrücklich ergänzt werden, bzw. eine Auslegung im europarechtlichen Sinne stattfinden[421]. Eine solche Ergänzung kann aber nur genügen, wenn man den Ersatz materieller und immaterieller Schäden als ausreichend ansieht und ein zusätzliches Element des Strafschadensersatzes nicht fordert. Ansonsten entstehen verfassungsrechtliche Bedenken, die auch nicht durch einen Hinweis auf die Normhierarchie überwunden werden können.

Eine derartige Regelung würde vor dem Hintergrund der Rechtsprechung des EuGH europarechtlichen Vorgaben jedoch nicht genügen. Die Grundsätze der bisherigen Rechtsprechung müssen statt dessen auf den Belästigungsschutz übertragen werden: Wenn sich also der deutsche Gesetzgeber für eine privatrechtliche Entschädigungsregelung entscheidet, müssen diese auch pönalen Charakter haben[422]. Daher wäre der Belästigungsschutz ohnehin noch weiter zu ergänzen. Der Ansatz für sich genommen greift daher zu kurz; der bisherige Schutz vor Belästigungen ist nicht ausreichend. Es würde nach bestehender Rechtslage eine – nach der Rechtsprechung des EuGH – wirksame und abschreckende Sanktion

[421] Wiedemann/Thüsing, DB 2002, 463, 467.
[422] Statt vieler: Volmer, BB 1997, 1582, 1585, Fn. 61.

fehlen. Eine weitere Problematik diesbezüglich besteht ferner im Bereich der Zurechnungsfragen.

3. Normierung als Ordnungswidrigkeit

Zum Teil wird in der Literatur vorgeschlagen, die geforderte wirksame und abschreckende Sanktion durch die Statuierung von Ordnungswidrigkeiten umzusetzen[423]. Das hätte mehrere Vorzüge:

Von der Sache her muss der Tatbestand auch Belästigungen umfassen; das fordert die Richtlinie 2000/78/EG in Artikel 2 ausdrücklich. Dieser Begriff wird aber im Ordnungswidrigkeitenrecht bereits gebraucht und kann im Zusammenhang mit einer neuen Vorschrift europarechtskonform ausgelegt werden.

Zum einen ist es möglich, durch die Höhe der Geldbuße empfindliche Sanktionen vorzusehen, die den diskriminierenden Arbeitgeber treffen und so vor weiteren diskriminierenden Handlungen abhalten. Davon unberührt blieben zivilrechtliche Entschädigungsregeln, die sich sodann auf den materiellen und immateriellen Schadensersatz konzentrieren. Unter besonderen Umständen kann in diesem Zusammenhang das Deliktsrecht und der diesbezügliche Schutz des allgemeinen Persönlichkeitsrechts eingreifen.

Probleme mit der Beweislastumkehr könnten umgangen werden, denn im Falle einer Ordnungswidrigkeit gilt in weiten Teilen der Amtsermittlungsgrundsatz[424], § 53 OWiG. Obliegt die Ermittlung aber einer zuständigen Stelle, so kann nach Artikel 10 Absatz 5 der Richtlinie 2000/78/EG auch europarechtlich von der Umkehr der Beweislast abgesehen werden[425]. Außerdem bezieht sich die europäische Forderung, eine verschuldensunabhängige Norm vorzusehen, lediglich auf eine ausschließliche Regelung mittels zivilen Entschädigungsnormen[426]. Somit entstünden keine Konflikte mit der Unschuldsvermutung, die sich aus dem Schuldprinzip oder Artikel 6 Absatz 2 EMRK herleiten lässt, obwohl diese Grundsätze auch im Bereich des Ordnungswidrigkeitenrechts gelten[427].

---

[423] KR/Pfeiffer, § 611 a BGB, Rn. 104; Bundesrat, BT-Dr. 12/5468, S. 64 f.; Volmer, BB 1997, 1582, 1585, Fn. 64; Bertelsmann, BB 1983, 1805, 1808; Annuß, NZA 1999, 738, 744.

[424] Knemeyer, Polizei- und Ordnungsrecht, Rn. 322; Tettinger, Besonderes Verwaltungsrecht/1, Rn. 417 f.; Gusy, Polizeirecht, Rn. 148 f.

[425] Diese Auslegung wird auch durch die Erwägung 32 der Richtlinie 2000/78/EG, Abl. L 303/16 vom 02.12.2000, S. 18 gestützt, die diese Regelung immer dann für anwendbar hält, wenn der klagenden Partei der Beweis nicht obliegt.

[426] EuGH – Dekker, Slg. 1990, 3941, 3975, Rn. 22 = AP Nr. 23 zu Art. 119 EWG-Vertrag; EuGH – Draehmpaehl, Slg. 1997, 2195, 2219, Rn. 17 = AP Nr. 13 zu § 611 a BGB; Rolfs/Freyberg, AR-Blattei ES 800.2 Nr. 2, S. 9 ff.

[427] Peukert in Frowein/Peukert, Artikel 6 EMRK, Rn. 39, 50.

Der Amtsermittlungsgrundsatz bietet zudem den Vorteil einer automatischen Verfolgung seitens der zuständigen Behörde. Somit würde der Antidiskriminierungsgrundsatz besonders effektiv durchgesetzt. Generell kann nämlich nicht davon ausgegangen werden, dass jede Missachtung eines allein zivilrechtlichen Gebots zu einem Klageverfahren führt. Die Scheu vor Gerichtsverfahren ist speziell im Bereich arbeitsrechtlicher Diskriminierungsklagen in Deutschland recht hoch. So entstünde ein für den Arbeitgeber risikoloser Bereich, wenn nicht jede Zuwiderhandlung geahndet wird[428]. Schließlich ist möglich, durch spürbare Geldbußen abzuschrecken, aber auch eine gestufte Sanktion gemäß der Bemessungsgrundsätze des § 17 OWiG vorzusehen.

Außerdem lässt sich so auch der Verantwortungskreis im Sinne der Richtlinie 2000/78/EG, Artikel 2, erweitern, indem auf denjenigen zurückgegriffen wird, der die fragliche Maßnahme veranlasst hat. Damit kann den unterschiedlichsten Organisationsstrukturen Rechnung getragen werden, wenn also der Arbeitgeber Dritte, etwa eine Personalberatungsfirma, eingeschaltet hat.

Insgesamt ist darum eine Ordnungswidrigkeitenvorschrift als zentrales Element zur Umsetzung einer wirksamen und abschreckenden Sanktionierung vorzuziehen. Das gilt umso mehr, als nun der Katalog der Antidiskriminierungsmerkmale erheblich erweitert wird[429]. Auf diese Weise lassen sich unerwünschte Folgen am besten einschränken. Jedenfalls im Zivilrecht ist für eine generalpräventive Abschreckungsnorm kein Platz.

4. Sonstige Rechtswirkungen auf nationaler Ebene

Der Grundsatz der effektiven Durchsetzung des Gemeinschaftsrechts hat zur Folge, dass die dargestellten Umsetzungsmöglichkeiten noch nicht genügen können. Ansonsten wäre zwar ein Arbeitgeber, der gegen ein Diskriminierungsverbot im Sinne des Artikel 1 RL 2000/78/EG verstößt, bußgeldpflichtig, die Handlung stünde jedoch noch immer im Raum und bewirkt eventuell weitere Rechtsfolgen. Dass dieses einer Umsetzung europarechtlicher Vorgaben diametral entgegenlaufen würde, leuchtet unmittelbar ein. Fraglich ist also, welche Rechtsfolgen ferner ein Verstoß gegen ein Diskriminierungsverbot notwendig mit sich bringen muss.

a. Allgemeine Regeln

aa. Um die Maßnahmen oder Handlungen, die gegen ein Diskriminierungsverbot verstoßen, endgültig zu beseitigen, müssen diese nichtig sein, wobei diese

---

[428] Bundesrat, BT-Dr. 12/5468, S. 64 f.

[429] Vorausschauend: Volmer, BB 1997, 1582, 1585.

Nichtigkeit nur auf das widrige Verhalten beschränkt bleiben muss[430]. Würde man dies anders sehen, so wäre die Konsequenz etwa die Nichtigkeit des gesamten Arbeitsvertrages des betroffenen Arbeitnehmers. Solange sich die Diskriminierung innerhalb des Zweipersonenverhältnisses Arbeitgeber und Arbeitnehmer bewegt, ergeben sich keine Probleme: Diskriminierende arbeitsvertragliche Weisungen und Kündigungen sind folglich nichtig[431].

Problematischer werden die Konstellationen, wenn Rechte Dritter betroffen sind. Sinn und Zweck der Antidiskriminierungsvorschriften kann schließlich auch nicht sein, dass Rechtsbeziehungen Dritter von der Nichtigkeit betroffen sind, auch wenn die Diskriminierung gewissermaßen als Reflex aus der Rechtsbeziehung resultiert. Denn auch in solchen Fällen ist der Dritte eben bevorzugt und wird nicht nachteilig behandelt. Diesen (beschränkten) Rechtswirkungen liegt das Prinzip zu Grunde, dass in privatrechtlichen Verhältnissen Rechte Dritter nicht beschnitten werden dürfen. Dabei handelt es sich um allgemeine Grundsätze unserer Privatrechtsordnung, die auch ihrerseits einem Umsetzungsgebot nicht entgegenstehen. Diese sind demnach auch bei der Erstreckung des Diskriminierungsschutzes auf die Merkmale Religion, Weltanschauung, Behinderung, Alter und sexuelle Ausrichtung zu beachten.

bb. § 611 a Absatz 2 2.Halbsatz BGB legt fest, dass kein Einstellungsanspruch des diskriminierten Bewerbers besteht. Ob sich dies auch bei Normierung der anderen verpönten Diskriminierungsmerkmale weiter fortsetzen muss, kann bezweifelt werden.

Das Richtlinienmaterial enthält nur eine Aussage zum Anspruch eines Bewerbers auf eine begehrte Stelle, Position oder Maßnahme: Ein solcher Anspruch wird durch die Richtlinie 2000/78/EG nicht vorgeschrieben, wenn die Person für die Erfüllung der wesentlichen Funktionen des Arbeitsplatzes oder zur Absolvierung einer bestimmten Ausbildung nicht kompetent, fähig oder verfügbar ist[432]. Daraus kann jedoch im Umkehrschluss nicht die Schlussfolgerung gezogen werden, in allen anderen Fällen müsse ein solcher Anspruch bestehen. Vielmehr stellt der Richtliniengeber hier nur eine Selbstverständlichkeit klar.

---

430 Hanau in Erman, § 611 a BGB, Rn. 16; Müller-Glöge in MüKo, § 611 a BGB, Rn. 40; Pfarr/Bertelsmann, Gleichbehandlungsgesetz, Rn. 128; Richardi/Annuß in Staudinger, § 611 a BGB, Rn. 64.

431 Bezüglich § 611 a BGB: Pfarr/Bertelsmann, Gleichbehandlungsgesetz, Rn. 129; Schiek/Horstkötter, NZA 1998, 863, 867; EuGH – Marshall II, Slg. 1993, 4367, 4408, Rn. 25 = EuZW 1993, 706, 708; Müller-Glöge in MüKO, § 611 a BGB, Rn. 40; Richardi/Annuß in Staudinger, § 611 a BGB, Rn. 65 f.

432 Erwägung 17 der Richtlinie 2000/78/EG vom 27.11.2000 (Anhang I), Abl. L 303/16 vom 02.12.2000, S. 17.

Der EuGH sieht prinzipiell keine Pflicht des nationalen Gesetzgebers, eine Einstellungspflicht vorzusehen[433]. Nach Ansicht des Bundesverfassungsgerichts bestehen, jedenfalls im Falle sonstiger wirksamer und abschreckender Sanktion, ebenso keine verfassungsrechtlichen Motivationen hierzu[434].

Umgekehrt bestehen aber schwerwiegende verfassungsrechtliche Bedenken gegen einen solchen Einstellungsanspruch. Zu beachten ist, dass die negative Kontrahierungsfreiheit des Arbeitgebers gemäß Artikel 2 Absatz 1 GG erheblich betroffen wäre. Geschützt ist dort zum einen die Vertragsabschlussfreiheit und die inhaltliche Gestaltung[435]. Konflikte mit dem Grundsatz der Privatautonomie wären vorprogrammiert. Das ist insofern bedenklich, weil zum einen andere Mechanismen zur wirksamen Abschreckung zur Verfügung stehen und so eine verfassungsrechtliche Prüfung nicht unterbleiben darf[436]. In diesen Fällen muss der Gesetzgeber ein Mittel wählen, das sowohl den nationalen als auch den europarechtlichen Vorgaben entspricht. Er ist gehalten, den Verhältnismäßigkeitsgrundsatz zu beachten, d.h. diejenige Regelungsalternative zu wählen, die den Adressaten am wenigsten beschwert. Schließlich hat der europäische Gerichtshof geurteilt, dass ein Einstellungsanspruch eben nicht statuiert werden müsse. Dementsprechend ist der nationale Gesetzgeber gehalten, mildere Mittel zu verwenden. Nach diesen Erwägungen lässt sich nur kritisch auf den Diskussionsentwurf der Bundesregierung verweisen, der parallel zu Schadensersatzansprüchen auch einen Folgenbeseitigungsanspruch vorsah, der in der Praxis unter bestimmten Umständen auf ein Vertragsabschlussgebot hinauslaufen könnte[437]. Das wäre vor dem Hintergrund anderer Umsetzungsalternativen mit der deutschen Verfassung nicht zu vereinbaren. Hinzukommt, dass ein Kontrahierungszwang dem deutschen Privatrecht fremd ist und sich so als dogmatischer Fremdkörper darstellen würde[438].

Ferner würden sich auch ganz erhebliche praktische Probleme stellen: Ist eine Stelle bereits mit einem anderen Arbeitnehmer besetzt, so ist der Arbeitgeber kaum in der Lage, den diskriminierten Arbeitnehmer auch tatsächlich zu be-

---

433 EuGH, EzA, § 611 a BGB, Nr. 1; dazu Zwanziger, DB 1998, 1330, 1330; Worzalla, DB 1994, 2446, 2447.

434 BVerfG, EzA, Art. 3 GG, Nr. 42, lit. C I 2 a.

435 Von Koppenfels, WM 2002, 1489, 1491.

436 Von Koppenfels, WM 2002, 1489, 1490 ff.; Waas, ZIP 2000, 2151, 2153; KR/Pfeiffer, § 611 a BGB, Rn. 92; so wohl auch: Richardi/Annuß in Staudinger, § 611 a BGB, Rn. 13 ff.

437 Von Koppenfels, WM 2002, 1489, 1490.

438 Im geltenden Recht vorgesehene Fälle von Kontrahierungszwängen betreffen allesamt den Bereich der öffentlichen Daseinsvorsorge. Das ergibt sich aus einer bestehenden Monopolstellung. Diese ist im Rahmen eines Arbeitsvertrages nicht per se festzustellen. Vgl. dazu auch: Von Koppenfels, WM 2002, 1489, 1492.

schäftigen[439]. Bei diesen Konstellationen wäre im Gegenteil sogar zu befürchten, dass der an der Diskriminierung unbeteiligte eingestellte Bewerber, seinen Arbeitsplatz wieder gefährdet sehen müsste. Ein Einstellungsanspruch ist also zur Umsetzung einer Antidiskriminierungsvorgabe insgesamt nicht geeignet. Wenn aber diese Grundsätze bereits beim Diskriminierungsverbot wegen des Geschlechts gelten, so muss dies erst Recht auf die Normierung und Umsetzung des Diskriminierungsverbots im Sinne der Richtlinie 2000/78/EG übertragen werden. Der Umfang arbeitnehmerseitiger Einstellungsansprüche aufgrund einer solchen Norm würde sich nämlich vervielfachen und wäre somit unüberschaubar.

b. Sonstige Anspruchsgrundlagen

aa. Zwar existieren alternative Anspruchsgrundlagen, wie etwa die quasivertraglichen Regelungen der culpa in contrahendo, §§ 311 Absatz 2, 241 Absatz 2, 280 Absatz 1 BGB, oder der positiven Forderungsverletzung, § 280 Absatz 1 BGB. Ob diese jedoch neben einem speziellen Entschädigungstatbestand zur Anwendung kommen, ist umstritten[440]. Die Antwort auf eine solche konkurrenzrechtliche Fragestellung hängt davon ab, wie der Gesetzgeber genau eine Umsetzung der Richtlinie 2000/78/EG vollziehen wird, insbesondere welchen Wortlauts er sich dabei bedient. Dabei ist zu beachten, dass die Anwendbarkeit der subsidiären Rechtsinstitute im Zusammenhang mit § 611 a BGB den Zweck verfolgten, europarechtswidrige Regelungslücken zu schließen[441]. Ob derartige Schutzlücken auch in Zukunft hinsichtlich der Richtlinie 2000/78/EG bestehen werden, hängt in erster Linie von der gesetzgeberischen Umsetzung ab. Dazu kann an dieser Stelle noch keine Aussage gemacht werden, solange Regelungsalternativen bestehen und eine Umsetzung noch nicht erfolgt ist.

bb. Eine andere Frage ist das Verhältnis zum Deliktsrecht, welches grundsätzlich neben sonstigen Entschädigungstatbeständen zur Anwendung kommen kann[442]. Hier sind einige Konstellationen möglich, von denen Folgende betrachtet werden sollen:

---

439 KR/Pfeiffer, § 611 a BGB, Rn. 92. Dieser weist im Übrigen darauf hin, dass auch Widersprüchlichkeiten entstehen, wenn dann innerhalb der Probezeit an einer freien Kündbarkeit des Arbeitnehmers durch den Arbeitgeber festgehalten wird. Ehmann/Emmert, SAE 1997, 253, 262; zu dieser Problematik auch: Bertelsmann/Pfarr, DB 1984, 1297, 1299 f.

440 Siehe zum Verhältnis von § 611 a BGB zu den anderen allgemeinen haftungsrechtlichen Instituten (c.i.c. und pFV): Müller-Glöge in MüKo, § 611 a BGB, Rn. 47; Raab in Soergel, § 611 a BGB, Rn. 74; Richardi/Annuß in Staudinger, § 611 a BGB, Rn. 68; KR/Pfeiffer, § 611 a BGB, Rn. 123; Zwanziger, DB 1998, 1330, 1331.

441 KR/Pfeiffer, § 611 a BGB, Rn. 123.

442 Vgl. dazu auch: Kapitel B. III. 2. a. bb. und dort auch eine andere Ansicht.

(1) Sieht der nationale deutsche Gesetzgeber im Rahmen einer Umsetzung der Richtlinie 2000/78/EG eine Ordnungswidrigkeitenvorschrift vor, die sämtliche Diskriminierungsformen des Artikel 2 der Richtlinie aufgreift, so könnte es sich hierbei um ein Schutzgesetz im Sinne des § 823 Absatz 2 BGB handeln. Grundsätzlich können Ordnungswidrigkeitsnormen auch Schutzgesetze im Sinne des § 823 Absatz 2 BGB sein[443]. Alles Weitere hängt von der Umsetzung ab. Zu beachten ist dann aber zusätzlich das Verschuldenserfordernis des § 823 Absatz 2 Satz 2 BGB[444].

(2) Entscheidet sich der nationale Gesetzgeber dagegen als Schwerpunkt der Umsetzung für eine zivilrechtliche Entschädigungsnorm, so treten Probleme auf.

Fraglich ist dann, ob diese zivilrechtliche Norm ein Schutzgesetz im Sinne des § 823 Absatz 2 BGB sein kann. Zum Teil wird abgelehnt, eine vertragsrechtliche Regelung über § 823 Absatz 2 BGB ins Deliktsrecht zu übertragen[445]. Allerdings können Vorschriften, die vor Diskriminierungen schützen sollen, auch eingreifen, wenn der Bewerber eine Stelle aufgrund diskriminierenden Verhaltens nicht erhalten hat. Dem jeweiligen Gesetz muss, um es als Schutzgesetz zu klassifizieren, Ge- oder Verbotscharakter zukommen, und es muss zumindest auch den Schutz des Einzelnen intendieren[446]. Hier stellen sich zwar wieder Fragen, die erst nach einer entsprechenden Umsetzung endgültig beurteilt werden können; regelt der Gesetzgeber allerdings die Diskriminierungsmerkmale des Artikel 1 der Richtlinie 2000/78/EG in Form eines § 611 a BGB, so ist – ohne Hinzutreten weiterer Umstände – nicht klar, was gegen eine Einordnung dieser Norm als Schutzgesetz sprechen sollte[447]. Dergestalt bezweckt eine solche Norm den Schutz des Einzelnen vor diskriminierenden Verhaltensweisen innerhalb des Geltungsbereichs und statuiert so eine absolute Pflicht[448]. Innerhalb dieses Geltungsbereichs soll der Einzelne vor diskriminierenden Maßnahmen geschützt werden. Eine Schutzgesetzqualität wäre demnach zu bejahen. Zu beachten ist dann aber auch hier das Verschuldenserfordernis des § 823 Absatz 2 Satz 2 BGB.

(3) Was den Bereich der Belästigungen betrifft, so wurde aufgezeigt, dass der richtlinienspezifische Belästigungsbegriff von seinen Erheblichkeitsanforderun-

---

[443] Statt vieler nur: BGHZ 84, 312, 317; Thomas in Palandt, § 823 BGB, Rn. 147.
[444] Richardi/Annuß in Staudinger, § 611 a BGB, Rn. 69; Staudinger in HK-BGB, § 823 BGB, Rn. 153.
[445] Hanau in Erman, § 611 a BGB, Rn. 18; Ehman/Emmert, SAE 1997, 253, 257; KR/Pfeiffer, § 611 a BGB, Rn. 127.
[446] Staudinger in HK-BGB, § 823 BGB, Rn. 145 ff.
[447] Vgl. Parallele zu § 611 a I BGB: Worzalla, NJW 1997, 1809, 1812; Bertelsmann/Pfarr, DB 1984, 1297, 1300; Wiese, JuS 1990, 357, 358; Zuleeg, RdA 1984, 325, 331; vgl. allgemein dazu auch: Teichmann in Jauernig, § 823 BGB, Rn. 43 ff.
[448] A.A.: Ehmann/Emmert, SAE 1997, 253, 257.

gen her den Voraussetzungen, die an eine Verletzung des allgemeinen Persönlichkeitsrechts im Sinne des § 823 Absatz 1 BGB gesetzt werden, entspricht. Zwar besteht auch hier nicht die gesetzgeberische Pflicht, in solchen Fällen Schadensersatzansprüche zugunsten des Betroffenen zu statuieren. Jedoch verbietet Artikel 8 Absatz 2 der Richtlinie eine Absenkung des Schutzniveaus, welches bereits vor der Richtlinienumsetzung garantiert war. Wenn man aber den Belästigungsbegriff von seiner Qualität und Intensität her als Verletzung des allgemeinen Persönlichkeitsrechts versteht, so könnte ein solches Verständnis nicht ohne Weiteres revidiert werden. Wenngleich Artikel 8 Absatz 2 RL 2000/78/EG nicht so zu verstehen sein kann, dass jede nationale Schutzvorschrift in ihrem derzeitigen Bestand erhalten bleiben muss – der Richtliniengeber verwendet nur die Wendung eines „*allgemeinen Schutzniveaus*“ -, wird den Belästigten wohl auch weiterhin ein Anspruch aus § 823 Absatz 1 BGB i.V.m. dem allgemeinen Persönlichkeitsrecht als Schutzgut gegenüber dem unmittelbar Belästigenden zustehen (müssen).

(4) Abzulehnen ist jedoch, bei jedwedem Verstoß gegen ein Diskriminierungsverbot auch eine Verletzung des allgemeinen Persönlichkeitsrechts anzunehmen. Eine solche Ansicht wurde zwar im Rahmen des § 611 a BGB vertreten allerdings nur, um Europarechtskonformität herzustellen[449]. Dieses Bedürfnis besteht nicht, sofern der Gesetzgeber die Grundsätze einer ordnungsgemäßen Umsetzung der Richtlinie 2000/78/EG (und auch RL 2000/43/EG) beachtet. Die künstliche Erweiterung des Schutzgutes des allgemeinen Persönlichkeitsrechts ist aus diesem Grund abzulehnen. Dennoch kommt die Verletzung dieses Schutzgutes natürlich immer dann in Betracht, wenn eine Diskriminierung im Sinne der Richtlinie 2000/78/EG so schwer wiegt, dass das Persönlichkeitsrecht auch nach den hergebrachten Regeln betroffen wäre. Das ist in jedem Einzelfall zu prüfen. Im Übrigen lässt sich in dieses Verständnis auch der Belästigungsbegriff harmonisch einordnen. Hieran wird deutlich, wann eine Diskriminierung im engeren Sinne in eine Belästigung umschlägt und welche besonderen Rechtsfolgen zu beachten sind. Würde man bereits jede Diskriminierung dem § 823 Absatz 1 BGB i.V.m. dem allgemeinen Persönlichkeitsrecht unterstellen, ließen sich besondere Umstände nicht hinreichend berücksichtigen: Eine mittelbar diskriminierende Verhaltensweise eines Arbeitgebers kann den einzelnen Arbeitnehmer nämlich genauso betreffen, wie eine sonstige irrationale Entscheidung, ohne

---

[449] BAGE 61, 219 und 61, 226 = AP Nr. 5, 6 zu § 611 a BGB; Beyer/Möllers, JZ 1991, 24, 29; Richardi/Annuß in Staudinger, § 611 a BGB, Rn. 68; Ehmann/Emmert, SAE 1997, 253, 256 f.; Herrmann, ZfA 1996, 19, 41 ff.; Küfner-Schmitt, ZTR 1991, 323, 328; Volmer, BB 1997, 1582, 1583; Wiese, JuS 1990, 357, 358 f.

dass also eine bestimmte Erheblichkeitsschwelle überschritten wird[450]. Eine Belästigung dagegen spielt sich stets im Persönlichkeitsbereich des Betroffenen ab, Artikel 2 Absatz 3 RL 2000/78/EG. Es lässt sich aus Wertungsgesichtspunkten heraus aber nicht begründen, beide Fälle deliktsrechtlich gleich zu behandeln.

c. Möglichkeit zur Kündigung

Nunmehr soll die Frage gestellt werden, unter welchen Voraussetzungen im Zusammenhang mit den Merkmalen der Richtlinie 2000/78/EG und dem erweiterten Begriff der Diskriminierung gemäß Artikel 2 Absatz 3 RL 2000/78/EG der Arbeitgeber verpflichtet sein könnte, einem diskriminierenden Arbeitnehmer zu kündigen.

Dass in bestimmten Situationen dem Arbeitgeber ein Recht zur Kündigung zusteht, wird nicht bestritten, wenngleich im Einzelnen die Bedeutung und Schwere des arbeitnehmerseitigen Verhaltens differenziert werden muss. Im Rahmen eines Antidiskriminierungsschutzes gemäß den Richtlinienvorgaben besteht hier allerdings eine Besonderheit: Unter gewissen Voraussetzungen könnte man nämlich gegen einen Arbeitgeber, der vom Instrument der Kündigung keinen Gebrauch macht, den Vorwurf erheben, er verhalte sich selber belästigend, bzw. müsse sich zumindest die Belästigung eines anderen Arbeitnehmers zurechnen lassen. In der Zukunft besteht dann die Gefahr einer Schadensersatzpflicht, obwohl der Arbeitnehmer selber nicht als Belästiger auftritt.

aa. Allgemeine Grundsätze zur Kündigungsmöglichkeit

Anerkannt ist, dass Tätlichkeiten, grobe Beleidigungen und Bedrohungen gegenüber dem Arbeitgeber oder dessen Vertreterpersonen, die ihrem Inhalt nach eine erhebliche Ehrverletzung begründen, zur außerordentlichen Kündigung berechtigen. Sie stellen einen wichtigen Grund nach § 626 Absatz 1 BGB dar[451].

Diese Fälle unterscheiden sich von den eingangs geschilderten Problemfällen allerdings dadurch, dass hier der Arbeitgeber selber oder eine seiner Autoritätspersonen betroffen ist. Diese Betrachtung hilft zur Lösung daher nicht unmittelbar weiter.

Jedoch berechtigen auch Tätlichkeiten oder Beleidigungen gegenüber Arbeitskollegen den Arbeitgeber zur außerordentlichen Kündigung, wenngleich eine erhebliche Betroffenheit vorliegen muss. Das bestimmt sich durch eine Interes-

---

450 KR/Pfeiffer, § 611 a BGB, Rn. 124-126; Wiese, JuS 1990, 357, 358 f.; Volmer, BB 1997, 1582, 1583; Ehmann/Emmert, SAE 1997, 253, 256; Herrmann, ZfA 1996, 19, 48 ff.; Richardi/Annuß in Staudinger, § 611 a BGB, Rn. 68; Hanau in Erman, § 611 a BGB, Rn. 18.

451 KR/Etzel, § 1 KSchG, Rn. 462; Schwerdtner in MüKo, § 626 BGB, Rn. 90; BAG, EzA, § 611 BGB, Beschäftigungspflicht Nr. 2; Bengelsdorf in Kölner Praxiskommentar, § 15 KSchG, Rn. 116.

senabwägung[452]. Zu betonen ist allerdings der ultima ratio Charakter der Kündigung, so dass nach bisherigem Verständnis das Verhalten des Arbeitnehmers gegenüber einem Kollegen von gravierender Bedeutung sein muss. Kriterium ist dabei die nachhaltige Störung des Betriebsfriedens. Um hier eine Störung festzustellen, sind alle – insbesondere die betriebs- und branchentypischen – Umstände in die Abwägung mit einzubeziehen. Die Störung des Betriebsfriedens ist ferner anerkannt bei rechtsextremer und antisemitischer Aktivität, bei ausländerfeindlichem Verhalten, Mobbing und sexueller Belästigung[453].

bb. Übertragung dieser Grundsätze

Unmittelbare und mittelbare Diskriminierungen für sich erfüllen ohne Hinzutreten weiterer Umstände nicht die Voraussetzung einer nachhaltigen Störung des Betriebsfriedens. Insofern kann eine Parallele zur Verletzung des allgemeinen Persönlichkeitsrechts gezogen werden: Sowohl dort als auch bei der nachhaltigen Störung des Betriebsfriedens muss eine Interessenabwägung zu einer besonderen Schwere des zu beurteilenden Verhaltens führen. Somit ist nicht prinzipiell ausgeschlossen, dass Diskriminierungen auch eine Störung des Betriebsfriedens verursachen können; ohne weitere Angaben ist davon aber nicht auszugehen. Schließlich kann es im Verhältnis zweier Arbeitnehmer in gleicher Position auch nicht zu einer unmittelbaren oder mittelbaren Diskriminierung kommen, denn der Betroffene muss gemäß Artikel 2 Absatz 1 und 2 RL 2000/78/EG eine weniger günstige und zugleich berufsbezogene (!) Behandlung erfahren. Das setzt denklogisch eine Weisungsbefugnis voraus. In diesen Fällen zeigt sich aber immer die Nähe zum Arbeitgeber und seiner Verrichtungspersonen[454]. Zu einer tätigkeitsbezogenen ungünstigeren Behandlung im Sinne der Antidiskriminierungsrichtlinie 2000/78/EG sind Kollegen - auf gleicher Ebene - somit nicht in der Lage.

Anders ist dies bei der Belästigungsalternative zu beurteilen. Zu einer unerwünschten Verhaltensweise, die mit einem der in Artikel 1 RL 2000/78/EG genannten Gründe zusammenhängt und bezweckt oder bewirkt, dass die Würde der betreffenden Person verletzt und ein von Einschüchterungen, Anfeindungen, Entwürdigungen, Erniedrigungen oder Beleidigungen gekennzeichnetes Umfeld

---

[452] Dazu: Schmitz-Scholemann, BB 2000, 926, 927 ff.; Fromm, BB 1997, 1946, 1946; BAG, EzA, § 626 BGB, Ausschlussfrist Nr. 5; BAG, EzA, § 626 BGB n.F., Nr. 61; LAG Düsseldorf, DB 1964, 1416; LAG München, BB 1978, 964; BAG, AP Nr. 66 zu § 626 BGB.

[453] Vgl. im Einzelnen zu diesen Gründen: KR/Etzel, § 1 KSchG, Rn. 470; Bengelsdorf in Kölner Praxiskommentar, § 15 KSchG, Rn. 111 ff.; zum ausländerfeindlichen und antisemitischen Verhalten: Polzer/Powietzka, NZA 2000, 970, 971 ff.; Krummel/Küttner, NZA 1996, 67, 76; Berkowsky, NZA-RR 2001, 1, 17 f.; Schmitz-Scholemann, BB 2000, 926, 927 ff.; zum Mobbing: BAG, EzA, § 37 BetrVG 1972, Nr. 133; LAG Thüringen, AuR 2001, 237; zur sexuellen Belästigung: Marzodko/Rinne, ZTR 2000, 305, 308; BAG, EzA, § 15 KSchG n.F., Nr. 50.

[454] Hromadka/Maschmann, Arbeitsrecht Band 1, § 7, Rn. 136.

geschaffen wird, sind auch Kollegen in der Lage. Bereits die Erörterungen zur Erheblichkeitsschwelle haben gezeigt, dass sich in dieser Richtliniendefinition ein Verständnis widerspiegelt, das im deutschen Recht immer dazu führt, eine Verletzung des allgemeinen Persönlichkeitsrechts zu bejahen. Der Wille des Richtliniengebers, trotz eines stark subjektiven Belästigungsbegriffs hier eine Mindestschwelle zu statuieren, wird am Wortlaut deutlich. Dieser Gedanke kann auch an dieser Stelle aufgegriffen werden. Liegen die Voraussetzungen, die Artikel 2 Absatz 3 RL 2000/78/EG nennt, vor, so ist auch der Betriebsfrieden nachhaltig gestört. Die Definition enthält dafür die wesentlichen Abwägungserfordernisse.

Festzuhalten ist also, dass dem Arbeitgeber zumindest ein Kündigungsrecht zusteht, wenn es zu Belästigungen in diesem Sinne unter Kollegen kommt. Gleichwohl resultiert hieraus aber keine Pflicht zur Kündigung. Eine solche Pflicht kennt das Arbeitsrecht prinzipiell nicht. Vielmehr soll dem Arbeitgeber damit die Möglichkeit gegeben werden, den Betriebsfrieden wiederherzustellen. Dafür spricht schließlich auch der Grundsatz der Privatautonomie, denn die Wahl der Handlungsalternativen muss weiter beim Arbeitgeber verbleiben. Als Handlungsalternativen stehen ihm etwa die Ermahnung, Abmahnung, Umsetzung, Versetzung, ordentliche und außerordentliche Kündigung zur Verfügung.

Trotzdem kann den Arbeitgeber unter Umständen dann eine Haftungspflicht treffen, wenn er nicht alle Möglichkeiten sinnvoll nutzt, um den Betriebsfrieden tatsächlich wiederherzustellen. In diesem Bereich trifft ihn nämlich die allgemeine Nebenpflicht, für den Schutz der Persönlichkeit der bei ihm Arbeitenden zu sorgen[455]. Die Handlungsmöglichkeit des Arbeitgebers entpuppt sich dann als Obliegenheit[456].

cc. Ergebnis zu c.

Eine Kündigungsmöglichkeit ergibt sich für den Arbeitgeber bei Belästigungen eines Arbeitnehmers gegenüber einem Kollegen im Sinne des Artikel 2 Absatz 3 RL 2000/78/EG. Liegt dagegen keine Belästigung vor, so müssen außergewöhnliche Umstände hinzutreten, die eine besondere Schwere und Erheblichkeit anzeigen. Eine Pflicht zur Kündigung des betreffenden Arbeitnehmers existiert dagegen nicht. Es bleibt zu prüfen, inwiefern sich der Arbeitgeber selber entschädigungspflichtig macht, wenn er in Fällen der Belästigung im Kollegenkreis von der Kündigungsmöglichkeit keinen Gebrauch macht.

---

[455] Worzalla, NZA 1994, 1016, 1019; von Hoyningen-Huene, BB 1991, 2215, 2216; Hromadka/Maschmann, Arbeitsrecht Band 1, § 7, Rn. 89.

[456] Schiefer in Kölner Praxiskommentar, § 1 KSchG, Rn. 349 f.; Hromadka/Maschmann, Arbeitsrecht Band 1, § 6, Rn. 113 und § 7, Rn. 89 ff.; KR/Etzel, § 1 KSchG, Rn. 467 ff.; Marzodko/Rinne, ZTR 2000, 305, 308.

d. Zurechnungsfragen

Je größer das Unternehmen eines Arbeitgebers wird, umso weniger ist es ihm praktisch möglich, wichtige Entscheidungen selbst zu treffen. Ab einer bestimmten Struktur ist er dazu gezwungen, Personen einzusetzen, die Aufgaben statt seiner lösen. Entscheidungen werden delegiert, und es bilden sich Hierarchien. Dennoch verbleibt die Verantwortung für das Handeln der eingeschalteten Personen in weiten Teilen beim Arbeitgeber. Er kann sich den Folgen, die durch die Tätigkeit der von ihm eingeschalteten Personen entstehen, nicht ohne Weiteres entziehen. Das Gesetz nennt hierzu diverse Regelungen.

Daraus wird zweierlei deutlich: Zum einen muss sich derjenige, welcher solche Strukturen geschaffen hat, für die Ergebnisse regelmäßig selbst und persönlich rechtfertigen. Auf der anderen Seite muss er sich auch nur dafür verantworten. Seine Haftung wird demnach in dieser Hinsicht begrenzt. Der Arbeitgeber muss folglich für eine zu beurteilende Handlung der Verursacher oder Urheber sein, auch wenn ein Verschulden nicht notwendig ist[457].

aa. Zurechnung bei Diskriminierungen i.e.S.

Im Rahmen unmittelbarer und mittelbarer Diskriminierungen muss ein Arbeitnehmer gemäß Artikel 2 Absatz 1 und 2 RL 2000/78/EG eine ungünstigere Behandlung bezüglich seines Arbeitsplatzes erfahren. In solchen Konstellationen hat er es mithin mit Personen zu tun, die ihm gegenüber mit höheren Kompetenzen ausgestattet sind. Diese Kompetenzen müssen ihm zuvor vom Arbeitgeber übertragen worden sein. Existiert eine zivilrechtliche Verbotsnorm wie § 611 a BGB, so begründet diese ein vertragsähnliches gesetzliches Schuldverhältnis[458]. Der Arbeitgeber haftet für fremdes Verhalten folglich nach § 278 BGB. Er muss sich fremdes Verhalten nach Stellvertretungsregeln zurechnen lassen. Eigentlich haftet er hiernach nur für das Verschulden des Erfüllungsgehilfen. Es wurde aber geklärt, dass eine zivilrechtliche Haftung notwendig verschuldensunabhängig ausgestaltet sein muss. Folglich haftet der Arbeitgeber über § 278 BGB für fremdes diskriminierendes Verhalten, solange der Handelnde als sein Erfüllungsgehilfe eingeordnet werden kann.

Nach dieser Norm kommt es weiterhin nicht darauf an, ob der Arbeitgeber tatsächlich weisungsberechtigt ist[459]. Erteilt der Arbeitgeber jedoch eine diesbezüg-

---

[457] Hilbrandt, Anmerkung zu EzA, § 611 a BGB, Nr. 12; KR/Pfeiffer, § 611 a BGB, Rn. 107; vgl. dazu erneut: EuGH – Dekker, EzA, § 611 a BGB, Nr. 7; EuGH – Draehmpaehl, EzA, § 611 a BGB, Nr. 12.

[458] LAG Hamm, NZA-RR 1997, 203, 205; KR/Pfeiffer, § 611 a BGB, Rn. 107; Berger-Delhey, ZTR 1993, 267, 268, der hier nur insoweit eine andere Position vertritt, als nach der alten Gesetzeslage noch ein Schwerpunkt auf dem Merkmal des Vertretenmüssens lag.

[459] Vollkommer in Jauernig, § 278 BGB, Rn. 7; Medicus, Bürgerliches Recht, Rn. 803; BGH, NJW 1993, 1704, 1705; Löwisch in Staudinger, § 278 BGB, Rn. 22; Thüsing, ZfA 2001, 397, 413.

liche Anweisung, so ist dieser Tatbestand für sich genommen schon als Diskriminierung zu werten. Artikel 2 Absatz 4 RL 2000/78/EG stellt klar und verlangt, dass in solchen Fällen keine Zurechnungsfragen entscheidend sein können. Der Arbeitgeber ist dann ab dem Zeitpunkt der Anweisung selbst der Diskriminierende. Man wird wohl sagen können, dass der deutsche Gesetzgeber dieses Ergebnis auch auf dem Wege der Zurechnung erreichen können darf. In Bedacht der Parallele zur Aufspaltung von Tatbestandsmäßigkeit und Rechtswidrigkeit im nationalen Recht muss jedoch bemerkt werden: Derartige nationale Systeme sind nur solange europarechtlich zu akzeptieren, wie sie nicht zu einer Verkürzung des Haftungsanspruchs führen. Wo dies der Fall ist, muss versucht werden, im Wege europarechtskonformer Auslegung das angestrebte Ergebnis zu erhalten.

Aber auch die Reichweite einer Haftung für fremdes Verhalten nach § 278 BGB geht nur soweit, wie das Fehlverhalten des Handelnden in einem unmittelbaren sachlichen Zusammenhang steht[460]. Wo dieser fehlt, kann eine Verantwortung des Arbeitgebers über die Zurechnungsgrundsätze des § 278 BGB nicht begründet werden. Hier beschränkt sich die Haftung für fremdes Verhalten.

bb. Zurechnung bei Belästigung

Handelt eine Person ohne jegliche übertragene Handlungsmacht, bewegt sie sich nicht im Bereich der klassischen Diskriminierung, sondern befindet sich auf dem Weg zur der Diskriminierung gleichgestellten Form der Belästigung. Von seiner Struktur her ist die Belästigung im Deliktsrecht einzuordnen. Begeht der Arbeitgeber die Belästigung nicht selber, kann ihm das Verhalten eines Mitarbeiters auch nicht ohne Weiteres zugerechnet werden. Es stellt sich das Problem, dass gerade kein tätigkeitsspezifischer Bezug der Handlung vorliegen muss, um von Belästigungen sprechen zu können. Hier greift dann nämlich eine Zurechnung über § 278 BGB nicht. Deliktische Verantwortung für das Verhalten einer anderen Person richtet sich nach § 831 BGB[461]. Vorausgesetzt wird hier aber ein tätigkeitsspezifischer Bezug. Ansonsten kann es über § 831 BGB zu keiner Haftung des Arbeitgebers kommen.

Inwieweit der Arbeitgeber trotzdem haftbar gemacht werden muss, um der Forderung einer wirksamen und abschreckenden Sanktion zu genügen, ist nicht klar. Das Problem verschärft sich weiter, wenn man bedenkt, dass eine Belästigung im hier verstandenen Sinn auch auf der Ebene der Gleichordnung vor-

---

[460] Rüthers/Stadler, BGB AT, § 31, Rn. 4; Hromadka/Maschmann, Arbeitsrecht Band 1, § 7, Rn. 136; BGHZ 23, 319, 323; BGHZ 31, 358, 366; BGHZ 84, 141, 145; BAGE 10, 176, 182 = MDR 1961, 355, 356.

[461] Teichmann in Jauernig, § 831 BGB, Rn. 1; BGHZ 4, 1; Löwisch in Staudinger, § 278 BGB, Rn. 6; Hromadka/Maschmann, Arbeitsrecht Band 1, § 7, Rn. 136 f.; Medicus, Bürgerliches Recht, Rn. 811.

kommen kann. Der deliktische Charakter einer Belästigung und dessen Normierung im Diskriminierungsrecht machen eine differenzierte Betrachtung in Zurechnungsfragen notwendig.

Es wurde vereinzelt in den Stellungnahmen zu den Richtlinienvorschlägen angemerkt, dass im Bereich eines Belästigungsschutzes neue Zurechnungsfragen auftreten werden. Gefordert wird dort, die Haftung des Arbeitgebers auf Situationen zu beschränken, die eindeutig in seinem Einflussbereich liegen und in denen er von der Belästigung bereits Kenntnis erlangt hat, jedoch deren Fortsetzung duldet[462]. Dennoch finden sich in der Richtlinie 2000/78/EG oder ihren Erwägungen keine Anhaltspunkte, die auf eine Position des Richtliniengebers schließen lassen können.

Es ist zu konstatieren, dass der Arbeitgeber nicht für jedes deliktische Verhalten, was in seinem Betrieb passiert, haftbar gemacht werden kann. Eben das gilt auch für den Bereich der Belästigung. Ansonsten wären etwaige Ansprüche von Arbeitnehmern gegen den Arbeitgeber in größeren Unternehmen unüberschaubar. Das kann auch vom Richtliniengeber nicht gewollt sein. Da die Richtlinie selber keinerlei Begrenzungen vornimmt, ist zu fragen, wie eine Verantwortlichkeit des Arbeitgebers sinnvoll eingegrenzt werden kann.

Der deutsche Gesetzgeber hat auf diesem Sektor Erfahrung in Gestalt der Haftung des Arbeitgebers im Falle sexueller Belästigung in seinem Betrieb gemäß dem BeschSchG. Hier werden die vom Wirtschafts- und Sozialausschuss in seiner Stellungnahme und von Teilen der Literatur geforderten Prinzipien angewandt:

Danach obliegt dem Arbeitgeber eine Schutzpflicht, der er effektiv nachkommen muss, nachdem er von der (sexuellen) Belästigung Kenntnis erlangt hat[463]. Das gehört auch zu seinen Schutzpflichten gegenüber dem Arbeitnehmer aufgrund des geschlossenen Arbeitsvertrages. Ansonsten ergeben sich unmittelbare Ansprüche gegen ihn aus Delikt[464]. Einer Zurechnung bedarf es so nicht. Das Un-

---

[462] Stellungnahme des Wirtschafts- und Sozialausschusses vom 25.05.2000 (Anhang III), Abl. 204/82 vom 18.07.2000, S. 87 betreffend der Richtlinie 2000/78/EG und S. 85 betreffend der Richtlinie 2000/43/EG, wo sich das gleiche Problem ergibt. Das schlägt auch Thüsing, ZfA 2001, 397, 412 f. mit dem Hinweis auf das amerikanische Recht vor. Siehe auch: Bauer, NJW 2002, 2672, 2677 zum Vorschlag für eine Richtlinie für eine Änderung der Richtlinie 76/207/EWG, KOM(2000) 334 endgültig und dessen Erweiterung um die sexuelle Belästigung.

[463] Worzalla, NZA 1994, 1016, 1020 f.; von Hoyningen-Huene, BB 1991, 2215, 2217 f.; Marzodko/Rinne, ZTR 2000, 305, 309; Hohmann, ZRP 1995, 167, 168 f.

[464] Blomeyer in Münchener Handbuch Band 1, § 97, Rn. 35; Schlachter in ErfK, § 3 BeSchuG, Rn. 4; Worzalla, NZA 1994, 1016, 1020; Marzodko/Rinne, ZTR 2000, 305, 309; von Hoyningen-Huene, BB 1991, 2215, 2220 f.

terlassen des Arbeitgebers begründet vielmehr eine Eigenverantwortlichkeit. Die Verantwortung bezieht sich dabei – in Anlehnung an das amerikanische Recht – auf das „hostile environment harassment" im Sinne eines schuldhaften Verhaltens des Arbeitgebers, das dazu führt, eine Arbeitsumgebung zumindest zu billigen, in der es leichter zu merkmalsbezogenen Belästigungen kommt[465]. Insofern trifft ihn daher eine Art Organisationsverschulden. Allerdings muss für ihn wenigstens die Möglichkeit bestanden haben, von der Belästigung Kenntnis zu erlangen. Hier treffen also den betroffenen Arbeitnehmer bestimmte Obliegenheiten, den Arbeitgeber oder seine Vertreter über eine für ihn belästigende Lage zu informieren. Damit aber diese Regeln auch im Bereich des Belästigungsschutzes angewandt werden können, bedarf es der Statuierung einer Schutzpflicht, aufgrund derer ein Unterlassen anspruchsbegründend wird. Auch hier können die §§ 2 und 3 BeschSchG als Vorbild dienen.

Hier bringt die Neuregelung des Schadensersatzrechts durch das Zweite Gesetz zur Änderung schadensersatzrechtlicher Vorschriften Verbesserungen für den Belästigungsschutz: Zum ersten Mal können Vertragsverletzungen, wie zum Beispiel Verletzungen der Schutzpflicht gegenüber den Arbeitnehmern, Ansprüche auf Schmerzensgeld unmittelbar gegen den Arbeitgeber auslösen[466]. Allerdings wird man auch danach dem betroffenen Arbeitnehmer die Informationsobliegenheiten auferlegen, die das deutsche Gesetz schon jetzt in verschiedener Weise kennt[467]. Ansonsten wäre eine unmittelbare Haftung des Arbeitgebers unbillig.

Von diesen Fällen müssen erneut Anweisungen zur Belästigung unterschieden werden: Wenn Belästigungen nach Artikel 2 Absatz 3 RL 2000/78/EG als Diskriminierungen gelten, so muss sich konsequenterweise auch die Aussage zur Anweisung aus Absatz 4 auf die Belästigungsvariante beziehen. Liegt also schon eine Anweisung zur Belästigung in diesem Sinne vor, so erfüllt diese bereits für sich genommen den Diskriminierungstatbestand im weiteren Sinne, ohne dass es einer Zurechnung bedarf. Zumindest dürfen nationale Zurechnungssysteme nicht dazu führen, dass der Arbeitgeber nicht unmittelbar selber haftet.

Davon unberührt bleibt die Haftung des unmittelbar Belästigenden. Es kommt in solchen Fällen also zur Anspruchsdopplung. Der Anweisende haftet bereits für

---

[465] Thüsing, ZfA 2001, 397, 412; vgl. zu diesem Begriff auch: Materialien zur Migration Band 3, Europäische Tagung vom 24. – 26.11.2000, S. 120, 123, 134, 140 bezüglich der Richtlinie 2000/43/EG; Birk in Münchener Handbuch Band 1, § 19, Rn. 374; Hohmann, ZRP 1995, 167, 168.

[466] Siehe Änderung des § 253 BGB durch das Zweite Gesetz zur Änderung schadensersatzrechtlicher Vorschriften – Regierungsentwurf, Stand: 24.09.2001, S. 6, abrufbar: http://www.bmj.bund.de/images/10342.pdf. Dazu auch: BMA, Pressemitteilung vom 30.07.2002, http://www.otto-schmidt.de/ovs_export/home_11679.html, S.1.

[467] Vgl. dazu: von Hoyningen-Huene, BB 1991, 2215, 2215 ff.

seine Anweisung. In diesen Konstellationen ist die Feststellung eines tatsächlichen Vorliegens der Voraussetzungen des Artikel 2 Absatz 4 RL 2000/78/EG aber gar nicht nötig, da eine derartige Anweisung bereits für sich ein belästigungsspezifisch gekennzeichnetes Umfeld und eine Würdeverletzung der betroffenen Person zumindest bezweckt. Absatz 4 ist in diesem Bereich folglich nur klarstellend.

Zu bemerken bleibt, dass die Grundsätze einer Haftung für Tätigkeiten Dritter nach § 831 BGB davon unberührt sind[468]. Es besteht eine Haftung des unmittelbar Handelnden, auch wenn dem Arbeitgeber unter Umständen im speziellen Fall kein Vorwurf gemacht werden kann.

---

[468] Medicus, Bürgerliches Recht, Rn. 814; Marzodko/Rinne, ZTR 2000, 305, 309.

F. Aspekte des bisherigen Diskriminierungsschutzes

Der Arbeitgeber ist bisher nicht zwangsläufig zu sachbezogenen Entscheidungen verpflichtet. Er ist – anders als im Bereich des öffentlichen Dienstes – nur gehalten, sich von bestimmten Gesichtspunkten nicht leiten zu lassen[469]. Dem deutschen Arbeitsrecht ist der Diskriminierungsschutz daher nicht fremd. An vielen Stellen findet sich das allgemeine Erfordernis einer besonderen Rechtfertigung, wenn an bestimmte Sachzusammenhänge angeknüpft werden soll. Im Folgenden sollen einige Gegebenheiten der aktuellen Rechtslage dargestellt werden, um sie mit den Anforderungen der Richtlinie 2000/78/EG zu vergleichen.

Zu beurteilen ist die Rechtslage, wie sie sich vor dem Ablauf der Richtlinienumsetzungsfrist darstellt. Bei allen eventuell darstellbaren Defiziten der bestehenden Rechtslage gegenüber dem zu erreichenden Ziel darf nicht vergessen werden, dass Regelungen im Rahmen ihres Wortlauts gegebenenfalls europarechtskonform ausgelegt werden können.

I. Verfassungsrechtliche Gewährleistung

Der Gleichheitssatz stellt ein Grundprinzip des Arbeitsrechts dar. Die Grundlage eines Verpönens von Ungleichbehandlungen findet sich in Artikel 3 GG. Vergleicht man allein die genannten Merkmale des Artikel 3 Absatz 3 GG mit den verpönten der Richtlinie 2000/78/EG (und auch der Richtlinie 2000/43/EG), so zeigen sich einige Parallelen: Ausdrücklich werden hier die Abstammung und Rasse, die religiöse und politische Anschauung und die Behinderung erwähnt. Die Themenbereiche zeigen mithin, dass sich der deutsche Gesetzgeber mit einigen der umzusetzenden Diskriminierungsverbote bereits befasst hat. Inwieweit weitere, nicht ausdrücklich bezeichnete Merkmale über den allgemeinen Gleichheitssatz abgedeckt werden, kann zunächst dahinstehen.

Die dahinterstehende Idee tritt nicht etwa für eine Konformität, sondern für eine konsequente Anwendung gerechter Vergleichsmaßstäbe ein. Dabei ist die Aussage des Artikel 3 GG nicht auf Deutsche beschränkt; sie gilt vielmehr für alle Menschen, die sich in der Reichweite des Grundgesetzes aufhalten[470]. Dabei ist die Reichweite des allgemeinen Gleichheitssatzes nicht notwendig auf eine Abwehrfunktion beschränkt, sie geht sogar bis zum Anspruch auf Chancengleichheit[471].

---

[469] Buchner in Münchener Handbuch Arbeitsrecht Band 1, § 40, Rn. 148: Im öffentlichen Dienst gilt der strengere Maßstab des Artikel 33 II GG (Rn. 117).

[470] Zur Besonderheit im Falle von Diskriminierungen der EU-Staatsangehörigen: Von Bogdandy in Grabitz, Artikel 6 EGV (a. F.), Rn. 52 ff.

[471] Osterloh in Sachs, Artikel 3 GG, Rn. 38 ff.; Sachs, DÖV 1984, 411, 415 f.; BVerfGE 33, 303, 334 f. (numerus clausus); BVerfGE 75, 40, 61 ff.; BVerfGE 90, 107, 114 ff.; BVerfGE 90, 128, 138 ff.

Eine genaue Darstellung der Reichweite eines Diskriminierungsschutzes über die Gewährleistungen des Artikel 3 GG macht aber wenig Sinn, da dieser nach den allgemeinen grundrechtlichen Gewährleistungen nur die Adressaten des Artikel 1 Absatz 3 GG verpflichtet[472]. Für den öffentlichen Dienst kommt es damit zu einer unmittelbaren Grundrechtsbindung bezüglich der erwähnten Merkmale.

Im Übrigen stellt sich die Frage der unmittelbaren Drittwirkung von Grundrechten. Teilweise wird in diesem Zusammenhang durchaus eine unmittelbare Drittwirkung im Arbeitsrecht vertreten[473]. Das widerspricht aber der Grundrechtsdogmatik, die die Grundrechte als Abwehrrechte gegenüber dem Staat versteht. Schließlich besteht auch die Möglichkeit, einen ausreichenden Schutz über das Institut des allgemeinen arbeitsrechtlichen Gleichheitssatzes zu statuieren, wo die Wertaussagen der Grundrechte mittelbar drittwirken können[474]. Hier greifen die zivilrechtlichen Generalklauseln der §§ 134, 242 und 315 BGB. Eine pauschale Ausdehnung des Gleichheitssatzes auf das gesamte Arbeitsrecht verkennt außerdem, dass sich in diesem privatrechtlichen Bereich nicht notwendigerweise Personen gegenüberstehen, deren Verhältnis mit einem großen Machtgefälle gekennzeichnet werden kann. Nur dort, wo beispielsweise eine Monopolstellung besteht, kommt seine subsidiäre Anwendung in Betracht[475]. Daher ist eine unmittelbare Drittwirkung des Artikel 3 GG im Individualarbeitsrecht nicht angebracht. Die Verfassung enthält für das private Arbeitsrecht demnach keine expliziten und unmittelbar anwendbaren Aussagen hinsichtlich von Diskriminierungsverboten.

II. Gleichstellungsgebote

Inwiefern nun aber ein Diskriminierungsschutz, der über die Generalklauseln ins Arbeitsrecht hineinreicht, besteht, soll nun betrachtet werden.

---

[472] Hailbronner, ZAR 2001, 254, 254; Heun in Dreier, Artikel 3 GG, Rn. 61; Osterloh in Sachs, Artikel 3 GG, Rn. 75.

[473] So wird vom BAG und vom BVerfG eine unmittelbare Anwendung des Gleichheitssatzes auf allgemeinverbindliche Tarifverträge bejaht: BAGE 54, 210, 213; BAGE 71, 68, 73; BVerfGE 55, 7, 24 ff.; BVerfGE 44, 322, 341; BVerfGE 82, 126, 154; BVerfGE 90, 46, 58; vgl. dazu auch: Wiedemann/Peters, RdA 1997, 100, 100 ff.; Schlachter in FS Schaub, 651, 651-657; dagegen ist die Rolle des Artikel 3 I GG im Arbeitskampfrecht strittig: BVerfGE 84, 212, 223 ff.; BVerfGE 92, 365, 407 ff; Osterloh in Sachs, Artikel 3 GG, Rn. 196; Richardi in Münchener Handbuch Arbeitsrecht Band 1, § 10, Rn. 9.

[474] Hromadka/Maschmann, Arbeitsrecht Band 1, § 2, Rn. 37 und § 7, Rn. 104; Richardi in Münchener Arbeitsrecht Handbuch Band 1, § 10, Rn. 11; Heun in Dreier, Artikel 3 GG, Rn. 83; BAGE 71, 29, 37 und 45; so wohl auch: Stein in Alternativkommentar, Artikel 3, Rn. 41; Molitor, RdA 1984, 13, 14 f.; Schaub, Arbeitsrechtshandbuch, § 112, Rn. 2; Böckenförde, Der Staat 29 (1990), 1, 10.

[475] Schaub, Arbeitsrechtshandbuch, § 112, Rn. 2; Beispiele bei: Richardi in Staudinger, § 611 BGB, Rn. 280; Hromadka/Maschmann, Arbeitsrecht Band 1, § 2, Rn. 37; Richardi in Münchener Handbuch Arbeitsrecht Band 1, § 10, Rn. 9.

Die in Artikel 3 Absatz 3 GG genannten Merkmale werden zwar grundsätzlich auch im Privatrechtsverkehr als verbindlicher Maßstab angesehen[476]. So beurteilte das Bundesarbeitsgericht eine Kündigung, die gegen die Wertung des Artikel 3 Absatz 3 GG verstieß, als nichtig[477]. Hinsichtlich der Richtlinie 2000/78/EG bietet diese Erwägung allerdings nur Anhaltspunkte für die Merkmale der Religion oder Weltanschauung und der Behinderung.

Allerdings muss auch bei Fragen der mittelbaren Drittwirkung beachtet werden, dass der Arbeitgeber nicht Adressat der Grundrechte ist. Es wäre widersprüchlich, wenn man eine unmittelbare Grundrechtsverpflichtung ablehnt, auf der anderen Seite aber die gleichen Ergebnisse im Wege einer mittelbaren Drittwirkung erzielen wollte[478]. Der private Arbeitgeber ist eben nicht in gleichem Maße den grundgesetzlichen Wertungen unterworfen wie der Staat. Eine arbeitgeberseitige Maßnahme ist daher nicht schon deshalb sittenwidrig oder verstößt gegen die Grundsätze von Treu und Glauben, weil sie grundrechtliche Positionen des Arbeitnehmers beschränkt oder als sozialwidrig einzustufen ist. Vielmehr ist in solchen Fällen das Hinzutreten weiterer Umstände erforderlich. Es wäre verfehlt, dem Privaten im Allgemeinen die gleichen sozialen Lasten aufzuerlegen, wie sie den Staat treffen.

Damit lässt sich im Verhältnis der Privaten untereinander folgendes Zwischenergebnis aufstellen: Immer dort, wo eine besondere Gleichstellung bezüglich bestimmter Merkmale nicht durch ein Gesetz angeordnet ist, muss dies die strikte Ausnahme bleiben. Alles andere würde bedeuten, die Unterschiede zwischen bloßer (allgemeiner) Gleichbehandlung und Gleichstellung zu verwischen[479]. Der einzelne Private ist eben nicht in gleichem Maße der Werteordnung des Grundgesetzes verpflichtet wie staatliche Stellen. Folglich muss jede Norm dahingehend geprüft werden, ob sie – ausnahmsweise – zu einer Gleichstellung zwingt. Bedeutsam ist dies hinsichtlich der Zwecksetzung. Während der Arbeitgeber in den Fällen einer strengen Gleichstellungsverpflichtung an das Diskriminierungsverbot in der Regel gebunden ist, genügt für die Rechtfertigung einer Ungleichbehandlung bei Gleichbehandlungsverpflichtungen ein sachlicher Grund[480].

---

[476] Buchner in Münchener Handbuch Arbeitsrecht Band 1, § 39, Rn. 82.
[477] BAG vom 28.08.1972, AP Nr. 2 zu § 134 BGB.
[478] Fastrich, RdA 2000, 65, 70; siehe auch: Hailbronner, ZAR 2001, 254, 254.
[479] Hromadka/Maschmann, Arbeitsrecht Band 1, § 7, Rn. 100; Fastrich, RdA 2000, 65, 73; so aber: von Koppenfels, WM 2002, 1489, 1493, die in jeder europarechtswidrigen Diskriminierung sogleich einen Verstoß gegen die guten Sitten erblickt.
[480] Fastrich, RdA 2000, 65, 70 und 73.

Gegen ein pauschales Eingreifen der Generalklauseln in diesem Bereich sprechen auch folgende Erwägungen: Zum Einen muss für den Verstoß gegen die guten Sitten oder gegen die Grundsätze von Treu und Glauben eine bestimmte Schwelle überwunden werden. Das ist allgemein anerkannt. Zu behaupten, jede diskriminierende Maßnahme verletze die Menschenwürde und verstoße gegen das Anstandsgefühl aller billig und gerecht denkenden Menschen, mag bei unmittelbaren Diskriminierungen und Belästigungen zutreffen. Vergegenwärtigt man sich aber die gelockerten Voraussetzungen, unter denen eine mittelbare Diskriminierung unter Umständen vorliegt, kann von der Betroffenheit grundsätzlicher Werte nicht gesprochen werden[481].

1. Öffentlicher Dienst

Im öffentlichen Dienst gilt – neben einer unmittelbaren Bindung an Artikel 3 GG – auch der strenge Auswahlmaßstab des Artikel 33 Absatz 2 GG. Allerdings statuiert dieses Grundrecht nur ein Recht zugunsten Deutscher. Die Richtlinie 2000/78/EG knüpft dagegen nicht an die Nationalität des Betroffenen an, wenngleich nationale Regelungen, die sich ausschließlich auf die (Dritt-) Staatenangehörigkeit zurückführen lassen, unberührt bleiben sollen.

Für private Arbeitgeber gelten diese strengen Maßstäbe grundsätzlich nicht. Ausnahmsweise besteht für sie erhöhter Rechtfertigungsdruck hinsichtlich einer Entscheidung, wenn dies gesetzlich angeordnet ist. Denn nur dann ist der Private auch an externe Pflichten gebunden, wie etwa grundgesetzliche Wertungen oder das Sozialstaatsprinzip[482].

Die in Artikel 1 RL 2000/78/EG weitergehend verpönten Merkmale des Alters und der sexuellen Orientierung sind auch in Artikel 3 Absatz 3 GG nicht erwähnt. Im Vergleich zur Richtlinie lässt sich auf diese Weise per se nur ein partieller Diskriminierungsschutz konstatieren. Dieser relativiert sich noch weiter, wenn man bedenkt, dass grundsätzlich der benachteiligte Arbeitnehmer die Verletzung des Diskriminierungsverbotes darlegen und beweisen muss[483]. Das Gleiche gilt über die direkte Geltung des Artikel 3 Absatz 3 GG auch für den Bereich des öffentlichen Dienstes.

2. Einfachgesetzliche Diskriminierungsverbote

Spezielle Diskriminierungsverbote ergeben sich nicht nur über die Anwendung des Verfassungsrechts, sondern auch durch spezielle Normen, wie etwa § 611 a

---

481 So aber: Von Koppenfels, WM 2002, 1489, 1493.

482 Fastrich, RdA 2000, 65, 73.

483 Hanau in GS Kahn-Freund, 457, 469 f.; Buchner in Münchener Handbuch Arbeitsrecht Band 1, § 39, Rn. 85.

BGB oder § 81 Absatz 2 SGB IX[484]. Aus den obigen Erörterungen folgt, dass nunmehr die einfachgesetzlichen Diskriminierungsverbote dahingehend überprüft werden müssen, ob sie zur Gleichbehandlung zwingen oder sogar zu einer Gleichstellung verpflichten.

a. Schutz Schwerbehinderter - § 81 Absatz 2 SGB IX

Ein spezielles Diskriminierungsverbot stellt § 81 Absatz 2 SGB IX im deutschen Recht dar. Hier wird ein Diskriminierungsverbot für Schwerbehinderte aufgestellt. Der Schutz der Schwerbehinderten hat sein Vorbild in § 611 a BGB[485]. § 611 a BGB statuiert ein Diskriminierungsverbot für den privaten Arbeitgeber. Aus § 81 Absatz 2 SGB IX ergibt sich demnach eine Verpflichtung hinsichtlich des Merkmals einer Schwerbehinderung[486]. Artikel 5 RL 2000/78/EG verpflichtet jedoch zur Gleichstellung und geht damit über ein bloßes Diskriminierungsverbot behinderter Menschen hinaus. Hier könnte zwar § 71 SGB IX greifen. Diese Norm schreibt vor, dass private und öffentliche Arbeitgeber ab einer bestimmten Betriebsgröße auf 5 % der Arbeitsplätze schwerbehinderte Menschen beschäftigen müssen. Allerdings läuft die dortige Anordnung leer, wenn es sich um ein kleines Unternehmen handelt oder die Quote bereits erfüllt worden ist. Etwas anderes ergibt sich auch nicht aus § 77 SGB IX[487]. Hier wird die Pflicht zur Zahlung einer Ausgleichsabgabe vorgesehen, sofern der Anteil Schwerbehinderter nicht beschäftigt wird. Die Schwierigkeiten, die im Zusammenhang mit § 71 SGB IX dargestellt worden sind, bleiben demnach bestehen. Folglich genügt die jetzige Gesetzeslage aus diesem Grunde den Richtlinienvorgaben nicht.

Zweifel einer schon ausreichenden Umsetzung ergeben sich auch aus einem anderen Grund: Nach deutschem Recht liegt eine Schwerbehinderung nämlich erst bei einem Grad von 50 % vor[488], so dass diese Regelung für alle übrigen Behinderungen nicht greift. Die Norm schützt demnach nicht umfassend vor Diskriminierungen wegen jeder Behinderung. Das entspricht nicht dem Anliegen des Richtliniengebers[489].

Der bisherige Schutz vor Diskriminierungen, die am Merkmal der Behinderung anknüpfen, bleibt so in jedem Fall hinter den europäischen Anforderungen zurück.

---

[484] Hromadka/Maschmann, Arbeitsrecht Band 1, § 7, Rn. 121.
[485] Rolfs/Paschke, BB 2002, 1260, 1261; Düwell, BB 2001, 1527, 1529.
[486] Rolfs in ErfK, § 81 SGB IX, Rn. 3; dazu auch: Thüsing/Lambrich, BB 2002, 1146, 1148.
[487] Thüsing, NZA 2001, 1061, 1063.
[488] Zwanziger in Kittner/Däubler/Zwanziger, Artikel 3 GG, Rn. 12 f. und § 15 SchwbG, Rn. 16.
[489] Siehe dazu: Kapitel D. III. 2. bis 4.

b. Sexuelle Ausrichtung, Religion und Weltanschauung
Dass sich das Verbot einer Diskriminierung aufgrund der sexuellen Orientierung in keinem Gesetz oder einer Rechtsvorschrift im deutschen Recht finden ließe[490], stimmt zumindest inhaltlich nicht mehr. So finden sich in Brandenburg - Artikel 12 Absatz 2 der Landesverfassung, § 12 Absatz 1 des Landesbeamtengesetzes, § 2 Absatz 1 der Laufbahnverordnung (hier wird sogar der Wortlaut der sexuellen Orientierung verwandt), § 4 Absatz 4 des Schulgesetzes -, in Berlin – Artikel 10 Absatz 2 der Landesverfassung, § 3 Absatz 3 des Gesetzes zur Ausführung des Kinder und Jugendhilfegesetzes -, in Bremen – Artikel 2 der Landesverfassung, § 9 des Landesbeamtengesetzes -, in Hamburg - § 7 Absatz 1 des Landesbeamtengesetzes, § 77 des Personalvertretungsgesetzes -, in Niedersachsen - § 8 Absatz 1 des Landesbeamtengesetzes, § 59 Nr. 1 des Personalvertretungsgesetzes -, im Saarland - § 9 Absatz 1 des Landesbeamtengesetzes, § 70 Absatz 2 des Personalvertretungsgesetzes, § 4 Absatz 1 des Landesrundfunkgesetzes -, in Sachsen-Anhalt - § 1 des Gesetzes zum Abbau von Benachteiligungen von Lesben und Schwulen, § 8 Absatz 1 des Beamtengesetzes, § 58 Absatz 1 des Landespersonalvertretungsgesetzes, § 6 Absatz 3 des Gesetzes über die öffentliche Sicherheit und Ordnung, § 1 Absatz 2 Nr. 3 des Schulgesetzes, § 12 Absatz 2 Nr. 3 des Gesetzes über privaten Rundfunk – und in Thüringen – Artikel 12 Absatz 3 der Landesverfassung – Regelungen und Wertentscheidungen des (Landesverfassungs-) Gesetzgebers, der in bestimmten Teilbereichen die Möglichkeit einer Anknüpfung an das Merkmal der sexuellen Ausrichtung einschränkt. Mit diesen Grundsätzen geht auch das Verbot einer Diskriminierung aufgrund der religiösen und politischen Anschauungen einher. Auch diese Merkmale werden in den genannten Vorschriften erwähnt.

Allerdings bleiben diese Regelungen entweder Programmsätze, oder sie sind nur auf einen Teilbereich bezüglich der Felder Beschäftigung und Beruf beschränkt. Vielfach ist dieser Bereich ohnehin dem öffentlichen Dienst zuzuordnen und hat damit keine Auswirkungen auf das private Arbeitsverhältnis. Hinsichtlich der politischen und religiösen Weltanschauungen besteht im Bereich des öffentlichen Dienstes aber schon eine unmittelbare Grundrechtsbindung. Neu ist dabei die Aufnahme des Merkmals sexuelle Orientierung. Außerdem fehlen in diesen Normen unmittelbare Rechtsfolgen, die einen wirksamen und sanktionsbewehrten Schutz gewähren. Diskriminierungsschutz wirkt somit – verglichen mit den Anforderungen der Richtlinie – allenfalls rudimentär[491]. Schließlich genügen die Anforderungen an die Beweislastverteilung den Richtlinienerfordernissen nicht.

---

[490] Beck, NJW 2001, 1894, 1895; so aber: Zwanziger in Kittner/Däubler/Zwanziger, Artikel 3 GG, Rn. 16b.

[491] Vgl. dazu auch: Trautwein, JA 1999, 107, 108 f.; Giegerich, JZ 1998, 724, 728 f.; Cirkel, NJW 1998, 3332, 3332.

c. Reichweite des § 75 BetrVG

Nach § 75 Absatz 1 BetrVG haben Arbeitgeber und Betriebsrat darüber zu wachen, dass alle im Betrieb tätigen Personen nach den Grundsätzen von Recht und Billigkeit behandelt werden und insbesondere, dass jede unterschiedliche Behandlung von Personen wegen ihrer (...) politischen (...) Betätigung oder Einstellung (...) oder ihrer sexuellen Identität unterbleibt. Sie haben darauf zu achten, dass Arbeitnehmer nicht wegen Überschreitung bestimmter Altersstufen benachteiligt werden. § 27 SprAuG enthält eine identische Regelung für leitende Angestellte.

Aus der Überwachungspflicht des Arbeitgebers und des Betriebsrates ergibt sich prinzipiell, dass diese auch selber keine derartigen Ungleichbehandlungen gegenüber den Arbeitnehmern vornehmen dürfen[492]. Bezüglich der Merkmale der Religion, der politischen Anschauung, der sexuellen Ausrichtung und des Alters könnte hierin ein wirksamer Diskriminierungsschutz gesehen werden. Um diese Frage zu beantworten, muss geklärt werden, ob § 75 BetrVG, bzw. § 27 SprAuG einen privaten Arbeitgeber nur im Sinne einer Gleichbehandlungspflicht binden, oder ob aus diesen Normen sogar eine Gleichstellungspflicht hervorgeht.

Mit den §§ 75 BetrVG, 27 SprAuG werden elementare Grundsätze für die Behandlung der Betriebsangehörigen normiert; sie stellen eine verbindliche Grundlage dar und konkretisieren die Rechte des Einzelnen. Hingegen verweisen diese Normen nicht auf Grundrechte und transformieren diese somit nicht in das Arbeitsrecht[493]. Dafür spricht, dass §§ 75 BetrVG und 27 SprAuG einen besonderen Katalog aufstellen, der sich inhaltlich nicht mit Artikel 3 Absatz 3 GG deckt. Außerdem ist die Aufzählung dort nur beispielhaft. Würden daraus Gleichstellungspflichten folgern, so wäre im Prinzip ein allgemeines Gleichstellungsgebot statuiert, obwohl dieses die Ausnahme für den Privaten bleiben muss; ansonsten könnte mit dem Gleichbehandlungsargument schließlich jede Soziallast dem Arbeitgeber auferlegt werden, ohne dass das Parlament gesetzgeberisch tätig werden müsste[494].

Schließlich hätte die Schlussfolgerung, aus den genannten Normen würde eine Gleichstellungspflicht hervorgehen, zur Konsequenz, dass § 611 a BGB in weiten Teilen bedeutungslos wäre, da das Merkmal Geschlecht bereits in den §§ 75 BetrVG und 27 SprAuG genannt ist. Folglich stellen diese Regelungen nur klar, was im Rahmen des allgemeinen arbeitsrechtlichen Gleichbehandlungsgrundsat-

---

[492] Fitting/Kaiser/Heither/Engels, § 75 BetrVG, Rn. 14.

[493] A.A.: Fitting/Kaiser/Heither/Engels/Schmidt, § 75 BetrVG, Rn. 23; Löwisch/Kaiser, § 75 BetrVG, Rn. 1; Berg in BetrVG/Däubler/Kittner/Klebe, § 75 BetrVG, Rn. 1; so aber: Fastrich, RdA 2000, 65, 72.

[494] Fastrich, RdA 2000, 65, 76 und 81.

zes beachtet werden muss[495]. Eine besondere Gleichstellungspflicht folgert daraus nicht.

Zu beachten ist auch, dass diese Grundsätze nur für im Betrieb tätige Personen gelten. §§ 75 BetrVG, 27 SprAuG verpflichten also allein die Betriebspartner[496]. Demnach finden für Einstellungen nur die allgemeinen Grundsätze Anwendung. Bedenklich ist auch, dass keinesfalls unumstritten ist, ob diese Vorschrift dem einzelnen Arbeitnehmer ein individuelles Recht einräumt[497]. Damit bestehen für den Arbeitnehmer erhebliche Rechtsunsicherheiten. Nach § 75 Absatz 1 BetrVG, § 27 SprAuG ist auch nicht jede Differenzierung wegen eines der genannten Merkmale unzulässig. Es wird nur ein vernünftiger Sachgrund verlangt[498]. Es genügen also – auch betreffend des Merkmals Alter – nachvollziehbare betriebliche Belange für eine Rechtfertigung der Ungleichbehandlung. Damit schreibt diese Norm aber nur fest, was vielfach ohnehin schon gilt. Es wird auch im Wortlaut auf die Grundsätze von Recht und *Billigkeit* verwiesen. Das durch die Richtlinie 2000/78/EG erzielte hohe Schutzniveau wird so aber nicht erreicht.

Bezüglich eines Schutzes vor Diskriminierungen wegen des Alters ist darauf hinzuweisen, dass der Schutz der §§ 75 BetrVG, 27 SprAuG nur bei Überschreitung bestimmter Altersstufen eingreift. Die Auslegung des Altersbegriffes zeigt hingegen, dass ein solches Verständnis den europarechtlichen Vorgaben nicht genügend Rechnung trägt[499]. Unterschreitungen von Altersstufen sind vom Schutz nicht umfasst. Dem Schutzbereich der §§ 75 BetrVG, 27 SprAuG unterfallen so nur ältere Menschen.

Hinzukommt, dass die Norm dem Beschwerten die Beweislast auferlegt. Selbst, wenn Schadensersatz mit Hilfe der Konstruktion über das Schutzgesetz nach § 823 Absatz 2 BGB gewährt werden würde, so fehlt es immer noch am europarechtlich geforderten Sanktionssystem der Norm.

Insgesamt ist demnach zu konstatieren, dass ein bestehender Diskriminierungsschutz sowohl hinsichtlich der Merkmale, als auch der in der Richtlinie angeordneten Verteilung der Beweislast den Anforderungen der Richtlinie nicht genügt. Auch gilt nach bisheriger Rechtslage, dass das Verbot eines Anknüpfens

---

[495] Söllner, Arbeitsrecht, § 31 III; Fastrich, RdA 2000, 65, 76.

[496] Schmidt/Senne, RdA 2002, 80, 80.

[497] Vgl. dazu: BAG, Urteil vom 03.12.1985, AP Nr. 2 zu § 74 BAT; Berg in BetrVG/Däubler/Kittner/Klebe, § 75 BetrVG, Rn. 10 und 42.

[498] Stege/Weinspach, § 75 BetrVG, Rn. 2; Fitting/Kaiser/Heither/Engels, § 75 BetrVG, Rn. 22; Berg in BetrVG/Däubler/Kittner/Klebe, § 75 BetrVG, Rn. 24; Löwisch/Kaiser, § 75 BetrVG, Rn. 9 ff.

[499] Vgl.: Kapitel D. I. 2.

an ein Merkmal nur so weit reicht, wie das Merkmal eine wesentliche Ursache für die unterschiedliche Behandlung ist[500]. Nach bisher geltendem Recht kann es nie zu einem Anspruch auf Einstellung des benachteiligten Bewerbers kommen[501]. Daran ändern im Übrigen auch die Richtlinienvorgaben nichts.

3. Allgemeine Diskriminierungsverbote

Zum Teil wird immer wieder versucht, ein allgemeines arbeitsrechtliches Diskriminierungsverbot festzuschreiben[502], welches – seine Existenz vorausgesetzt – bei den noch nicht berücksichtigten Merkmalen der Richtlinie 2000/78/EG greifen könnte. Bisher blieb hingegen die gesetzliche Festschreibung eines allgemeinen Diskriminierungsverbotes aus. Der private Arbeitgeber ist somit nach jetziger Rechtslage nicht verpflichtet, eine sachbezogene Personalauswahl vorzunehmen.

Inhaltlich wäre gemäß eines allgemeinen Diskriminierungsverbots eine sachfremde Schlechterstellung einzelner Arbeitnehmer oder Arbeitnehmergruppen verboten. Dabei nimmt man eine differenzierte Betrachtung vor: Im Falle absoluter Diskriminierungsverbote gemäß Artikel 3 Absatz 2 und 3 GG ist jede entgegenstehende Differenzierung versagt; bei Eingreifen relativer Differenzierungsverbote muss eine Relationsprüfung vorgenommen werden[503].

III. Allgemeiner arbeitsrechtlicher Gleichbehandlungsgrundsatz

Ferner könnte nach bestehender Rechtslage ein weitgehender Diskriminierungsschutz durch den allgemeinen arbeitsrechtlichen Gleichbehandlungsgrundsatz existieren. Der Gleichbehandlungsgrundsatz greift allerdings erst bei bestehenden Arbeitsverhältnissen[504] und bietet folglich dort keinen Schutz, wo der Stellenbewerber nach verpönten Merkmalen abgelehnt wird.

Dieser Grundsatz ist ursprünglich für die Gewährung zusätzlicher Leistungen entwickelt worden. Erweitert wurde dessen Anwendung auf die Ausübung des Direktionsrechts nach § 315 BGB und betrifft nunmehr alle denkbaren Arbeitsbedingungen[505]. Inhaltlich knüpft der allgemeine arbeitsrechtliche Gleichbehandlungsgrundsatz an eine Regel an, die vom Arbeitgeber innerhalb einer Be-

---

500 Hromadka/Maschmann, Arbeitsrecht Band 1, § 7, Rn. 126c.
501 Buchner in Münchener Handbuch Arbeitsrecht Band 1, § 40, Rn. 143 ff.
502 Vgl. zu diesen Versuchen etwa: Leipold, ArbuR 1971, 161, 166; Gamillscheg in FS Weber, 793, 804 f.; Badura in FS Berber,11, 22; Buchner in Münchener Handbuch Arbeitsrecht Band 1, § 39, Rn. 105 ff.
503 Richardi in Staudinger, § 611 BGB, Rn. 293.
504 Schaub, Arbeitsrechtshandbuch, § 112, Rn. 11 ff.; Hromadka/Maschmann, Arbeitsrecht Band 1, § 7, Rn. 102.
505 Richardi in Staudinger, § 611 BGB, Rn. 290; Hromadka/Maschmann, Arbeitsrecht Band 1, § 7, Rn. 107.

triebsgemeinschaft selbst aufgestellt wurde. Willkürlich ist es ihm dann versagt, Arbeitnehmer zu benachteiligen[506]. Dabei ist der Arbeitgeber nur verpflichtet, für eine Ungleichbehandlung einen sachlichen Grund anzuführen. Welche Gründe er dabei nicht als Unterscheidung heranziehen kann, ist z.T. spezialgesetzlich normiert. Dabei erhalten etwa die §§ 75 BetrVG und 27 SprAuG Bedeutung. Demnach sind die inhaltlichen Anforderungen für eine Rechtfertigung der betreffenden Ungleichbehandlung verhältnismäßig gering. Sie erreichen somit nicht das von der Richtlinie 2000/78/EG erstrebte Schutzniveau.

Dabei ist nur in seltenen Konstellationen vorstellbar, dass eine Differenzierung aufgrund der Religion, Weltanschauung oder der sexuellen Ausrichtung sachgerecht sein könnte. Allerdings sind Differenzierungen des Arbeitgebers, die etwa auf der Leistungsfähigkeit seiner Arbeitnehmer beruhen, möglich. Daher sind die Merkmale Alter und Behinderung in diesem Bereich besonders gefährdet. Hier scheidet eine mögliche Rechtfertigung nicht selbstverständlich aus. In diesem Bereich besteht demnach kein richtlinienkonformer Diskriminierungsschutz. Weiterhin muss berücksichtigt werden, dass der allgemeine Gleichbehandlungsgrundsatz nur dort greift, wo der Arbeitgeber freiwillig Regeln aufstellt, zu deren Einhaltung er dann verpflichtet werden soll.

Es wurde dargestellt, dass dieser Grundsatz keinen Schutz für den neuen Stellenbewerber bereithält. Ebenso ist weitgehend anerkannt, dass der allgemeine arbeitsrechtliche Gleichbehandlungsgrundsatz bei Fragen im Bereich der Kündigung nicht unmittelbar anzuwenden ist[507]. Hier gelten die Besonderheiten der Sozialauswahl. Es geht gerade um eine umfassende Abwägung des Einzelfalles, was mit einer allgemeinen Gleichbehandlung nicht vereinbar ist. Auch die Beweislastverteilung der geltenden Rechtslage entspricht nicht den Richtlinienvorgaben.

IV. Sonstiger Schutz

Im Zivilrecht bestehen zum Teil allgemeine Regeln, die dem Diskriminierten schon jetzt einen Folgeanspruch gegen den Urheber der Benachteiligung zusprechen. Das gilt insbesondere für den Belästigungsschutz. Diese Regelungen sind aber gerade im Hinblick auf die Merkmale des Artikel 1 RL 2000/78/EG fragmentarisch, was daran liegt, dass sie nicht primär als Diskriminierungsschutz konzipiert sind. Vereinzelt hat auch die Rechtsprechung geurteilt, dass ein Anknüpfen an ein Merkmal als Grund für eine Ungleichbehandlung unzulässig sei. Wenn im Folgenden einige dieser Aspekte aufgeführt werden, so soll das nicht

---

[506] Schaub, Arbeitsrechtshandbuch, § 112, Rn. 23; Hromadka/Maschmann, Arbeitsrecht Band 1, § 7, Rn. 116 f.; Fastrich, RdA 2000, 65, 70.

[507] KR/Fischermeier, § 626 BGB, Rn. 307; Schwerdtner in MüKo, § 626 BGB, Rn. 51 f.; KR/Etzel, § 1 KSchG, Rn. 233 f.; Schaub, Arbeitsrechtshandbuch, § 112, Rn. 16.

darüber hinwegtäuschen, dass ein konsequenter und verlässlicher Schutz der Betroffenen nach bisheriger Rechtslage nicht besteht.

1. Aspekte aus der Rechtsprechung des BAG

Betrachtet man einige der Urteile, wo die Diskriminierungsmerkmale der Richtlinie 2000/78/EG inhaltlich eine Rolle gespielt haben, so wird deutlich, dass es sich dabei um Einzelfälle handelt, wo zu punktuelle Fragen Stellung genommen worden ist, ohne dass sich ein fundiertes System herausgebildet hat. Bei den Entscheidungen spielte eine Rolle, dass der Grundsatz von Treu und Glauben und die Sittenwidrigkeit nach § 138 BGB eine Inhaltsbegrenzung darstellen, die allen Rechten und Rechtslagen innewohnt. Es geht bei solchen Fragestellungen letztlich um eine Abwägung der Persönlichkeitsrechte und der Menschenwürde auf der einen Seite und der Vertragsfreiheit des Arbeitgebers auf der anderen Seite, auch wenn das außerdienstliche Verhalten grundsätzlich im Belieben des Arbeitnehmers steht, wenn nicht besondere Bezüge zu Arbeitspflichten feststellbar sind[508]. Zwar können sich die Grenzen arbeitgeberseitiger Dispositionsbefugnis bereits bei der Begründung von Arbeitsverhältnissen kristallisieren und bis zu Kündigungsgrundsätzen reichen, der Schutz über die Generalklauseln greifen aber erst bei treuwidrigem (§ 242 BGB) oder sittenwidrigem (§ 138 BGB) Verhalten ein. Hier muss folglich eine besondere Hürde überwunden werden, bevor von einer Treuwidrigkeit gesprochen werden kann. Damit zeigt sich der bestehende Diskriminierungsschutz von seiner Grundkonzeption als sehr viel grobmaschiger, als die Richtlinie 2000/78/EG ihn intendiert[509].

a. Sexuelle Ausrichtung

So hatte das Bundesarbeitsgericht am 23.06.1994 über die Wirksamkeit einer Kündigung aufgrund von Homosexualität geurteilt[510]. Der Kläger behauptete hier, eine Kündigung seines Arbeitsvertrages während der Probezeit sei nur aufgrund seiner sexuellen Neigung erfolgt. Der Geschäftsführer der Beklagten habe sich dahingehend geäußert, dass die Firmenleitung sehr konservativ sei und eine Homosexualität des Klägers, die dieser zugegeben hatte, nicht dulden könne. Noch im Berufungsurteil hatte es geheißen, dass ein Mann wegen dieser „abartigen Anlage seines Geschlechtstriebes" nicht in gleicher Weise geschützt werden müsse wie vor anderen Diskriminierungen[511]. Die Revision hob dieses Urteil auf und verwies darauf, dass die Disziplinierung des Geschlechtsverhaltens nicht zu den Befugnissen des Arbeitgebers gehöre. Vielmehr sei hier der Intimbereich des Arbeitnehmers betroffen, den er grundsätzlich selbst gestalten könne.

---

[508] KR/Friedrich, § 13 KSchG, Rn. 140; KR/Etzel, § 1 KSchG, Rn. 450 ff.
[509] A.A.: Von Koppenfels, WM 2002, 1489, 1494.
[510] BAG vom 23.06.1994, EzA § 242 BGB, Nr. 39.
[511] So im Revisionsurteil zitiert: Vgl. BAG vom 23.06.1994, EzA § 242 BGB, Nr. 39; siehe dazu auch: Däubler in Kittner/Däubler/Zwanziger, § 1 KSchG, Rn. 240a.

Gleichwohl ließ das Bundesarbeitsgericht an dieser Stelle offen, wie zu entscheiden sei, wenn „berechtigte Bedürfnisse“ der Beklagten entgegenstünden[512]. An dieser Stelle bleibt also nach bisheriger höchstrichterlicher Rechtsprechung noch ein Anwendungsfeld für Kündigungen aufgrund der sexuellen Neigung der Arbeitnehmer. Ganz offensichtlich entscheidet in diesen Fällen eine Abwägung der Interessen.

Dass auf diesem Sektor Handlungsbedarf besteht, zeigen die kritischen Stimmen aus Teilen der Literatur, welche sich nicht nur mit prozessualen Fragen auseinandersetzen[513]. So heißt es: Nach deutschem Recht bestehe insofern Kündigungsfreiheit während der Probezeit; außerdem sei die Homosexualität keine gesetzlich besonders geschützte Lebensform[514]. Da nach den Richtlinienvorgaben jede Diskriminierung aufgrund der angegebenen Merkmale durch den nationalen Gesetzgeber verboten werden soll, sind solche Tendenzen im deutschen Recht nach Ablauf der Umsetzungsfrist europarechtswidrig.

Dass in die Rubrik einer sexuellen Ausrichtung nicht nur die grundlegenden Fragen des Sexualverhaltens, sondern auch bloße Vorlieben fallen können, zeigt das Urteil des Landesarbeitsgerichts Hamm vom 19.01.2001. Hier ging es um die Wirksamkeit der ordentlichen Kündigung einer Grundschullehrerin, die Betreiberin und Besucherin eines 70 km entfernten Swingerclubs ist[515]. Zwar gelten bei Staatsbediensteten strengere Anforderungen im Hinblick auf ihr außerdienstliches Verhalten, das Gericht sah jedoch im Verhalten der Klägerin keine Verhaltenspflichtverletzung gemäß § 8 Absatz 1 BAT. Jedoch verwies es dabei ausdrücklich auf eine vorgenommene Abwägung der Gesamtumstände, so dass auch hier wieder offen bleiben muss, inwieweit eine sexuelle Ausrichtung unter Umständen eine Kündigung begründen kann und wie sich das dann mit den Anforderungen der Richtlinie 2000/78/EG vereinbaren ließe.

Schließlich sieht die Rechtsprechung den Arbeitgeber als verpflichtet an, einem transsexuellen, früheren Arbeitnehmer ein – was seinen Namen betrifft – angepasstes Arbeitszeugnis auszustellen, was aber im Übrigen hinsichtlich der Leistung und Führung mit dem Ursprungszeugnis übereinstimmt[516]. Zu bemerken ist, dass der Europäische Gerichtshof schon bislang die Benachteiligung wegen einer Geschlechtsumwandlung in gleicher Weise wie eine Benachteiligung we-

---

512 BAG vom 23.06.1994, EzA § 242 BGB, Nr. 39; vgl. dazu auch: Meyer, http://www.oetv-berlin.de/akgaylesbi/vers_4/report/re_07_05.htm, S. 1; KR/Etzel, § 1 KSchG, Rn. 454.

513 Von Hoyningen-Huene, Anmerkung zu BAG, EzA § 242 BGB, Nr. 39.

514 Boemke, NZA 1993, 532, 534 und 537; von Hoyningen-Huene, Anmerkung zu BAG, EzA § 242 BGB, Nr. 39.

515 LAG Hamm, Urteil vom 19.01.2001 – 5 Sa 491/00, EzA-Schnelldienst Nr. 4/7.

516 ArbG Gelsenkirchen, Urteil vom 08.05.1998, 3 Ca 122/98, EzA, § 630 BGB, Nr. 21.

gen des Geschlechts verbietet[517]. Bei Diskriminierungen wegen Transsexualität wird demnach in Zukunft problematisch, ob unter die Tatbestandsvoraussetzung Geschlecht oder sexuelle Orientierung subsumiert werden muss. Hier entsteht ein Konkurrenzverhältnis, was freilich nicht zum Nachteil des Betroffenen aufgelöst werden dürfte. Nicht fraglich dagegen ist der Schutz dieser Personengruppe in Zukunft durch die transformierten europäischen Vorgaben.

b. Religiöse Anschauung

Bei dem Merkmal der religiösen Anschauungen und diesbezüglichen Verhaltensweisen fallen auch höchstrichterliche Urteile auf, die zu Loyalitätsobliegenheiten von Angestellten bei Religionsgemeinschaften Stellung beziehen. Damit wird zum Ausdruck gebracht, dass nur in diesem arbeitsrechtlichen Sonderbereich an das Merkmal Religion angeknüpft werden darf.

So billigte das Bundesarbeitsgericht entgegen der Vorinstanz, dass sich die besonders schwere Pflichtverletzung, die zu einer außerordentlichen Kündigung berechtigt, gerade auch aus dem religionsgemeinschaftlichem Selbstverständnis ergeben könne. Wenn dargelegt ist, dass sich ein Angestellter nicht mehr gemäß den grundlegenden Anschauungen der Gemeinschaft verhält, könne dies einen wichtigen Grund darstellen[518].

Auch der Kirchenaustritt einer im Bereich der Evangelischen Kirche in einer Beratungsstelle für Erziehungs-, Ehe- und Lebensfragen beschäftigten Sozialpädagogin stelle einen wichtigen Grund im Sinne des § 626 Absatz 1 BGB dar[519]. Allerdings muss es nach Ansicht des Bundesarbeitsgerichts für die Rechtfertigung einer außerordentlichen Kündigung nicht einmal zu einem Kirchenaustritt kommen. In einem Urteil vom 21.01.2001 entschied das Gericht, dass bereits das öffentliche Vertreten einer erheblich abweichenden Lehre einer anderen Glaubensgemeinschaft einen wichtigen Grund darstellen könne[520]. Werden in diesen Entscheidungen die Loyalitätsobliegenheiten und das Selbstverständnis

---

[517] Däubler in Kittner/Däubler/Zwanziger, § 1 KSchG, Rn. 17; vgl. auch: Fitting/Kaiser/Heither/ Engels/Schmidt, § 75 BetrVG, Rn. 66, die Diskriminierungen wegen Transsexualität unter das Merkmal der sexuellen Identität subsumieren wollen.

[518] BAG, Urteil vom 24.04.1997, 2 AZR 268/96, EzA, § 611 BGB, kirchliche Arbeitnehmer Nr. 43: Es ging hier um die außerordentliche Kündigung eines Angestellten der Religionsgemeinschaft der Mormonen wegen Ehebruchs. Die schwere Pflichtverletzung des Angestellten wurde (wesentlich) mit einem Auszug aus der Offenbarung des Mormonenpropheten Joseph Smith begründet. Dort heißt es in Abschnitt 42, Vers 24 : „Du sollst nicht Ehebruch begehen; und wer Ehebruch begeht und nicht umkehrt, soll ausgestoßen werden.“; vgl. dazu auch: Däubler in Kittner/Däubler/Zwanziger, § 1 KSchG, Rn. 204b.

[519] LAG Rheinland-Pfalz, Urteil vom 09.01.1997, 11 Sa 428/96, LAGE, § 611 BGB, kirchliche Arbeitnehmer Nr. 8.

[520] BAG, Urteil vom 21.02.2001, 2 AZR 139/00, EzA, § 611 BGB, kirchliche Arbeitnehmer Nr. 47; KR/Etzel, § 1 KSchG, Rn. 455.

der religiösen Institutionen als Begründung für einen derart erheblichen Eingriff in die Glaubensfreiheit des Einzelnen angeführt, so befindet sich diese Rechtsprechung auf der Linie des Richtliniengebers, der dem nationalen Gesetzgeber zumindest die Möglichkeit gibt, den Religionsgemeinschaften (und nur diesen) gemäß ihrem Ethos differenzierende Regelungen bezüglich Glaubensfragen ihrer Beschäftigten zu gestatten.

c. (Politische) Weltanschauung

Was den Bereich der Weltanschauungen betrifft, so besteht für den Arbeitnehmer die Pflicht, auf die Interessen des Arbeitgebers Rücksicht zu nehmen[521]. So gilt in der Regel eine politische Betätigung nicht als wichtiger Grund für die Rechtfertigung einer außerordentlichen Kündigung, wenn nicht besondere Umstände hinzutreten. Vielmehr ist politisches Engagement vor dem Hintergrund des Artikel 5 Absatz 1 GG erlaubt[522]. Allerdings besteht im Bereich des öffentlichen Dienstes wiederum eine gesteigerte Treuepflicht, § 8 Absatz 1 BAT. Diese rechtfertigt zwar in der Regel keine Kündigung eines Arbeitnehmers, hier sind aber besonders sensible Bereiche denkbar, die kündigungsrechtliche Relevanz erlangen können[523]. Inwieweit in solchen Fällen Raum für richtlinienkonforme Ausnahmebereiche im nationalen Recht besteht, entscheidet sich im Einzelfall.

Dabei gilt nach deutschem Verständnis auch die Betätigung in der Scientology-Organisation als politische Aktivität[524]. Der weitreichende Schutz für politische Aktivitäten hat aber dort seine Grenze, wo Verhaltensweisen strafbar, bzw. unterstützte Organisationen für verfassungswidrig erklärt werden. Prominentestes Beispiel hierfür ist die Debatte um ein NPD-Verbot.

2. Schutz vor Belästigungen

Es wurde dargelegt, dass der Belästigungsbegriff der Richtlinie in der Sache den Schutz des allgemeinen Persönlichkeitsrechts im deutschen Recht auslöst. Hier bestehen Schadensersatzansprüche des Betroffenen. Nichtsdestotrotz muss sich das Verständnis insoweit erweitern, als nun auch die Anweisung zur Diskriminierung und die Anweisung zur Belästigung als Diskriminierung verstanden werden sollen, Artikel 2 Absatz 4 RL 2000/78/EG. Es kommt in solchen Fällen – bei tatsächlicher Ausführung der Diskriminierung zur Anspruchsdoppelung. Ansonsten genügt schon das Bezwecken tatsächlicher Diskriminierung. Für den Betroffenen ist das von Belang, da er gegen zwei Diskriminierende vorgehen kann, wobei der Anweisende zumeist auch der Zahlungsfähigere sein wird.

---

[521] KR/Etzel, § 1 KSchG, Rn. 457; KR/Fischermeier, § 626 BGB, Rn. 115.
[522] Däubler in Kittner/Däubler/Zwanziger, § 1 KSchG, Rn. 239; BAG, Urteil vom 20.07.1989 = DB 1990, 635; BAG, Urteil vom 06.06.1984, EzA, § 1 KSchG, Verhaltensbedingte Kündigung Nr. 12.
[523] Polzer/Powietzka, NZA 2000, 970, 974.
[524] Däubler in Kittner/Däubler/Zwanziger, § 1 KSchG, Rn. 241a.

Ab wann jedoch der Arbeitgeber für Belästigungen in seinem Betrieb auch ohne Anweisungen verantwortlich sein soll, ist nach bisheriger Rechtslage nicht klar. Hilfreich wäre hier eine Schutznorm, ähnlich den §§ 2 und 3 Beschäftigtenschutzgesetz, die eine Handlungspflicht des Arbeitgebers begründet und im Falle des Unterlassens einen Anspruch des betroffenen Arbeitnehmers gegen seinen Arbeitgeber auf Schadensersatz zur Folge hat (s.o.). Hier besteht erhebliche Rechtsunsicherheit, die allein durch richtlinienkonforme Auslegung schwer zu beseitigen ist. Auch insoweit ist der bisherige Schutz der Betroffenen unzureichend.

V. Ergebnis zu F.

Insgesamt bleibt damit der Diskriminierungsschutz nach den bestehenden Regelungen lückenhaft. Was die in Artikel 3 Absatz 3 GG genannten und mit den in Artikel 1 RL 2000/78/EG übereinstimmenden Merkmale betrifft, so lässt sich ein Diskriminierungsschutz nach bestehender Rechtslage feststellen, der aber auch hinter den Anforderungen der Richtlinie zurückbleibt. Hier besteht auch in Fragen der Beweislast Handlungsbedarf[525].

Die speziellen Diskriminierungsverbote, die teilweise existieren, verpflichten zwar zur Gleichbehandlung, nur in seltenen Fällen beinhalten sie eine Gleichstellungsverpflichtung. Eine Ungleichbehandlung kann gemäß dem allgemeinen arbeitsrechtlichen Gleichbehandlungsgrundsatz prinzipiell durch einen sachlichen Grund gerechtfertigt werden. Bezüglich des Merkmals der Schwerbehinderung existiert dagegen eine Gleichstellungspflicht in § 81 SGB IX. Die Reduzierung des Diskriminierungsschutzes auf Schwerbehinderte genügt einer Richtlinienumsetzung in diesem Punkt aber nicht. Auch der Schutz des Alters in einigen arbeitsrechtlichen Regelungen stimmt nicht mit dem Altersbegriff der Richtlinie 2000/78/EG überein. Im Übrigen besteht also auch hier gegenüber privaten Arbeitgebern nur ein partieller wirksamer Schutz.

Diese strittigen Auslegungsprobleme stehen einem wirksamen Diskriminierungsschutz des Einzelnen entgegen. Offen bleibt schließlich, inwiefern eine Sanktionierung erfolgen sollte, wenn gegen die bestehenden Diskriminierungsverbote verstoßen worden ist. Nach bisheriger Rechtslage fehlt demnach auch ein wirksames und abschreckendes System im nationalen Recht.

---

[525] Däubler in Kittner/Däubler/Zwanziger, § 242 BGB, Rn. 42 f.; Das übersieht: von Koppenfels, WM 2002, 1489, 1492 ff.

G. Kompetenz der Gemeinschaft

Für den Erlass von Rechtshandlungen sind die zuständigen Organe gemäß Artikel 249 EGV nur nach Maßgabe des Vertrages ermächtigt. Richtlinien können sich als sekundäres Gemeinschaftsrecht nur in dem Rahmen bewegen, der der Gemeinschaft im Primärrecht als Kompetenz zugewiesen ist[526]. Für alle Befugnisse der Organe der Europäischen Union gilt das Prinzip der begrenzten Einzelermächtigung[527]; es besteht sowohl hinsichtlich der Sachbereiche als auch der zugelassenen Rechtshandlungen ein Numerus Clausus[528].

Die Richtlinie 2000/78/EG thematisiert die Gleichbehandlung in Beschäftigung und Beruf. Als Antidiskriminierungsrichtlinie berührt sie dabei viele arbeitsrechtliche Bereiche. Bei der Erörterung müssen demnach die verschiedenen tangierten Rechtsgebiete berücksichtigt werden. Fraglich ist, ob sich der Erlass der Richtlinie als Rechtshandlung der Gemeinschaft im Rahmen der ihr übertragenen Kompetenzen unter Beachtung der betroffenen Rechtsgebiete bewegt.

I. Arbeitsrechtliche Regelungen auf europäischer Ebene

Das europäische Verständnis von den Gegenständen der Sozialpolitik deckt sich nicht mit dem deutschen Verständnis. Kernmaterie der europäischen Sozialpolitik ist das Arbeitsrecht. Unter Sozialpolitik wird dagegen weniger das Sozialrecht im Sinne des deutschen Rechts subsumiert, welches eher am Rande erwähnt und thematisiert wird[529].

Die Europäischen Gemeinschaften besitzen heute an einigen Stellen die Kompetenz zur Regelung arbeitsrechtlicher Fragen. So leitet sich aus Artikel 39 EGV (Artikel 48 EGV a. F.) die Zuständigkeit zur Gewährleistung einer Arbeitnehmerfreizügigkeit her. Artikel 141 EGV (Artikel 119 EGV a. F.) stellt eine Kompetenz für den Sachbereich der Förderung einer Lohngleichheit für Männer und Frauen dar. Im Jahre 1992 wurden die arbeitsrechtlichen Kompetenzen erheblich erweitert, indem in den Unionsvertrag ein Sozialabkommen beigefügt wurde. Hiernach war nun der Erlass verschiedener arbeitsrechtlicher Regelungen möglich, wie etwa zum Schutz der Arbeitnehmer bei Beendigung des Arbeitsvertrages[530].

---

[526] Oppermann, Europarecht , Rn. 511; Müller-Volbehr, Europa und das Arbeitsrecht der Kirchen, S. 32; Jetzlsperger, Die politische Meinung 380 (2001), 31, 32 f.; Müller-Graff in Europahandbuch, 374, 379 f.

[527] Hakenberg, Europäisches Gemeinschaftsrecht, S. 25; BVerfGE 89, 155, 192; Nicolaysen in Europahandbuch, 348, 349 f.

[528] Scholz, DÖV 2000, 417, 418 f.; Jetzlsperger, Die politische Meinung 380 (2001), 31, 32 f.; Schweitzer/Hummer, Europarecht, Rn. 335; Müller-Graff in Europahandbuch, 374, 377 ff.

[529] Krebber in Calliess/Ruffert, Artikel 136 EGV, Rn. 1.

[530] Krebber in Calliess/Ruffert, Artikel 136 EGV, Rn. 3; Müller-Volbehr, Europa und das Arbeitsrecht der Kirchen, S. 32 f.

Bis zur Aufnahme des Sozialabkommens beschränkten sich die ausdrücklichen arbeitsrechtlichen Regelungen im EGV auf die Artikel 48 und 119 EGV a. F. (Artikel 39, 141 EGV n. F.). Dass dieser enge Bereich arbeitsrechtlicher Rechtssetzungsbefugnis bald nicht mehr genügen sollte, zeigt der Erlass der Richtlinie 76/207/EWG, die auf Artikel 235 EGV a. F. (Artikel 308 EGV n. F.) gestützt wurde. Damit verließ der Rat den Rahmen der Artikel 119 und 48 EGV zum ersten Mal deutlich[531].

Im Mittelpunkt des EGV steht die Tätigkeit der Gemeinschaft, die auf einen in jedem Sinne freien Wettbewerb und einen funktionierenden Markt innerhalb der ihr zugehörigen Mitgliedstaaten gerichtet ist, Artikel 3 g) und h) EGV a. F. (Artikel 3 g) und h) EGV n. F.). Das zielt nicht auf eine Harmonisierung von Arbeitsbedingungen ab[532]. Jedoch wurde durch Artikel 18 der Einheitlichen Europäischen Akte der Artikel 100 a EGV a. F. (Artikel 95 EGV n. F.) eingefügt, der nunmehr keinen Zweifel daran lässt, dass auch arbeitsrechtliche Regelungen betroffen sein können[533]. Dementsprechend erfolgten auf der Grundlage der Artikel 100 und 100 a EGV a. F. (Artikel 94 und 95 EGV n. F.) einige arbeitsrechtliche Regelungen, die aber – gemäß ihrer Grundkonzeption – auf ein Funktionieren und eine Harmonisierung des gemeinsamen Marktes gerichtet waren[534]. Wenngleich die Idee einer eigenständigen europäische Sozialpolitik bereits bei Inkrafttreten des EGV vorhanden war, sollte sich diese erst später wirksam im EGV kristallisieren[535].

Das Handicap bei dieser Normsetzungsgrundlage ist, dass nicht die Verfolgung eigener sozialpolitischer Zielsetzungen im Vordergrund steht, sondern nur die Angleichung auseinandergehender Regelungen zwecks einer gleichmäßigen Belastung innerhalb des Binnenmarktes möglich ist[536]. Regelungen im sozialpolitischen Bereich wurden erst möglich durch die Einführung der Artikel 117 ff. EGV a. F. (Artikel 136 ff. EGV n. F.). Die Rechtssetzungsbefugnisse, die daraus

[531] Buchner, ZfA 1993, 279, 287.
[532] Buchner, ZfA 1993, 279, 288.
[533] Artikel 18 der EEA, Abl. L 169 vom 29.06.1987, S. 8; Langeheine in Grabitz, Artikel 100 a EGV (a. F.), Rn. 1 und 31; Avenarius, Rechtsordnung, S. 72.
[534] Langeheine in Grabitz, Artikel 100 EGV (a. F.), Rn. 10 ff.; Buchner, ZfA 1993, 279, 288 f.: Richtlinie 75/120/EWG zur Angleichung der Rechtsvorschriften der Mitgliedstaaten über Massenentlassungen; Richtlinie 77/187/EWG zur Angleichung der Rechtsvorschriften der Mitgliedstaaten über die Wahrung von Ansprüchen der Arbeitnehmer bei Übergang von Unternehmen, Betrieben und Betriebsteilen; Richtlinie 80/987/EWG zur Angleichung der Rechtsvorschriften der Mitgliedstaaten über den Schutz der Arbeitnehmer bei Zahlungsunfähigkeit des Arbeitgebers; Richtlinie 80/1107/EWG zum Schutz der Arbeitnehmer vor Gefährdung durch chemische, physikalische oder biologische Arbeitsstoffe bei der Arbeit; Richtlinie 89/392/EWG zur Angleichung der Rechtsvorschriften der Mitgliedstaaten für Maschinen.
[535] Langenfeld/Jansen in Grabitz, vor Artikel 117 EGV (a. F.), Rn. 2.
[536] Krebber in Calliess/Ruffert, Artikel 136 EGV, Rn. 22; Buchner, ZfA 1993, 279, 289.

folgern, waren dagegen marginal; vielmehr enthielten die Vorschriften meist nur allgemeine Grundsätze. Allerdings stellte Artikel 118 EGV a. F. (Artikel 137 EGV n. F.)[537] klar, dass es nicht mehr allein um wettbewerbsrechtliche Fragen des gemeinsamen Marktes, sondern vielmehr um Schutzbestimmungen zugunsten der Arbeitnehmer geht.

Schließlich führte erst der Vertrag von Amsterdam zu derjenigen Ausweitung von sozialpolitischen Vorschriften, die gemäß der aktuellen Fassung gelten. Mit den Artikeln 137 Absatz 2 und 3, 139 Absatz 2, 141 Absatz 3 EGV n. F. existieren in diesem Bereich zum ersten Mal umfangreiche Ermächtigungsgrundlagen, die aber zum Teil nur die Statuierung von Mindestvorschriften vorsehen[538]. Dennoch bleibt auch der Bereich der Sozialpolitik im Vertrag von Amsterdam vom Grundsatz der Wettbewerbspolitik geprägt[539]. Festzuhalten bleibt, dass der EGV in der Amsterdamer Fassung einige Möglichkeiten zum Erlass von Regelungen auf dem Feld des Arbeitsrechts vorsieht.

II. Richtlinie 2000/78/EG als Antidiskriminierungsrichtlinie

Neben den dargestellten Kompetenznormen des Amsterdamer Vertrages, die sich ausdrücklich mit dem Arbeitsrecht befassen, existieren noch andere Vorschriften, die durch die Statuierung grundsätzlicher Ziele Regelungen im Bereich des Arbeitsrechts zulassen. So stehen im ersten Teil des EGV, der mit „Grundsätze" überschrieben ist, Normen, die – ähnlich einem allgemeinen Teil – auf den gesamten folgenden Inhalt Anwendung finden[540]. Dieser Teil erstreckt sich von Artikel 1 bis Artikel 16 EGV. Der Nachweis, dass der EGV grundsätzlich auch arbeitsrechtliche Regelungen auf europäischer Ebene erlaubt, ist essentiell für ein weiteres Vorgehen. Denn nur wenn diese möglich sind, kann überhaupt eine allgemeine Befugnis aus dem ersten Teil greifen. Die Regelungsbereiche der unterschiedlichen Kompetenzvorschriften sind im EGV allerdings nicht trennscharf voneinander abzugrenzen.

Die Richtlinie 2000/78/EG betrifft in erster Linie nicht spezifisch arbeitsrechtliche Fragen. Die Richtlinie ist nur Teil eines Maßnahmenbündels, das in weiten Teilen der Gemeinschaft die Diskriminierung aufgrund der in Artikel 13 EGV

---

[537] Eingefügt durch die Einheitliche Europäische Akte von 1987; Langenfeld/Jansen in Grabitz, vor Artikel 117 EGV (a. F.), Rn. 4; dazu auch: Müller-Graff in Europahandbuch, 374, 385; Däubler in Europahandbuch, 477, 478 ff.; Avenarius, Rechtsordnung, S. 72.

[538] Krebber in Calliess/Ruffert, Artikel 136 EGV, Rn. 5; vgl. zur vorherigen Fassung: Langenfeld/Jansen, vor Artikel 117 EGV (a. F.), Rn. 1-16, insbesondere 15 f.; Reichold, NZA 2001, 1054, 1058; Kerwer in Europa als Union des Rechts, 118, 120 f.; zur früheren rechtlichen Situation vgl.: Preis in Europäische Integration als Herausforderung, 140, 140 ff.

[539] Krebber in Calliess/Ruffert, Artikel 136 EGV, Rn. 6.

[540] Lenz in Lenz, Artikel 13 EGV, Rn. 13.

genannten Merkmale bekämpfen will[541]. Es steht also eine allgemeine Bekämpfung des Phänomens „Diskriminierung" im Vordergrund. Das zeigt sich auch an der Wahl der Rechtsgrundlage. Dem Erlass der Richtlinie 2000/78/EG liegt gemäß den Materialien zur Entstehung nämlich maßgeblich Artikel 13 EGV zugrunde[542]. Außerdem wird an vielen Stellen die allgemeine Bedeutung einer Bekämpfung von jeglichen Diskriminierungsformen für eine soziale Stabilität betont, was wiederum Voraussetzung für einen freien Binnenmarkt sei[543]. Arbeitsrechtliche Regelungskompetenzen dienen folglich nur der Anknüpfung.

1. Über die Idee der Gleichheit

Die Idee einer Gleichheit aller Menschen, die als Grundgedanke jedem Diskriminierungsschutz innewohnt, zählt zu den ältesten überlieferten Ideen. Sie hat ihre Wurzeln in der antiken griechischen Philosophie[544]. Der Gedanke setzte sich dann schließlich in der Spätantike mit der christlichen Vorstellung der Gleichheit aller Menschen vor Gott fort[545], wenngleich sich der starke religiöse Bezug dieser Ideen nicht ohne Weiteres auf die soziale und politische Wirklichkeit übertragen ließen. Erst die Französische Revolution bringt die Forderung nach politischer und sozialökonomischer Gleichheit aller Menschen in dieser Deutlichkeit zum Ausdruck[546]. Eine Gleichheit vor dem Gesetz findet sich letzt-

---

[541] Zu den drei Teilen zählen: Richtlinie 2000/78/EG vom 27.11.2000 (Anhang I), Abl. L 303/16 vom 02.12.2000; Richtlinie 2000/43/EG vom 29.06.2000 (Anhang IV), Abl. L 180/22 vom 19.07.2000; Beschluss des Rates über ein Aktionsprogramm vom 27.11.2000 (Anhang V), Abl. L 303/23 vom 02.12.2000.

[542] Einleitung zur Richtlinie 2000/78/EG vom 27.11.2000 (Anhang I), Abl. L 303/16 vom 02.12.2000, S. 16; Erwägung 1.2 der Stellungnahme des Wirtschafts- und Sozialausschusses vom 25.05.2000 (Anhang III), Abl. C 204/82 vom 18.07.2000, S. 82; Erwägung 1.4 der Stellungnahme des Ausschusses der Regionen vom 12.04.2000, Abl. C 226/1 vom 08.08.2000, S. 3; vgl. auch: Trautwein, JA 1999, 107, 108; Cirkel, NJW 1998, 3332, 3333; Däubler in Europahandbuch, 477, 481 f.

[543] Vgl. nur: Erwägungen 4, 6, 8, 9 und 11 der Richtlinie 2000/78/EG vom 27.11.2000 (Anhang I), Abl. L 303/16 vom 02.12.2000, S. 16 f.; Erwägung 2.6 der Stellungnahme des Wirtschafts- und Sozialausschusses vom 25.05.2000 (Anhang III), Abl. C 204/82 vom 18.07.2000, S. 84; ILGA, Sexuelle Orientierung, S. 11 f.

[544] Heun in Dreier, Artikel 3 GG, Rn. 2; Parallel dazu existieren Theorien, die die Akzeptanz der Gleichheit aus der Disziplin erklären und das Wesen der Gesellschaft in einem Kampf der Menschen um ein Mehr gegenüber den anderen sehen, vgl.: Sofsky, Traktat über die Gewalt, S. 7 ff. und insbesondere S. 17.

[545] Bibel, Matthäus Kapitel 20, Vers 8 ff.: „Da es nun Abend ward, sprach der Herr des Weinbergs zu seinem Verwalter: Rufe die Arbeiter und gib ihnen den Lohn und heb an bei den letzten bis zu den ersten." Nachdem aber die Arbeiter damit nicht einverstanden sind, heißt es weiter: „Ich will aber diesem letzten geben gleich wie dir."; Bibel, Lukas Kapitel 7, Vers 6 ff.: (Hauptmann) „Ach Herr, bemühe dich nicht; ich bin nicht wert, dass Du unter mein Dach gehest; darum habe ich auch mich selbst nicht würdig geachtet, dass ich zu dir käme (...)." Trotzdem heilte Jesus den Knecht.; Bibel, Galater, Kapitel 3, Vers 26 ff.: „Denn durch den Glauben an Jesus Christus seid ihr nun alle zu Kindern Gottes geworden. Ihr gehört zu Christus, weil ihr auf seinen Namen getauft seid. Jetzt ist es nicht mehr wichtig, ob ihr Juden oder Griechen, Sklaven oder Freie, Männer oder Frauen seid: in Christus seid ihr alle eins."

[546] Heun in Dreier, Artikel 3 GG, Rn. 4.

lich in allen Verfassungen der EG-Mitgliedstaaten. Auch international existieren entsprechende Prinzipien, etwa Artikel 14 EMRK und Artikel 26 des Internationalen Paktes der Vereinten Nationen. Auf europäischer Ebene begann ein umfassender Diskriminierungsschutz mit der „Gemeinschaftscharta der sozialen Grundrechte der Arbeitnehmer", die von allen Mitgliedern mit Ausnahme des Vereinigten Königreiches im Jahre 1989 angenommenen wurde[547]. Dort wird in der Präambel die Bedeutung der Bekämpfung von Diskriminierungen unterstrichen. Jedoch enthielt die Charta keinerlei rechtliche Grundlage zur Bekämpfung von Diskriminierungen auf europäischer Ebene. Beschränkte Kompetenzen entstanden erst im Weiteren durch die Annahme des Protokolls und des Abkommens über die Sozialpolitik[548].

2. Grundlagen im EGV

Auch im EGV zeigt sich die besondere Bedeutung einer möglichst weitgehenden Gleichheit aller Menschen. Diskriminierungen aufgrund des Geschlechts verbietet Artikel 141 EGV. Artikel 12 EGV enthält ein Verbot der Diskriminierung aus Gründen der Staatsangehörigkeit. Artikel 13 EGV schließlich verpönt eine Ungleichbehandlung wegen des Geschlechts, der Rasse, der ethnischen Herkunft, der Religion oder der Weltanschauung, einer Behinderung, des Alters oder der sexuellen Ausrichtung. Dieser Artikel wurde im Rahmen der Vorbereitung des Vertrages von Amsterdam erarbeitet und sollte ein Mittel zur Bekämpfung sozialer Ausgrenzung darstellen[549]. Sein Anwendungsfeld ist weit formuliert. Außerdem befindet sich der Standort des Artikels im Bereich grundsätzlicher Vorschriften des Vertrages. Demnach gehen spezielle Antidiskriminierungsregelungen, wie etwa Artikel 141 EGV, diesem vor[550].

Artikel 13 EGV ermächtigt den Rat, nach Anhörung des Europäischen Parlaments, einstimmig geeignete Vorkehrungen zu treffen, um die dort beschriebenen Zustände zu bekämpfen. Demnach ist seine direkte Anwendung zu verneinen. Im Gegensatz zu Artikel 141 EGV fordert Artikel 13 EGV nämlich ein Tätigwerden des Rates[551]. Artikel 13 EGV gewährleistet damit nicht schon selbst einen Diskriminierungsschutz betreffend der Rechtsverhältnisse in den Mitgliedstaaten.

---

[547] ILGA, Sexuelle Orientierung, S. 10.

[548] ILGA, Sexuelle Orientierung, S. 10: Eine Ausnahmestellung nimmt dabei das Vereinigte Königreich ein.

[549] Epiney in Calliess/Ruffert, Artikel 13 EGV, Rn. 1; Lenz in Lenz, Artikel 13 EGV, Rn. 4; zur Entstehungsgeschichte siehe auch: ILGA, Sexuelle Orientierung, S. 17ff.

[550] Lenz in Lenz, Artikel 13 EGV, Rn. 9 f.

[551] Epiney in Calliess/Ruffert, Artikel 13 EGV, Rn. 2; Lenz in Lenz, Artikel 13 EGV, Rn. 11 und 14; Hailbronner, ZAR 2001, 254, 256.

III. Voraussetzungen einer Kompetenz für RL 2000/78/EG

Fraglich ist, ob für den Erlass der Richtlinie 2000/78/EG die Voraussetzungen des Artikel 13 EGV eingehalten worden sind.

1. Zulässiges Mittel und Verfahrensgrundsätze

Artikel 13 EGV befugt den Rat dazu, *geeignete Vorkehrungen* zu treffen. Was damit gemeint sein kann, muss zunächst geklärt werden.

a. Zulässige Mittel des Rates

Als Mittel stehen dem Rat die in Artikel 249 EGV aufgeführten Instrumente zur Verfügung. Daneben können auch Programme und konkrete Verbote erlassen werden[552]. Somit steht dem Rat ein umfangreiches Instrumentarium zur Verfügung, das auch eine Verpflichtung von Privatpersonen umfassen kann[553]. Will der Rat eine direkt wirkende Maßnahme treffen, muss er sich der Verordnung gemäß Artikel 249 Absatz 2 EGV bedienen. Eine Richtlinie dagegen bedarf der Umsetzung und trifft keine unmittelbar verpflichtende Wirkung zum Nachteil von Privatrechtssubjekten.

Der Rat hat vorliegend eine Richtlinie erlassen. Er hat sich damit eines Mittels bedient, das in Artikel 249 Absatz 3 EGV vorgesehen ist. Das Mittel an sich ist also zulässig.

b. Erforderliches Verfahren

Artikel 13 EGV ist somit eine Ermächtigungsvorschrift. Vorgeschrieben wird die Initiative der Kommission und eine Anhörung des Europäischen Parlaments. Andere Verpflichtungen des Rates bestehen nicht; seine Tätigkeit ist in sein freies Ermessen gestellt[554]. Die Mitwirkungsrechte des Europäischen Parlaments sind hier nur schwach ausgestaltet und selbst zu dem obligatorischen Vorschlag der Kommission kann der Rat auffordern, Artikel 208 EGV.

Die Richtlinie 2000/78/EG wurde auf den Vorschlag der Kommission gestützt[555]. Das Europäische Parlament hat bezüglich des Richtlinienvorschlags eine Stellungnahme abgegeben[556]. Eine Anhörung hat demnach auch stattgefun-

---

552 Lenz in Lenz, Artikel 13 EGV, Rn. 19; vgl. auch: Hakenberg, Europäisches Gemeinschaftsrecht, S. 62 ff.

553 Lenz in Lenz, Artikel 13 EGV, Rn. 20.

554 Epiney in Calliess/Ruffert, Artikel 13 EGV, Rn. 6; Lenz in Lenz, Artikel 13 EGV, Rn. 24.

555 Vgl.: Einleitung der Richtlinie 2000/78/EG vom 27.11.2000 (Anhang I), Abl. L 303/16 vom 02.12.2000, S. 42, wo auf den Vorschlag der Kommission für eine Richtlinie vom 06.01.2000, Abl. C 177 E/42 vom 27.06.2000 verwiesen wird.

556 Einleitung der Richtlinie 2000/78/EG vom 27.11.2000 (Anhang I), Abl. L 303/16 vom 02.12.2000, S. 42: Die Stellungnahme des Europäischen Parlaments erfolgte am 12.10.2000.

den. Insoweit sind die verfahrensrechtlichen Voraussetzungen des Artikel 13 EGV erfüllt.

Zudem musste der Rat einstimmig entscheiden. Ein Überstimmen ist nicht möglich. Aufgrund der umfangreichen sachlichen Regelungskompetenz des Artikel 13 EGV ist dieses Verfahren sinnvoll, da sensible Bereiche der Mitgliedstaaten von erlassenen Regelungen betroffen sein können[557]. Aufgrund dieses Einstimmigkeitserfordernisses wurde der Bestimmung zunächst keine große praktische Bedeutung beigemessen[558].

Bezüglich des Mittels und der Verfahrensvorschriften ist die Richtlinie 2000/78/EG demnach ordnungsgemäß.

2. Grenzen einer Ermächtigung

Fraglich ist, ob der Richtlinienerlass sich auch in den sachlichen Grenzen der Ermächtigungsvorschrift bewegt.

a. Grenze des Sachgebiets

Artikel 13 EGV knüpft schon gemäß seiner Formulierung an eine bestehende Zuständigkeit an. Somit ist der Rat sachlich nur in dem Umfang zum Erlass von Diskriminierungsregelungen befugt, wie allgemeine oder besondere sonstige Zuständigkeiten reichen. Diese Klausel muss so verstanden werden, dass grundsätzlich nur der Anwendungsbereich des Vertrages eröffnet sein muss. Dafür spricht schon der Sinn und Zweck des Artikels 13 EGV, dessen Ziel die Bekämpfung bestimmter Erscheinungsformen der Diskriminierung ist[559]. Dagegen ist das tatsächliche Greifen einer Zuständigkeitsnorm nicht Voraussetzung, da ansonsten die Ermächtigungsnorm des Artikel 13 EGV leer laufen würde[560]. Das Ziel der Bekämpfung von Diskriminierungen ließe sich gerade nicht besser verwirklichen, wenn man in Artikel 13 EGV nur eine legislatorische Zuständig-

---

[557] Epiney in Calliess/Ruffert, Artikel 13 EGV, Rn. 3; Lenz in Lenz, Artikel 13 EGV, Rn. 23; kritisch dazu: ILGA, Sexuelle Orientierung, S. 19 f.

[558] Jochum, ZRP, 1999, 276, 281; Lecheler, JuS 1998, 392, 396; vgl. auch: Schmidt/Senne, RdA 2002, 80, 81.

[559] Erwägung 1.2 der Stellungnahme des Wirtschafts- und Sozialausschusses vom 25.05.2000 (Anhang III), Abl. C 204/82 vom 18.07.2000, S. 82; Lenz in Lenz, Artikel 13 EGV, Rn. 5 ff.; Hailbronner, ZAR 2001, 254, 255; Jochum, ZRP 1999, 279, 279 f.; Waas, ZIP 2000, 2151, 2152; Vorschlag für eine Richtlinie zur Änderung der Richtlinie 76/207/EWG vom 07.06.2000, KOM(2000)334 endgültig (2000/0142 (COD), Nr. 9, S. 4; ILGA, Sexuelle Orientierung, S. 18; Schmidt/Senne, RdA 2002, 80, 81.

[560] Lenz in Lenz, Artikel 13 EGV, Rn. 8 und 24; Epiney in Calliess/Ruffert, Artikel 13 EGV, Rn. 5; kritisch dazu: BDA, Euro-Info Nr. 3, 07.05.1999, S. 2; a.A.: DAV, Stellungnahme (zum Diskussionsentwurf eines Gesetzes zur Verhinderung von Diskriminierung im Zivilrecht) vom 13.02.2002, S. 3.

keitszuweisung an den Rat sähe[561]. Ganz im Gegenteil enthielte Artikel 13 EGV sogar erhebliche Erschwerungen, wenn er nur an bestehende Zuständigkeiten anknüpfen würde, da er strenge Voraussetzungen aufstellt. Das Einstimmigkeitserfordernis würde dann keinen rechten Sinn machen. Schließlich ergibt ein Wortlautvergleich mit den Artikeln 308 und 12 EGV, dass aus Artikel 13 EGV eine eigene Kompetenz folgen muss.

Würde man der Ansicht, die in Artikel 13 EGV bloß eine legislatorische Zuständigkeitszuweisung sieht, jedoch folgen, so wäre es in der Argumentation zumindest widersprüchlich, wenn man dann die Auffangkompetenz des Artikel 308 EGV gesperrt sehen würde[562]. Artikel 13 EGV muss demnach auch eigene Kompetenzen enthalten, die lediglich an die sachliche Anwendbarkeit und Eröffnung des EGV geknüpft sind. Demzufolge stellt Artikel 13 EGV eine eigenständige Rechtsgrundlage dar. Eine sich daraus ergebende Kompetenz ist möglich.

Die Kompetenznorm des Artikel 13 EGV knüpft nur unspezifisch und irgendwie an eine bereits bestehende Zuständigkeit der Gemeinschaft an. Damit trägt sie teilweise den Charakter einer Öffnungsklausel, da das betreffende Sachgebiet kaum letztverbindlich eingegrenzt werden kann. In solchen Fällen muss bei einer Prüfung berücksichtigt werden, dass ein Kompetenzkatalog zwar die Gefahr eines starren, einengenden Korsetts in sich birgt, Öffnungsklauseln aber zu einer schleichenden Vergemeinschaftung immer neuer Sachgebiete führen können[563]. Zwischen beiden Positionen muss sinnvoll abgewogen und ein Ausgleich gefunden werden.

aa. Europäisches Individualarbeitsrecht

Das Europäische Individualarbeitsrecht ist im EGV verhältnismäßig umfassend geregelt. So ist die Anwendung des EGV eröffnet in den Fällen der Freizügigkeit der Arbeitnehmer, bei der Verwirklichung des Gleichbehandlungsgrundsatzes von Männern und Frauen, beim technischen Arbeitsschutz und beim sozialen Arbeitsschutz[564]. Artikel 136 EGV enthält dabei als allgemeine Norm Zielvorgaben, die durch die Kompetenznormen der Artikel 137 bis 139, 40, 42, 141

---

[561] Schmidt/Senne, RdA 2002, 80, 81; anders: DAV, Stellungnahme (zum Diskussionsentwurf eines Gesetzes zur Verhinderung von Diskriminierung im Zivilrecht) vom 13.02.2002, S. 3 f.; Vorschlag für eine Richtlinie zur Änderung der Richtlinie 76/207/EWG vom 07.06.2000, KOM(2000)334 endgültig (2000/0142 (COD), Nr. 9, S. 4.

[562] So aber: DAV, Stellungnahme (zum Diskussionsentwurf eines Gesetzes zur Verhinderung von Diskriminierung im Zivilrecht) vom 13.02.2002, S. 4.

[563] Emmert, Europarecht, § 16; Rn. 7 und 13; Diese Gefahr liegt wohl auch der Kritik des DAV, Stellungnahme (zum Diskussionsentwurf eines Gesetzes zur Verhinderung von Diskriminierung im Zivilrecht) vom 13.02.2002, S. 3 f., zugrunde.

[564] Krimphove, Europäisches Arbeitsrecht, Rn. 158; ILGA, Sexuelle Orientierung, S. 14 f.

Absatz 3 EGV wirksam ausgestaltet werden. Demnach reichen europäische Regelungen und Vorschriften in weiten Teilen in die private Arbeitsvertragsgestaltung der Parteien hinein[565]: Bisherige Regelungen betreffen etwa den Schutz personenbezogener Arbeitnehmerdaten, vertragliche Gestaltung des Arbeitsvertrages, Regelung der Arbeitszeit und Arbeitsvergütung und teilweise kündigungsschutzrechtliche Vorschriften.

Dabei wurde durch den EuGH auch geklärt, dass nationale arbeitsrechtliche Regelungen dem Europäischen Recht zu weichen haben. Der Streit zwischen der „Zwei-Schranken-Theorie" und dem „Vorrangprinzip" ist zugunsten des Vorrangprinzips entschieden worden[566]. Das bedeutet, nationale Vorschriften sind im Kollisionsfalle nicht anwendbar, und der nationale Gesetzgeber hat sich am bestehenden europäischen Arbeits- und Sozialrecht auszurichten.

Bezüglich des Individualarbeitsrechts ist eine prinzipielle Öffnung des EGV folglich zu bejahen.

bb. Europäisches Kollektivarbeitsrecht

Fraglich ist, ob der EGV auch Vorschriften enthält, die seine Anwendbarkeit auf das kollektive Arbeitsrecht ermöglichen. Die Richtlinie 2000/78/EG enthält nämlich beispielsweise in Artikel 3 Absatz 1 d) eine Formulierung, die ihre Geltung auf die Mitgliedschaft und Mitwirkung in einer Arbeitnehmer- oder Arbeitgeberorganisation oder einer Organisation, deren Mitglieder einer bestimmten Berufsgruppe angehören, ausdehnt. Das kollektive Arbeitsrecht behandelt seinerseits das Recht der Interessengegensätze zwischen Arbeitgeber- und Arbeitnehmerschaft, also das Koalitions-, Tarifvertrags-, Arbeitskampf-, Betriebsverfassungs - und Mitbestimmungsrecht[567]. Demnach könnte man in der Richtlinie 2000/78/EG eine partielle Bezugnahme auf das kollektive Arbeitsrecht feststellen, denn gerade die *Mitgliedschaft und die Mitwirkung* in der Organisation beeinflussen die Wirkung und Arbeitsweise der Organisation und tragen so einen kollektiven Bezug.

Im Gegensatz zum europäischen Individualarbeitsrecht findet sich keine derart *umfassende Normstruktur* für den Bereich des kollektiven Arbeitsrechts, die eine Anwendbarkeit des EGV ohne Weiteres zulässt. Gleichwohl existieren Normen

---

565 Hailbronner, ZAR 2001, 254, 256; Krebber in Calliess/Ruffert, Artikel 136 EGV, Rn. 19 und Artikel 137 EGV, Rn. 4; Buchner, RdA 1993, 193, 195 ff.; Krimphove, Europäisches Arbeitsrecht, Rn. 428-584; Weiss in FS Gnade, 583, 588 f.; Kerwer in Europa als Union des Rechts, 118, 120 ff.

566 EuGH – Costa/ENEL, Urteil vom 15.07.1964, Slg. 1964, S. 1251; EuGH – Walt Wilhelm/Bundeskartellamt, Urteil vom 13.02.1969, Slg. 1969, S. 1; Krimphove, Europäisches Arbeitsrecht, Rn. 133.

567 Krimphove, Europäisches Arbeitsrecht, Rn. 585 f.; Dütz, Arbeitsrecht, Rn. 4; Gitter/Michalski, Arbeitsrecht, S. 3; Richardi in Münchener Handbuch Arbeitsrecht Band III, § 240, Rn. 1.

auf dem Gebiet des europäischen Kollektivarbeitsrechts. So thematisiert und gewährt die Gemeinschaftscharta der sozialen Grundrechte von 1989 Koalitionsfreiheit, Tarifverträge, ein Streikrecht, Vermittlungs-, Schlichtungs- und Schiedsverfahren[568]. Allerdings besitzt diese Gemeinschaftscharta keine verbindliche Rechtsqualität; die meisten Regelungen stehen außerdem unter dem Vorbehalt nationaler Vorschriften[569].

Dennoch darf nicht übersehen werden, dass der EGV seit der Amsterdamer Fassung Kompetenzen zur Einflussnahme und Regelung des kollektiven Arbeitsrechts enthält. Artikel 136 EGV enthält ein Grundsatzprogramm der europäischen Sozialvorschriften, das in seiner Allgemeinheit nicht nur dem Individualarbeitsrecht zugerechnet werden kann, sondern auch Bezüge zum kollektiven Arbeitsrecht beinhaltet. Artikel 137 Absatz 6 EGV nimmt zwar das Koalitions-, das Streik- und das Aussperrungsrecht vom Geltungsbereich der dortigen Kompetenzen aus, Absatz 3 3.Fall weist dem Rat hingegen ausdrücklich Kompetenzen zu, wenn es um die Vertretung und kollektive Wahrnehmung der Arbeitnehmer- und Arbeitgeberinteressen geht (und Absatz 6 nicht greift). Es verbleibt aber eine Regelungsmöglichkeit mit kollektivem Bezug hinsichtlich betrieblicher Mitbestimmung und Mitbestimmung in Unternehmensorganen[570]. In diesem Bereich kann der Rat gemäß Artikel 137 Absatz 2 und 3 EGV Mindestvorschriften erlassen. Diese Mindestvorschriften lassen - mit Einschränkung - zu, ein sozialstaatliches Rahmenrecht auch im kollektiven Bereich vorzuschreiben[571]. Schließlich eröffnen auch die Artikel 138, 139 und 140 EGV Maßnahmen auf dem Gebiet des kollektiven Arbeitsrechts[572].

Wenn also die Richtlinie 2000/78/EG etwa in Artikel 3 Absatz 1 d) die Mitgliedschaft und Mitwirkung in Organisationen unter einen Diskriminierungsschutz stellt, so behandelt sie damit nur mittelbar die Aufgaben und Arbeit der Organisationen als Teil des kollektiven Gefüges. Im Zentrum steht dabei ein sozialer Schutzrahmen der betroffenen Arbeitgeber und Arbeitnehmer. Für solcherlei Schutzmaßnahmen sieht der EGV aber eine ausreichende Öffnung auch für das kollektive Arbeitsrecht vor. Im Übrigen ist darauf hinzuweisen, dass die Zuständigkeit und grundsätzliche Eröffnung des EGV gemäß der Artikel 136 ff. EGV, an die Artikel 13 EGV anknüpft, in den Materialien zur Richtlinie ange-

---

[568] Krimphove, Europäisches Arbeitsrecht, Rn. 592.

[569] Langenfeld/Jansen in Grabitz, Artikel 118 EGV (a. F.), Rn. 47; Krimphove, Europäisches Arbeitsrecht, Rn. 593.

[570] Krebber in Calliess/Ruffert, Artikel 137 EGV, Rn. 14; Buchner, RdA 1993, 193, 197; so auch: Reichold, NZA 2001, 1054, 1058.

[571] Müller-Volbehr, Europa und das Arbeitsrecht der Kirchen, S. 124; Reichold, NZA 2001, 1054, 1058.

[572] Langenfeld/Jansen in Grabitz, vor Artikel 117 EGV (a. F.), Rn. 4; Krebber in Calliess/Ruffert, Artikel 138 EGV, Rn. 13 und Artikel 139 EGV, Rn. 1.

führt werden[573]. Auch für den Bereich des kollektiven Arbeitsrechts existieren daher europäische Kompetenznormen, an die Artikel 13 EGV anknüpfen kann.

cc. Ergebnis zu a.

Sowohl hinsichtlich der individuellen als auch der kollektiven arbeitsrechtlichen Bezüge enthält der EGV hinreichende Zuständigkeiten der Gemeinschaft, an die Artikel 13 EGV sachlich anknüpfen kann. Die Darlegungen zeigen außerdem, dass es für die Betrachtung der Richtlinie 2000/78/EG dahinstehen kann, ob aus Artikel 13 EGV eine eigene Kompetenz zum Richtlinienerlass folgt. Selbst die enge Ansicht, die den Artikel 13 EGV nur an eine bestehende Gemeinschaftskompetenz anknüpfen lässt, könnte nicht verneinen, dass die Gemeinschaften im Bereich der Arbeitsbedingungen Maßnahmen gegen Diskriminierungen am Arbeitsplatz erlassen darf[574].

b. Subsidiaritätsprinzip und Verhältnismäßigkeitsgrundsatz

Ferner ist der Rat auch und gerade in den Fällen des Artikel 13 EGV an die allgemeinen gemeinschaftsrechtlichen Grundsätze der Subsidiarität und Verhältnismäßigkeit gemäß Artikel 5 Absatz 2 und 3 EGV gebunden[575]. Übertragen auf die Kompetenzen aus Artikel 13 EGV bedeutet Subsidiarität: Der Rat darf nur dann Antidiskriminierungsmaßnahmen ergreifen, wenn die Ziele auf der Ebene der Mitgliedstaaten nicht ausreichend erreicht werden können und daher wegen ihres Umfanges oder ihrer Wirkung besser auf Gemeinschaftsebene erreicht werden können, Artikel 5 Absatz 2 EGV.

Eine *intensive ausdrückliche Auseinandersetzung* mit dieser Voraussetzung, lässt die Richtlinie 2000/78/EG vermissen. Sie beschränkt sich vielmehr darauf, in ihren Erwägungen formelhaft den Wortlaut und die Voraussetzungen des Artikel 5 Absatz 2 und 3 EGV als gegeben darzustellen[576]. Die Begründung einer Zuständigkeit ist diesbezüglich formal und formelhaft. Insofern stellen sich zwei Fragen.

Zum einen muss geklärt werden, ob die Voraussetzungen des Artikel 5 Absatz 2 und 3 EGV tatsächlich vorliegen und den Rat zu einer Richtlinie ermächtigen.

---

[573] Dazu sogleich: Abschnitt b. bb.

[574] Jochum, ZRP 1999, 279, 280.

[575] BDA, Euro-Info Nr. 3, 07.05.1999, S. 2; Bauer, NJW 2001, 2672, 2672 f.; Lenz in Lenz, Artikel 13 EGV, Rn. 27; Emmert, Europarecht, § 16, Rn. 22 ff.; anders: Roetteken, PersR 2002, 12, 12.

[576] Erwägung 37 der Richtlinie 2000/78/EG vom 27.11.2000 (Anhang I), Abl. L 303/16 vom 02.12.2000, S. 18; vgl. auch Erwägung 22 des Vorschlags für eine Richtlinie vom 06.01.2000, Abl. C 177 E/42 vom 27.06.2000, S. 43; kritisch zu dieser Formulierung: Bauer, NJW 2001, 2672, 2672 f.; zum gleichen Problem im Falle der Richtlinie 2000/43/EG ebenso: DAV, Stellungnahme (zum Diskussionsentwurf eines Gesetzes zur Verhinderung von Diskriminierung im Zivilrecht) vom 13.02.2002, S. 6.

Dabei soll der Schwerpunkt auf dem Vorliegen einer Subsidiarität liegen. Danach soll sich mit der Kritik von Teilen der Literatur auseinandergesetzt werden, ob wirklich nur eine bloß formelhafte Auseinandersetzung mit den Grundsätzen der Subsidiarität[577] europäischer Rechtssetzung stattgefunden hat und – bejahendenfalls – wie sich dies auf die Rechtsmäßigkeit der Richtlinie insgesamt auswirkt.

aa. Tatsächliche Beachtung der Prinzipien

Fraglich ist, ob die Grundsätze einer Subsidiarität und Verhältnismäßigkeit gemeinschaftlicher Rechtssetzung beim Erlass der Richtlinie 2000/78/EG beachtet worden sind.

(1.) Subsidiaritätsprinzip

Für alle Rechtshandlungen, die nicht in ausschließlicher Zuständigkeit der Organe der EG vorgenommen werden, gilt der allgemeine Grundsatz der Subsidiarität gemäß Artikel 5 Absatz 2 EGV. Sinn und Zweck dieses Prinzips ist eine Aufgabenzuweisung. Regelungen sollen von der kleineren Einheit wahrgenommen werden, sofern sie dazu in der Lage ist[578]. Der Europäische Gesetzgeber respektiert damit grundsätzlich die Regelungskompetenz der einzelnen Mitgliedstaaten.

Führt man diesen Gedanken weiter, so trifft er letztlich auch eine Aussage zum Verhältnis des nationalen zum europäischen Recht: Dort wo schließlich gemeinschaftsrechtliche Normen gesetzt werden können, müssen diese auch vorrangig gelten[579]. Der hohe Stellenwert des Subsidiaritätsprinzips wird durch das dem EGV angefügte Protokoll über die Grundsätze der Anwendung des Subsidiaritätsprinzips und der Verhältnismäßigkeit betont.

Zunächst muss geprüft werden, ob die anvisierten Ziele auf der Ebene der Mitgliedstaaten nicht ausreichend erreicht werden können, Nr. 5 des Protokolls über die Anwendung der Grundsätze der Subsidiarität und Verhältnismäßigkeit. Das bezieht sich denklogisch nur auf einzelne Mitgliedstaaten oder eine begrenzte Gruppe[580]. Alle Mitgliedstaaten in ihrer Gesamtheit mit einzubeziehen, würde zu keinem sinnvollen Ergebnis führen. Da zumindest die Umsetzung einer Richtli-

---

[577] Bauer, NJW 2001, 2672, 2672 f.; bezüglich der Richtlinie 2000/43/EG: DAV, Stellungnahme (zum Diskussionsentwurf eines Gesetzes zur Verhinderung von Diskriminierung im Zivilrecht) vom 13.02.2002, S. 6; vgl. auch: Müller-Dehn in Europäische Integration, 171, 171 ff.; Calliess in Europäische Integration, 176, 176 f.

[578] ILGA, Sexuelle Orientierung, S. 16; Emmert, Europarecht, § 16, Rn. 27; Krimphove, Europäisches Arbeitsrecht, Rn. 132.

[579] Zur Auseinandersetzung von „Zwei-Schranken-Theorie“ und „Vorrangprinzip“: Krimphove, Europäisches Arbeitsrecht, Rn. 133 f.

[580] Calliess in Calliess/Ruffert, Artikel 5 EGV, Rn. 40; Emmert, Europarecht, § 16, Rn. 28.

nie stets durch nationales Recht erfolgt, käme man – bei Einbeziehung aller Mitgliedstaaten – stets dazu, eine Subsidiarität verneinen zu müssen.

Die Grundsätze der Antidiskriminierungsvorschriften sollen für die Bereiche Beschäftigung und Beruf gemeinschaftsweit gelten. Dabei werden zahlreiche transnationale Aspekte im Richtlinienmaterial genannt, die durch länderübergreifende Unternehmenstätigkeit und grenzüberschreitende Beschäftigung europäischer Arbeitnehmer erreicht werden sollen. Es werden etwa sozialer Schutz, Hebung des Lebensstandards, sozialer Zusammenhalt, Solidarität und Freizügigkeit als transnationale Aspekte angeführt[581]. Einzelne Gruppen von Mitgliedstaaten wären bei einer solchen Umsetzung aber überfordert. Dagegen spricht auch nicht Artikel 15 RL 2000/78/EG, der nur eine partielle Ausnahme für bestimmte problematische Bereiche in Nordirland ermöglicht. Daher genügt eine Regelung in einer Gruppe von Mitgliedstaaten nicht, um die transnationalen Ziele zu verwirklichen.

Im zweiten Schritt muss die Frage gestellt werden, ob die Gemeinschaft die Regelungsziele auch besser erreichen kann[582]. Hierbei sind Effizienzgesichtspunkte zu bedenken, wobei dem handelnden Organ ein gewisser Ermessensspielraum zukommt[583]. Jeder Mitgliedstaat kann nur innerhalb seines nationalen Bereichs Antidiskriminierungsvorschriften für Beschäftigung und Beruf erlassen. Sobald die Landesgrenzen überschritten werden, endet auch die nationale Regelungszuständigkeit. Ein Schutz ist dann nicht mehr möglich. Dabei muss man auch sehen, dass grenzüberschreitende Aktivitäten je nach Lage des Mitgliedstaates verschiedenartig und in unterschiedlichen Kombinationen passieren. Eine Kosten-Nutzen-Abwägung – das zeigen die verschiedenen transnationalen Aspekte, die mit der Richtlinie verwirklicht werden sollen – schlägt zudem in Richtung gemeinschaftsrechtlichen Handelns aus. Es geht im Kern um die Verbesserung sozialer Gesichtspunkte. Die Bedeutung dieser sozialen Komponenten für die Optimierung des gemeinsamen europäischen Marktes wird an vielen Stellen betont.

Schließlich lässt sich noch ein Gedanke fruchtbar machen, der bei den Verbesserungen eines Diskriminierungsschutzes wegen des Geschlechts erwähnt wird. Nur eine europarechtsweite und – was den Mindeststandard betrifft – einheitli-

---

[581] Vgl. nur: Erwägung 11 der Richtlinie 2000/78/EG vom 27.11.2000 (Anhang I), Abl. L 303/16 vom 02.12.2000, S. 16 f.; Erwägungen 1.3, 1.4 und 2.6 der Stellungnahme des Wirtschafts- und Sozialausschusses vom 25.05.2000 (Anhang III), Abl. C 204/82 vom 18.07.2000, S. 82 ff.; dazu: Calliess in Calliess/Ruffert, Artikel 5 EGV, Rn. 36 und 40; von Bogdandy/Nettesheim in Grabitz, Artikel 3 b EGV (a. F.), Rn. 34.

[582] Emmert, Europarecht, § 16, Rn. 28.

[583] Kahl, AöR 118 (1993), 414, 434 f.; Calliess in Calliess/Ruffert, Artikel 5 EGV, Rn. 44 und 65; von Bogdandy/Nettesheim in Grabitz, Artikel 3 b EGV (a. F.), Rn. 34 und 38.

che Regelungen macht es möglich, die durch den Europäischen Gerichtshof aufgestellten Grundsätze stringent zu übertragen und fortzuführen[584].

Die Gestaltung von allgemein gültigen Mindestanforderungen im Sinne des Artikel 8 Absatz 1 RL 2000/78/EG kann folglich nur auf Gemeinschaftsebene erreicht werden. Die Richtlinie 2000/78/EG verstößt sachlich nicht gegen den Grundsatz der Subsidiarität nach Artikel 5 Absatz 2 EGV.

(2.) Verhältnismäßigkeitsgrundsatz

Artikel 5 Absatz 3 EGV dient dazu, die Maßnahmen der Gemeinschaft auf das erforderliche Maß zu beschränken und statuiert so den allgemeinen Grundsatz der Verhältnismäßigkeit, wobei auch hier ein Ermessensspielraum des handelnden Organs besteht[585]. Es müssen die nationalen Interessen an einer autonomen Regelung auf der einen Seite mit den Bedürfnissen einer Wirtschafts- und Politikintegration auf der anderen Seite gegeneinander abgewogen werden[586]. Im Vordergrund stehen dabei aber nicht die Interessen privater Rechtssubjekte am Fernbleiben europäischer Regelungen. Es geht demnach um das zu wählende Instrument, mit dem europarechtliche Vorgaben transportiert werden. Bei der Abwägung sind Maß, Dauer und Ziel der Maßnahme zu beachten[587]. Dabei sind die Maßnahmen so zu wählen, dass sie – sofern unverbindliche Zielformulierungen nicht genügen – auf ein Mindestmaß beschränkt bleiben.

Der Erlass einer Richtlinie gibt den Mitgliedstaaten die Möglichkeit zur Umsetzung und zur Regelung des Wie der Richtlinienziele und Zwecke. Im Gegensatz zur Verordnung verbleibt den einzelnen Staaten also ein Handlungsspielraum. Das Medium Richtlinie ist damit als relativ mildestes Mittel zu klassifizieren. Ferner lässt die Richtlinie an einigen Stellen dem nationalem Gesetzgeber die Möglichkeit, eigene, vorrangige Regelungen zu schaffen. Beispiele hierfür sind Artikel 4 (berufliche Anforderungen), Artikel 6 (gerechtfertigte Ungleichbehandlungen wegen des Alters) und Artikel 3 Absatz 4 (Ausnahmebereich für die Streitkräfte) der Richtlinie 2000/78/EG. Ferner stellen die Vorgaben gemäß Artikel 8 Absatz 1 RL 2000/78/EG nur Mindestanforderungen dar und bewegen sich regelungstechnisch folglich am unteren Rand zwingender Vorgaben.

---

[584] Vorschlag für eine Richtlinie zur Änderung der Richtlinie 76/207/EWG vom 07.06.2000, KOM(2000)334 endgültig (2000/0142 (COD), S. 10.

[585] Von Bogdandy/Nettesheim in Grabitz, Artikel 3 b EGV (a. F.), Rn. 55 f.; Emmert, Europarecht, § 16, Rn. 33; Calliess in Calliess/Ruffert, Artikel 5 EGV, Rn. 45, 52 und 65.

[586] Calliess in Calliess/Ruffert, Artikel 5 EGV, Rn. 52.

[587] Von Bogdandy/Nettesheim in Grabitz, Artikel 3 b EGV (a. F.), Rn. 57.

Somit bestehen im Hinblick auf die tatsächliche Einhaltung der Grenzen des Verhältnismäßigkeitsgrundsatzes gemäß Artikel 5 Absatz 3 EGV keine Bedenken.

bb. Begründung der Subsidiarität/Verhältnismäßigkeit

Ausdrücklich findet sich in den Erwägungen der Richtlinie 2000/78/EG nur eine formelhafte Begründung für die Erfüllung der Voraussetzungen des Artikel 5 EGV. Fraglich ist, ob eine solche Begründung genügt.

Diese Begründungspraxis ist nicht neu. Systemlos ausgewählte Rechtsakte der Europäischen Gemeinschaft zeigen, dass der Rechtsakt selber ausdrücklich nur schematisch auf die Voraussetzungen, die sich aus Artikel 5 EGV ergeben, verweist. Dies gilt für die unterschiedlichen Sachgebiete sowohl für Maßnahmen in Form von Richtlinien und Entscheidungen, als auch für Verordnungen[588]. Zwar macht eine bestehende Praxis in diesem Punkt den Umgang mit Artikel 5 Absatz 2 und 3 EGV nicht billigenswerter; die (endlosen) Beispiele zeigen aber, dass eine sogenannte formelhafte ausdrückliche Begründung keinen Einfluss auf die rechtliche Wirksamkeit der jeweiligen Maßnahme haben kann. Ansonsten müsste man beinahe jede gemeinschaftsrechtlich relevante Maßnahme in Frage stellen. Nichtsdestotrotz wird die besondere Bedeutung der Grundsätze des Artikel 5 Absatz 2 und 3 EGV für die Kompetenzen aus Artikel 13 EGV betont[589].

Letztlich ist der Subsidiaritätsgedanke zwar ein formales Element, das die Gemeinschaft vor den Folgen ihrer Maßnahmen und die Mitgliedstaaten vor einer Aushöhlung ihrer Handlungsspielräume schützen soll[590]. Eine Begründungs-

---

[588] Vgl. dazu nur einige aktuelle Beispiele: Erwägung 28 der Richtlinie 2002/19/EG über den Zugang zu elektronischen Kommunikationsnetzen und zugehörigen Einrichtungen sowie deren Zusammenschaltung vom 07.03.2002, Abl. L 108/7 vom 24.04.2002, S. 11; Erwägung 17 der Richtlinie 2002/14/EG zur Festlegung eines allgemeinen Rahmens für die Unterrichtung und Anhörung der Arbeitnehmer in der Europäischen Gemeinschaft vom 11.03.2002, Abl. L 80/29 vom 23.03.2002, S. 30; Erwägung 8 der Richtlinie 2001/85/EG über besondere Vorschriften für Fahrzeuge zur Personenbeförderung mit mehr als acht Sitzplätzen außer dem Fahrersitz und zur Änderung der Richtlinie 70/156/EWG und 92/27/EG vom 20.11.2001, Abl. L 42/1 vom 13.02.2002, S. 1; Erwägung 5 der Richtlinie 2001/109/EG über die von den Mitgliedstaaten durchzuführenden statistischen Erhebungen zur Ermittlung des Produktionspotentials bestimmter Baumobstanlagen vom 19.12.2001, Abl. L 13/21 vom 16.01.2002, S. 21; auch **Erwägung 28 der Richtlinie 2000/43/EG vom 29.06.2000 (Anhang IV), Abl. L 180/22 vom 19.07.2000, S. 23**; Erwägung 22 der Entscheidung Nr. 676/2002/EG über einen Rechtsrahmen für die Funkfrequenzpolitik in der Europäischen Gemeinschaft vom 07.03.2002, Abl. L 108/1 vom 24.04.2002, S.4; Erwägung 23 der Verordnung (EG) Nr. 733/2002 zur Einführung der Domäne oberster Stufe „eu" vom 22.04.2002, Abl. L 113/1 vom 30.04.2002, S. 3; Erwägung 6 der Verordnung (EG) Nr. 6/2002 über das Gemeinschaftsgeschmacksmuster vom 12.12.2001, Abl. L 3/1 vom 05.01.2002, S. 1.

[589] BDA, Euro-Info Nr. 3, 07.05.1999, S. 2.

[590] Europäisches Parlament, wysiwyg://9/http://www.europarl.eu.int/factsheets/1_2_2_de.htm, S. 1; von Bogdandy/Nettesheim in Grabitz, Artikel 3 b EGV (a. F.), Rn. 19.

pflicht folgt aus Artikel 5 Absatz 2 EGV selbst jedoch nicht. Allerdings enthält Nr. 4 des Protokolls über die Anwendung der Grundsätze der Subsidiarität und der Verhältnismäßigkeit eine Begründungspflicht[591]; dieses Protokoll ist für die Organe auch rechtlich verbindlich[592]. Auch der EGV setzt in Artikel 253 EGV ausdrücklich Begründungspflichten fest. Insofern kann an dem Vorliegen einer ausreichenden Begründung im Falle der Richtlinie 2000/78/EG gezweifelt werden.

(1.) Erwägungen als Element der Begründung

Stellt man allein auf eine ausdrückliche Bezugnahme auf die Grundsätze des Artikel 5 Absatz 2 und 3 EGV im Richtlinientext ab, so könnte man das Vorliegen einer ausreichenden Begründung in der Tat bezweifeln. Gerade das in den EGV eingefügte Protokoll über die Anwendung der Grundsätze der Subsidiarität und Verhältnismäßigkeit würden dafür einen starken Anhalt bieten[593].

Die Beschränkung auf die ausdrückliche Bezugnahme und Begründung der Subsidiarität greift aber zu kurz. Eine derart enge Sicht übersieht, dass die Erwägungen zur Richtlinie 2000/78/EG in weiten Teilen Ansätze und Elemente enthalten, die das Vorliegen einer Subsidiarität gemeinschaftsrechtlichen Handelns gerade begründen. Auf die Erwägungen wird dabei ausdrücklich Bezug genommen. Sie stellen unter anderem die Grundlage der nachstehenden Richtlinie dar.

So wird dort auf die Bedeutung eines europaweiten Diskriminierungsverbots hinsichtlich der großen wirtschaftlichen und sozialen Bedeutung für den Einzelnen hingewiesen[594]. Damit erklärt die Richtlinie auch die Notwendigkeit ihres Erlasses in den einzelnen Punkten. Demnach erschließt sich die Frage nach dem Warum gerade gemeinschaftsrechtlichen Handelns durch die Erwägungen zur Richtlinie.

Auch hinsichtlich des Grundsatzes der Verhältnismäßigkeit aus Artikel 5 Absatz 3 EGV kann auf die gerade gemachten Bemerkungen verwiesen werden. Die Richtlinie stellt bereits in ihren Erwägungen an einigen Stellen klar, wann und warum sie in manchen Rechtsverhältnissen nicht verpflichtend wirken

---

591 Protokoll über die Anwendung der Grundsätze der Subsidiarität und der Verhältnismäßigkeit (1997), Abl. C 340 vom 10.11.1997, S. 105; Europäisches Parlament, Das Subsidiaritätsprinzip, wysiwyg://9/http://www.europarl.eu.int/factsheets/1_2_2_de.htm, S. 2.

592 BDA, Euro-Info Nr. 3, 07.05.1999, S.6; Bauer, NJW 2001, 2672, 2672 f.

593 So Bauer, NJW 2001, 2672, 2672 f.; hinsichtlich Richtlinie 2000/78/EG: DAV, Stellungnahme (zum Diskussionsentwurf eines Gesetzes zur Verhinderung von Diskriminierung im Zivilrecht) vom 13.02.2002, S. 6.

594 Vgl. dazu exemplarisch: Erwägungen 4-11 der Richtlinie 2000/78/EG vom 27.11.2000 (Anhang I), Abl. L 303/16 vom 02.12.2000, S. 16 f.

soll[595]. Daraus ergibt sich ein abgestuftes System mit Ausnahmemöglichkeiten, die dort näher ausgeführt werden. In diesem Zusammenhang lässt sich mit Einschränkung sogar konstatieren, dass die Erwägungen insgesamt nur Darlegungen zum Subsidiaritäts- und Verhältnismäßigkeitsgrundsatz enthalten. Folglich kann ein Verstoß gegen eine Begründungspflicht nicht festgestellt werden, wenn dann lediglich am Ende der Erwägungen ein Ergebnis hinsichtlich der Voraussetzungen aus Artikel 5 Absatz 2 und 3 EGV zusammengefasst wird.

(2.) Materialien als Element der Begründung

Man darf auch nicht übersehen, dass im Vorfeld der Richtlinie eine intensivere Auseinandersetzung mit den Anforderungen des Subsidiaritätsprinzips stattgefunden hat, als es die Formulierungen der Richtlinie 2000/78/EG selber vermuten lassen. Auf die Auseinandersetzungen wird auch in der Einleitung der Richtlinie ausdrücklich Bezug genommen[596]. Auch auf diese Materialien wird die Richtlinie gestützt.

Dabei enthalten die Stellungnahmen an verschiedenen Stellen zum einen Bewertungen der Erwägungen des Rates[597]. Diese Erwägungen umfassen gerade Subsidiaritäts- und Verhältnismäßigkeitsgrundsätze und werden auf diese Weise weiter austariert. Das verstärkt das oben Gesagte. Durch die Stellungnahmen, welche ausdrücklich zum Richtlinienerlass herangezogen werden, entstehen verschiedene Erklärungen zur Darlegung des Subsidiaritätsprinzips und der Grundsätze der Verhältnismäßigkeit. Zum anderen aber wird in den Materialien auch ausdrücklich auf das Subsidiaritätsprinzip und das Protokoll über die Anwendung der Grundsätze der Subsidiarität und der Verhältnismäßigkeit abgestellt[598]. Eine Auseinandersetzung und Begründung hinsichtlich dieses Punktes fand demnach ausführlich statt.

Somit entpuppt sich eine scheinbare Formelhaftigkeit bei genauerem Hinsehen als dezidierte Begründung. Die Erwägungen und Materialien zur Richtlinie

---

[595] Erwägungen 18 (Bereich der inneren und äußeren Sicherheit), 19 (Streitkräfte), 21 (Behinderung), 23 (wesentliche berufliche Anforderung), 24 (Kirchen) und 32 (Beibehaltung der Beweislast) der Richtlinie 2000/78/EG vom 27.11.2000 (Anhang I), Abl. L 303/16 vom 02,12,2000, S. 17 f.

[596] Siehe die Verweise im Einleitungsteil der Richtlinie 2000/78/EG auf den Vorschlag der Kommission, die Stellungnahme des Europäischen Parlaments, die Stellungnahme des Wirtschafts- und Sozialausschusses, die Stellungnahme des Ausschusses der Regionen und schließlich (erst) die nachstehenden Erwägungen.

[597] Etwa: Erwägungen 2.6, 2.8, 2.11, 5.4, 5.5, 5.7 und 5.9 der Stellungnahme des Wirtschafts- und Sozialausschusses vom 25.05.2000 (Anhang III), Abl. C 204/82 vom 18.07.2000, S. 87 f.

[598] Erwägungen 1.4-1.6 und 1.13-1.16 der Stellungnahme des Ausschusses der Regionen vom 12.04.2000, Abl. C 226/1 vom 08.08.2000, S. 3; Erwägung 1.3 der Stellungnahme des Wirtschafts- und Sozialausschusses vom 25.05.2000 (Anhang III), Abl. C 204/82 vom 18.07.2000, S. 82.

2000/78/EG zeigen daher eine Auseinandersetzung, die über eine bloße Formelhaftigkeit hinausgeht.

Es ist also festzuhalten, dass das handelnde Organ deutlich macht, sich mit den allgemeinen Prinzipien des Artikel 5 Absatz 2 und 3 EGV auseinandergesetzt zu haben. Erwähnt werden soll an dieser Stelle zudem, dass diese Grundsätze - wenn auch beschränkt, so doch - gerichtlich überprüfbar sind, wenngleich sie dem handelnden Organ einen Spielraum gewähren[599]. Wenn also die dargestellte Begründungspraxis kritisch gesehen wird[600], so ist dies nicht nachvollziehbar.

cc. Ergebnis zu b.

Die Voraussetzungen des Artikel 5 Absatz 2 und 3 EGV wurden beim Erlass der Richtlinie 2000/78/EG eingehalten. Insbesondere eine mangelhafte Auseinandersetzung mit den dort enthaltenen Grundsätzen ist dem Richtliniengeber nicht rechtlich vorzuwerfen. Die Richtlinie enthält in ihren Erwägungen und Stellungnahmen ausführliche Begründungen für ein Vorliegen der Voraussetzungen des Artikel 5 Absatz 2 und 3 EGV.

3. Ergebnis zu III.

Unter Außerachtlassung der Sonderprobleme innere und äußere Sicherheit zum einen und des kirchlichen Arbeitsrechts zum anderen befähigt Artikel 13 EGV den Rat zum Erlass der Richtlinie 2000/78/EG. Die Voraussetzungen wurden eingehalten. Für Antidiskriminierungsvorschriften im allgemeinen arbeitsrechtlichen Bereich hat der Rat demnach eine Richtlinienkompetenz.

IV. Sonderprobleme

Da arbeitsrechtliche Fragen nahezu alle Bereich gesellschaftlichen Lebens betreffen können, muss geklärt werden, wie die obigen Darlegungen sich mit Regelungsgebieten vereinbaren lassen, die eigentlich der Autonomie anderer Kompetenzträger unterliegen. Die beiden Hauptanwendungsfälle für diese Problemkonstellation sind das Arbeitsrecht im Bereich der inneren und äußeren Sicherheit und das Arbeitsrecht der Kirchen.

1. Arbeitsrecht der Streitkräfte und der inneren Sicherheit

Die Richtlinie 2000/78/EG gilt prinzipiell auch für Berufs- und Beschäftigungsverhältnisse bei der Bundeswehr und im Rahmen der inneren Sicherheit. Auch

---

[599] Emmert, Europarecht, § 16, Rn. 35; Kahl, AöR 118 (1993), 414, 440; Pipkorn, EuZW 1992, 697, 700; Schmidhuber/Hitzler, NVwZ 1992, 720, 724; von Bogdandy/Nettesheim in Grabitz, Artikel 3 b EGV (a. F.), Rn. 41; Europ. Parl., wysiwyg://9/http://www.europarl.eu.int/factsheets/1_2_2_de.htm, S. 2.

[600] Bauer, NJW 2001, 2672, 2672 f.; DAV, Stellungnahme (zum Diskussionsentwurf eines Gesetzes zur Verhinderung von Diskriminierung im Zivilrecht) vom 13.02.2002, S. 6.

wenn der einzelne Mitgliedstaat befugt ist, eine Ausnahme für die Kriterien Alter und Behinderung vorzusehen, etwa Artikel 3 Absatz 4 RL 2000/78/EG, so bedeutet das aber umgekehrt, dass die übrigen in Artikel 1 genannten Merkmale auch in diesem Bereich verpönt sein sollen. Gleiches gilt für die innere Sicherheit: Artikel 2 Absatz 5 RL 2000/78/EG nimmt zwar alle die Maßnahmen vom Anwendungsbereich der Richtlinie aus, die für die öffentliche Sicherheit und Ordnung *notwendig* sind. Auch das heißt, dass prinzipiell alle (anderen) Fragen zu Beschäftigung und Beruf im Bereich der inneren Sicherheit dem Diskriminierungsschutz unterfallen sollen.

Ob europäische Richtlinien überhaupt im Bereich der inneren und äußeren Sicherheit Regelungen treffen können, ist nicht eindeutig. Die Frage hängt davon ab, ob sich hier eine Kompetenzzuweisung finden lässt.

a. Geschlechterdiskriminierung

Eine ähnliche Fragestellung wurde in der rechtswissenschaftlichen Auseinandersetzung aufgeworfen, als es darum ging, ob Frauen in allen Laufbahnen unter den gegebenen Voraussetzungen Anspruch auf Aufnahme in die Bundeswehr haben. Auch hier stellte sich die Frage, ob eine generelle Ablehnung von Frauen am Dienst mit der Waffe eine europarechtswidrige Geschlechterdiskriminierung darstellt[601]. Im Zentrum stand auch dort eine Antidiskriminierungsrichtlinie.

Eine Kompetenz wird zum Teil deshalb bestritten, weil der EuGH feststellte, dass es Sache des Mitgliedstaates sei, Maßnahmen zur Gewährleistung ihrer inneren und äußeren Sicherheit zu ergreifen und die Entscheidungen über die Organisationen der Streitkräfte zu treffen[602]. Auch existieren im EGV Ausnahmen für die Bereiche der öffentlichen Sicherheit, Artikel 30, 39, 46 etc. EGV. Vor diesem Hintergrund erscheint die konsequente Bereichsausnahme des Artikel 2 Absatz 5 RL 2000/78/EG für die innere Sicherheit und Ordnung eines Mitgliedstaates lediglich klarstellend.

Jedoch sind diese Ausnahmebereiche nicht als allgemeiner, immanenter Vorbehalt zu verstehen, denn sonst wäre die einheitliche Anwendung des Gemeinschaftsrechts gefährdet[603]. Ausnahmebereiche müssen daher stets einer strengen

---

[601] Vgl. dazu: Gelinsky, Die Bundeswehr als Arbeitgeber, FAZ vom 13.01.2000; Heselhaus/Schmidt-De Caluwe, NJW 2001, 263, 263 ff; Dolzer, NJW 2000, 1700, 1700 f.; Zuck, NJW 2000, 1701, 1701 f.; Laubinger/Repkewitz, VerwArch 2000, 297, 297 ff.; Lenz, ZRP 2000, 265, 265 ff.; Schröder/Köster, JuS 2000, 542, 542 ff.; Poretschkin, RiA 1996, 234, 234 ff.; Scholz, DÖV 2000, 417, 417 ff.; Streinz, DVBl 2000, 585, 585 ff.

[602] EuGH - Sirdar, NJW 2000, 497, 499.

[603] EuGH – Johnston, Slg. 1986, 1651, Rn. 26; EuGH – Sirdar, NJW 2000, 497, 499; Vorschlag für eine Richtlinie zur Änderung der Richtlinie 76/207/EWG vom 07.06.2000, KOM(2000)334 endgültig (2000/0142 (COD), S. 7 ff.

Verhältnismäßigkeitskontrolle unterliegen[604]. Daher darf es keinen Grundsatz geben, der die Streitkräfte zu einem diskriminierungsschutzfreien Raum erklärt[605].

Für eine solche Sichtweise spricht weiterhin, dass insbesondere Artikel 296 und 297 EGV belegen, dass beim Vertragsschluss Auswirkungen auf den Bereich nationaler Verteidigung grundsätzlich erkannt wurden und dafür ausdrückliche Ausnahmen vorgenommen worden sind[606]. Außerdem ist der Integrationsprozess von Anfang an auf noch nicht erfasste Politikbereiche angelegt gewesen; auch die äußere Sicherheit kann dem nicht entzogen sein, was sich durch die Aufnahme der Gemeinsamen Außen- und Sicherheitspolitik (GASP) in den EGV belegen lässt[607].

b. Problem der Querschnittskompetenzen

Wenngleich zwar richtig ist, dass die Kompetenzbereiche der Außen-, Sicherheits- und Militärpolitik nationaler Regelungshoheit vorbehalten sind[608], so ändert dies doch nichts an der Zuständigkeit der Europäischen Union für die *allgemeinen* Fragen des Zugangs zu Arbeitsplätzen und Arbeitsbedingungen. Auch das Militär und der nationale Polizeidienst müssen dabei als (bedeutender) Arbeitgeber verstanden werden[609]. Der dargestellte Kompetenzkonflikt ergibt sich aus der Zuordnung einer Antidiskriminierungsrichtlinie zur Sozialpolitik.

Damit stellt sich die Frage, inwieweit durch die Inanspruchnahme des einen Kompetenztitels Auswirkungen auf Fachgebiete ausgeübt werden darf, für die selber keine Gemeinschaftskompetenz besteht. Dabei stellen diese sogenannten Querschnittskompetenzen - sofern man sie anerkennt - eine Einschränkung der (nationalen) Fachkompetenzen dar. Diese müssen allerdings nach einhelliger Auffassung zumindest dem Verhältnismäßigkeitsgrundsatz genügen. Dies stellt eine allgemeine Voraussetzung dar. Ob das allerdings für eine Rechtfertigung von Querschnittskompetenzen genügt, ist fraglich. Man muss jedoch sehen, dass

[604] Für eine Ungleichbehandlung aufgrund des Geschlechts wurde dies bisher akzeptiert bei Aufsehern in Haftanstalten: EuGH – Kommission/Frankreich, Slg. 1988, 3559, Rn. 11 ff.; bei Tätigkeiten der Polizei bei schweren inneren Unruhen: EuGH – Johnston, Slg. 1986, 1651, Rn. 36 ff.; bei speziellen Kampfeinheiten: EuGH – Sirdar, NJW 2000, 497, 500.

[605] EuGH – Kreil/Deutschland, Rs C-285/98 vom 11.01.2000; Vorschlag für eine Richtlinie zur Änderung der Richtlinie 76/207/EWG vom 07.06.2000, KOM(2000)334 endgültig (2000/0142 (COD), S. 7 ff.

[606] Heselhaus/Schmidt-De Caluwe, NJW 2001, 263, 265.

[607] Oppermann, Europarecht, Rn. 24, 39; Heselhaus/Schmidt-De Caluwe, NJW 2001, 263, 265.

[608] Scholz, DÖV 2000, 417, 417; Laubinger/Repkewitz, VerwArch 2000, 297, 318.

[609] Vgl. dazu Bundesministerium der Verteidigung, Frauen in der Bundeswehr (Stand: Juli 2000), S. 22: Allein in Deutschland werden nur bei der Bundeswehr ca. 340000 Frauen und Männer beschäftigt; im gesamten europäischen Raum liegt die Zahl bei weit über 2 Millionen Beschäftigten.

der Verhältnismäßigkeitsgrundsatz und das Subsidiaritätsprinzip grundlegend dazu dienen, die mitgliedstaatlichen Kompetenzen zu schützen[610].

Der Verhältnismäßigkeitsgrundsatz gemäß Artikel 5 Absatz 3 EGV prägt auch insofern das Gemeinschaftsrecht. Den Mitgliedstaaten verbleibt so ein ausreichender Beurteilungsspielraum, indem Ausnahmen von einer generellen Geltung der Richtlinie vorgesehen werden können, Artikel 2 Absatz 5 und Artikel 3 Absatz 4 RL 2000/78/EG[611]. Durch derartige Klauseln wird Rücksicht auf ausschließlich nationale Fragen der Verteidigung, Streitkräftestruktur und Gestaltung der inneren Sicherheit genommen. Den Mitgliedstaaten verbleibt ein Abwägungsspielraum. Schließlich betrifft die Beachtung der in Artikel 1 RL 2000/78/EG genannten Merkmale als verpönt nicht den Kernbereich der nationalen Streitkräftestruktur. Es wurde gerade gezeigt, dass der Bereich der inneren und äußeren Sicherheit nicht per se von europarechtlichen Regelungen ausgenommen bleiben soll. Es liegt daher näher, umgekehrt zu fragen, warum im Bereich der Streitkräfte und bei der inneren Sicherheit Diskriminierungen aufgrund der Religion, Weltanschauung oder sexuellen Orientierung generell vorgenommen werden sollten, zumal sie nur insoweit schützenswert sind, wie sie sich im Rahmen des rechtlich Zulässigen bewegen, Artikel 2 Absatz 5 RL 2000/78/EG.

Zur Lösung der Probleme, die sich im Zusammenhang mit Querschnittskompetenzen stellen, wird zum Teil vorgeschlagen, einen klaren Kompetenzkatalog zu erstellen[612]. Ob dadurch aber die vielseitigen Überlappungen der verschiedenen Kompetenzfelder wirklich erfasst werden können, muss bezweifelt werden. Dennoch könnten bestehende und bisher erkannte Konflikte auf diese Weise entschärft werden.

c. Ergebnis zu 1.

Soweit die Richtlinie 2000/78/EG ihren Anwendungsbereich auf die Streitkräfte des einzelnen Mitgliedstaates erstreckt, bewegt sie sich im Rahmen ihrer allgemeinen Richtlinienkompetenz. Der dargestellte Diskriminierungsschutz muss demnach auch dort angewendet werden.

2. Kirchliche Arbeitsverhältnisse

Im deutschen Arbeitsrecht gilt in weiten Teilen eine Regelungsautonomie kirchlicher Organisationen. Sie werden in Grenzen befugt, ihre Angelegenheiten selbst zu regeln. Wenn nun die Richtlinie in Artikel 1 RL 2000/78/EG an Diskriminierungen aufgrund der Merkmale Religion, Weltanschauung und sexuelle Ausrichtung anknüpft, so liegen – bei strenger und unterschiedsloser Anwen-

---

[610] Oppermann, Europarecht, Rn. 514, 521; Laubinger/Repkewitz, VerwArch 2000, 297, 319 f.
[611] Schröder/Köster, JuS 2000, 542, 544 f.
[612] Streinz, DVBl 2000, 585, 595.

dung dieser Grundsätze – Kollisionen des Europarechts mit kirchlichen Grundsätzen auf der Hand[613].

a. Umsetzungsverpflichtungen des Mitgliedstaates

Maßgeblich sind dabei allerdings nur diejenigen Aussagen der Richtlinie 2000/78/EG, die eine Rechtsänderung zu Lasten der Kirchen ausdrücklich und *verpflichtend fordern*. Nur insoweit ist der einzelne Mitgliedstaat nämlich zur Umsetzung aufgefordert. Die Tatsache, dass die mit der Richtlinie verbundenen Rechte nur Mindeststandards darstellen, Artikel 8 Absatz 1 RL 2000/78/EG, ändert daran nichts. Wenn der Staat über die Umsetzungsverpflichtung der Richtlinie hinausgeht, kann ein Kompetenzverstoß nicht im Europarecht zu suchen sein. In diesen Fällen ist nur das staatliche Handeln am höherrangigen einzelstaatlichen Recht zu messen, denn die Richtlinie selber stellt keine verpflichtenden Gebote auf. In dieser Konstellation ist das Handeln des Mitgliedstaates so zu beurteilen, als wenn er auf eigene Initiative tätig geworden wäre. Zu dieser Situation besteht kein Unterschied.

b. Kirchen und Europarecht

Kirche und Religion fanden lange Zeit keine Erwähnung im europäischen Recht. Dies ging auf die Idee von einer strikten Trennung von Staat und Kirche zurück, was auch einige Zeit den kirchlichen Interessen entsprach[614].

Erst als das Kirchensteuer-System Mitte der 90er Jahre durch eine Datenschutzrichtlinie bedroht wurde, bemühte man sich, im Vertrag von Amsterdam ein eigenes Kapitel über die Bedeutung der Kirchen zu verankern[615]. Erst im Jahre 1997 gelang es, die Kirchen in einer Erklärung zur Schlussakte zu erwähnen. Erklärung Nr. 11 der Schlussakte der Amsterdamer Konferenz vom 02.10.1997 legt nun fest: Die Europäische Union achtet den Status, den Kirchen und religiöse Vereinigungen oder Gemeinschaften in den Mitgliedstaaten nach deren Rechtsvorschriften genießen, und beeinträchtigt ihn nicht. Die Europäische Union achtet den Status von weltanschaulichen Gemeinschaften in gleicher Weise.

Diese Erklärung, die als Protokoll im gegenseitigen Einvernehmen gemäß Artikel 311 EGV als Bestandteil des Vertrages gilt, hat jedoch keine unmittelbar

---

[613] Dabei sind Kollisionen mit den Merkmalen Religion und Weltanschauung unmittelbar nachvollziehbar. Auch in bestimmten Fällen sexueller Ausrichtung finden sich Textstellen in der Bibel, die auf Schwierigkeiten mit kirchlichen Moralvorstellungen hindeuten: Bibel, Korinther, Kapitel 6, Vers 1 „Habt ihr vergessen, dass für Menschen, die Unrecht tun, in Gottes Reich kein Platz sein wird ? Darauf könnt ihr euch verlassen: Keiner, der unzüchtig lebt, keiner, dem irgendetwas wichtiger ist als Gott, kein Ehebrecher, kein Mensch, *der sich von seinen Begierden treiben lässt und homosexuell verkehrt*, wird einen Platz in Gottes Reich haben; (...)."

[614] Stotz, EuZW 1998, Heft 24, Editorial; Reichold, NZA 2001, 1054, 1054.

[615] Heintzen in FS Listl, 29, 30 f.; Link, ZevKR 42 (1997), 130, 153.

rechtliche Wirkung. Sie kann aber als Auslegungshilfe einen Anhaltspunkt bieten[616]. Als solche findet sich die Erwähnung des Protokolls nun auch in Erwägung 24 der Richtlinie 2000/78/EG wieder. Die Antidiskriminierungsrichtlinie für die Bereiche Beschäftigung und Beruf muss demnach im Sinne dieses europäischen Verständnisses von der Stellung der Kirchen im einzelstaatlichen Gefüge interpretiert werden. Aktuell wird dies gemäß Artikel 4 Absatz 2 der Richtlinie 2000/78/EG, wenn die Staaten Ausnahmen vom Anwendungsbereich für die Beachtung des Ethos der kirchlichen Organisation vorsehen können. Die rechtlich unerhebliche Erklärung Nr. 11 des Protokolls wird damit rechtsverbindlich für betreffende Antidiskriminierungsregelungen. Sie stellt damit einen Ausgleich zum rechtserheblichen Artikel 13 EGV dar, der zum Erlass von Antidiskriminierungsregelungen bezüglich der Religion (und Weltanschauung) befugt, wurde aber erst in den späten Beratungen zur Richtlinie 2000/78/EG eingefügt[617].

Grundsätzlich aber gilt, dass die Kirchen – sofern sie einen weltlichen Arbeitsvertrag begründen – auch an die Normen des Zivilrechts gebunden sind. Ihnen steht es über den Weg der Selbstverwaltungsgarantie gemäß Artikel 140 GG, 137 Absatz 3 WRV im deutschen Recht nur frei, die Arbeitsverhältnisse der Eigenart des kirchlichen Dienstes anzupassen[618]. Die Auseinandersetzung um die Aufnahme des Artikel 4 Absatz 2 in die Richtlinie 2000/78/EG zeigt außerdem, dass Europarecht ansonsten große Teile kirchlicher Regelungsautonomie in Deutschland mitgeregelt hätte. Für kirchliche Arbeitsverhältnisse besteht nämlich nicht ohne Weiteres ein europarechtsfreier Raum[619].

Etwas anderes ergibt sich auch nicht aus Artikel 9 der EMRK. Zum einen weist die Entwicklungsgeschichte dieses Artikels darauf hin, dass diesem keine staatskirchenrechtliche Bedeutung beigemessen werden sollte; zum anderen soll Arti-

---

[616] De Wall, ZevKR 45, 157, 158; Heintzen in FS Listl, 29, 31 ff.; Lecheler in FS Leisner, 39, 47 f.; Winter in FS Hollerbach, 893, 900 f.

[617] Reichold, NZA 2001, 1054, 1055; Winter in FS Hollerbach, 893, 896 ff.

[618] BVerfGE 70, 138, 165; Heckel in FS Zacher, 235, 243 f.; Reichold, NZA 2001, 1054, 1056; Robbers in FS Listl, 201, 202 f.; Starck, JZ 2000, 1, 6; de Wall, ZevKR 45, 157, 167; Heinig, http://www.uni-potsdam.de/u/assist2001/text/thesen/hein.htm, S.1; Richardi, Arbeitsrecht in der Kirche, § 2, Rn. 18 ff. und 27 ff.

[619] Schnorr/Wissing, ZRP 2002, 423, 423 f.; Reichold, NZA 2001, 1054, 1056: Dies zeigen auch europäische Rechtsquellen. So nimmt die Arbeitszeit-Richtlinie 93/104/EG nur religiöse Bereiche aus, sofern dies liturgisch begründet ist. Dieser enge Bereich zeigt folglich eine weitgehende Anwendbarkeit der Richtlinie im kirchlichen Arbeitsrecht. Vgl. außerdem: EuGH – Deborah Lawrie-Blum, Urteil vom 03.07.1986, Slg. 1986, 2121; EuGH – Steymann, Urteil vom 05.10.1988, Slg. 1988, 6159; EuGH – Bosman, Urteil vom 15.12.1995, Slg. I 1995, 4921; de Wall, ZevKR 45, 157, 167; Link, ZevKR 42 (1997), 130, 135; Heinig, http://www.uni-potsdam.de/u/assist2001/text/thesen/hein.htm, S.1.

kel 9 EMRK nur ein gemeinsames Minimum sichern[620]. Solange aber das Recht der Kirchen in den einzelnen Mitgliedstaaten von einer Regelungsautonomie (Deutschland) bis zu strikten Trennungssystemen (Frankreich) reicht, kann eine europaweite Geltung einer kirchlichen Regelungsautonomie hieraus nicht hergeleitet werden. Vielmehr gelten für den Bereich kirchlicher Arbeitsverhältnisse die allgemeinen Erwägungen zu den Artikeln 137 ff. EGV.

Dennoch bestehen zur Zeit keine Kompetenzen im Primärrecht für den Bereich staatskirchenrechtlicher Regelungen[621]. Diesem System sind damit stets Kollisionen zwischen einem weltlichen Verständnis europäischer Regelungen und dem religiösen Selbstverständnis immanent. Allerdings muss auch festgehalten werden, dass die deutsche Verfassung über Artikel 23 Absatz 1 Satz 3 GG nur grundlegende Prinzipien europarechtsfest ausgestaltet. Dazu gehören die Artikel 1 und 20 GG. Dazu mögen Teile der individuellen Glaubensfreiheit gemäß Artikel 4 GG gehören. Nicht dazu gehören aber die institutionellen Ausprägungen des kirchlichen Selbstbestimmungsrechts[622]. Europarecht muss folglich diesen Bereich keinesfalls für die Ewigkeit zwingend aussparen. Inwieweit in Zukunft das kollektive kirchliche Arbeitsrecht von europäischen Regelungen beeinflusst werden könnte, wird dabei kontrovers beurteilt[623].

Dabei muss man sehen, dass es im Primärrecht zwar vorgesehen ist, die „Vielfalt der einzelstaatlichen Gepflogenheiten" zu berücksichtigen, Artikel 136 Absatz 2 RL 2000/78/EG. Auch schreibt Artikel 6 Absatz 3 EU-Vertrag vor, dass die Union die nationale Identität der Mitgliedstaaten achtet. Selbst wenn man über eine Auslegung dieser Begriffe den Kern des kirchlichen Selbstbestimmungsrechts als geschützt ansähe[624], so kann in der Konsequenz aber die Zulässigkeit von Mindestharmonisierungen nicht bestritten werden. Jedenfalls an der Durchsetzung sozialer Mindeststandards und eines sozialstaatlichen Rahmenrechts im kirchlichen Recht durch europäische Vorgaben kann es keinen begründeten Zweifel geben[625]. Selbst wenn man die Gemeinschaftsgrundrechte dahingehend verstünde, dass sie die kirchliche Autonomie im Sinne einer kirch-

---

[620] Richardi, Arbeitsrecht in der Kirche, § 1, Rn. 32; Müller-Volbehr, Europa und das Arbeitsrecht der Kirchen, S. 71-73, mit weiteren Ausführungen.

[621] Richardi, Arbeitsrecht in der Kirche, § 1, Rn. 31 ff.

[622] Müller-Volbehr, Europa und das Arbeitsrecht der Kirchen, S. 41; Reichold, NZA 2001, 1054, 1057; von Hoyningen-Huene, RdA 2002, 65, 70.

[623] Von Hoyningen-Huene, RdA 2002, 65, 69; Reichold, NZA 2001, 1054, 1058; derselbe, ZTR 2000, 57, 59 ff.; BVerfGE 73, 339, 375; BVerfGE 75, 223, 240; Oetker, NZA 1998, 1193, 1198 ff.; Wulf, ZMV 1999, 268; Weth/Wern, NZA 1998, 118, 121 f.; Krause, NZA 1998, 1201, 1204; Müller-Volbehr, Europa und das Arbeitsrecht der Kirchen, S. 124 ff.

[624] Richardi, Arbeitsrecht in der Kirche, § 1, Rn. 32; Müller-Volbehr, Europa und das Arbeitsrecht der Kirchen, S. 101.

[625] So insgesamt für das individuelle und kollektive Arbeitsrecht: Reichold, NZA 2001, 1054, 1057; von Hoyningen-Huene, RdA 2002, 65, 69.

lichen Selbstverwaltung schützen würden, führt dies nur zu einer umfassenden Güterabwägung, aber nicht zu einem ausnahmslosen Schutz kirchlicher Regelungsautonomie[626]. Damit kann Europarecht prinzipiell Auswirkungen auf das kirchliche Selbstbestimmungsrecht haben.

Solange also die Stellung der Kirchen und weltanschaulichen Organisationen nur im Sinne eines „soft laws“ in der Erklärung zur Schlussakte gewertet wird, kann es keinen prinzipiellen kirchlich arbeitsrechtlichen Ausnahmebereich bezüglich europäischem Rechts geben.

c. Übertragung der Grundsätze

Wenn sich nun im „hard law“ der Richtlinie 2000/78/EG in Artikel 4 Absatz 2 eine Ausnahmestellung der kirchlichen und weltanschaulichen Organisationen findet, so darf dies folglich nicht so verstanden werden, dass sich bereits daraus eine Sonderstellung der Kirchen ableiten ließe. Denn zum einen besteht dieser Ausnahmebereich nur im Rahmen bereits existierender nationaler Sonderstellungen, zum anderen obliegt es dem einzelstaatlichen Gesetzgeber ein Privileg zu begründen. Artikel 4 Absatz 2 RL 2000/78/EG stellt dabei klar, dass auch eine Beibehaltung nationaler Rechtsvorschriften genügt. Das Beibehalten der Sonderstellung der Kirchen ist jedoch an die Aktivität des einzelstaatlichen Gesetzgebers gebunden. Dabei muss der Gesetzgeber beurteilen, inwieweit etwa die Grundsätze für Loyalitätsobliegenheiten kirchlicher Arbeitnehmer noch ausdrücklich ins Gesetz aufgenommen werden, damit es nicht zu Schwierigkeiten kommt. Vorgeschlagen wird deshalb auch die Formulierung einer allgemeinen Kirchenklausel für das individuelle Arbeitsrecht[627].

Inhaltlich ergibt sich für den deutschen Gesetzgeber über Artikel 4 Absatz 2 RL 2000/78/EG also die Möglichkeit, bisher geltende Grundsätze fortzuschreiben. Soweit nach der Verfassung das kirchliche Selbstbestimmungsrecht reicht, ist er zur Umsetzung dieser Möglichkeit auch verpflichtet, damit es nicht zu Verfassungsverstößen kommt[628]. Der Streit, wie weit europäische Regelungen auf kirchliches Arbeitsrecht einwirken dürfen, kann für den Bereich der Richtlinie 2000/78/EG also dahinstehen. Der europäische Gesetzgeber hat in der Richtlinie 2000/78/EG genügend Spielraum für die Berücksichtigung nationaler Identität und Besonderheiten gelassen. Alles Weitere liegt am deutschen Gesetzgeber und seiner Verfassungsbindung.

---

[626] Von Hoyningen-Huene, RdA 2002, 65, 72.

[627] Reichold, NZA 2001, 1054, 1060; vgl. auch: Müller-Volbehr, Europa und das Arbeitsrecht der Kirchen, S. 117 ff., der darauf hinweist, dass kirchliche Regelungen bezüglich des Individualarbeitsrechts nicht europarechtsfest sind.

[628] Von Hoyningen-Huene, RdA 2002, 65, 71 f.; vgl. dazu: BVerfGE 70, 138, 168; Reichold, NZA 2001, 1054, 1060.

d. Ergebnis zu 2.

Es bestand eine Kompetenz zum Erlass der Richtlinie 2000/78/EG. Auch aus der Sonderstellung der kirchlichen Institutionen folgt nichts anderes. Das gilt insbesondere deshalb, weil der Richtliniengeber in Artikel 4 Absatz 2 RL 2000/78/EG dem nationalen Gesetzgeber eine ausreichende Möglichkeit einräumt, auf das Verständnis von kirchlichem Selbstbestimmungsrecht in Deutschland hinreichend Rücksicht zu nehmen. Nutzt er diese Gelegenheit nicht, so kann er sich auf der anderen Seite auch nicht auf zwingendes Europarecht berufen. In diesem Bereich besteht Flexibilität.

H. Ansatzpunkte einer Kritik

Neben konkreten rechtlichen Problemen, die im Zusammenhang mit der Umsetzung der Richtlinienvorgaben in das deutsche Recht auftreten, soll nun das europäische Konzept in einer Gesamtschau bewertet werden. Dabei haben sich bei der Beschäftigung mit der Materie drei grundsätzliche Schwierigkeiten herausgestellt.

Zum einen soll erörtert werden, ob sich das deutsche Verständnis von der Privatautonomie vor dem Hintergrund des Antidiskriminierungsprogramms der Europäischen Gemeinschaften aufrecht erhalten lässt (I.). Danach soll auf die Gefahr einer Diskriminierung durch Diskriminierungsschutz hingewiesen werden (II.). Schließlich wird die Fragwürdigkeit der Durchsetzung einer Antidiskriminierung durch rechtliche Gebote und Verbote erörtert (III.).

I. Kollisionen mit dem Grundgesetz

Alle gesetzlichen Vorgaben, die zwingend angeordnet sind, greifen in die Handlungsfreiheit des Adressaten ein. Hinsichtlich des Europarechts im System der Rechtsquellen ist folgender Grundsatz von Bedeutung:

Zwingende europäische Vorgaben bedürfen grundsätzlich der Umsetzung. Sie scheitern gemäß den Prinzipien der Normhierarchie nicht am nationalen Verfassungsrecht, solange die Reichweite der übertragenen Zuständigkeiten eingehalten wird, Artikel 23 Absatz 1 GG i.V.m. Artikel 79 Absatz 2 und 3 GG. Jede extensive Auslegung der Richtlinienvorgaben muss jedoch am nationalen Verfassungsrecht gemessen werden, da sie nur auf der Eigeninitiative des einzelnen Mitgliedstaates beruht[629].

Selbst wenn man nur die zwingenden Vorgaben zum Ausgangspunkt nimmt, so werden bisher bestehende Freiheiten von Privatrechtssubjekten eingeschränkt. Das kann zwar nicht zur Unwirksamkeit der Richtlinienvorgaben führen, hat aber unter Umständen eine Korrektur des nationalen Verständnisses der betroffenen Rechtsposition zur Konsequenz.

Die Richtlinie 2000/78/EG ordnet im Kern die Einschränkung von Rechtspositionen des Arbeitgebers an[630]. Nur dieser Aspekt soll im Folgenden betrachtet werden.

---

[629] KR/Pfeiffer, § 611 a BGB, Rn. 6.

[630] Vgl. oben zu den sonstigen Adressaten bei der Umsetzung der Richtlinienvorgaben: Kapitel C. II.

1. Einschränkungen der Vertragsfreiheit

Dadurch dass die Bereiche Recht und Moral grundsätzlich voneinander getrennt werden, ist dem Einzelnen ein Bereich eigener Entscheidungen gewährt. Erst wenn die Entscheidung den rechtlichen Bereich passiert, löst das rechtsstaatliche Reaktionen aus. Der Einzelne wird also nur zu solchen Handlungen rechtlich gezwungen, die sich innerhalb des Rechts bewegen und von diesem eingefordert werden können. Die Moral kann und sollte eine Motivation sein, sie muss es aber nicht. Daher ist die Trennung von Recht und Moral ein Garant der Freiheit des Einzelnen. Dort, wo moralisches Handeln mit Ge- und Verboten erzwungen wird, endet die Freiheit des Individuums ganz[631].

Betrachtet man die Richtlinien 2000/78/EG und 2000/43/EG als Konzept, so wird das Anliegen des Richtliniengebers deutlich, rechtlich durchsetzbaren Diskriminierungsschutz immer weiter in möglichst vielen gesellschaftlichen Bereichen zu statuieren. Während die Richtlinie 2000/78/EG nur das Arbeitsrecht erfasst, dehnt sich die Richtlinie 2000/43/EG auch auf andere Teile des Zivilrechts aus. Dabei bestehen auch keinerlei Anzeichen dafür, dass hiermit bereits das Ende dieser Entwicklung erreicht wurde.

Gerade der Diskussionsentwurf des Bundesministeriums der Justiz hat gezeigt, dass staatliche Stellen (ungezwungen) dazu tendieren, Diskriminierungsschutz möglichst weit auszudehnen[632]. Das lässt erwarten, dass sich die Vertragsfreiheit bei der Frage, mit wem Verträge abgeschlossen werden, zukünftig in engen Bahnen bewegen wird. Dabei ist die (negative) Abschlussfreiheit genauso betroffen wie die Gestaltungsfreiheit im Hinblick auf Verträge und andere Maßnahmen. Das wiederum wirft grundsätzliche Fragen auf.

Der Arbeitgeber ist – selbst wenn nur die durch die Richtlinie zwingend angeordneten Ziele im deutschen Recht umgesetzt werden – in seiner Vertragsfreiheit beschränkt. Er kann hinsichtlich der in Artikel 1 genannten Merkmale bei Abschluss von Verträgen nur noch unter engen Voraussetzungen differenzieren[633]. Auch trägt er – was praktisch noch bedeutender ist – für einen hinreichenden Sachgrund nach dem Willen des Richtliniengebers die Beweislast. Mögliche Folgen aus dieser Beweislastumkehr sind bereits angeklungen. So muss der Arbeitgeber ständig damit rechnen, den Gegenbeweis führen zu müssen, wenn auch der Betroffene zuerst eine Diskriminierung darlegen muss. Das

---

[631] Adomeit, NJW 2002, 1622, 1623; wohl a.A. nach den Ausführungen von: Von Koppenfels, WM 2002, 1489, 1493.

[632] Bundesministerium der Justiz, Diskussionsentwurf eines Gesetzes zur Verhinderung von Diskriminierungen im Zivilrecht, vom 10.12.2001, S. 2-13.

[633] Vgl. dazu auch: Bauer, NJW 2001, 2672, 2673; Thüsing, NJW-Editorial, Heft 24/2002; Adomeit, NJW 2002, 1622, 1622; von Koppenfels, WM 2002, 1489, 1491 f.

kann zu einer großen Menge von Protokollmaßnahmen veranlassen, die einen hohen bürokratischen Aufwand bedeuten. Zwar zeigen die Erfahrungen mit § 611 a BGB, dass eine missbräuchliche Prozessflut in Deutschland nicht unbedingt zu erwarten ist[634]. Allerdings liegt das nicht daran, dass das Gesetz eine gerechte Interessenabwägung enthält, sondern daran dass in Deutschland die Tradition nicht besonders ausgeprägt ist, aufgrund von Geschlechterdiskriminierungen am Arbeitsplatz Schadensersatzprozesse zu führen.

Festzuhalten ist also, dass die Privatautonomie des Arbeitgebers durch die Umsetzung der Richtlinie eingeschränkt werden wird. Der Privatautonomie werden Schranken gesetzt. Ob das mit grundgesetzlichen Wertungen noch in Einklang zu bringen ist, kann bezweifelt werden. Die Vertragsfreiheit ist durch Artikel 2 Absatz 1 GG geschützt. Dabei ist zu sehen, dass es sich nicht um eine absolute, einschränkungslos geschützte Rechtsposition handelt, sondern andere Werte von Verfassungsrang dieses Recht einzuschränken vermögen[635]. Hier fallen sofort Artikel 3 Absatz 1 und 3 GG ein. Allerdings sind dort nicht alle Merkmale des Artikels 1 der Richtlinie 2000/78/EG erwähnt. Auch enthält das Grundgesetz diesbezüglich keinen dem Artikel 3 Absatz 2 Satz 2 GG entsprechenden Verfassungsauftrag, der auch eine weitergehende Einschränkung der Vertragsfreiheit auf Verfassungsebene zu rechtfertigen vermag[636].

Zwar gilt auch weiterhin der Grundsatz, dass es kein Grundrecht des Arbeitgebers auf Diskriminierungen gibt[637]. Dieser Satz darf aber nicht darüber hinwegtäuschen, dass die Richtlinie Vorgaben zur Umsetzung von Verboten mittelbarer Diskriminierung macht, deren Feststellung nicht klar zu treffen ist. Vielmehr wird pauschalisierend, ohne Rücksicht auf den Einzelfall, vorgegangen. Die zusätzlich angeordnete Beweislastumkehr bringt für den Arbeitgeber nicht nur Rechtfertigungsdruck, sondern auch Rechtsunsicherheiten:

Er muss sich nicht nur für seine Entscheidungen rechtfertigen, was rechtsstaatlich durchaus geboten sein kann; für den Arbeitgeber besteht vielmehr die Gefahr, dass ihm der Gegenbeweis nur unter sehr großem Aufwand gelingen kann. Diese Umstände beeinflussen sein (eigentlich privatautonomes) Verhalten nachhaltig. Möchte der Arbeitgeber ein für ihn unwägbares Prozessrisiko vermeiden, würde ihn die Logik eigentlich zwingen, eine Entscheidung zu treffen, die betriebswirtschaftlich wenig sinnvoll ist[638]. Er müsste den Bewerber mit den meis-

---

[634] siehe dazu PHI-Beilage 2002 zu Heft 5, 1, 1.
[635] Richardi/Annuß in Staudinger, § 611 a BGB, Rn. 13.
[636] Vgl. dazu: Hanau in GS Kahn-Freund, 457, 475; Richardi/Annuß in Staudinger, § 611 a BGB, Rn. 14; KR/Pfeiffer, § 611 a BGB, Rn. 6.
[637] Hanau in FS Freund-Kahn, 457, 475; kritisch dazu: Fastrich, RdA 2000, 65, 71 f.
[638] Waas, ZIP 2000, 2151, 2155; Hornung-Draus, Arbeitgeber 2000, 14, 15;

ten oder mit den am deutlichsten ausgeprägten Diskriminierungsmerkmalen auswählen. Aber selbst dann ist nicht ausgeschlossen, dass ein anderer Bewerber eine Diskriminierung aufgrund eines anderen Merkmals glaubhaft vorbringen kann. Der Abschluss von Verträgen wird nach der Richtlinienumsetzung im deutschen Recht in einigen Bereichen zu einem schwer kalkulierbaren Risiko[639].

Hinzuweisen ist in diesem Zusammenhang auf die nach deutschem Recht wohl bestehende und in ihrer Höhe noch immer ungeklärte Schadensersatzpflicht des Arbeitgebers. Mildernd wirken an dieser Stelle die möglichen Ausnahmebereiche, die der nationale Gesetzgeber vorsehen kann. In den übrigen Bereichen führen die zwingenden europäischen Anforderungen dazu, das deutsche Verständnis von der Privatautonomie des Arbeitgebers, mit seiner Abschluss- und Gestaltungsfreiheit, einzuschränken. Wo eine Vereinbarkeit des § 611 a BGB mit den Grundrechten des Arbeitgebers bereits bezweifelt wurde[640], muss diese bei Ausweitung auf die Merkmale der Richtlinie 2000/78/EG und das weite Verständnis vom Begriff der mittelbaren Diskriminierung nun ganz verneint werden.

Wenngleich eine vollständige Vereinbarkeit der Richtlinienvorgaben mit Verfassungsrecht nicht festgestellt wurde, so muss man dennoch festhalten, dass gegen Artikel 23 Absatz 1 GG (i.V.m. Artikel 79 Absatz 3 GG) wohl noch nicht verstoßen worden ist. Selbst wenn zu den in Artikel 1 und 20 GG niedergelegten Grundsätzen auch ein Mindestmaß an Möglichkeiten privatautonomer Betätigung gehören sollte[641], verbleibt dem Arbeitgeber trotz strenger Vorgaben in einem bestimmten Bereich noch hinreichend Freiheit und Betätigungspotential.

Nicht übersehen werden darf schließlich, dass eine starke Einschränkung der Vertragsfreiheit und damit der freien Marktwirtschaft an sich vor dem Hintergrund der Ziele Europas nicht widerspruchsfrei ist: Während auf der einen Seite der freie Markt nach gemeinschaftsrechtlichem Verständnis als Motor für allgemeinen Wohlstand verstanden wird, Artikel 98 EGV, und man versucht, Kartellbildungen zu verhindern, um den offenen Markt zu bewahren, wird auf der anderen Seite in zentralen Sektoren die Vertragsfreiheit immer weiter eingeschränkt[642].

Braun, JuS 2002, 424, 424; FAZ, Ideologische Rechtspolitik, vom 21.05.2002, S. 14.

639 Braun, JuS 2002, 424, 425; Adomeit, NJW 2002, 1622, 1623; Thüsing, NJW 2002, Editorial.

640 Vgl. KR/Pfeiffer, § 611 a BGB, Rn. 6.

641 Kritisch nach den Ausführungen von Lücke in Sachs, Artikel 79 GG, Rn. 31 ff.; Pieroth in Jarass/Pieroth, Artikel 79 GG, Rn. 6 ff.: Berührt sind die Grundsätze der Artikel 1 und 20 GG nur bei prinzipieller Preisgabe.

642 Adomeit, NJW 2002, 1622, 1622 f.; FAZ, Ideologische Rechtspolitik, vom 21.05.2002, S. 14.

Das hat für den deutschen Gesetzgeber Konsequenzen. Er hat sich aufgrund der Normhierarchie an die Vorgaben des Richtliniengebers zu halten, ohne über sie hinausgehen zu dürfen[643]. Überall wo er das ungezwungen tut, droht dem entsprechenden Gesetz wegen Verfassungsverstoßes die Nichtigkeit.

2. Berufs- und Eigentumsfreiheit

Für den Arbeitgeber stellt ein merkmalsbezogenes Diskriminierungsverbot auch eine Einschränkung seiner Berufsfreiheit dar[644]. Zwar sind die verpönten Merkmale in ihrer Anzahl - verglichen zum bloßen Diskriminierungsverbot aufgrund des Geschlechts - gestiegen, das ändert aber nichts daran, dass die gesetzliche Einschränkung nur eine Berufsausübungsregelung darstellen wird.

Auf dieser untersten Stufe der Einschränkungen sind bereits Regelungen zulässig, die für die Erreichung vernünftiger Erwägungen des Gemeinwohls zweckmäßig sind[645]. Ein Diskriminierungsschutz zugunsten der Merkmalsträger im Arbeitsrecht ist eine vernünftige Gemeinwohlerwägung. Sieht der Gesetzgeber in seinen Umsetzungsregelungen zudem die möglichen Ausnahmebereiche vor, so bestehen keine Verstöße gegen den Verhältnismäßigkeitsgrundsatz und damit keine Kollisionen mit der Berufsfreiheit aus Artikel 12 Absatz 1 GG.

Artikel 14 GG wird bereits in seinem Schutzbereich nicht betroffen. Artikel 14 Absatz 1 GG schützt nur und allenfalls bereits erworbene Positionen und Güter. Nicht umfasst ist jedoch der eigentliche Erwerb. Hier greift Artikel 12 GG[646]. Das betrifft auch das Recht am eingerichteten und ausgeübten Gewerbebetrieb. Diskriminierungsschutz ist maßgeblich auf die Zukunft gerichtet und greift somit nicht in erworbene Vermögenswerte ein. Intendiert ist eine Verhaltensänderung bezüglich zukünftiger Betätigungen. Hier sind Verstöße gegen grundgesetzliche Positionen des Arbeitgebers also nicht erkennbar.

---

[643] Hier zeigt sich nochmals die Fragwürdigkeit des Ansatzes des Diskussionsentwurfes für ein Gesetz zur Verhinderung von Diskriminierungen im Zivilrecht, BMJ, vom 10.12.2001, der die Merkmale der Richtlinie 2000/78/EG auf den Anwendungsbereich der Richtlinie 2000/43/EG projiziert und damit über die Anforderungen der Richtlinie 2000/43/EG deutlich hinausgeht. Auch: Geis, Pressemitteilung vom 03.12.2001, http://www.csu-landesgruppe.de/infoservice/pressemitteilungen_detail.jsp?ID=3065; Dennoch beklagen zahlreiche Interessengruppen, dass der Gesetzentwurf der Ministeriums nicht weit genug gehe. Vgl. nur: Paritätischer Wohlfahrtsverband, Stellungnahme, S. 2; Pro Asyl, Stellungnahme, S. 1; Büro gegen Altersdiskriminierung, Stellungnahme, S. 1; Deutscher Juristinnenbund, Stellungnahme, S. 1; Antidiskriminierungsinitiativen NRW, Stellungnahme, S. 3; AWO, Stellungnahme, S. 1; DGB, Stellungnahme, S. 4.

[644] Richardi/Annuß in Staudinger, § 611 a BGB, Rn. 15.

[645] BVerfGE 7, 377, 400 ff.; BVerfGE 70, 1, 28; Jarass in Jarass/Pieroth, Artikel 12 GG, Rn. 28.

[646] Jarass in Jarass/Pieroth, Artikel 14 GG, Rn. 8; BVerfGE 30, 292, 335; BGHZ 98, 341, 351; BGHZ 92, 34, 46; BVerwGE 66, 301, 303 ff.; wohl a.A.: KR/Pfeiffer, § 611 a BGB, Rn. 5.

II. Diskriminierung durch Diskriminierungsschutz

In der Methode, mit der auf europäischer Ebene versucht wird, Diskriminierungsschutz zu erreichen, kann wiederum eine Ungleichbehandlung gesehen werden. Es mag zunächst absurd klingen, dass eine Diskriminierung auch durch Diskriminierungsschutz geschehen kann. Führt man sich aber vor Augen, dass die zu verteilenden Güter begrenzt sind und ein Verbot der Benachteiligung des einen immer die Benachteiligung eines anderen zur Folge haben muss, so wird eine negative Reflexwirkung eines jeden Diskriminierungsschutzes deutlich.

Hier muss man zwei Blickrichtungen voneinander abgrenzen. Auf der einen Seite steht das Konzept eines partiellen Diskriminierungsschutzes, die andere Seite betrifft das Feld der umgekehrten Diskriminierungen.

1. Partieller Diskriminierungsschutz

Nach der Richtlinie 76/207/EWG, die eine Ungleichbehandlung aufgrund des Geschlechts im Arbeitsrecht verbietet und die durch eine neue Richtlinie weiter ergänzt worden ist[647], verpönen die Richtlinien 2000/78/EG und 2000/43/EG weitestgehend Ungleichbehandlungen, die an die Merkmale Religion, Weltanschauung, Behinderung, Alter, sexuelle Ausrichtung, Rasse und ethnische Zugehörigkeit anknüpfen. Dies erweitert den Diskriminierungsschutz erheblich. Das Extrahieren bestimmter Kriterien, an die ein Diskriminierungsschutz anknüpfen darf, führt aber nie zu einem vollständigen Schutz. Solange nur punktuell vorgegangen wird, muss Diskriminierungsschutz unvollständig bleiben[648].

Die Anzahl der Kriterien, die prinzipiell eine Minderheitenstellung begründen könnten, ist unüberschaubar. Eine Auswahl von Merkmalen bedeutet deren Pointierung. Dabei werden andere Minderheitengruppen ignoriert. Die Entscheidung, bestimmte Merkmalsträger unter einen besonderen Schutz zu stellen, ist dabei auch nicht mehr als das Ergebnis gesellschaftlicher Konventionen. Die Auswahl ist einer gesellschaftlichen Wahl unterworfen[649]. Für die dadurch entstehende Ungleichbehandlung können auch keine plausiblen Gründe angeführt werden.

---

[647] Vgl. dazu: Vorschlag für eine Richtlinie des Europäischen Parlaments und des Rates zur Änderung der Richtlinie 76/207/EWG des Rates zur Verwirklichung des Grundsatzes der Gleichbehandlung von Männern und Frauen vom 07.06.2000, KOM(2000) 334 endgültig, 2000/0142 (COD), S. 1-25.

[648] Thüsing, ZfA 2001, 397, 414; Jochum, ZRP 1999, 279, 280; vgl. dazu auch: Kahlweit, http://www.nrwgegendiskriminierung.de/de/docs/aktuelles.html, S. 3; von Koppenfels, WM 2002, 1489, 1494.

[649] Die Beschränktheit des Ansatzes erkennt auch der Ausschuss der Regionen: Erwägung 1.14 der Stellungnahme des Ausschusses der Regionen vom 12.04.2000, Abl. C 226/1 vom 08.08.2000, S. 3; siehe auch: Thüsing, ZfA 2001, 397, 414; ILGA, Sexuelle Orientierung, S. 31.

Betrachtet man die Rechtslage in verschiedenen Ländern, so zeigen sich dort ganz unterschiedliche Schwerpunktsetzungen[650]. Zwar bestehen nachvollziehbare Motivationen für einen besonderen Schutz bestimmter Personengruppen, nicht jedoch für ein Ignorieren anderer. Das Konzept eines punktuellen Vorgehens ist folglich dem Grunde nach ein fragwürdiges. Auf diese Weise tastet sich das Europäische Recht „vom einen zum anderen Diskriminierungsverbot vor, ohne die Begrenztheit dieses selektiven Ansatzes zu überwinden“[651].

Allerdings liegen die Gründe für ein solches Vorgehen unter anderem schon im Primärrecht verwurzelt. Solange die Europäischen Gemeinschaften nicht über die Kompetenzen zur Statuierung eines allgemeinen Gleichheitssatzes verfügen, ist ein umfassender Diskriminierungsschutz nicht möglich.

Diese eher formale Argumentation kann schließlich auch aufgegriffen werden, wenn es um den Geltungsbereich und die Ausnahmebereiche einer Richtlinie geht. Sie lässt sich bereits anführen, wenn es um die Frage geht, warum die Richtlinie 2000/78/EG auf die Bereiche Beschäftigung und Beruf beschränkt bleiben soll[652]:

Vielfach liegt Beschränkungen einfach nur der beschränkte Kompetenzgedanke zu Grunde, der aber die Ungleichbehandlung materiell nicht zu rechtfertigen vermag. Die unterschiedliche Behandlung dieser und jener Betroffenen erscheint vor dem dargelegten Hintergrund willkürlich gesellschaftlich ausgewählt. Das lässt sich etwa an der möglichen Sonderstellung der Kirchen bezüglich des Anwendungsbereichs der Richtlinie 2000/78/EG zeigen:

Es wurde dargestellt, dass die Mitgliedstaaten vorsehen können, dass die Richtlinie in bestimmten Bereichen für die Kirchen nicht gilt, Artikel 4 Absatz 2 RL 2000/78/EG[653]. Zwingend ist diese Ausnahmestellung europarechtlich dagegen nicht[654]. Die Entscheidung des Richtliniengebers für einen (möglicherweise nur) eingeschränkten Schutz kirchlicher Angestellter ist damit eine politische, ohne überzeugende rechtliche Grundlage. Führt man diesen Gedanken weiter, so bleibt auch rechtlich ungeklärt, warum die Richtlinie nicht auf weitere Felder

---

[650] So existiert in Irland das Verbot, wegen Zugehörigkeit zum fahrenden Volk zu diskriminieren. Frankreich verbietet eine Arbeitnehmerdiskriminierung aufgrund Familienstand und Sitten. Nachweise bei: Thüsing, ZfA 2001, 397, 414 f.; vgl. den Überblick der international verschiedenen verpönten Merkmale bei: Blanpain, Bulletin of Comparative Labour Relations, pages 53-206.

[651] Thüsing, ZfA 2001, 397, 415.

[652] Vgl. zu diesem Ansatzpunkt: Erwägung 2.3 der Stellungnahme des Wirtschafts- und Sozialausschusses vom 25.05.2000 (Anhang III), Abl. C 204/82 vom 18.07.2000, S. 83 f.; Erwägung 8 der Mitteilung der Kommission an die Mitgliedstaaten (Anhang II), Abl. C 127/2 vom 05.05.2000, S. 2.

[653] Vgl.: Kapitel C. IV. 2. h.

[654] Zum Streitstand: Kapitel G. IV. 2.

ausgedehnt wird, in denen die Europäischen Gemeinschaften Regelungskompetenzen haben[655].

Diese Ausführungen betreffen auch die verpönten Merkmale der Richtlinie 2000/78/EG untereinander. Es genügt ein kurzer Blick, um festzustellen, dass eine sachlich gerechtfertigte Ungleichbehandlung aufgrund des Alters unter einfacheren Bedingungen zulässig ist als eine Ungleichbehandlung wegen einer Behinderung[656]. Dadurch entsteht der Eindruck eines willkürlichen hierarchischen Schutzsystems.

Zudem erscheint die nur schrittweise Ergänzung der Antidiskriminierungsrichtlinien um einen Belästigungsschutz willkürlich. In diesem Zusammenhang sind auch die geringeren Anforderungen an eine mittelbare Diskriminierung, so wie sie sich im Laufe der Zeit entwickelt haben, zu nennen. Hier besteht die Gefahr, dass zwischen den Diskriminierungsformen eine Hierarchie gesehen wird, die ohne jeden sachlichen Grund wäre[657].

Man muss demnach konstatieren, dass schon konzeptionell der an vielen Stellen angesprochene und erstrebte umfassende Diskriminierungsschutz[658] nach der Konzeption des Richtliniengebers nicht erreicht werden kann.

2. Umgekehrte Diskriminierung

Die zweite Blickrichtung betrifft die Möglichkeit, Merkmalsträger im Sinne der Richtlinie 2000/78/EG sogar zu bevorzugen, Artikel 7 Absatz 1 RL 2000/78/EG. Artikel 5 der Richtlinie 2000/43/EG zeigt, dass derselbe Gedanke auf die Umsetzung dieser Richtlinie übertragen werden kann. Inwieweit eine Bevorzugung von Merkmalsträgern zulässig ist, bleibt jedoch offen. Die Schwierigkeiten sind seit der Umsetzung der Richtlinie 76/207/EWG bekannt und betreffen die Frage nach der Zulässigkeit und Reichweite einer Quotenregelung.

---

655 Dabei drängt sich der Vergleich zum erheblich weiteren Anwendungsbereich der Richtlinie 2000/43/EG auf. Vgl. dazu: Artikel 3 der Richtlinie 2000/43/EG vom 29.06.2000 (Anhang IV), Abl. L 180/22 vom 19.07.2000, S. 24.

656 So auch: Schmidt/Senne, RdA 2002, 80, 89.

657 Erwägung 1.13 des Ausschusses der Regionen vom 12.04.2000, Abl. C 226/1 vom 08.08.2000, S. 3; ILGA, Sexuelle Orientierung, S. 31.

658 Vgl. dazu etwa: Einleitung der Stellungnahme des Ausschusses der Regionen vom 12.04.2000, Abl. C 226/1 vom 08.08.2000, S. 2; Erwägung 2.6 der Stellungnahme des Wirtschafts- und Sozialausschusses vom 25.05.2000 (Anhang III), Abl. C 204/82 vom 18.07.2000, S. 84; Erwägung 11 der Richtlinie 2000/78/EG vom 27.11.2000 (Anhang I), Abl. L 303/16 vom 02.12.2000, S. 16 f.

Der Richtliniengeber hat jedoch an dieser Stelle keine Angaben gemacht, unter welchen Voraussetzungen eine Quotenregelung europarechtlich zulässig sein soll[659]. Insofern bringen die neuen Antidiskriminierungsrichtlinien in dieser Frage keine Klarheit. Es muss auf die bisherige Diskussion verwiesen werden.

An dieser Stelle interessiert aber nicht, in welchem rechtlichen Rahmen eine Quotierung möglich ist; vielmehr genügt die Feststellung, dass es eine solche Möglichkeit gibt. Nunmehr ergibt sich die absurde Konsequenz, dass je weiter ein Diskriminierungsschutz ausgedehnt wird, desto weiter auch eine Belastung der „normalen", nicht Merkmalscharaktere reicht. Denn je mehr Merkmale in das Diskriminierungsschutzprogramm aufgenommen werden, umso mehr wirkt sich zahlenmäßig die Bevorzugung der Merkmalsträger aus. Damit geht aber stets eine Zurückstellung der nicht einbezogenen Personengruppen einher[660]. Die Besserstellung bisher diskriminierter Personen ist zunächst immer eine Diskriminierung aufgrund des eigentlich verpönten Merkmals.

Damit zeigt sich im Prinzip eine Tendenz zu einer staatlich organisierten, immer weitergehenden Abkehr vom allgemeinen Gleichheitssatz. Problematisch ist daran, dass Merkmalsträger nicht aufgrund einer besseren Eignung bevorzugt werden und damit eine Benachteiligung der Nicht-Merkmalsträger erfolgt. Diese Benachteiligung kommt nur vor, weil in der Vergangenheit Merkmalsträger ebenso benachteiligt worden sind. Hier bestehen Reibungen: Auf der einen Seite verpflichtet der allgemeine Gleichheitssatz, vorhandene Unterschiede zu respektieren; auf der anderen Seite wird gefordert, die Unterschiede durch partielle Ungleichbehandlung anzugleichen[661]. Geht der europäische Diskriminierungsschutz diesen Weg weiter, so sind hier Einschränkungen geboten[662].

Auf nationaler Ebene wird die Diskussion entschärft, indem auf weiche Quoten abgestellt wird. Die Richtlinien erwähnen die Problematik dagegen nicht. Die dadurch entstehenden Rechtsunsicherheiten tragen zur Förderung eines Diskriminierungsschutzes nicht bei.

Es ist fraglich, wie in der Praxis eine positive Maßnahme zugunsten von Merkmalsträgern aussehen kann. Manche der genannten Merkmale eignen sich gar nicht für eine rechtliche Privilegierung. Würde man auch in diesem Teil der

---

[659] Thüsing, ZfA 2001, 397, 415.

[660] Di Fabio, AöR 122 (1997), 404, 407; Buchner in Münchener Handbuch zum Arbeitsrecht Band I, § 40, Rn. 187 ff.; BVerfGE 12, 354, 367; Rüfner in BK, Artikel 3 II und III GG, Rn. 765; Jochum, ZRP 1999, 279, 280.

[661] Di Fabio, AöR 122 (1997), 404, 408 und 442 f.

[662] Thüsing, ZfA 2001, 397, 417: In den USA ist eine Bevorzugung etwa nur zulässig, wenn der Arbeitgeber oder seine Branche in der Vergangenheit diskriminiert haben. Die Zulässigkeit von Quoten hängt dort folglich von einer konkreten Betrachtung ab. Vgl. auch: Herrmann, ZfA 1998, 133, 151 ff.

Richtlinienumsetzung Parallelen zur Richtlinienumsetzung 76/207/EWG ziehen, so bedeutete dies etwa, dass der Anteil der Homosexuellen, Transsexuellen u.s.w. zunächst bestimmt werden müsste. Der Arbeitgeber könnte dann diese Personengruppen bis zur Erreichung dieses Anteils gemessen an allen Beschäftigten im Betrieb besonders behandeln. Eine Person könnte demzufolge durch die bloße Behauptung, eine homo- oder bisexuelle Orientierung zu haben, in den Genuss der Privilegierung kommen. Beweisbar wäre eine solche Orientierung nicht, sie gehört zum Intimbereich eines jeden Menschen. Gleiches gilt für die Merkmale Religionszugehörigkeit und politische Anschauung.

Eine sinnvolle Vorgehensweise bei der Bevorzugung ist damit nicht zu finden. Steigern lässt sich die Verwirrung, wenn sich in einer Person mehrere Merkmale kumulieren. Der deutsche Gesetzgeber ist demnach gut beraten, wenn er von der Befugnis nach Artikel 7 Absatz 1 RL 2000/78/EG nur insoweit Gebrauch macht, wie sie sich auch realisieren lässt.

III. Diskriminierungsschutz durch Verbote

Der Grundgedanke eines Diskriminierungsschutzes ist der Schutz des sozial Schwächeren. Der moralische Wert einer Gesellschaft bemisst sich schließlich daran, wie sie mit den Schwächsten ihrer Mitglieder umgeht. Insoweit ist die Ausweitung des Diskriminierungsschutzes etwas Positives, wenngleich mit der Ausdehnung zahlreiche rechtliche Probleme verbunden sind.

Diskriminierung ist in erster Linie ein gesellschaftliches Phänomen. Viele Aspekte des Alltags spielen dabei eine Rolle. Diese reichen von Vorurteilen bis hin zu Entscheidungen des Einzelnen von gewisser Bedeutung für seine Mitmenschen in den Bereichen Politik und Wirtschaft[663]. Die rechtliche Komponente ist dabei nur ein Teilbereich. Dennoch besteht oftmals der Anspruch des Gesetzgebers, das Phänomen Diskriminierung tatsächlich durch Gesetze vollständig bekämpfen zu können[664].

Dabei besteht ein Widerspruch zwischen dem Gesetz als Mittel und dem zu erreichenden Ziel. Antidiskriminierung bedeutet immer Integration. Die Antidiskriminierungsrichtlinien und entsprechende nationale Umsetzungsregelungen

---

[663] EUMC, Jahresbericht 2000, S. 14-97 (Die Lage in den Mitgliedstaaten); Zimbardo, Psychologie, S. 647 ff.

[664] Diederichsen, NJW 2000, 1841, 1841; Powietzka, BB 2002, 146, 146; Bundesministerium der Justiz, Diskussionsentwurf für ein Gesetz zur Verhinderung von Diskriminierungen im Zivilrecht, S. 14: „Die Einwirkung insbesondere des Gleichheitsgrundsatzes auf die Gesellschaft hat dazu geführt, dass dieser in den Beziehungen der Bürger untereinander weithin zur Selbstverständlichkeit geworden ist. (...) (Einige) Fälle belegen, dass die Beachtung des Gleichheitsgrundsatzes noch nicht für alle Bürger zur Selbstverständlichkeit geworden ist. Dies aber will der Entwurf erreichen und rechtlich absichern." Dazu auch: PHI-Beilage 2002 zu Heft 5, 1, 10.

sehen aber positive Maßnahmen zur Förderung bislang diskriminierter Gruppen bis hin zu deren Gleichstellung vor bzw. berechtigen den nationalen Gesetzgeber solche vorzunehmen und heben damit besonders heraus, statt zu integrieren[665].

Daran schließt sich die grundsätzliche Frage an, ob eine umfassende Verhaltenssteuerung von Menschen mit dem Mittel der (gesetzlichen) Ver- und Gebote sinnvoll ist[666]. Soziale Interaktion zwischen Menschen mit dem Ziel, dass diese sich an bestimmten gesellschaftlichen Wertevorstellungen orientieren, ist durch Zwang nur teilweise erreichbar. Zum Teil werden daher Anreizmechanismen vorgeschlagen, die das Verhalten indirekt steuern[667]. Hier besteht folglich die Idee einer freiwilligen Motivation. Ge- und Verbote, die gewissermaßen aufoktroyiert werden, treten dem Privaten immer in Gestalt eines Übels gegenüber. Die umfassende Bekämpfung von Diskriminierungen als gesamtgesellschaftliche Erscheinungsform kann so *allein* nicht funktionieren. Ansonsten würde der Einzelne versuchen, Wege zu finden, um gesetzliche Regelungen zu umgehen. Einhergehen mit Ge- und Verboten muss demnach immer ein Verständnis und möglichst breite Zustimmung der Adressaten. Hier zeigt sich eine Grenze der Möglichkeit des Mediums Recht zur Handlungssteuerung von Menschen[668].

Auf europäischer Ebene ist die Unzulänglichkeit isolierter Maßnahmen in Form von Ge- und Verboten erkannt worden. Zusammen mit den Richtlinien 2000/78/EG und 2000/43/EG ist man sich über ein Aktionsprogramm zur Bekämpfung von Diskriminierungen (2001-2006) einig geworden[669]. Speziell für den Bereich des Arbeitsmarktes hat sich zudem die Gemeinschaftsinitiative

---

[665] Hailbronner, ZAR 2001, 254, 258 f.; von Hentig, Ach, die Werte, S. 69 ff.; wenn man dagegen die Kultur und die moralischen Werte einer Gesellschaft als Ergebnis einer gewaltsamen Oktroyierung ansähe, wäre wohl das Gesetz das einzig wirksame Mittel zur Bekämpfung sozialer Phänomene. Vgl.: Sofsky, Traktat über die Gewalt, S. 209 ff.

[666] Hailbronner, ZAR 2001, 254, 254; vgl. dazu auch: Mohn, Erfolg durch Partnerschaft, S. 25, 120 ff.; Avenarius, Rechtsordnung, S. 3 f.

[667] So etwa im Umweltrecht, vgl. HGF-Projekt, Abschlussbericht, S. 9 f.; Krumm, http://www.sbg.ac.at/erz/salzburger_beitraege/fruehling98/krumm.htm, S. 8 f.

[668] EUMC, Jahresbericht 2000, S. 16-20 und 64-97; Thüsing, NJW 2000, Heft 24, Editorial; Willke, Entzauberung des Staates, S. 54-56, 62 f., 76-80, 129, 137; Erwägung 1.6 der Stellungnahme des Wirtschafts- und Sozialausschusses vom 25.05.2000 (Anhang III), Abl. C 204/82 vom 18.07.2000, S. 83; vgl. hierzu auch die Parallele zu staatlichen Maßnahmen im Gesundheitsschutz und der Seuchenprävention: Czada/Friedrich-Czada, http://www.fernuni-hagen.de/POLAD/hypertexte/Aidspolitik-Title.html, S. 6 f.; vgl. auch: Zimbardo, Psychologie, S. 652 f.; dies wird auch in einigen Stellungnahmen von Interessengruppen erkennbar, die die Stärkung von Beratungs- und Aufklärungsstellen fordern: Antidiskriminierungsinitiativen NRW, Stellungnahme, S. 3; Paritätischer Wohlfahrtsverband, Stellungnahme, S. 1; vgl. auch Erwägung 2.13 der Stellungnahme des Wirtschafts- und Sozialausschusses vom 25.05.2000 (Anhang III), Abl. C 204/82, S. 84.

[669] Beschluss 2000/750/EG des Rates über ein Aktionsprogramm vom 27.11.2000 (Anhang V), Abl. L 303/23 vom 02.12.2000, S. 23 ff.

EQUAL gebildet, die die transnationale Zusammenarbeit bei der Förderung neuer Methoden zur Bekämpfung von Diskriminierungen stärken möchte[670]. Gemeinsam ist beiden Programmen, dass sie sich zum Ziel setzen, Wesen und Auswirkungen von Diskriminierungen zu ergründen, die Sensibilität hierfür zu steigern und engagierte Organisationen bei deren Arbeit zu unterstützen. Dies wird als notwendige Ergänzung zur Bekämpfung von Diskriminierungen mit rechtlichen Mitteln angesehen[671]. Dabei steht die Stärkung des Bewusstseins für das Vorhandensein von Diskriminierungen im Zentrum. Diese Maßnahmen dürfen neben zwingenden rechtlichen Vorgaben nicht ignoriert werden, wenn es das Ziel ist, Diskriminierungen gesellschaftlich möglichst breit anzugehen.

IV. Resümee

Alle aufgezeigten rechtlichen Schwierigkeiten dürfen am Ende nicht den Blick dafür verstellen, dass die Idee der Gleichheit aller Menschen etwas Vornehmes ist. Das betrifft insbesondere in Zeiten stagnierender Wirtschaft und steigender Arbeitslosigkeit das Arbeitsrecht. Der Arbeitsplatz erhält gerade in heutiger Zeit eine zentrale Rolle bei der Entwicklung und Entfaltung der Persönlichkeit des Einzelnen.

Die Konsequenz der zahlreichen rechtlichen Probleme bei der Umsetzung der Richtlinien in nationales Recht darf eben nicht sein, einen Diskriminierungsschutz möglichst zu unterlassen. Das Recht muss im Rahmen seiner Möglichkeiten Wege finden, um Diskriminierungen im gesellschaftlichen Leben zu verhindern. An diesem Ziel kann es keine berechtigte Kritik geben. Gleichwohl muss über den zu beschreitenden Weg noch viel gestritten werden.

Das betrifft insbesondere eine klare Begrifflichkeit hinsichtlich der verwendeten Rechtstermini. Nur so kann den Betroffenen ihr Recht und den Adressaten ihre Pflicht klar auf der Hand liegen. Ein Diskriminierungsschutzprogramm, das unklare Begrifflichkeiten verwendet, streut Rechtsunsicherheit und steht dem eigentlichen Ziel im Wege.

Man darf bei allem schließlich auch nicht vergessen, dass jede Verbotsnorm dem Einzelnen ein Stück seiner Freiheit nimmt. Das mag sinnvoll sein, muss aber jedes Mal mit dem zu erreichenden Ziel abgewogen werden. Insbesondere die Diskussion um die Reichweite und Gestaltung der „positiven Maßnahmen", Artikel 7 Absatz 1 RL 2000/78/EG, die schon aus der Debatte um die Gleichbehandlung der Geschlechter bekannt ist, lässt zur Vorsicht mahnen.

---

[670] Mitteilung der Kommission an die Mitgliedstaaten (Anhang II), Abl. C 127/2 vom 05.05.2000, S. 2 ff.

[671] Beschluss 2000/750/EG des Rates über ein Aktionsprogramm vom 27.11.2000 (Anhang V), Abl. L 303/23 vom 02.12.2000, S. 24 f.

So bemerkenswert die Idee einer Gesellschaft ohne Diskriminierungen auch ist, so sehr führt sich ein Diskriminierungsschutz, der nur bewirkt, dass nunmehr andere Personengruppen, die zuvor nicht von Diskriminierungen betroffen waren, diskriminiert werden, ad absurdum.

J. Anhang

I. Anhang I

Richtlinie 2000/78/EG des Rates vom 27.11.2000 zur Festlegung eines allgemeinen Rahmens für die Verwirklichung der Gleichbehandlung in Beschäftigung und Beruf, Abl. L 303/16 vom 02.12.2000

RICHTLINIE 2000/78/EG DES RATES
vom 27. November 2000
zur Festlegung eines allgemeinen Rahmens für die Verwirklichung der Gleichbehandlung in Beschäftigung und Beruf

DER RAT DER EUROPAISCHEN UNION —

gestutzt auf den Vertrag zur Grundung der Europaischen Gemeinschaft, insbesondere auf Artikel 13,

auf Vorschlag der Kommission (1),

nach Stellungnahme des Europaischen Parlaments (2),

nach Stellungnahme des Wirtschafts- und Sozialausschusses (3),

nach Stellungnahme des Ausschusses der Regionen (4),

in Erwagung nachstehender Grunde

(1) Nach Artikel 6 Absatz 2 des Vertrags uber die Europaische Union beruht die Europaische Union auf den Grundsatzen der Freiheit, der Demokratie, der Achtung der Menschenrechte und Grundfreiheiten sowie der Rechtsstaatlichkeit; diese Grundsatze sind allen Mitgliedstaaten gemeinsam. Die Union achtet die Grundrechte, wie sie in der Europaischen Konvention zum Schutze der Menschenrechte und Grundfreiheiten gewahrleistet sind und wie sie sich aus den gemeinsamen Verfassungsuberlieferungen der Mitgliedstaaten als allgemeine Grundsatze des Gemeinschaftsrechts ergeben.

(2) Der Grundsatz der Gleichbehandlung von Mannern und Frauen wurde in zahlreichen Rechtsakten der Gemeinschaft fest verankert, insbesondere in der Richtlinie 76/207/EWG des Rates vom 9 Februar 1976 zur Verwirklichung des Grundsatzes der Gleichbehandlung von Mannern und Frauen hinsichtlich des Zugangs zur Beschaftigung, zur Berufsbildung und zum beruflichen Aufstieg sowie in Bezug auf die Arbeitsbedingungen (5).

(3) Bei der Anwendung des Grundsatzes der Gleichbehandlung ist die Gemeinschaft gemaß Artikel 3 Absatz 2 des EG-Vertrags bemuht, Ungleichheiten zu beseitigen und die Gleichstellung von Mannern und Frauen zu fordern, zumal Frauen haufig Opfer mehrfacher Diskriminierung sind

(4) Die Gleichheit aller Menschen vor dem Gesetz und der Schutz vor Diskriminierung ist ein allgemeines Menschenrecht; dieses Recht wurde in der Allgemeinen Erklarung der Menschenrechte, im VN-Ubereinkommen zur Beseitigung aller Formen der Diskriminierung von Frauen, im Internationalen Pakt der VN uber burgerliche und politische Rechte, im Internationalen Pakt der VN uber wirtschaftliche, soziale und kulturelle Rechte sowie in der Europaischen Konvention zum Schutze der Menschenrechte und Grundfreiheiten anerkannt, die von allen Mitgliedstaaten unterzeichnet wurden Das Ubereinkommen 111 der Internationalen Arbeitsorganisation untersagt Diskriminierungen in Beschaftigung und Beruf

(5) Es ist wichtig, dass diese Grundrechte und Grundfreiheiten geachtet werden Diese Richtlinie beruhrt nicht die Vereinigungsfreiheit, was das Recht jeder Person umfasst, zum Schutze ihrer Interessen Gewerkschaften zu grunden und Gewerkschaften beizutreten

(6) In der Gemeinschaftscharta der sozialen Grundrechte der Arbeitnehmer wird anerkannt, wie wichtig die Bekampfung jeder Art von Diskriminierung und geeignete Maßnahmen zur sozialen und wirtschaftlichen Eingliederung alterer Menschen und von Menschen mit Behinderung sind

(7) Der EG-Vertrag nennt als eines der Ziele der Gemeinschaft die Forderung der Koordinierung der Beschaftigungspolitiken der Mitgliedstaaten. Zu diesem Zweck wurde in den EG-Vertrag ein neues Beschaftigungskapitel eingefugt, das die Grundlage bildet fur die Entwicklung einer koordinierten Beschaftigungsstrategie und fur die Forderung der Qualifizierung, Ausbildung und Anpassungsfahigkeit der Arbeitnehmer

(8) In den vom Europaischen Rat auf seiner Tagung am 10 und 11 Dezember 1999 in Helsinki vereinbarten beschaftigungspolitischen Leitlinien fur 2000 wird die Notwendigkeit unterstrichen, einen Arbeitsmarkt zu schaffen, der die soziale Eingliederung fordert, indem ein ganzes Bundel aufeinander abgestimmter Maßnahmen getroffen wird, die darauf abstellen, die Diskriminierung von benachteiligten Gruppen, wie den Menschen mit Behinderung, zu bekampfen Ferner wird betont, dass der Unterstutzung alterer Arbeitnehmer mit dem Ziel der Erhohung ihres Anteils an der Erwerbsbevolkerung besondere Aufmerksamkeit gebuhrt

(9) Beschaftigung und Beruf sind Bereiche, die fur die Gewahrleistung gleicher Chancen fur alle und fur eine volle Teilhabe der Burger am wirtschaftlichen, kulturellen und sozialen Leben sowie fur die individuelle Entfaltung von entscheidender Bedeutung sind

(10) Der Rat hat am 29 Juni 2000 die Richtlinie 2000/43/EG (6) zur Anwendung des Gleichbehandlungsgrundsatzes ohne Unterschied der Rasse oder der ethnischen Herkunft angenommen, die bereits einen Schutz vor solchen Diskriminierungen in Beschaftigung und Beruf gewahrleistet

(11) Diskriminierungen wegen der Religion oder der Weltanschauung, einer Behinderung, des Alters oder der sexuellen Ausrichtung konnen die Verwirklichung der im EG-Vertrag festgelegten Ziele unterminieren, insbesondere die Erreichung eines hohen Beschaftigungsniveaus

(1) ABl C 177 E vom 27 6 2000, S 42
(2) Stellungnahme vom 12 Oktober 2000 (noch nicht im Amtsblatt veroffentlicht)
(3) ABl C 204 vom 18 7 2000, S 82
(4) ABl C 226 vom 8 8 2000, S 1
(5) ABl L 39 vom 14 2 1976, S 40
(6) ABl L 180 vom 19 7 2000, S 22

und eines hohen Maßes an sozialem Schutz, die Hebung des Lebensstandards und der Lebensqualität, den wirtschaftlichen und sozialen Zusammenhalt, die Solidarität sowie die Freizügigkeit.

(12) Daher sollte jede unmittelbare oder mittelbare Diskriminierung wegen der Religion oder der Weltanschauung, einer Behinderung, des Alters oder der sexuellen Ausrichtung in den von der Richtlinie abgedeckten Bereichen gemeinschaftsweit untersagt werden. Dieses Diskriminierungsverbot sollte auch für Staatsangehörige dritter Länder gelten, betrifft jedoch nicht die Ungleichbehandlungen aus Gründen der Staatsangehörigkeit und lässt die Vorschriften über die Einreise und den Aufenthalt von Staatsangehörigen dritter Länder und ihren Zugang zu Beschäftigung und Beruf unberührt.

(13) Diese Richtlinie findet weder Anwendung auf die Sozialversicherungs- und Sozialschutzsysteme, deren Leistungen nicht einem Arbeitsentgelt in dem Sinne gleichgestellt werden, der diesem Begriff für die Anwendung des Artikels 141 des EG-Vertrags gegeben wurde, noch auf Vergütungen jeder Art seitens des Staates, die den Zugang zu einer Beschäftigung oder die Aufrechterhaltung eines Beschäftigungsverhältnisses zum Ziel haben.

(14) Diese Richtlinie berührt nicht die einzelstaatlichen Bestimmungen über die Festsetzung der Altersgrenzen für den Eintritt in den Ruhestand.

(15) Die Beurteilung von Tatbeständen, die auf eine unmittelbare oder mittelbare Diskriminierung schließen lassen, obliegt den einzelstaatlichen gerichtlichen Instanzen oder anderen zuständigen Stellen nach den einzelstaatlichen Rechtsvorschriften oder Gepflogenheiten; in diesen einzelstaatlichen Vorschriften kann insbesondere vorgesehen sein, dass mittelbare Diskriminierung mit allen Mitteln, einschließlich statistischer Beweise, festzustellen ist.

(16) Maßnahmen, die darauf abstellen, den Bedürfnissen von Menschen mit Behinderung am Arbeitsplatz Rechnung zu tragen, spielen eine wichtige Rolle bei der Bekämpfung von Diskriminierungen wegen einer Behinderung.

(17) Mit dieser Richtlinie wird unbeschadet der Verpflichtung, für Menschen mit Behinderung angemessene Vorkehrungen zu treffen, nicht die Einstellung, der berufliche Aufstieg, die Weiterbeschäftigung oder die Teilnahme an Aus- und Weiterbildungsmaßnahmen einer Person vorgeschrieben, wenn diese Person für die Erfüllung der wesentlichen Funktionen des Arbeitsplatzes oder zur Absolvierung einer bestimmten Ausbildung nicht kompetent, fähig oder verfügbar ist.

(18) Insbesondere darf mit dieser Richtlinie den Streitkräften sowie der Polizei, den Haftanstalten oder den Notfalldiensten unter Berücksichtigung des rechtmäßigen Ziels, die Einsatzbereitschaft dieser Dienste zu wahren, nicht zur Auflage gemacht werden, Personen einzustellen oder weiter zu beschäftigen, die nicht den jeweiligen Anforderungen entsprechen, um sämtliche Aufgaben zu erfüllen, die ihnen übertragen werden können.

(19) Ferner können die Mitgliedstaaten zur Sicherung der Schlagkraft ihrer Streitkräfte sich dafür entscheiden, dass die eine Behinderung und das Alter betreffenden Bestimmungen dieser Richtlinie auf alle Streitkräfte oder einen Teil ihrer Streitkräfte keine Anwendung finden. Die Mitgliedstaaten, die eine derartige Entscheidung treffen, müssen den Anwendungsbereich dieser Ausnahmeregelung festlegen.

(20) Es sollten geeignete Maßnahmen vorgesehen werden, d. h. wirksame und praktikable Maßnahmen, um den Arbeitsplatz der Behinderung entsprechend einzurichten, z. B. durch eine entsprechende Gestaltung der Räumlichkeiten oder eine Anpassung des Arbeitsgeräts, des Arbeitsrhythmus, der Aufgabenverteilung oder des Angebots an Ausbildungs- und Einarbeitungsmaßnahmen.

(21) Bei der Prüfung der Frage, ob diese Maßnahmen zu übermäßigen Belastungen führen, sollten insbesondere der mit ihnen verbundene finanzielle und sonstige Aufwand sowie die Größe, die finanziellen Ressourcen und der Gesamtumsatz der Organisation oder des Unternehmens und die Verfügbarkeit von öffentlichen Mitteln oder anderen Unterstützungsmöglichkeiten berücksichtigt werden.

(22) Diese Richtlinie lässt die einzelstaatlichen Rechtsvorschriften über den Familienstand und davon abhängige Leistungen unberührt.

(23) Unter sehr begrenzten Bedingungen kann eine unterschiedliche Behandlung gerechtfertigt sein, wenn ein Merkmal, das mit der Religion oder Weltanschauung, einer Behinderung, dem Alter oder der sexuellen Ausrichtung zusammenhängt, eine wesentliche und entscheidende berufliche Anforderung darstellt, sofern es sich um einen rechtmäßigen Zweck und eine angemessene Anforderung handelt. Diese Bedingungen sollten in die Informationen aufgenommen werden, die die Mitgliedstaaten der Kommission übermitteln.

(24) Die Europäische Union hat in ihrer der Schlussakte zum Vertrag von Amsterdam beigefügten Erklärung Nr. 11 zum Status der Kirchen und weltanschaulichen Gemeinschaften ausdrücklich anerkannt, dass sie den Status, den Kirchen und religiöse Vereinigungen oder Gemeinschaften in den Mitgliedstaaten nach deren Rechtsvorschriften genießen, achtet und ihn nicht beeinträchtigt und dass dies in gleicher Weise für den Status von weltanschaulichen Gemeinschaften gilt. Die Mitgliedstaaten können in dieser Hinsicht spezifische Bestimmungen über die wesentlichen, rechtmäßigen und gerechtfertigten beruflichen Anforderungen beibehalten oder vorsehen, die Voraussetzung für die Ausübung einer diesbezüglichen beruflichen Tätigkeit sein können.

(25) Das Verbot der Diskriminierung wegen des Alters stellt ein wesentliches Element zur Erreichung der Ziele der beschäftigungspolitischen Leitlinien und zur Förderung der Vielfalt im Bereich der Beschäftigung dar. Ungleichbehandlungen wegen des Alters können unter bestimmten Umständen jedoch gerechtfertigt sein und erfordern daher besondere Bestimmungen, die je nach der Situation der Mitgliedstaaten unterschiedlich sein können. Es ist daher unbedingt zu unterscheiden zwischen einer Ungleichbehandlung, die insbesondere durch rechtmäßige Ziele im Bereich der Beschäftigungspolitik, des Arbeitsmarktes und der beruflichen Bildung gerechtfertigt ist, und einer Diskriminierung, die zu verbieten ist.

(26) Das Diskriminierungsverbot sollte nicht der Beibehaltung oder dem Erlass von Maßnahmen entgegenstehen, mit denen bezweckt wird, Benachteiligungen von Personen mit einer bestimmten Religion oder Weltanschauung, einer bestimmten Behinderung, einem bestimmten Alter oder einer bestimmten sexuellen Ausrichtung zu verhindern oder auszugleichen, und diese Maßnahmen können die Einrichtung und Beibehaltung von Organisationen von Personen mit einer bestimmten Religion oder Weltanschauung, einer bestimmten Behinderung, einem bestimmten Alter oder einer bestimmten sexuellen Ausrichtung zulassen, wenn deren Zweck hauptsächlich darin besteht, die besonderen Bedürfnisse dieser Personen zu fördern.

(27) Der Rat hat in seiner Empfehlung 86/379/EWG vom 24. Juli 1986 [1] zur Beschäftigung von Behinderten in der Gemeinschaft einen Orientierungsrahmen festgelegt, der Beispiele für positive Aktionen für die Beschäftigung und Berufsbildung von Menschen mit Behinderung anführt; in seiner Entschließung vom 17. Juni 1999 betreffend gleiche Beschäftigungschancen für behinderte Menschen [2] hat er bekräftigt, dass es wichtig ist, insbesondere der Einstellung, der Aufrechterhaltung des Beschäftigungsverhältnisses sowie der beruflichen Bildung und dem lebensbegleitenden Lernen von Menschen mit Behinderung besondere Aufmerksamkeit zu widmen.

(28) In dieser Richtlinie werden Mindestanforderungen festgelegt, es steht den Mitgliedstaaten somit frei, günstigere Vorschriften einzuführen oder beizubehalten. Die Umsetzung dieser Richtlinie darf nicht eine Absenkung des in den Mitgliedstaaten bereits bestehenden Schutzniveaus rechtfertigen.

(29) Opfer von Diskriminierungen wegen der Religion oder Weltanschauung, einer Behinderung, des Alters oder der sexuellen Ausrichtung sollten über einen angemessenen Rechtsschutz verfügen. Um einen effektiveren Schutz zu gewährleisten, sollte auch die Möglichkeit bestehen, dass sich Verbände oder andere juristische Personen unbeschadet der nationalen Verfahrensordnung bezüglich der Vertretung und Verteidigung vor Gericht bei einem entsprechenden Beschluss der Mitgliedstaaten im Namen eines Opfers oder zu seiner Unterstützung an einem Verfahren beteiligen.

(30) Die effektive Anwendung des Gleichheitsgrundsatzes erfordert einen angemessenen Schutz vor Viktimisierung.

(31) Eine Änderung der Regeln für die Beweislast ist geboten, wenn ein glaubhafter Anschein einer Diskriminierung besteht. Zur wirksamen Anwendung des Gleichbehandlungsgrundsatzes ist eine Verlagerung der Beweislast auf die beklagte Partei erforderlich, wenn eine solche Diskriminierung nachgewiesen ist. Allerdings obliegt es dem Beklagten nicht, nachzuweisen, dass der Kläger einer bestimmten Religion angehört, eine bestimmte Weltanschauung hat, eine bestimmte Behinderung aufweist, ein bestimmtes Alter oder eine bestimmte sexuelle Ausrichtung hat.

(32) Die Mitgliedstaaten können davon absehen, die Regeln für die Beweislastverteilung auf Verfahren anzuwenden, in denen die Ermittlung des Sachverhalts dem Gericht oder der zuständigen Stelle obliegt. Dies betrifft Verfahren, in denen die klagende Partei den Beweis des Sachverhalts, dessen Ermittlung dem Gericht oder der zuständigen Stelle obliegt, nicht anzutreten braucht.

(33) Die Mitgliedstaaten sollten den Dialog zwischen den Sozialpartnern und im Rahmen der einzelstaatlichen Gepflogenheiten mit Nichtregierungsorganisationen mit dem Ziel fördern, gegen die verschiedenen Formen von Diskriminierung am Arbeitsplatz anzugehen und diese zu bekämpfen.

(34) In Anbetracht der Notwendigkeit, den Frieden und die Aussöhnung zwischen den wichtigsten Gemeinschaften in Nordirland zu fördern, sollten in diese Richtlinie besondere Bestimmungen aufgenommen werden.

(35) Die Mitgliedstaaten sollten wirksame, verhältnismäßige und abschreckende Sanktionen für den Fall vorsehen, dass gegen die aus dieser Richtlinie erwachsenden Verpflichtungen verstoßen wird.

(36) Die Mitgliedstaaten können den Sozialpartnern auf deren gemeinsamen Antrag die Durchführung der Bestimmungen dieser Richtlinie übertragen, die in den Anwendungsbereich von Tarifverträgen fallen, sofern sie alle erforderlichen Maßnahmen treffen, um jederzeit gewährleisten zu können, dass die durch diese Richtlinie vorgeschriebenen Ergebnisse erzielt werden.

(37) Im Einklang mit dem Subsidiaritätsprinzip nach Artikel 5 des EG-Vertrags kann das Ziel dieser Richtlinie, nämlich die Schaffung gleicher Ausgangsbedingungen in der Gemeinschaft bezüglich der Gleichbehandlung in Beschäftigung und Beruf, auf der Ebene der Mitgliedstaaten nicht ausreichend erreicht werden und kann daher wegen des Umfangs und der Wirkung der Maßnahme besser auf Gemeinschaftsebene verwirklicht werden. Im Einklang mit dem Verhältnismäßigkeitsprinzip nach jenem Artikel geht diese Richtlinie nicht über das für die Erreichung dieses Ziels erforderliche Maß hinaus —

HAT FOLGENDE RICHTLINIE ERLASSEN:

KAPITEL I

ALLGEMEINE BESTIMMUNGEN

Artikel 1

Zweck

Zweck dieser Richtlinie ist die Schaffung eines allgemeinen Rahmens zur Bekämpfung der Diskriminierung wegen der Religion oder der Weltanschauung, einer Behinderung, des Alters oder der sexuellen Ausrichtung in Beschäftigung und Beruf im Hinblick auf die Verwirklichung des Grundsatzes der Gleichbehandlung in den Mitgliedstaaten.

Artikel 2

Der Begriff „Diskriminierung"

(1) Im Sinne dieser Richtlinie bedeutet „Gleichbehandlungsgrundsatz", dass es keine unmittelbare oder mittelbare Diskriminierung wegen eines der in Artikel 1 genannten Gründe geben darf.

(2) Im Sinne des Absatzes 1

a) liegt eine unmittelbare Diskriminierung vor, wenn eine Person wegen eines der in Artikel 1 genannten Gründe in einer vergleichbaren Situation eine weniger günstige Behandlung erfährt, als eine andere Person erfährt, erfahren hat oder erfahren würde;

b) liegt eine mittelbare Diskriminierung vor, wenn dem Anschein nach neutrale Vorschriften, Kriterien oder Verfahren Personen mit einer bestimmten Religion oder Weltanschauung, einer bestimmten Behinderung, eines bestimmten Alters oder mit einer bestimmten sexuellen Ausrichtung gegenüber anderen Personen in besonderer Weise benachteiligen können, es sei denn:

   i) diese Vorschriften, Kriterien oder Verfahren sind durch ein rechtmäßiges Ziel sachlich gerechtfertigt, und die Mittel sind zur Erreichung dieses Ziels angemessen und erforderlich, oder

[1] ABl. L 225 vom 12.8.1986, S. 43.
[2] ABl. C 186 vom 2.7.1999, S. 3.

ii) der Arbeitgeber oder jede Person oder Organisation, auf die diese Richtlinie Anwendung findet, ist im Falle von Personen mit einer bestimmten Behinderung aufgrund des einzelstaatlichen Rechts verpflichtet, geeignete Maßnahmen entsprechend den in Artikel 5 enthaltenen Grundsätzen vorzusehen, um die sich durch diese Vorschrift, dieses Kriterium oder dieses Verfahren ergebenden Nachteile zu beseitigen.

(3) Unerwünschte Verhaltensweisen, die mit einem der Gründe nach Artikel 1 in Zusammenhang stehen und bezwecken oder bewirken, dass die Würde der betreffenden Person verletzt und ein von Einschüchterungen, Anfeindungen, Erniedrigungen, Entwürdigungen oder Beleidigungen gekennzeichnetes Umfeld geschaffen wird, sind Belästigungen, die als Diskriminierung im Sinne von Absatz 1 gelten. In diesem Zusammenhang können die Mitgliedstaaten den Begriff „Belästigung" im Einklang mit den einzelstaatlichen Rechtsvorschriften und Gepflogenheiten definieren.

(4) Die Anweisung zur Diskriminierung einer Person wegen eines der Gründe nach Artikel 1 gilt als Diskriminierung im Sinne des Absatzes 1.

(5) Diese Richtlinie berührt nicht die im einzelstaatlichen Recht vorgesehenen Maßnahmen, die in einer demokratischen Gesellschaft für die Gewährleistung der öffentlichen Sicherheit, die Verteidigung der Ordnung und die Verhütung von Straftaten, zum Schutz der Gesundheit und zum Schutz der Rechte und Freiheiten anderer notwendig sind.

Artikel 3

Geltungsbereich

(1) Im Rahmen der auf die Gemeinschaft übertragenen Zuständigkeiten gilt diese Richtlinie für alle Personen in öffentlichen und privaten Bereichen, einschließlich öffentlicher Stellen, in Bezug auf

a) die Bedingungen — einschließlich Auswahlkriterien und Einstellungsbedingungen — für den Zugang zu unselbständiger und selbständiger Erwerbstätigkeit, unabhängig von Tätigkeitsfeld und beruflicher Position, einschließlich des beruflichen Aufstiegs;

b) den Zugang zu allen Formen und allen Ebenen der Berufsberatung, der Berufsausbildung, der beruflichen Weiterbildung und der Umschulung, einschließlich der praktischen Berufserfahrung;

c) die Beschäftigungs- und Arbeitsbedingungen, einschließlich der Entlassungsbedingungen und des Arbeitsentgelts;

d) die Mitgliedschaft und Mitwirkung in einer Arbeitnehmer- oder Arbeitgeberorganisation oder einer Organisation, deren Mitglieder einer bestimmten Berufsgruppe angehören, einschließlich der Inanspruchnahme der Leistungen solcher Organisationen.

(2) Diese Richtlinie betrifft nicht unterschiedliche Behandlungen aus Gründen der Staatsangehörigkeit und berührt nicht die Vorschriften und Bedingungen für die Einreise von Staatsangehörigen dritter Länder oder staatenlosen Personen in das Hoheitsgebiet der Mitgliedstaaten oder deren Aufenthalt in diesem Hoheitsgebiet sowie eine Behandlung, die sich aus der Rechtsstellung von Staatsangehörigen dritter Länder oder staatenlosen Personen ergibt.

(3) Diese Richtlinie gilt nicht für Leistungen jeder Art seitens der staatlichen Systeme oder der damit gleichgestellten Systeme einschließlich der staatlichen Systeme der sozialen Sicherheit oder des sozialen Schutzes.

(4) Die Mitgliedstaaten können vorsehen, dass diese Richtlinie hinsichtlich von Diskriminierungen wegen einer Behinderung und des Alters nicht für die Streitkräfte gilt.

Artikel 4

Berufliche Anforderungen

(1) Ungeachtet des Artikels 2 Absätze 1 und 2 können die Mitgliedstaaten vorsehen, dass eine Ungleichbehandlung wegen eines Merkmals, das im Zusammenhang mit einem der in Artikel 1 genannten Diskriminierungsgründe steht, keine Diskriminierung darstellt, wenn das betreffende Merkmal aufgrund der Art einer bestimmten beruflichen Tätigkeit oder der Bedingungen ihrer Ausübung eine wesentliche und entscheidende berufliche Anforderung darstellt, sofern es sich um einen rechtmäßigen Zweck und eine angemessene Anforderung handelt.

(2) Die Mitgliedstaaten können in Bezug auf berufliche Tätigkeiten innerhalb von Kirchen und anderen öffentlichen oder privaten Organisationen, deren Ethos auf religiösen Grundsätzen oder Weltanschauungen beruht, Bestimmungen in ihren zum Zeitpunkt der Annahme dieser Richtlinie geltenden Rechtsvorschriften beibehalten oder in künftigen Rechtsvorschriften Bestimmungen vorsehen, die zum Zeitpunkt der Annahme dieser Richtlinie bestehende einzelstaatliche Gepflogenheiten widerspiegeln und wonach eine Ungleichbehandlung wegen der Religion oder Weltanschauung einer Person keine Diskriminierung darstellt, wenn die Religion oder die Weltanschauung dieser Person nach der Art dieser Tätigkeiten oder der Umstände ihrer Ausübung eine wesentliche, rechtmäßige und gerechtfertigte berufliche Anforderung angesichts des Ethos der Organisation darstellt. Eine solche Ungleichbehandlung muss die verfassungsrechtlichen Bestimmungen und Grundsätze der Mitgliedstaaten sowie die allgemeinen Grundsätze des Gemeinschaftsrechts beachten und rechtfertigt keine Diskriminierung aus einem anderen Grund.

Sofern die Bestimmungen dieser Richtlinie im übrigen eingehalten werden, können die Kirchen und anderen öffentlichen oder privaten Organisationen, deren Ethos auf religiösen Grundsätzen oder Weltanschauungen beruht, im Einklang mit den einzelstaatlichen verfassungsrechtlichen Bestimmungen und Rechtsvorschriften von den für sie arbeitenden Personen verlangen, dass sie sich loyal und aufrichtig im Sinne des Ethos der Organisation verhalten.

Artikel 5

Angemessene Vorkehrungen für Menschen mit Behinderung

Um die Anwendung des Gleichbehandlungsgrundsatzes auf Menschen mit Behinderung zu gewährleisten, sind angemessene Vorkehrungen zu treffen. Das bedeutet, dass der Arbeitgeber die geeigneten und im konkreten Fall erforderlichen Maßnahmen ergreift, um den Menschen mit Behinderung den Zugang zur Beschäftigung, die Ausübung eines Berufes, den beruflichen Aufstieg und die Teilnahme an Aus- und Weiterbildungsmaßnahmen zu ermöglichen, es sei denn, diese Maßnahmen würden den Arbeitgeber unverhältnismäßig belasten. Diese Belastung ist nicht unverhältnismäßig, wenn sie durch geltende Maßnahmen im Rahmen der Behindertenpolitik des Mitgliedstaates ausreichend kompensiert wird.

Artikel 6

Gerechtfertigte Ungleichbehandlung wegen des Alters

(1) Ungeachtet des Artikels 2 Absatz 2 können die Mitgliedstaaten vorsehen, dass Ungleichbehandlungen wegen des Alters keine Diskriminierung darstellen, sofern sie objektiv und ange-

messen sind und im Rahmen des nationalen Rechts durch ein legitimes Ziel, worunter insbesondere rechtmäßige Ziele aus den Bereichen Beschäftigungspolitik, Arbeitsmarkt und berufliche Bildung zu verstehen sind, gerechtfertigt sind und die Mittel zur Erreichung dieses Ziels angemessen und erforderlich sind.

Derartige Ungleichbehandlungen können insbesondere Folgendes einschließen:

a) die Festlegung besonderer Bedingungen für den Zugang zur Beschäftigung und zur beruflichen Bildung sowie besonderer Beschäftigungs- und Arbeitsbedingungen, einschließlich der Bedingungen für Entlassung und Entlohnung, um die berufliche Eingliederung von Jugendlichen, älteren Arbeitnehmern und Personen mit Fürsorgepflichten zu fördern oder ihren Schutz sicherzustellen;

b) die Festlegung von Mindestanforderungen an das Alter, die Berufserfahrung oder das Dienstalter für den Zugang zur Beschäftigung oder für bestimmte mit der Beschäftigung verbundene Vorteile;

c) die Festsetzung eines Höchstalters für die Einstellung aufgrund der spezifischen Ausbildungsanforderungen eines bestimmten Arbeitsplatzes oder aufgrund der Notwendigkeit einer angemessenen Beschäftigungszeit vor dem Eintritt in den Ruhestand.

(2) Ungeachtet des Artikels 2 Absatz 2 können die Mitgliedstaaten vorsehen, dass bei den betrieblichen Systemen der sozialen Sicherheit die Festsetzung von Altersgrenzen als Voraussetzung für die Mitgliedschaft oder den Bezug von Altersrente oder von Leistungen bei Invalidität einschließlich der Festsetzung unterschiedlicher Altersgrenzen im Rahmen dieser Systeme für bestimmte Beschäftigte oder Gruppen bzw. Kategorien von Beschäftigten und die Verwendung im Rahmen dieser Systeme von Alterskriterien für versicherungsmathematische Berechnungen keine Diskriminierung wegen des Alters darstellt, solange dies nicht zu Diskriminierungen wegen des Geschlechts führt.

Artikel 7

Positive und spezifische Maßnahmen

(1) Der Gleichbehandlungsgrundsatz hindert die Mitgliedstaaten nicht daran, zur Gewährleistung der völligen Gleichstellung im Berufsleben spezifische Maßnahmen beizubehalten oder einzuführen, mit denen Benachteiligungen wegen eines in Artikel 1 genannten Diskriminierungsgrunds verhindert oder ausgeglichen werden.

(2) Im Falle von Menschen mit Behinderung steht der Gleichbehandlungsgrundsatz weder dem Recht der Mitgliedstaaten entgegen, Bestimmungen zum Schutz der Gesundheit und der Sicherheit am Arbeitsplatz beizubehalten oder zu erlassen, noch steht er Maßnahmen entgegen, mit denen Bestimmungen oder Vorkehrungen eingeführt oder beibehalten werden sollen, die einer Eingliederung von Menschen mit Behinderung in die Arbeitswelt dienen oder diese Eingliederung fördern.

Artikel 8

Mindestanforderungen

(1) Die Mitgliedstaaten können Vorschriften einführen oder beibehalten, die im Hinblick auf die Wahrung des Gleichbehandlungsgrundsatzes günstiger als die in dieser Richtlinie vorgesehenen Vorschriften sind.

(2) Die Umsetzung dieser Richtlinie darf keinesfalls als Rechtfertigung für eine Absenkung des von den Mitgliedstaaten bereits garantierten allgemeinen Schutzniveaus in Bezug auf Diskriminierungen in den von der Richtlinie abgedeckten Bereichen benutzt werden.

KAPITEL II

RECHTSBEHELFE UND RECHTSDURCHSETZUNG

Artikel 9

Rechtsschutz

(1) Die Mitgliedstaaten stellen sicher, dass alle Personen, die sich durch die Nichtanwendung des Gleichbehandlungsgrundsatzes in ihren Rechten für verletzt halten, ihre Ansprüche aus dieser Richtlinie auf dem Gerichts- und/oder Verwaltungsweg sowie, wenn die Mitgliedstaaten es für angezeigt halten, in Schlichtungsverfahren geltend machen können, selbst wenn das Verhältnis, während dessen die Diskriminierung vorgekommen sein soll, bereits beendet ist.

(2) Die Mitgliedstaaten stellen sicher, dass Verbände, Organisationen oder andere juristische Personen, die gemäß den in ihrem einzelstaatlichen Recht festgelegten Kriterien ein rechtmäßiges Interesse daran haben, für die Einhaltung der Bestimmungen dieser Richtlinie zu sorgen, sich entweder im Namen der beschwerten Person oder zu deren Unterstützung und mit deren Einwilligung an den in dieser Richtlinie zur Durchsetzung der Ansprüche vorgesehenen Gerichts- und/oder Verwaltungsverfahren beteiligen können.

(3) Die Absätze 1 und 2 lassen einzelstaatliche Regelungen über Fristen für die Rechtsverfolgung betreffend den Gleichbehandlungsgrundsatz unberührt.

Artikel 10

Beweislast

(1) Die Mitgliedstaaten ergreifen im Einklang mit ihrem nationalen Gerichtswesen die erforderlichen Maßnahmen, um zu gewährleisten, dass immer dann, wenn Personen, die sich durch die Nichtanwendung des Gleichbehandlungsgrundsatzes für verletzt halten und bei einem Gericht oder einer anderen zuständigen Stelle Tatsachen glaubhaft machen, die das Vorliegen einer unmittelbaren oder mittelbaren Diskriminierung vermuten lassen, es dem Beklagten obliegt zu beweisen, dass keine Verletzung des Gleichbehandlungsgrundsatzes vorgelegen hat.

(2) Absatz 1 lässt das Recht der Mitgliedstaaten, eine für den Kläger günstigere Beweislastregelung vorzusehen, unberührt.

(3) Absatz 1 gilt nicht für Strafverfahren.

(4) Die Absätze 1, 2 und 3 gelten auch für Verfahren gemäß Artikel 9 Absatz 2.

(5) Die Mitgliedstaaten können davon absehen, Absatz 1 auf Verfahren anzuwenden, in denen die Ermittlung des Sachverhalts dem Gericht oder der zuständigen Stelle obliegt.

Artikel 11

Viktimisierung

Die Mitgliedstaaten treffen im Rahmen ihrer nationalen Rechtsordnung die erforderlichen Maßnahmen, um die Arbeitnehmer vor Entlassung oder anderen Benachteiligungen durch den Arbeitgeber zu schützen, die als Reaktion auf eine Beschwerde innerhalb des betreffenden Unternehmens oder auf die Einleitung eines Verfahrens zur Durchsetzung des Gleichbehandlungsgrundsatzes erfolgen.

Artikel 12

Unterrichtung

Die Mitgliedstaaten tragen dafür Sorge, dass die gemäß dieser Richtlinie getroffenen Maßnahmen sowie die bereits geltenden einschlägigen Vorschriften allen Betroffenen in geeigneter Form, zum Beispiel am Arbeitsplatz, in ihrem Hoheitsgebiet bekannt gemacht werden.

Artikel 13

Sozialer Dialog

(1) Die Mitgliedstaaten treffen im Einklang mit den einzelstaatlichen Gepflogenheiten und Verfahren geeignete Maßnahmen zur Förderung des sozialen Dialogs zwischen Arbeitgebern und Arbeitnehmern mit dem Ziel, die Verwirklichung des Gleichbehandlungsgrundsatzes durch Überwachung der betrieblichen Praxis, durch Tarifverträge, Verhaltenskodizes, Forschungsarbeiten oder durch einen Austausch von Erfahrungen und bewährten Verfahren, voranzubringen.

(2) Soweit vereinbar mit den einzelstaatlichen Gepflogenheiten und Verfahren, fordern die Mitgliedstaaten Arbeitgeber und Arbeitnehmer ohne Eingriff in deren Autonomie auf, auf geeigneter Ebene Antidiskriminierungsvereinbarungen zu schließen, die die in Artikel 3 genannten Bereiche betreffen, soweit diese in den Verantwortungsbereich der Tarifparteien fallen. Die Vereinbarungen müssen den in dieser Richtlinie sowie den in den einschlägigen nationalen Durchführungsbestimmungen festgelegten Mindestanforderungen entsprechen.

Artikel 14

Dialog mit Nichtregierungsorganisationen

Die Mitgliedstaaten fördern den Dialog mit den jeweiligen Nichtregierungsorganisationen, die gemäß den einzelstaatlichen Rechtsvorschriften und Gepflogenheiten ein rechtmäßiges Interesse daran haben, sich an der Bekämpfung von Diskriminierung wegen eines der in Artikel 1 genannten Gründe zu beteiligen, um die Einhaltung des Grundsatzes der Gleichbehandlung zu fördern.

KAPITEL III

BESONDERE BESTIMMUNGEN

Artikel 15

Nordirland

(1) Angesichts des Problems, dass eine der wichtigsten Religionsgemeinschaften Nordirlands im dortigen Polizeidienst unterrepräsentiert ist, gilt die unterschiedliche Behandlung bei der Einstellung der Bediensteten dieses Dienstes — auch von Hilfspersonal — nicht als Diskriminierung, sofern diese unterschiedliche Behandlung gemäß den einzelstaatlichen Rechtsvorschriften ausdrücklich gestattet ist.

(2) Um eine Ausgewogenheit der Beschäftigungsmöglichkeiten für Lehrkräfte in Nordirland zu gewährleisten und zugleich einen Beitrag zur Überwindung der historischen Gegensätze zwischen den wichtigsten Religionsgemeinschaften Nordirlands zu leisten, finden die Bestimmungen dieser Richtlinie über Religion oder Weltanschauung keine Anwendung auf die Einstellung von Lehrkräften in Schulen Nordirlands, sofern dies gemäß den einzelstaatlichen Rechtsvorschriften ausdrücklich gestattet ist.

KAPITEL IV

SCHLUSSBESTIMMUNGEN

Artikel 16

Einhaltung

Die Mitgliedstaaten treffen die erforderlichen Maßnahmen, um sicherzustellen, dass

a) die Rechts- und Verwaltungsvorschriften, die dem Gleichbehandlungsgrundsatz zuwiderlaufen, aufgehoben werden;

b) die mit dem Gleichbehandlungsgrundsatz nicht zu vereinbarenden Bestimmungen in Arbeits- und Tarifverträgen, Betriebsordnungen und Statuten der freien Berufe und der Arbeitgeber- und Arbeitnehmerorganisationen für nichtig erklärt werden oder erklärt werden können oder geändert werden.

Artikel 17

Sanktionen

Die Mitgliedstaaten legen die Sanktionen fest, die bei einem Verstoß gegen die einzelstaatlichen Vorschriften zur Anwendung dieser Richtlinie zu verhängen sind, und treffen alle erforderlichen Maßnahmen, um deren Durchführung zu gewährleisten. Die Sanktionen, die auch Schadenersatzleistungen an die Opfer umfassen können, müssen wirksam, verhältnismäßig und abschreckend sein. Die Mitgliedstaaten teilen diese Bestimmungen der Kommission spätestens am 2. Dezember 2003 mit und melden alle sie betreffenden späteren Änderungen unverzüglich.

Artikel 18

Umsetzung der Richtlinie

Die Mitgliedstaaten erlassen die erforderlichen Rechts- und Verwaltungsvorschriften, um dieser Richtlinie spätestens zum 2. Dezember 2003 nachzukommen, oder können den Sozialpartnern auf deren gemeinsamen Antrag die Durchführung der Bestimmungen dieser Richtlinie übertragen, die in den Anwendungsbereich von Tarifverträgen fallen. In diesem Fall gewährleisten die Mitgliedstaaten, dass die Sozialpartner spätestens zum 2. Dezember 2003 im Weg einer Vereinbarung die erforderlichen Maßnahmen getroffen haben, dabei haben die Mitgliedstaaten alle erforderlichen Maßnahmen zu treffen, um jederzeit gewährleisten zu können, dass die durch diese Richtlinie vorgeschriebenen Ergebnisse erzielt werden. Sie setzen die Kommission unverzüglich davon in Kenntnis.

Um besonderen Bedingungen Rechnung zu tragen, können die Mitgliedstaaten erforderlichenfalls eine Zusatzfrist von drei Jahren ab dem 2. Dezember 2003, d. h. insgesamt sechs Jahre, in Anspruch nehmen, um die Bestimmungen dieser Richtlinie über die Diskriminierung wegen des Alters und einer Behinderung umzusetzen. In diesem Fall setzen sie die Kommission unverzüglich davon in Kenntnis. Ein Mitgliedstaat, der die Inanspruchnahme dieser Zusatzfrist beschließt, erstattet der Kommission jährlich Bericht über die von ihm ergriffenen Maßnahmen zur Bekämpfung der Diskriminierung wegen des Alters und einer Behinderung und über die Fortschritte, die bei der Umsetzung der Richtlinie erzielt werden konnten. Die Kommission erstattet dem Rat jährlich Bericht.

Wenn die Mitgliedstaaten derartige Vorschriften erlassen, nehmen sie in den Vorschriften selbst oder durch einen Hinweis bei der amtlichen Veroffentlichung auf diese Richtlinie Bezug Die Mitgliedstaaten regeln die Einzelheiten der Bezugnahme

Artikel 19

Bericht

(1) Bis zum 2 Dezember 2005 und in der Folge alle funf Jahre ubermitteln die Mitgliedstaaten der Kommission samtliche Informationen, die diese fur die Erstellung eines dem Europaischen Parlament und dem Rat vorzulegenden Berichts uber die Anwendung dieser Richtlinie benotigt.

(2) Die Kommission berucksichtigt in ihrem Bericht in angemessener Weise die Standpunkte der Sozialpartner und der einschlagigen Nichtregierungsorganisationen. Im Einklang mit dem Grundsatz der systematischen Berucksichtigung geschlechterspezifischer Fragen wird ferner in dem Bericht die Auswirkung der Maßnahmen auf Frauen und Manner bewertet Unter Berucksichtigung der ubermittelten Informationen enthalt der Bericht erforderlichenfalls auch Vorschlage fur eine Anderung und Aktualisierung dieser Richtlinie.

Artikel 20

Inkrafttreten

Diese Richtlinie tritt am Tag ihrer Veroffentlichung im *Amtsblatt der Europaischen Gemeinschaften* in Kraft

Artikel 21

Adressaten

Diese Richtlinie ist an die Mitgliedstaaten gerichtet

Geschehen zu Brussel am 27 November 2000

Im Namen des Rates

Der Prasident

É GUIGOU

II. Anhang II

Mitteilung der Kommission an die Mitgliedstaaten zur Festlegung der Leitlinien für die Gemeinschaftsinitiative EQUAL über die transnationale Zusammenarbeit bei der Förderung neuer Methoden zur Bekämpfung von Diskriminierungen und Ungleichheiten jeglicher Art im Zusammenhang mit dem Arbeitsmarkt, Abl. C 127/2 vom 05.05.2000

C 127/2 DE Amtsblatt der Europaischen Gemeinschaften 5.5.2000

MITTEILUNG DER KOMMISSION AN DIE MITGLIEDSTAATEN

zur Festlegung der Leitlinien für die Gemeinschaftsinitiative EQUAL über die transnationale Zusammenarbeit bei der Förderung neuer Methoden zur Bekämpfung von Diskriminierungen und Ungleichheiten jeglicher Art im Zusammenhang mit dem Arbeitsmarkt

(2000/C 127/02)

1. Am 14 April 2000 hat die Kommission der Europaischen Gemeinschaften die vorliegenden Leitlinien fur die Gemeinschaftsinitiative mit der Bezeichnung EQUAL genehmigt.

2 Im Rahmen von EQUAL wird eine Gemeinschaftsfinanzierung in Form von Zuschussen des Europaischen Sozialfonds (ESF) fur Tatigkeiten bereitgestellt, die die Leitlinien in der vorliegenden Bekanntmachung berucksichtigen und Teil von Vorschlagen sind, die von den einzelnen Mitgliedstaaten eingereicht und von der Kommission der Europaischen Gemeinschaften in Form von Programmen im Rahmen von Gemeinschaftsinitiativen (PGI) genehmigt werden. EQUAL erstreckt sich auf das gesamte Hoheitsgebiet der Europaischen Union

I ZIEL

3 Ziel von EQUAL ist die Forderung neuer Methoden zur Bekampfung von Diskriminierungen und Ungleichheiten jeglicher Art im Zusammenhang mit dem Arbeitsmarkt durch transnationale Zusammenarbeit Im Rahmen von EQUAL wird auch die soziale und berufliche Eingliederung von Asylbewerbern gebuhrend berucksichtigt.

II POLITISCHER KONTEXT

4 Die wachsende Interdependenz der Volkswirtschaften der Mitgliedstaaten hat zur Aufnahme eines neuen Beschaftigungstitels in den Vertrag von Amsterdam gefuhrt Darin ist eine koordinierte Beschaftigungsstrategie und die Festlegung von Leitlinien vorgesehen, welche die Mitgliedstaaten in ihrer Beschaftigungspolitik berucksichtigen. Die beschaftigungspolitischen Leitlinien (mit den vier Saulen Beschaftigungsfahigkeit, Unternehmergeist, Anpassungsfahigkeit und Chancengleichheit) sowie ihre Umsetzung in nationale Aktionsplane fur Beschaftigung (NAP) durch die Mitgliedstaaten bilden den Rahmen fur eine finanzielle Unterstutzung auf EU-Ebene, insbesondere uber die Strukturfonds

5 Die europaische Beschaftigungsstrategie will fur alle Gruppen auf dem Arbeitsmarkt ein hohes Beschaftigungsniveau herbeifuhren Wichtige Voraussetzung fur die Erreichung dieses Ziels ist die Entwicklung der Kompetenzen und der Beschaftigungsfahigkeit von Personen, die derzeit nicht in den Arbeitsmarkt integriert sind. Ebenso mussen die Kompetenzen der bereits Erwerbstatigen, vor allem der Beschaftigten in exponierten oder gefahrdeten Bereichen, verbessert bzw aktualisiert werden. Daruber hinaus sind die Kapazitaten fur unternehmerische Tatigkeit zu erweitern Auch die ausgewogene Beteiligung von Frauen und Mannern am Arbeitsmarkt ist sicherzustellen. Dies macht Maßnahmen erforderlich, die Ungleichheiten und Diskriminierungen sowohl bei Arbeitslosen als auch bei Beschaftigten gegensteuern

6. Um voll wirksam zu sein, muß die europaische Beschaftigungsstrategie in Aktionen auf lokaler und regionaler Ebene, in Stadten und landlichen Gebieten umgesetzt werden, d. h auf der geeigneten raumlichen Ebene, die lokale Zusammenarbeit ermoglicht. Sie verlangt neue Konzepte fur gemeinsame Prioritaten und die wirksame Verbreitung erfolgreicher Ideen

7. Der Europaische Sozialfonds (ESF) gehort zusammen mit den fur die Weiterentwicklung der Agrar- und Regionalpolitik zustandigen Fonds zu den Strukturfonds. Der ESF ist mit Maßnahmen zur Verhinderung und zur Bekampfung von Arbeitslosigkeit und zur Entwicklung der Humanressourcen sowie zur Forderung der Chancengleichheit aller beim Zugang zum Arbeitsmarkt befaßt. Insbesondere soll er einen Beitrag zu Maßnahmen leisten, welche die europaische Beschaftigungsstrategie unterstutzen

8 Auf Gemeinschaftsebene besteht eine integrierte Strategie zur Bekampfung von Diskriminierungen (insbesondere von Diskriminierungen aus Grunden des Geschlechts, der Rasse, der ethnischen Herkunft, der Religion oder der Weltanschauung, einer Behinderung, des Alters oder der sexuellen Ausrichtung) und von sozialer Ausgrenzung EQUAL mit dem Hauptgewicht auf dem Arbeitsmarkt wird Teil dieser Strategie sein Die Initiative wird andere einschlagige Politiken, Instrumente und Maßnahmen erganzen, die uber den Arbeitsmarkt hinausreichen, insbesondere die spezifischen Rechtsvorschriften und Aktionsprogramme im Rahmen der Artikel 13 und 137 des Vertrags. Die Kommission und die Mitgliedstaaten werden fur die Koharenz zwischen EQUAL und den entsprechenden Maßnahmen sorgen. EQUAL wird daher entscheidend zur Verknupfung der von der EU unterstutzten Aktionen im Rahmen der Artikel 13 und 137, den vom ESF unterstutzten Programmen und zu den politischen Zielen beitragen, die im Rahmen der Europaischen Beschaftigungsstrategie verfolgt werden.

III ALLGEMEINE GRUNDSÄTZE

Einleitung

9. Aufbauend auf den Erkenntnissen, die im Rahmen der Programme „Beschaftigung“ und ADAPT gewonnen wurden, soll EQUAL versuchsweise neue Wege zur Umsetzung der Beschaftigungspolitik entwickeln und verbreiten, um so Diskriminierungen und Ungleichheiten jeglicher Art zu bekampfen, die sowohl Menschen erleben, die Zugang zum Arbeitsmarkt suchen, als auch diejenigen, die diesen Zugang bereits gefunden haben. Dabei werden die besonderen Bedurfnisse von Asylbewerbern Beachtung finden, wobei ihrer speziellen Situation Rechnung zu tragen ist

10 EQUAL wird in einer Reihe von Themenbereichen tätig sein, die im Kontext der vier Säulen der Beschäftigungsstrategie und im Anschluß an Erörterungen mit den Mitgliedstaaten festgelegt werden. Dabei handelt es sich um die vorrangigen Bereiche, in denen nach Ansicht einer Reihe von Mitgliedstaaten eine transnationale Zusammenarbeit eine besssere Umsetzung der einzelstaatlichen Politiken erleichtern könnte. Gemäß Artikel 1 der Verordnung (EG) Nr. 1260/1999 ([1]) und den europäischen Beschäftigungsleitlinien werden die Mitgliedstaaten in jedem Themenbereich einen Ansatz verwenden, der auf der Einziehung der Dimension der Chancengleichheit zwischen Frauen und Männern in sämtliche Bereiche der Politik („Gender Mainstreaming") basiert.

11 EQUAL soll im Wege von Partnerschaften durchgeführt werden, die auf geographischer oder sektoraler Ebene eingerichtet werden und Entwicklungspartnerschaften (EP) genannt werden. Die beteiligten Partner entwickeln und vereinbaren die zu verfolgende Strategie wie auch die für ihre Verwirklichung einzusetzenden innovativen Konzepte. Die EP arbeiten transnational zusammen und beteiligen sich an der Verbreitung beispielhafter Lösungen und ihrer Integration in Politik und Praxis („Mainstreaming").

12 Die im Zuge von EQUAL entwickelten erfolgreichen Innovationen sollten breiten Kreisen zugänglich gemacht werden, um so die höchstmögliche politische Wirkung zu erzielen, und ggf. in die Strukturfondsprogramme nach Ziel 1, 2 und 3 und in die NAP übernommen werden.

13 EQUAL wird sich von den Strukturfondsprogrammen nach Ziel 1, 2 und 3 durch seinen Schwerpunkt auf der Erprobung neuer Wege zur Umsetzung politischer Prioritäten im Rahmen der europäischen Beschäftigungsstrategie und durch die Betonung der Partnerschaft in einem Kontext von transnationaler Zusammenarbeit unterscheiden.

Thematischer Ansatz

14 Die Mitgliedstaaten müssen ihre Strategie für EQUAL auf der Grundlage von Themenbereichen formulieren, die mit den vier Säulen der europäischen Beschäftigungsstrategie in Zusammenhang stehen. Innerhalb dieser Bereiche haben die Mitgliedstaaten sicherzustellen, daß ihre Vorschläge in erster Linie denjenigen zugute kommen, die den wichtigsten Formen von Diskriminierungen (aus Gründen des Geschlechts, der Rasse, der ethnischen Herkunft, der Religion oder der Weltanschauung, einer Behinderung, des Alters oder der sexuellen Ausrichtung) und von Ungleichheiten ausgesetzt sind. Alle entsprechenden Gruppen müssen uneingeschränkt Zugang zu jedem Themenbereich haben. Im Rahmen dieses horizontalen Ansatzes ist die Förderung der Gleichstellung von Frauen und Männern Teil der Themenbereiche aller vier Säulen, ebenso wird sie über spezifische Maßnahmen innerhalb der vierten Säule angestrebt.

15 Die Themenbereiche, die dem ersten Aufruf zur Einreichung von Vorschlägen zugrunde gelegt werden sollen, sind unten dargelegt. Die Liste der Themenbereiche kann vor Veröffentlichung weiterer Aufforderungen zur Einreichung von Vorschlägen überprüft werden, um den Entwicklungen auf dem Arbeitsmarkt und bei den Beschäftigungsleitlinien Rechnung zu tragen. Überarbeitungsvorschläge für die Themenbereiche wird die Kommission im Anschluß an die erforderlichen Beratungen vorlegen. Sie sollen dem Ausschuß gemäß Artikel 147 des Vertrages nach einer Erörterung im Beschäftigungsausschuß zur Zustimmung übermittelt und dem Europäischen Parlament vorgelegt werden.

Themenbereiche für den ersten Aufruf zur Einreichung von Vorschlägen

16 Bei Festlegung ihrer Strategie auf der Grundlage der genannten Themen sollten sich die Mitgliedstaaten am Ideal einer Verbesserung des Angebots an bzw. der Nachfrage nach hochwertigen, zukunftsfähigen Arbeitsplätzen orientieren. Sie sollten ebenso zur wirksamen Nutzung der vorhandenen Mechanismen (beispielsweise derjenigen, die es für den sozialen Dialog gibt) anregen, um diejenigen, die Zugang zum Arbeitsmarkt haben, für die Faktoren zu sensibilisieren, die zur Diskriminierung, zu Ungleichheiten und zur Ausgrenzung von bestimmten Gruppen im Zusammenhang mit dem Arbeitsmarkt führen.

Beschäftigungsfähigkeit

a) Erleichterung des Zugangs zum bzw. der Rückkehr auf den Arbeitsmarkt für diejenigen, denen die Eingliederung oder Wiedereingliederung in einen Arbeitsmarkt Schwierigkeiten bereitet, der allen offenstehen muß.

b) Bekämpfung von Rassismus und Fremdenfeindlichkeit auf dem Arbeitsmarkt.

Unternehmergeist

c) Erleichterung der Unternehmensgründung für alle durch Bereitstellung der Instrumente, die für die Gründung von Unternehmen und für die Ermittlung und Nutzung von neuen Möglichkeiten der Arbeitsplatzschaffung in städtischen und ländlichen Gebieten erforderlich sind.

d) Stärkung der Sozialwirtschaft (des Dritten Sektors), insbesondere der Dienstleistungen im Interesse der Allgemeinheit, wobei der Schwerpunkt auf die Verbesserung der Qualität der Arbeitsplätze zu legen ist.

Anpassungsfähigkeit

e) Förderung des lebenslangen Lernens und einer integrationsfördernden Arbeitsgestaltung, welche die Einstellung und Weiterbeschäftigung von Menschen unterstützt, die Diskriminierungen und Ungleichheiten im Zusammenhang mit dem Arbeitsmarkt ausgesetzt sind.

f) Förderung der Anpassungsfähigkeit von Unternehmen und Arbeitnehmern gegenüber dem strukturellen wirtschaftlichen Wandel sowie der Nutzung der Informationstechnik und anderer neuer Techniken.

([1]) Verordnung (EG) Nr. 1260/1999 des Rates vom 21. Juni 1999 mit allgemeinen Bestimmungen über die Strukturfonds.

Chancengleichheit von Frauen und Männern

g) Erleichterung der Vereinbarkeit von Familie und Beruf sowie Wiedereingliederung von Frauen und Männern, die aus dem Arbeitsmarkt ausgeschieden sind, durch Entwicklung von flexibleren und wirksameren Formen der Arbeitsorientierung und Unterstützungsdiensten.

h) Abbau der geschlechtsspezifischen Diskrepanzen zwischen Frauen und Männern auf dem Arbeitsmarkt und Förderung einer Aufhebung der Geschlechtertrennung im Beruf

17. Die Mitgliedstaaten werden nur die Themenbereiche auswählen, in denen sie kooperieren möchten. Zusätzlich muß jeder Mitgliedstaat zumindest einen Grundbestand an Maßnahmen zugunsten von Asylbewerbern, entsprechend dem Umfang des Problems in dem Mitgliedstaat, vorsehen.

18. In der Regel wird von den Mitgliedstaaten erwartet, daß sie für jeden Aufruf zur Einreichung von Vorschlägen mindestens einen Themenbereich innerhalb jeder Säule auswählen In Ausnahmefällen kann die Kommission einer Einschränkung bei dieser Anforderung in einem Mitgliedstaat zustimmen

Asylbewerber

19. Die Stellung von Asylbewerbern innerhalb der Union ist komplex Die Betroffenen lassen sich im wesentlichen in drei Kategorien untergliedern [1]:

— diejenigen, deren Asylantrag noch von dem betreffenden Mitgliedstaat geprüft wird;

— diejenigen, die im Rahmen eines humanitären Um- oder Aussiedlungsprogramms aufgenommen wurden oder denen vorübergehend Schutz gewährt wird;

— diejenigen, denen kein Flüchtlingsstatus eingeräumt wurde, denen aber andere Formen des Schutzes (ergänzend oder subsidiär) gewährt werden, da ihre individuelle Situation eine Rückkehr in ihr Herkunftsland verhindert

20. In den meisten Mitgliedstaaten wird Asylbewerbern als solchen (der obenstehenden ersten Kategorie) der Zugang zum Arbeitsmarkt entweder ganz untersagt oder aber durch sehr restriktive Bestimmungen erschwert. In bezug auf die beiden letztgenannten Kategorien dagegen haben sich die Mitgliedstaaten eher bereit gezeigt, einen Zugang zum Arbeitsmarkt in Betracht zu ziehen. Ferner ist darauf hinzuweisen, daß der Rat in der „Gemeinsamen Maßnahme" vom 26 April 1999 eine Unterstützung der Rückführung von Asylbewerbern durch Bildung und Berufsbildung mit dem Ziel, den Betroffenen Fertigkeiten zu vermitteln, die ihnen bei der Rückkehr in ihr Herkunftsland von Nutzen sein werden, als wünschenswert anerkannt hat [2]. Es ist daher wesentlich, daß dieser Sachverhalt bei Umsetzung der „Asylbewerber"-Komponente von EQUAL berücksichtigt wird.

21. Eine Maßnahme zugunsten von Asylbewerbern kann entweder als sektorale EP (d. h. als nationale Partnerschaft unter Beteiligung aller geeigneten Partner, um die soziale und berufliche Eingliederung von Asylbewerbern zu fördern) oder als geographische EP in einem Gebiet mit einem hohen Anteil an Asylbewerbern geplant werden. Dabei sollten dieselben Arten von Partnerschaften, Strategien und Tätigkeiten vorgesehen werden wie bei den übrigen EQUAL-Entwicklungspartnerschaften.

Partnerschaftsansatz

22. EQUAL wird Mittel für Maßnahmen bereitstellen, die im Rahmen strategischer Partnerschaften organisiert und durchgeführt werden. Die EQUAL-Partnerschaften werden innerhalb der Themenbereiche tätig sein und Entwicklungspartnerschaften (EP) genannt werden Sie sollen interessierte Akteure mit entsprechender Kompetenz zusammenführen, die zusammenarbeiten werden, um einen integrierten Ansatz für vielschichtige Probleme zu entwickeln Die Partner müssen dabei gemeinsam die Faktoren ermitteln, die innerhalb des/der gewählten Themenbereichs/-bereiche zu Ungleichheiten und Diskriminierungen im Zusammenhang mit dem Arbeitsmarkt führen. Sie müssen ihre Anstrengungen und Ressourcen zur Verwirklichung innovativer Lösungen für gemeinsam ermittelte Probleme und gemeinsame Ziele bündeln.

23. Die EP sollten von Anfang an über eine Kerngruppe von Partnern verfügen. Ebenso sollten sie sicherstellen, daß während der gesamten Dauer der Partnerschaft relevante Akteure — beispielsweise staatliche Stellen, die öffentliche Arbeitsverwaltung, Nichtregierungsorganisationen (NRO), Unternehmen (insbesondere kleine und mittlere Unternehmen) und die Sozialpartner — einbezogen werden können. Kleine Einrichtungen mit innovativen Ideen müssen durch eine volle Beteiligung an den EP ihren Beitrag leisten können. Die im Zuge von Beschäftigung und ADAPT gewonnene Erfahrung hat gezeigt, daß die Einbindung lokaler und regionaler Stellen wichtig ist, wenn für Kohärenz zwischen den geplanten Tätigkeiten und dem Entwicklungsbedarf des betreffenden Gebiets gesorgt werden soll. Ferner erhöht ihre Einbeziehung auch die Wahrscheinlichkeit einer Integration der Projektergebnisse in Politik und Praxis („Mainstreaming")

24. Bei den EP kann es sich um Partnerschaften mit geographischer Basis handeln, die relevante Akteure in einem

---

[1] Flüchtlinge sind in dieser Rubrik nicht verzeichnet, da sie als dauerhaft Niedergelassene im Rahmen von normalen EQUAL-Entwicklungspartnerschaften für eine Unterstützung in Betracht kommen

[2] Gemeinsame Maßnahme vom 26 April 1999 — vom Rat aufgrund von Artikel K 3 des Vertrags über die Europäische Union angenommen — betreffend Projekte und Maßnahmen zur konkreten Unterstützung der Aufnahme und der freiwilligen Rückführung von Flüchtlingen, Vertriebenen und Asylbewerbern einschließlich Soforthilfemaßnahmen für Personen, die infolge der jüngsten Ereignisse im Kosovo geflüchtet sind ABl L 114 vom 1 5 1999, S 2, vgl Artikel 5 Buchstabe c)

bestimmten geographischen Gebiet zusammenführen. Sie werden *geographische Partnerschaften* genannt. Diese Partnerschaften stellen vielleicht nicht immer die wirksamste Möglichkeit zur Bewältigung eines festgestellten Problems dar, und innerhalb der obengenannten Leitlinien sind auch andere Formen der Partnerschaft möglich. Diese konnten sich auf bestimmte Wirtschaftsbereiche oder Industriezweige erstrecken. Bei entsprechender Berechtigung konnten sie sich auch hauptsächlich auf eine oder mehrere spezifische Gruppen von Menschen beziehen, die Diskriminierungen oder Ungleichheiten im Zusammenhang mit dem Arbeitsmarkt ausgesetzt sind. Diese anderen Partnerschaften werden *sektorale Partnerschaften* genannt.

25. Bei den Endbegünstigten handelt es sich im Rahmen von EQUAL um die bereits in Ziffer 22—24 beschriebenen EP. Bei Beantragung von EQUAL-Finanzmitteln muß jede EP durch entsprechende Regelungen sicherstellen, daß die administrative und finanzielle Verantwortung bei einer Einrichtung liegt, die die Fähigkeit hat, die öffentlichen Finanzmittel zu verwalten und die Verantwortung dafür zu übernehmen.

Stärkung der Handlungskompetenz

26. Dieser Grundsatz ist für jede EP von zentraler Bedeutung. In der Praxis bedeutet dies, da diejenigen, die an der Durchführung von Tätigkeiten beteiligt sind, auch in die Entscheidungsfindung einbezogen werden sollten. Darüber hinaus sollte die aktive Einbindung der Zielgruppen bei der Auswahl für eine Finanzierung im Rahmen von Aktion 1 und der Bestätigung der Auswahl im Rahmen von Aktion 2 positiv bewertet werden.

Transnationale Zusammenarbeit

27. EQUAL soll auf dem Grundsatz der transnationalen Zusammenarbeit basieren. Die im Zug der Gemeinschaftsinitiative „Beschäftigung" und ADAPT gewonnene Erfahrung zeigt, daß die Transnationalität einen beträchtlichen zusätzlichen Nutzen für die Projektträger mit sich bringen kann, die mit Trägern in ähnlicher Situation zusammenarbeiten. Darüber hinaus ist zu erkennen, daß durch eine länderübergreifende Zusammenarbeit erhebliche politische Innovationen herbeigeführt werden können. Die Transnationalität ist daher ein wesentlicher Bestandteil von EQUAL.

Innovation

28. EQUAL soll innovative Konzepte zur Umsetzung der Beschäftigungspolitik erproben. Dabei kann es sich um völlig neue Ansätze oder um die Übertragung von Teilen anderer Ansätze handeln, durch die sich die Wirksamkeit der Umsetzung erhöht.

29. Die Definition von Innovation im Rahmen von EQUAL stützt sich auf die Typologie, die aus der Bewertung von „Beschäftigung" und ADAPT abgeleitet wurde und die zwischen drei Arten von Innovation unterschied:

- prozeßorientierte Innovationen, die sich auf die Entwicklung neuer Methoden, Instrumente oder Konzepte wie auch die Verbesserung vorhandener Methoden erstrecken;
- zielorientierte Innovationen, die sich auf die Formulierung neuer Ziele konzentrieren, wobei die Innovation Ansätze zur Identifizierung neuer und vielversprechender Qualifikationen und die Erschließung neuer Beschäftigungsbereiche für den Arbeitsmarkt umfassen konnte;
- kontextorientierte Innovationen, die die Weiterentwicklung von politischen und institutionellen Strukturen betreffen. Sie beziehen sich auf die Systementwicklung in Verbindung mit dem Arbeitsmarkt.

Integration der Ergebnisse in Politik und Praxis („Mainstreaming")

30. EQUAL wird die Entwicklung innovativer Lösungen für die Umsetzung der in den NAP dargelegten politischen Prioritäten der Mitgliedstaaten finanzieren. Damit mittels EQUAL die größtmögliche Wirkung erzielt werden kann, müssen die Ergebnisse analysiert, mit anderen beispielhaften Lösungen verglichen („Benchmarking") und sowohl in den Mitgliedstaaten als auch in der gesamten Union verbreitet werden. Es ist dabei wesentlich, daß die politischen Entscheidungsträger, insbesondere die mit den NAP befaßten und die an den Strukturfondsprogrammen nach Ziel 1, 2 und 3 beteiligten, Nutzen aus EQUAL ziehen können.

IV. VON „EQUAL" ZU FÖRDERNDE AKTIONEN

31. EQUAL wird Aktivitäten im Rahmen der folgenden vier Aktionen finanzieren:

Aktion 1: Aufbau der Entwicklungspartnerschaften und der transnationalen Zusammenarbeit

Aktion 2: Realisierung der Arbeitsprogramme der Entwicklungspartnerschaften

Aktion 3: Thematische Vernetzung, Verbreitung beispielhafter Lösungen und Umsetzung in die einzelstaatliche Politik

Aktion 4: Technische Unterstützung der Aktionen 1, 2 und 3

Die Aktionen 1 und 2 erfolgen nacheinander. Von den Mitgliedstaaten wird erwartet, daß sie mit Aktion 3 beginnen können, sobald Ergebnisse zur Verbreitung zur Verfügung stehen. Aktion 4 bietet bereits vor Anlaufen von Aktion 1 Unterstützung.

Aktion 1: Aufbau der Entwicklungspartnerschaften und der transnationalen Zusammenarbeit

32. Aktion 1 soll die Einrichtung oder Konsolidierung von dauerhaften, wirksamen Entwicklungspartnerschaften (EP) erleichtern und für einen wirklichen zusätzlichen Nutzen der transnationalen Zusammenarbeit sorgen. Der für diese Aktion verfügbare Zeitraum soll von der Verwaltungsbehörde festgelegt werden, üblicherweise aber sechs Mo-

nate nicht uberschreiten Insgesamt durfte nach Ansicht der Kommission auf Aktion 1 kein wesentlicher Teil der Mittel entfallen, die dem Mitgliedstaat zur Verfugung stehen.

33. Die Auswahl fur die Aktion 1 stellt die entscheidende Stufe fur eine Forderung im Rahmen von EQUAL dar. Sie soll auf Antragen basieren, die von einer Reihe von Organisationen (EP-Initiatoren) gemeinsam eingereicht werden Im Kontext des Themenbereichs und des Gebiets/Sektors der Tatigkeit sollte der Antrag angeben:

— die Partner, die gleich zu Beginn an der EP beteiligt werden sollen, die Maßnahmen, die sicherstellen sollen, daß alle weiteren relevanten Partner wahrend der gesamten Dauer der Partnerschaft einbezogen werden konnen, insbesondere auch geeignete kleine Einrichtungen; die Vorkehrungen zur Regelung der administrativen und finanziellen Zustandigkeit;

— die Grunde fur die Partnerschaft, eine Diagnose des anzugehenden Problems und eine Erlauterung des Vorgehens, das die Berucksichtigung der Bedurfnisse aller Gruppen von potentiell Begunstigten ermoglichen soll;

— die Ziele der Partnerschaft;

— ein Arbeitsprogramm fur Aktion 1;

— die Art von Tatigkeiten, die im Rahmen von Aktion 2 verwirklicht werden sollen;

die Erwartungen bezuglich der landerubergreifenden Zusammenarbeit

34 Fur die Verfahren zur Auswahl der Entwicklungspartnerschaften ist die Verwaltungsbehorde zusammen mit dem Begleitausschuß des PGI zustandig; die Kommission erwartet, daß die Auswahlkriterien die allgemeinen Grundsatze von EQUAL widerspiegeln, die in Abschnitt III dargelegt sind Zuruckgewiesene Bewerber sollten uber die Grunde ihrer Ablehnung unterrichtet werden.

35 Am Ende von Aktion 1 sollte die EP eine gemeinsame Strategie in Form einer Vereinbarung uber die Entwicklungspartnerschaft vorlegen konnen. Diese sollte mindestens umfassen:

— eine Bewertung der derzeit auf dem Arbeitsmarkt bestehenden Ausgrenzungen, Diskriminierungen und Ungleichheiten innerhalb des betreffenden Themenbereichs und Gebiets/Sektors;

— Ziele und Handlungsschwerpunkte, welche die aus den bisher durchgefuhrten relevanten Maßnahmen im Gebiet/Sektor gewonnenen Erkenntnisse widerspiegeln;

— ein detailliertes Arbeitsprogramm mit einem realistischen Finanzplan;

— eine genaue Festlegung der Rolle der einzelnen Partner, einschließlich der Regelungen fur Leitung und Management der Partnerschaft, sowie die Verwaltung der finanziellen Unterstutzung;

— einen Mechanismus fur die laufende Bewertung, einschließlich der Prasentation von Daten und Informationen uber die EP und die Analyse der Ergebnisse,

— die Verpflichtung der EP, an Aktion 3 mitzuarbeiten;

— ihre Strategie und ihre Mechanismen zur Einbeziehung der Dimension der Chancengleichheit zwischen Frauen und Mannern in samtliche Bereiche der Politik

Transnationale Zusammenarbeit

36 Die EP mussen mindestens einen Partner aus einem anderen Mitgliedstaat bestimmen. Generell sollte es zu einer Zusammenarbeit zwischen EP kommen, die von den Mitgliedstaaten im Rahmen von EQUAL ausgewahlt werden, vorzugsweise zwischen EP, die im selben Themenbereich tatig sind. Eine derartige Zusammenarbeit kann sich auch auf ahnliche Projekte erstrecken, die in einem Drittland unterstutzt werden, das im Zuge der Programme Phare, Tacis oder MEDA Zuschusse erhalten kann. Der PGI-Vorschlag kann Parameter fur Ausnahmen von der allgemeinen Regel festlegen unter der Bedingung, daß der potentielle zusatzliche Nutzen einer Zusammenarbeit mit Partnern außerhalb von EQUAL eindeutig feststeht und daß diese Partner nachweisen konnen, daß sie fur ihre eigenen Kosten, die bei dieser Zusammenarbeit anfallen, aufkommen konnen

37. Am Ende von Aktion 1 sollte die EP in Form einer Vereinbarung uber transnationale Zusammenarbeit darlegen

— ein transnationales Arbeitsprogrmm mit einem Finanzplan;

— die Rolle der einzelnen transnationalen Partner, die gemeinsamen Methoden der Entscheidungsfindung und die organisatorischen Regelungen zur Verwirklichung des gemeinsamen Arbeitsprogramms;

— die Methodik fur die Begleitung und Bewertung der gemeinsamen Tatigkeiten.

Aktion 2: Realisierung der Arbeitsprogramme der Entwicklungspartnerschaften

38. Damit ihre Auswahl bestatigt und die Mittel zur Durchfuhrung ihres Arbeitsprogramms mit Hilfe der Aktion 2 von EQUAL bewilligt werden konnen, muß jede Entwicklungspartnerschaft zwei Dokumente ubermitteln, eine Vereinbarung uber die Entwicklungspartnerschaft und eine Vereinbarung uber die transnationale Zusammenarbeit, die den fur Aktion 1 dargelegten Kriterien entsprechen Diese Dokumente mussen außerdem nachweisen, daß die EP folgende Bedingungen erfullt·

— Transparenz: Die EP muß nachweisen, daß die erforderliche Kofinanzierung gesichert ist. Sie muß außerdem akzeptieren, daß die erzielten Ergebnisse (Produkte, Instrumente, Verfahren usw.) öffentliches Eigentum sein werden.

— Repräsentativität: Die EP muß nachweisen können, daß sie verschiedene Akteure zur Zusammenarbeit bewegen kann. Dabei ist insbesondere sicherzustellen, daß alle relevanten Akteure — beispielsweise staatliche Stellen, die öffentliche Arbeitsverwaltung, NRO, Unternehmen (insbesondere kleine und mittlere Unternehmen) und die Sozialpartner — während der gesamten Dauer der Partnerschaft einbezogen werden können. Auch muß die EP deutlich machen, daß geeignete kleine Einrichtungen sich uneingeschränkt beteiligen können.

— Kooperationsbereitschaft: Die EP muß nachweisen können, daß sie in der Lage und willens ist, im Kontext einer transnationalen Zusammenarbeit tätig zu sein, und den erwarteten zusätzlichen Nutzen einer länderübergreifenden Zusammenarbeit bei der Umsetzung der verschiedenen Komponenten des Arbeitsprogramms erläutern. Zusätzlich muß die EP sowohl auf nationaler als auch auf europäischer Ebene eine Beteiligung an Tätigkeiten im Bereich von Vernetzung, Verbreitung und Integration der Ergebnisse in Politik und Praxis vorsehen.

39. Bei Vorliegen der in Ziffer 38 aufgeführten Voraussetzungen wird die Verwaltungsbehörde die anfängliche Auswahl der Partnerschaft bestätigen und diese über das Mehrjahresbudget unterrichten, das zur Verwirklichung ihres Arbeitsprogramms zur Verfügung steht.

40. Das Arbeitsprogramm soll sich zunächst auf einen Zeitraum von 2 bis 3 Jahren erstrecken. Falls die erzielten Ergebnisse jedoch eine Verlängerung rechtfertigen, kann der EP ein weiterer Zuschuß und eine entsprechende Verlängerung des Finanzierungszeitraums genehmigt werden.

Förderfähigkeit von Tätigkeiten

41. Es gelten die üblichen Fördervorschriften des ESF (vgl. Artikel 3 der ESF-Verordnung) [1]. Um eine möglichst große Wirksamkeit der Aktivitäten zu erzielen, können im Rahmen von EQUAL aber auch Maßnahmen unterstützt werden, die normalerweise nach den Bestimmungen des EFRE, des EAGFL-Ausrichtung oder des FIAF förderfähig sind (Artikel 21 Absatz 2 der Verordnung (EG) Nr. 1260/1999).

42. Die Mitgliedstaaten prüfen die Tätigkeiten der EP auf ihre Kompatibilität mit den Bestimmungen des Vertrags, insbesondere mit den Bestimmungen über staatliche Beihilfen, ggf. ist eine Unterrichtung gemäß Artikel 88 Absatz 3 vorzusehen.

Aktion 3: *Thematische Vernetzung, Verbreitung von beispielhaften Lösungen und Umsetzung in die einzelstaatliche Politik*

43. Innerhalb von EQUAL wird es eine separate Aktion für die Vernetzung, die Verbreitung und die Integration der Ergebnisse und Erfahrungen in Politik und Praxis („Mainstreaming") geben. Eine Beteiligung an dieser Aktion ist für alle EP obligatorisch, um so die angestrebte Wirkung von EQUAL auf Politik und Praxis zu gewährleisten. Sie ist unter Verantwortung der Verwaltungsbehörde so zu organisieren, daß ein größtmöglicher Input für die Arbeitsmarkt- und Beschäftigungspolitik herbeigeführt werden kann und sollte die Sozialpartner einbeziehen.

44. Die Mitgliedstaaten müssen Mechanismen schaffen, die sowohl auf horizontaler Ebene (der Ebene der Organisationen, die im selben oder einem ähnlichen Gebiet tätig sind) als auch auf vertikaler Ebene (der Ebene der regionalen und nationalen Maßnahmen, einschließlich NAP und Strukturfonds) eine Integration der Ergebnisse und Erfahrungen in Politik und Praxis erleichtern. Diese Mechanismen sollten gerichtet sein auf:

— die Identifizierung der Faktoren, die zu Ungleichheiten und Diskriminierungen führen, sowie die Beobachtung und Analyse der tatsächlichen oder möglichen Wirkung der EP auf die in den NAP dargelegten politischen Prioritäten und auf die verschiedenen Gruppen, die Diskriminierungen und Ungleichheiten im Zusammenhang mit dem Arbeitsmarkt ausgesetzt sind;

— die Ermittlung und Bewertung der Faktoren, die zu beispielhaften Lösungen führen, und der Vergleich ihrer Leistungsfähigkeit („Benchmarking");

— die Verbreitung beispielhafter Lösungen ab dem Ende von Aktion 1.

45. An diesen Aktivitäten sind üblicherweise entweder einzeln oder in Gruppen agierende EP auf der Grundlage ihrer besonderen Fachkenntnisse und nachweislichen Fähigkeiten beteiligt. Die EP sollten hierfür zusätzliche Finanzmittel erhalten.

Aktion 4: *Technische Hilfe*

46. Zur Förderung der Durchführung des PGI wird technische Hilfe geleistet, die insbesondere verwendet werden soll für:

— Beratung und Unterstützung zwecks Konsolidierung der Partnerschaften und Ermittlung geeigneter Partner für eine transnationale Zusammenarbeit (Aktion 1);

— Sammlung, Aufbereitung und Verbreitung der Erfahrungen und Ergebnisse, einschließlich der Jahresberichte der EP (Aktion 2);

— Förderung der thematischen Vernetzung, der horizontalen Verbreitung und der Einrichtung von Mechanismen für die Umsetzung im politischen Raum (Aktion 3);

— Zusammenarbeit bei der europaweiten Vernetzung und um sicherzustellen, daß alle relevanten Informationen

[1] Verordnung (EG) Nr. 1784/1999 des Europäischen Parlaments und des Rates vom 12. Juli 1999 betreffend den Europäischen Sozialfonds (ABl. L 213 vom 13.8.1999).

gemeinsam mit den anderen Mitgliedstaaten und der Kommission genutzt werden können (vgl. V. Aktionen auf europäischer Ebene).

47. Technische Hilfe soll auch für die Unterstützung von Begleitung, Prüfung und Bewertung der Aktionen in den Mitgliedstaaten sowie auf europäischer Ebene bereitgestellt werden.

48. Das Budget für technische Hilfe darf 5 % des Gesamtbeitrags des ESF zu dem PGI nicht übersteigen. Der Beteiligungssatz des ESF unterliegt den in Artikel 29 Absatz 3 der Verordnung (EG) Nr. 1260/1999 genannten Grenzwerten.

49. Die Mitgliedstaaten wenden für die Auswahl und die Finanzierung derjenigen, die Tätigkeiten im Rahmen der technischen Hilfe übernehmen, ihre eigenen Verfahren in transparenter Weise an.

V. VERBREITUNG UND BEWERTUNG AUF EUROPÄISCHER EBENE

50. Wenn EQUAL seiner Rolle, versuchsweise neue Wege zur Umsetzung von Beschäftigungspolitiken zu entwickeln und zu fördern, voll gerecht werden soll, wird es einer engen Zusammenarbeit zwischen Mitgliedstaaten und Sozialpartnern mit der Kommission bedürfen, damit das Potential der in der ganzen Union ermittelten beispielhaften Lösungen effektiv für die europäische Beschäftigungsstrategie genutzt werden kann.

51. Eine Bewertung der Wirkung von EQUAL ist von entscheidender Bedeutung. Auf Unionsebene wird die Kommission einen Bewertungsmechanismus einführen, um die Auswirkungen von EQUAL auf die europäische Beschäftigungsstrategie und andere Gemeinschaftsprogramme zu beurteilen.

52. Die Kommission schlägt vor, drei Arten von Aktionen durchzuführen, die dazu beitragen sollen, eine Wirkung auf Unionsebene zu erreichen:

— themenbezogene Bilanzierungen auf Unionsebene,

— eine regelmäßige Bewertung des zusätzlichen Nutzens von EQUAL in bezug auf die nationalen Aktionspläne für Beschäftigung (NAP);

— die Nutzung der Diskussionsforen auf Unionsebene.

Themenbezogene Bilanzierungen

53. Um beispielhafte Lösungen zu verbreiten und ihre Ergebnisse zu vergleichen („Benchmarking"), wird die Kommission mit Clustern von Entwicklungspartnerschaften für jeden der EQUAL-Themenbereiche eine Reihe von „themenbezogenen Bilanzierungen" organisieren.

54. Die Ergebnisse werden zusammengefaßt und veröffentlicht; sie sollen die politischen Peer Reviews ergänzen, die im Kontext der europäischen Beschäftigungsstrategie durchgeführt werden, ebenso die Bewertungstätigkeiten auf Unionsebene und die Verbreitungs- und Austauschmaßnahmen, die in den Gemeinschaftsprogrammen gemäß Artikel 13 (Bekämpfung von Diskriminierungen) und Artikel 137 (zugunsten der sozialen Eingliederung) des Vertrags geplant sind. Die beitrittswilligen Länder werden an der Erörterung und der Auswertung der Ergebnisse beteiligt werden.

Regelmäßige Bewertung — EQUAL und die NAP

55. Auf der Grundlage der Aktivitäten, die im Zuge von Aktion 3 in den einzelnen Mitgliedstaaten realisiert werden, und der Daten und Informationen, welche die Mitgliedstaaten bei den EP einholen, wird die Kommission im Rahmen von EQUAL eine Datenbank der beispielhaften Lösungen einrichten. Die Informationen können einer regelmäßigen Bewertung der tatsächlichen und potentiellen Auswirkung von EQUAL auf die NAP zugrunde gelegt werden. Die entsprechenden Bewertungen sollten den Begleitausschüssen der Strukturfonds für die Ziele 1, 2 und 3 zur Information vorgelegt und bei der Umsetzung der Ziele des Europäischen Sozialfonds berücksichtigt werden.

Diskussionsforen

56. EQUAL wird in einer Reihe bereits bestehender Foren erörtert werden:

— Der Beschäftigungsausschuß wird über die Ergebnisse und die Überprüfung der Themenbereiche auf dem laufenden gehalten werden;

— der Ausschuß gemäß Artikel 147 des Vertrags soll seine Stellungnahme zu dem Ergebnis der Überprüfung der Themenbereiche abgeben und sich mit spezifischen Fragen befassen, die ihm die Kommission überträgt;

— ein Forum für die Erörterung von EQUAL wird jährlich mit der bestehenden NRO-Plattforn auf Unionsebene veranstaltet werden, um Diskussionen und ein Feedback der betreffenden Organisationen zu erleichtern;

— falls erforderlich, wird die Kommission Sitzungen veranstalten, die sich auf spezifischere Fragen im Rahmen von EQUAL, z. B. auf die Übertragung der beispielhaften Lösungen auf die Politik in den beitrittswilligen Ländern, erstrecken werden.

Technische Hilfe

57. Für eine erfolgreiche Durchführung von EQUAL bedarf es einer weitreichenden Zusammenarbeit zwischen den Mitgliedstaaten und der Kommission bei der Erhebung und Verarbeitung von Daten über die Entwicklungspartnerschaften, der Einrichtung von Datenbanken, der Organisation der themenbezogenen Bilanzierungen, der Veranstaltung von Seminaren, der Veröffentlichung der Ergebnisse usw. Bestimmte Aufgaben, die nicht ohne Unterstützung auf europäischer Ebene durchgeführt werden können, werden auf Initiative und unter der Aufsicht der Kommission an externe Dienstleister vergeben. Dies geschieht auf der Grundlage von Ausschreibungen, die im *Amtblatt der Europäischen Gemeinschaften* zu veröffentlichen sind. Die Ausführung dieser Aufgaben wird zu 100 % finanziert.

VI **AUSARBEITUNG, VORLAGE UND GENEHMIGUNG DER PROGRAMME**

58 In Abschnitt III der vorliegenden Bekanntmachung sind die allgemeinen Grundsatze von EQUAL festgelegt. Im vorliegenden Abschnitt wird erlautert, welche Elemente aus Sicht der Kommission in den Programmvorschlagen enthalten sein sollten, die von den benannten Behorden in den Mitgliedstaaten in Absprache mit den entsprechenden Partnern vorgelegt werden sollen. Fur Finanzmanagement und Verwaltung des PGI ist ausschließlich die benannte Verwaltungsbehorde zustandig, die dabei mit dem Begleitausschuß des PGI zusammenarbeitet.

59 Auf der Grundlage der einzelstaatlichen indikativen Finanzzuweisungen, die von der Kommission genehmigt werden, sollen die Mitgliedstaaten Entwurfe von Programmen (PGI) im Rahmen der Gemeinschaftsinitiative EQUAL einreichen. Diese Vorschlage sollten den in Artikel 16 der Verordnung (EG) Nr 1260/1999 dargelegten Anforderungen entsprechen. Die PGI werden jeweils als einheitliches Programmplanungsdokument vorgelegt, mit einem Zusatz in Form einer Erganzung zur Programmplanung, wie in Artikel 19 Absatz 3 der Verordnung (EG) Nr. 1260/1999 vorgesehen Die Prioritaten der PGI-Vorschlage sind der Liste von Themenbereichen in der obenstehenden Ziffer 16 zu entnehmen Die in Abschnitt IV aufgefuhrten Aktionen sind als Maßnahmen im Rahmen dieser Schwerpunkte zu sehen.

60 Von den Mitgliedstaaten wird erwartet, daß sie bei der Planung, Durchfuhrung, Begleitung und Bewertung von EQUAL die Dimension der Chancengleichheit zwischen Frauen und Mannern berucksichtigen.

PGI-Vorschläge

61 *Der von den Mitgliedstaaten vorgelegte Vorschlag fur ein PGI muß umfassen*

— eine Beschreibung der derzeitigen Situation in bezug auf Diskriminierungen und Ungleichheiten auf dem Arbeitsmarkt in bezug auf die gewahlten Themen sowie in Verbindung mit Asylbewerbern;

— eine Bewertung der erwarteten Wirkung, einschließlich der Wirkung auf die sozioökonomische Situation auf lokaler oder sektoraler Ebene und auf die Lage bezuglich der Gleichstellung von Mannern und Frauen, gemaß Artikel 41 Absatz 2 der Verordnung (EG) Nr. 1260/1999.

— eine Beschreibung der Strategie, die fur die Verwirklichung von EQUAL vorgesehen ist, auf der Grundlage der aus der Liste in Ziffer 16 ausgewahlten Prioritaten, erganzt um einen auf Asylbewerber gerichteten spezifischen Schwerpunkt (vgl. obenstehende Ziffern 19—21). Dazu sollte auch eine Beschreibung der spezifischen Ziele) gehoren, die, wenn dies ihrer Art nach moglich ist, zu quantifizieren sind;

— eine Beschreibung der Verbindung zwischen der Strategie und dem maßgeblichen NAP entsprechend der Auslegung des politischen Bezugsrahmens, auf den in Artikel 1 der Verordnung (EG) Nr. 1260/1999 verwiesen wird;

— eine Zusammenfassung der aus ADAPT und „Beschaftigung" gewonnenen Erkenntnisse fur die ausgewahlten thematischen Schwerpunkte;

— einen Uberblick uber die getroffenen Vorkehrungen, welche die Komplementaritat zwischen EQUAL und anderen Gemeinschaftsinstrumenten und -programmen sowie den territorialen Beschaftigungspakten sicherstellen sollen;

— eine kurze Beschreibung der Maßnahmen, die zur Umsetzung der Prioritaten geplant sind, einschließlich der Informationen, die erforderlich sind, um die Ubereinstimmung mit Artikel 87 des Vertrags zu uberprufen;

— einen Hinweis darauf, ob und in welchem Umfang die im Rahmen jedes Schwerpunkts vorgeschlagenen Aktionen Tatigkeiten umfassen, die fur gewohnlich von EFRE, vom EAGFL oder vom FIAF gefördert werden konnen (Artikel 21 Absatz 2 der Verordnung (EG) Nr 1260/1999), um es der Kommission zu ermoglichen, in ihrer Entscheidung uber den PGI-Vorschlag geeignete Vorkehrungen zu treffen;

— eine Darstellung der Vereinbarungen fur die technische Hilfe, die voraussichtlich fur die Durchfuhrung des PGI erforderlich ist — sowohl der Arten von Tatigkeiten als auch der Verfahren zur Auswahl derjenigen, die sie erbringen sollen;

— einen indikativen Finanzierungsplan, der gemaß Artikel 19 Absatz 3 Buchstabe c) der Verordnung (EG) Nr 1260/1999 fur jeden Schwerpunkt und jedes Jahr Angaben enthalt zu dem vorgesehenen Hochstbetrag fur die Beteiligung des ESF sowie zum Betrag der zuschußfähigen offentlichen und diesen gleichgestellten und geschatzten privaten Beitrage des Mitgliedstaats, die der ESF-Beteiligung entsprechen;

— eine Beschreibung der Aktionen und Methoden, die zur wirksamen Einbeziehung der Dimension der Chancengleichheit zwischen Frauen und Mannern in samtliche Bereiche der Politik beitragen sollen;

— eine Darlegung des Ablaufs der Programmplanung einschließlich der Maßnahmen zur Beratung mit den Partnern — auch derjenigen mit einem besonderen Interesse an den wichtigsten Bereichen von Diskriminierungen oder Ungleichheiten sowie der Sozialpartner — und der Beratungsergebnisse;

— Bestimmungen fur die Durchfuhrung, Begleitung und Bewertung der PGI wie im folgenden dargelegt wird

Bestimmungen fur die Durchfuhrung, Begleitung und Bewertung der PGI

62. Die Bestimmungen fur die Durchfuhrung, Begleitung und Bewertung des PGI sind entsprechend den Anforderungen von Artikel 19 Absatz 3 Buchstabe d) der Verordnung (EG) Nr. 1260/1999 festzulegen. Zusatzlich sollte das PGI folgendes umfassen:

— eine Beschreibung des Mechanismus fur mindestens zwei Aufrufe zur Einreichung von Projektvorschlagen (Verfahren, die die Publizitat gewahrleisten sollen, Leitlinien und Verfahren fur die Auswahl, einschließlich Beschwerdeverfahren);

— eine Beschreibung der Arten von Vertragen, die mit den Endbegunstigten geschlossen werden,

— die nationalen Mechanismen zur Förderung der Integration der Ergebnisse und Erfahrungen in Politik und Praxis („Mainstreaming"), wie im Rahmen von Aktion 3 beschrieben, sowohl auf horizontaler als auch auf vertikaler Ebene;

— Regelungen, die sicherstellen sollen, daß im Begleitausschuß auch die Sozialpartner und Mitglieder mit unmittelbarer Erfahrung mit den wichtigsten Formen von Diskriminierungen und Ungleichheiten im Zusammenhang mit dem Arbeitsmarkt vertreten sind, einschließlich der entsprechenden repräsentativen NRO;

— die Art und der Umfang an Daten und Informationen, welche alle EP jedes Jahr für die kontinuierliche Begleitung produzieren müssen, sowie die Mechanismen für die Bewertung innerhalb der EP;

— die Halbzeitbewertung auf Ebene des PGI, die bei dessen Genehmigung eingeleitet wird, so daß ein ständiges Feedback für etwaige Anpassungen, die im Zusammenhang mit späteren Aufrufen zur Einreichung von Vorschlägen notwendig werden, sichergestellt werden kann Im PGI werden die spezifischen Parameter und quantitativen sowie qualitativen Indikatoren aufgeführt, die bei der Halbzeitbewertung und der abschließenden Bewertung entsprechend den gemeinsamen Mindestanforderungen für alle Mitgliedstaaten zu berücksichtigen sind

Vorlage und Genehmigung der PGI

63 Die Entwürfe der PGI sind der Kommission von den Mitgliedstaaten nach Veröffentlichung dieser Bekanntmachung im *Amtsblatt der Europäischen Gemeinschaften* innerhalb von vier Monaten zu übermitteln Daran schließt sich ein fünfmonatiger Zeitraum für Verhandlungen mit der Kommission an

64 Gemäß Artikel 28 der Verordnung (EG) Nr. 1260/1999 genehmigt die Kommission jedes PGI mittels einer Entscheidung, welche die Zuweisung von ESF-Finanzmitteln für jeden Schwerpunkt des PGI bestätigt.

65 Für jedes PGI ist ein Zusatz in Form einer Ergänzung zur Programmplanung (Definition. Artikel 9 Buchstabe m); Beschreibung Artikel 18 Absatz 3 der Verordnung (EG) Nr. 1260/1999 vorzusehen)

66. Diese Ergänzung wird der Kommission spätestens drei Monate nach Erlaß der Kommissionsentscheidung zur Genehmigung des PGI übermittelt. Um den Prozeß zu vereinfachen, werden die Mitgliedstaaten aber gebeten, diese möglichst zur gleichen Zeit wie den PGI-Vorschlag zu übermitteln.

VII **FINANZIERUNG**

67. Die EQUAL-Initiative wird von den Mitgliedstaaten und der Europäischen Gemeinschaft gemeinsam finanziert werden. Der Beitrag des Europäischen Sozialfonds zu EQUAL beträgt für den Zeitraum 2000—2006 insgesamt 2 847 Mio. EUR. Gemäß Artikel 7 Absatz 7 der Verordnung (EG) Nr. 1260/1999 berücksichtigt der Beitrag des ESF zu EQUAL bis 2003 den Indexierungssatz von jährlich 2 %; er wird für die Jahre 2004 bis 2006 zu Preisen von 2003 bestimmt. Bis zum 31. Dezember 2003 legt die Kommission den Indexierungssatz für die Jahre 2004 bis 2006 fest.

68. Für die Gemeinschaft finden die in Artikel 29 der Verordnung (EG) Nr 1260/1999 festgelegten Beteiligungssätze Anwendung Da innovative Methoden benutzt werden, wird eine systematische Berücksichtigung der in der Verordnung aufgeführten Grenzwerte empfohlen.

69. Ein indikativer Betrag von höchstens 2 % des Gesamtbetrags des ESF wird zur Finanzierung von Tätigkeiten reserviert werden, die, wie in Abschnitt V dargelegt, auf Initiative der Kommission durchgeführt werden. Diese Aktivitäten werden zu 100 % finanziert

VIII **ZEITPLAN**

70. Die Kommission bittet die Mitgliedstaaten, ihren Entwurf eines PGI für EQUAL innerhalb von vier Monaten nach der Veröffentlichung dieser Bekanntmachung im *Amtsblatt der Europäischen Gemeinschaften* einzureichen

Anschrift für den gesamten Schriftverkehr im Zusammenhang mit der vorliegenden Mitteilung:

Herrn A. Larsson
Generaldirektor
Generaldirektion „Beschäftigung und Soziales"
Rue de la Loi/Wetstraat 200
B-1049 Brüssel

III. Anhang III

Stellungnahme des Wirtschafts- und Sozialausschusses zu:

- der „Mitteilung der Kommission an den Rat, das Europäische Parlament, den Wirtschafts- und Sozialausschuss und den Ausschuss der Regionen über bestimmte Maßnahmen der Gemeinschaft zur Bekämpfung von Diskriminierungen",
- dem „Vorschlag für eine Richtlinie des Rates zur Festlegung eines allgemeinen Rahmens für die Verwirklichung der Gleichbehandlung in Beschäftigung und Beruf",
- dem „Vorschlag für eine Richtlinie des Rates zur Anwendung des Gleichbehandlungsgrundsatzes ohne Unterschied der Rasse oder der ethnischen Herkunft", und
- dem „Vorschlag für einen Beschluss des Rates über ein Aktionsprogramm der Gemeinschaft zur Bekämpfung von Diskriminierungen (2001-2006)"

vom 25.05.2000, Abl. C 204/82 vom 18.07.2000

11.7.6. Als Voraussetzung einer wissenschaftlichen Integration Europas und einer verbesserten Mobilität der darin tätigen Personen müssen die Schul- und Universitätsausbildungen besser vergleichbar gemacht und einander angenähert werden

11.7.7. Es soll analysiert werden, welche Aspekte für (oder gegen) die Gründung einer virtuellen europäischen Universität — als weiteres Instrument und Symbol einer europäischen Wissenschaftsintegration — sprechen, an denen sich insbesondere die „Centres of Excellence" beteiligen könnten.

11.7.8. Die leitend mit Fragen von Forschung und Entwicklung betrauten Beamten der Kommission sollen vermehrt auch in Zukunft erfolgreiche und hochqualifizierte Wissenschaftler sein. Bei ihrer Auswahl sollen die europäischen Forschungsorganisationen mit ihrer Erfahrung beitragen.

Brüssel, den 24. Mai 2000.

Die Präsidentin
des Wirtschafts- und Sozialausschusses
Beatrice RANGONI MACHIAVELLI

Stellungnahme des Wirtschafts- und Sozialausschusses zu:

- **der „Mitteilung der Kommission an den Rat, das Europäische Parlament, den Wirtschafts- und Sozialausschuß und den Ausschuß der Regionen über bestimmte Maßnahmen der Gemeinschaft zur Bekämpfung von Diskriminierungen",**
- **dem „Vorschlag für eine Richtlinie des Rates zur Festlegung eines allgemeinen Rahmens für die Verwirklichung der Gleichbehandlung in Beschäftigung und Beruf",**
- **dem „Vorschlag für eine Richtlinie des Rates zur Anwendung des Gleichbehandlungsgrundsatzes ohne Unterschied der Rasse oder der ethnischen Herkunft", und**
- **dem „Vorschlag für einen Beschluß des Rates über ein Aktionsprogramm der Gemeinschaft zur Bekämpfung von Diskriminierungen (2001-2006)"**

(2000/C 204/17)

Der Rat beschloß am 19. Januar bzw. 4. Februar 2000, den Wirtschafts- und Sozialausschuß gemäß Artikel 262 des EG-Vertrags um Stellungnahme zu der vorgenannten Mitteilung und zu den vorgenannten Vorschlägen zu ersuchen.

Die mit der Vorbereitung der Arbeiten beauftragte Fachgruppe Beschäftigung, Sozialfragen, Unionsbürgerschaft nahm ihre Stellungnahme am 5. Mai 2000 an. Berichterstatter war Herr Sharma.

Der Ausschuß verabschiedete auf seiner 373. Plenartagung am 24. und 25. Mai 2000 (Sitzung vom 25. Mai) mit 108 Stimmen gegen 6 Stimmen bei 6 Stimmenthaltungen folgende Stellungnahme.

1. Rechtsgrundlagen, Inhalt und Umfang der Vorschläge

1.1. In ihrer Mitteilung über bestimmte Maßnahmen der Gemeinschaft zur Bekämpfung von Diskriminierungen schlägt die Kommission zwei neue Gleichbehandlungsrichtlinien in Verbindung mit einem Aktionsprogramm zur Unterstützung dieser Initiativen vor.

1.2. Die Rechtsgrundlage für diese Initiative leitet sich aus Artikel 13 des Vertrags von Amsterdam ab, der der Gemeinschaft erstmals konkrete Befugnisse verleiht, um Vorkehrungen zur Bekämpfung von Diskriminierungen aus Gründen des Geschlechts, der Rasse, der ethnischen Herkunft, der Religion oder der Weltanschauung, einer Behinderung, des Alters oder der sexuellen Ausrichtung treffen zu können.

1.3. Nach Maßgabe des dem Vertrag beigefügten Protokolls über die Anwendung der Grundsätze der Subsidiarität und der Verhältnismäßigkeit müssen Maßnahmen auf Gemeinschaftsebene „wegen ihres Umfangs oder ihrer Wirkung im Vergleich zu Maßnahmen auf der Ebene der Mitgliedstaaten deutliche Vorteile mit sich bringen"

1.4. Die Kommission hat die derzeitige Sachlage im Hinblick auf Maßnahmen zur Bekämpfung von Diskriminierungen in den einzelnen Mitgliedstaaten untersucht. Sie kommt zu dem Schluß, daß in bezug auf Umfang, Inhalt und Einklagbarkeit dieser Diskriminierungsverbote beträchtliche Unterschiede bestehen und daher Maßnahmen auf Gemeinschaftsebene gerechtfertigt sind, um die grundlegenden Werte, auf denen die Europäische Union beruht — Freiheit, Demokratie, Achtung der Menschenrechte und Grundfreiheiten sowie Rechtsstaatlichkeit — zu stärken. Dies wird auch dazu beitragen, den wirtschaftlichen und sozialen Zusammenhalt zu stärken, indem alle Menschen in sämtlichen Mitgliedstaaten über einen Mindestschutz gegen Diskriminierung sowie angemessene Rechtsbehelfe verfügen.

1.5. Die Kommission schlägt zwei gesonderte Richtlinien vor:

— Eine Richtlinie zur Anwendung des Gleichbehandlungsgrundsatzes ohne Unterschied der Rasse oder der ethnischen Herkunft in sämtlichen Bereichen des täglichen Lebens, d. h. Beschäftigung, Bildung sowie Zugang zu Waren und Dienstleistungen (Richtlinie gegen die Diskriminierung aufgrund von Rasse oder ethnischer Herkunft).

— Eine Richtlinie zur Festlegung eines allgemeinen Rahmens für die Verwirklichung der Gleichbehandlung ohne Unterschied der Rasse, der ethnischen Herkunft, der Religion oder der Weltanschauung, einer Behinderung, des Alters oder der sexuellen Ausrichtung. Diese Richtlinie beschränkt sich auf die Bereiche Beschäftigung und Beruf (Beschäftigungsrichtlinie). Diskriminierungen aufgrund des Geschlechts sind ausgenommen, da diese bereits durch die Richtlinien 76/207/EWG und 86/613/EWG abgedeckt sind, die sich beide sowohl auf Beschäftigung als auch Beruf beziehen.

1.6. Für das Aktionsprogramm der Gemeinschaft werden zur Unterstützung der Initiative drei Arten von Maßnahmen vorgeschlagen, für die nur begrenzt Mittel zur Verfügung stehen:

— Analyse diskriminierungsrelevanter Faktoren sowie Untersuchung von Politik und Praxis der Diskriminierungsbekämpfung im Hinblick auf die Bewertung ihrer Wirksamkeit und Auswirkungen.

— Förderung von transnationaler Zusammenarbeit sowie Vernetzung der Organisationen, einschließlich der Sozialpartner, die sich im Kampf gegen Diskriminierungen engagieren.

— Sensibilisierungsmaßnahmen, um durch Kommunikation, Veröffentlichungen, Kampagnen und Veranstaltungen die europäische Dimension des Kampfes gegen Diskriminierungen herauszustellen.

1.7. Der Hauptzweck des Vorschlagpakets besteht darin, unionsweit eine Reihe gemeinsamer Mindeststandards festzulegen; es wird eine eindeutige politische Position bezogen, die keinen Zweifel an der Haltung der europäischen Gesellschaft gegenüber diskriminierenden Praktiken läßt.

2. Allgemeine Bemerkungen

2.1. Der Wirtschafts- und Sozialausschuß begrüßt die beiden vorgeschlagenen neuen Gleichbehandlungsrichtlinien als wichtige Rechtsvorschriften zur unionsweiten Bekämpfung der verschiedenen Formen von Diskriminierung. Er zieht den Begriff „Gleichbehandlung" dem Begriff Diskriminierungsbekämpfung vor, da diese Formulierung nach positiven statt nach defensiven Maßnahmen klingt und dem Sprachgebrauch der Richtlinie aus dem Jahr 1976 zur Gleichbehandlung und der Richtlinie aus dem Jahr 1997 über die Beweislast entspricht [1].

2.2. Der Ausschuß spielte beim Zustandekommen des Vorschlagspakets der Kommission zu Diskriminierungen aufgrund von Rasse oder ethnischer Herkunft, Religion oder Glauben, Behinderung, Alter oder sexueller Neigung eine wichtige Rolle. Einige Beispiele früherer Stellungnahmen des Ausschusses zu Rassismus und Fremdenfeindlichkeit, Behinderung, sozialer Ausgrenzung und Alter sind unter der Fußnote aufgeführt [2].

2.3. Der Ausschuß würdigt und unterstützt die pragmatische Entscheidung der Kommission, eine umfassende Richtlinie vorzuschlagen, die Diskriminierung aufgrund der Rasse in einer Vielzahl von Bereichen verbietet, sowie eine gesonderte Richtlinie, die Diskriminierung aus Gründen der Religion, einer Behinderung, des Alters oder der sexuellen Ausrichtung verbietet und sich auf den Bereich der Beschäftigung beschränkt. Er würdigt die davon ausgehenden politischen Impulse und befürwortet spezielle Rechtsvorschriften zum Schutz rassischer oder ethnischer Minderheiten in der Union. Der Ausschuß dringt jedoch darauf, daß die Kommission für die Zukunft Rechtsvorschriften zum Schutz sämtlicher

---

[1] Richtlinie 76/207/EWG vom 9.2.1976 — Gleichbehandlungsrichtlinie. Richtlinie 97/80/EG vom 15.12.1997 — Beweislast.

[2] Die Stellungnahme „Europa der Bürger" von 1992, in der eine Vertragsbestimmung gefordert wurde, die jegliche Benachteiligung aus Gründen des Geschlechts, der Hautfarbe, der Rasse, der Meinung und des Glaubens untersagt, ABl. C 313 vom 30.11.1992, Die Mitteilung „Ein Aktionsplan gegen Rassismus", ABl. C 407 vom 28.12.1998, Der Vorschlag für eine Verordnung (EG) des Rates zur Einrichtung einer Europäischen Beobachtungsstelle für Rassismus und Fremdenfeindlichkeit, ABl. C 158 vom 26.5.1997, Die Mitteilung der Kommission über Rassismus, Fremdenfeindlichkeit und Antisemitismus und der Vorschlag für einen Beschluß des Rates, 1997 zum Europäischen Jahr gegen Rassismus zu erklären, ABl. C 204 vom 15.7.1996, Die Mitteilung und der Entwurf einer Entschließung zur Chancengleichheit für behinderte Menschen, ABl. C 66 vom 3.3.1997; Der Entwurf einer Empfehlung des Rates betreffend einen Parkausweis für behinderte Menschen, ABl. C 174 vom 17.6.1996, Die Mitteilung: Eine konzertierte Strategie zur Modernisierung des Sozialschutzes, ABl. C 117 vom 26.4.2000, S. 33, Die Mitteilung zum Thema Sozialpolitisches Aktionsprogramm 1998-2000, ABl. C 407 vom 28.12.1998, Die Mitteilung über die Modernisierung und Verbesserung des Sozialschutzes in der Europäischen Union, ABl. C 73 vom 9.3.1998; Der Vorschlag für einen Beschluß des Rates über die Unterstützung der Gemeinschaft für Aktionen zugunsten älterer Menschen, ABl. C 236 vom 11.9.1995, Jugendarbeitslosigkeit, ABl. C 18 vom 22.1.1996, Umsetzung der beschäftigungspolitischen Leitlinien 1999, ABl. C 209 vom 22.7.1999; Leitlinien für beschäftigungspolitische Maßnahmen der Mitgliedstaaten im Jahr 2000 — Vorschlag, ABl. C 368 vom 20.12.1999.

Gruppen in Erwägung zieht, bei denen die Gefahr der Diskriminierung aus Gründen der Religion oder der Weltanschauung, einer Behinderung, des Alters oder der sexuellen Ausrichtung gegeben ist, und zwar nach dem Modell der in der Richtlinie gegen Diskriminierung aufgrund von Rasse oder ethnischer Herkunft vorgeschlagenen Grundsätze. Zudem fordert der Ausschuß, daß die Gemeinschaftsrichtlinie über die Gleichbehandlung von Männern und Frauen unter Berücksichtigung dieser Richtlinien überprüft wird.

2.4. Die Richtlinien wurden als eigenständige Rechtsakte entworfen. Falls eine vor der anderen angenommen wird, kann die verbleibende Richtlinie entsprechend angepaßt werden. Wenn beide Richtlinien gleichzeitig angenommen würden, würde es erhebliche Überlappungsprobleme geben und die Texte müßten geändert werden.

2.5. Angesichts der Entschließungen des Ministerrats vom 20. Dezember 1996 und 17. Juni 1999 ([1]) ist der Ausschuß der Auffassung, daß dringend erwogen werden sollte, die Rechtsvorschriften zum Schutz Behinderter über die Beschäftigung hinaus auf weitere Bereiche auszudehnen, insbesondere auf den Zugang zu Dienstleistungen, Bildung und Verkehr. Es wird darauf hingewiesen, daß es in der Europäischen Union schätzungsweise 36 Millionen Behinderte gibt (10 % der Bevölkerung).

2.6. Der Ausschuß vertritt den Standpunkt, daß für alle in den Mitgliedstaaten Ansässigen ein Mindestmaß an Schutz und Rechtsbehelfen gegen Diskriminierung gewährleistet werden muß und daß diese Initiativen den wirtschaftlichen und sozialen Zusammenhalt innerhalb der Union stärken werden. Es sollte klar ausgesagt werden, daß die Beschäftigungsrichtlinie auch für Drittstaatsangehörige während ihres Aufenthalts auf dem Hoheitsgebiet der Europäischen Union gilt. Der Ausschuß stellt fest, daß die Richtlinien Ungleichbehandlung aufgrund der Staatsangehörigkeit nicht untersagen: diese ist Gegenstand gesonderter Artikel des Vertrags (Artikel 12 und 39) und bestehenden abgeleiteten Rechts.

2.7. Der Ausschuß begrüßt, daß der Schwerpunkt der Vorschläge auf der Festlegung unionsweiter Mindeststandards und dem Verbot einer Absenkung des derzeitigen Schutzniveaus in den Mitgliedstaaten infolge der Umsetzung dieser Richtlinien liegt.

2.8. Der Ausschuß begrüßt den Verweis auf Artikel 137, der die soziale Ausgrenzung im allgemeinen behandelt. Die Gleichbehandlungsrichtlinien werden seiner Meinung nach die soziale Integration und den sozialen Zusammenhalt fördern und damit letztendlich die durch Ausgrenzung verursachten hohen Sozialkosten senken.

2.9. Der Ausschuß würde es begrüßen, wenn in die Richtlinie betreffend die Rasse und die ethnische Herkunft auch Bestimmungen über Gewalt gegen Angehörige einer anderen Rasse und Anstiftung zu Rassenhaß aufgenommen würden. Die Ausklammerung dieser sehr wichtigen Fragen ist nach Ansicht des Ausschusses ein schwerwiegendes Versäumnis, da dieser Bereich auf die Menschenrechte der ethnischen Minderheiten angehörenden Bürger entscheidenden Einfluß hat. Der Ausschuß ist sich auch dessen bewußt, daß in bezug auf das politische Engagement und die zur Bekämpfung dieses immer weiter um sich greifenden Phänomens getroffenen Maßnahmen drastische Unterschiede zwischen den einzelnen Mitgliedstaaten festzustellen sind. Er ist der Auffassung, daß die Gemeinsame Maßnahme von 1996 betreffend die Bekämpfung von Rassismus nicht ausreicht, um dieses Problem zu lösen, und daß sich die Kommission um geeignete Rechtsmaßnahmen für diesen wichtigen Bereich bemühen sollte.

2.10. Auf die Vorteile der Chancengleichheit für die Wirtschaft wird nur mit dem kurzen Hinweis eingegangen, daß sie die optimale Nutzung der Humanressourcen ermöglicht (wirtschaftlicher Aspekt). Der Ausschuß würde es begrüßen, wenn dieser Aspekt auf der Grundlage der zahlreichen Beispiele bewährter wirtschaftlicher Praktiken — die in innerhalb und außerhalb der Union operierenden Unternehmen unbestreitbar existieren — eingehender untersucht und ausgeführt würde. Zwar hat die Kommission eine Folgenabschätzung hinsichtlich der Kosten der Umsetzung für die kleinen und mittleren Unternehmen vorgenommen, aber es wird eingeräumt, daß diesen Unternehmen im Zuge der Anpassung an die neuen Richtlinien zusätzliche Kosten entstehen könnten.

2.11. Selbst heute ist es dringend geboten und wichtig, daß die Gemeinschaft gegenüber Diskriminierungen aufgrund der Rasse einen klaren politischen Standpunkt bezieht.

2.12. In diesem Sinne und unabhängig von den nun vorliegenden spezifischen Richtlinien bekräftigt der Ausschuß seinen früheren Vorschlag, integrierte Gemeinschaftsmaßnahmen zur Vorbeugung von Diskriminierung, Rassismus und Fremdenfeindlichkeit zu treffen. Deshalb fordert er die Kommission auf, solche Maßnahmen, insbesondere im Bildungsbereich, unter Einsatz der modernen Techniken der Informationsgesellschaft zu erwägen und zu entwickeln.

2.13. Nach Ansicht des Ausschusses könnte ein verstärkter Dialog zwischen Wirtschaft, Gewerkschaften und anderen sozialen und wirtschaftlichen Akteuren auf der Basis bewährter Praktiken zeigen, daß Gleichbehandlung in Beschäftigung und Beruf die wirtschaftliche Leistungsfähigkeit und soziale Integration verbessern kann. Der Ausschuß ist ein geeignetes Forum, um einen solchen Dialog auf den Weg zu bringen, und beabsichtigt die Durchführung einer Anhörung zu dieser Thematik.

([1]) Entschließung des Rates und der im Rat vereinigten Vertreter der Regierungen der Mitgliedstaaten vom 20. Dezember 1996 zur Chancengleichheit für Behinderte, ABl. C 12 vom 13.1.1997, und Entschließung des Rates vom 17. Juni 1999 betreffend gleiche Beschäftigungschancen für behinderte Menschen, ABl. C 186 vom 2.7.1999.

Besondere Bemerkungen zu den Richtlinien

3. **Richtlinie betreffend die Rasse und die ethnische Herkunft**

Einleitung

3.1. Der Ausschuß begrüßt den Ansatz der Kommission, die Diskriminierung aufgrund der Rasse und der ethnischen Zugehörigkeit in allen gesellschaftlichen Bereichen zu verbieten. Die Kommission sollte im Lichte der Erfahrungen mit dieser Richtlinie baldmöglichst prüfen, ob entsprechende Vorkehrungen auch für die anderen Bereiche des Art 13 EGV vorgeschlagen werden sollen.

3.2. Der Ausschuß begrüßt, daß die Richtlinie auch für Drittstaatsangehörige während ihres Aufenthalts auf dem Hoheitsgebiet der Europäischen Union gilt

Besondere Bemerkungen

4. **Richtlinie betreffend die Rasse und die ethnische Herkunft**

4 1 *Artikel 1 — Zweck*

Als Zweck der Richtlinie wird die Verwirklichung des Grundsatzes der Gleichbehandlung ohne Unterschied der Rasse oder der ethnischen Herkunft angegeben. Diese Formulierung sollte um den Zusatz „aller Personen" ergänzt werden. Diese Formulierung wird in der Beschäftigungsrichtlinie verwendet und sollte auch in genau dieser Form in die Richtlinie betreffend die Rasse und die ethnische Herkunft aufgenommen werden.

4 2. *Artikel 2 — Der Begriff „Diskriminierung"*

Der Ausschuß begrüßt, daß der Richtlinientext Definitionen für unmittelbare und mittelbare Diskriminierung enthält Bezüglich der Definition der direkten Diskriminierung sollte aus Gründen der Klarheit angegeben werden, daß eine Person, die sich selbst als Opfer einer Diskriminierung sieht, mit einer anderen Person in einer ähnlichen Lage verglichen werden sollte. Deshalb schlägt der Ausschuß folgende Änderung von Artikel 2 Absatz 2 Buchstabe a) vor: „liegt eine unmittelbare Diskriminierung vor, wenn eine Person [...] eine weniger günstige Behandlung erfährt als eine andere Person in einer vergleichbaren Lage".

Es ist besonders hilfreich, daß die mittelbare Diskriminierung aufgrund der Rasse nicht unbedingt statistisch belegt werden muß, sondern im Einklang mit den Urteilen des Europäischen Gerichtshofs in Fällen, die die Freizügigkeit der Arbeitnehmer berühren ([1]), auch andere Formen des Nachweises zugelassen sind. In einigen Ländern konnte die Auslegung der mittelbaren Diskriminierung durch die Verwaltungsbehörden jedoch Probleme bereiten

([1]) O'Flynn gegen Adjudication Officer, Rechtssache C-237/94, Urteil vom 23 Mai 1996

Der Ausschuß begrüßt, daß die Definition der Belästigung in den Richtlinientext aufgenommen wurde. Nach seiner Auffassung muß jedoch sichergestellt werden, daß sich die Verantwortlichkeit der Arbeitgeber für Belästigungen auf Situationen beschränkt, die eindeutig in ihrem Einflußbereich liegen und in denen sie von einer Belästigung Kenntnis haben, jedoch deren Fortsetzung dulden.

Der Ausschuß bedauert, daß diskriminierende Anweisungen oder die Ausübung von Druck zur Diskriminierung aufgrund der Rasse oder der ethnischen Herkunft in der Richtlinie nicht erwähnt werden

4.3. *Artikel 3 — Sachlicher Geltungsbereich*

Der Ausschuß stellt fest, daß die Erbringung von Dienstleistungen durch Behörden nicht ausdrücklich in den Geltungsbereich der Richtlinie fällt; Es sollte ein ausdrücklicher Hinweis in die Richtlinie aufgenommen werden, um sicherzustellen, daß dieser Bereich erfaßt ist.

4.4. *Artikel 4 — Wesentliche berufliche Anforderungen*

Der Ausschuß befürwortet die Regelung, daß Abweichungen von den Diskriminierungsbestimmungen aufgrund wesentlicher beruflicher Anforderungen nur begrenzt möglich sind. Diese Ausnahmeregelung sollte (wie in Artikel 12 der Richtlinie festgelegt) regelmäßig durch die Mitgliedstaaten und unabhängige Gremien überprüft werden, um darüber zu entscheiden, ob sie beibehalten oder untersagt werden soll.

4 5. *Artikel 5 — Positive Maßnahmen*

Der Ausschuß begrüßt diese Formulierung.

4.6. *Artikel 6 — Mindestanforderungen*

Der Ausschuß begrüßt diese Bestimmungen.

4.7. *Artikel 7 — Rechtsschutz*

Der Ausschuß ist mit Artikel 7 Absatz 1 und 2 einverstanden. Nach dem Verständnis des Ausschusses bedeutet die in Artikel 7 Absatz 2 vorgeschlagene Bestimmung, daß Organisationen, die sich für die Wahrung der Menschenrechte und die Bekämpfung von Rassismus und Fremdenfeindlichkeit sowie die Förderung der Gleichheit einsetzen, ein Verfahren im Namen eines Beschwerdeführers nur mit dessen Einverständnis anstrengen können. Einer derartigen, über ein Mandat verfügenden Organisation sollte es jedoch auch möglich sein, im Namen einer Gruppe von Personen ein Verfahren einzuleiten, soweit dies die einzelstaatlichen Rechtsvorschriften vorsehen.

Es sollten geeignete Schlichtungsverfahren vorgesehen werden, mit denen Probleme zwischen Einzelpersonen beigelegt werden können; derartige Schlichtungsverfahren sollten nicht verbindlich sein und das Recht der beschwerdeführenden Partei auf die Einlegung von Rechtsmitteln nicht berühren.

4.8. *Artikel 8 — Beweislast*

Der Ausschuß ist mit der für Diskriminierungen aufgrund der Rasse vorgesehenen Beweislastregelung uneingeschränkt einverstanden. Es sollte deutlich gemacht werden, daß der Vorschlag auf eine Verlagerung und nicht eine Umkehr der Beweislast abzielt und somit im Einklang mit der Richtlinie 97/80/EG über die Beweislast bei Diskriminierung aufgrund des Geschlechts steht. Der Ausschuß hat dieses Konzept in seiner Stellungnahme zur Beweislast [1] allgemein befürwortet (hierdurch könnten den KMU zusätzliche Kosten entstehen, vgl Punkt 2 10)

4.9 *Artikel 9 — Viktimisierung*

Der Ausschuß nimmt erfreut zur Kenntnis, daß auch der Schutz vor Viktimisierung aufgenommen wurde. Es sollte klar herausgearbeitet werden, daß sich der Schutz ebenfalls auf Personen erstreckt, denen Nachteile entstehen, weil sie an einer Beschwerde über Diskriminierung aufgrund der Rasse beteiligt bzw mutmaßlich beteiligt sind oder eine solche Beschwerde unterstützen, sofern die Behauptung nicht falsch war und in gutem Glauben aufgestellt wurde.

4 10 *Artikel 10 — Information*

Zusätzlich zu der Forderung nach Information über die Bestimmungen der Richtlinie sollte auch eine Bestimmung über die Schulung — insbesondere von Behörden sowie allen Institutionen und betroffenen Organisationen — aufgenommen werden. Im Zusammenhang mit Information ist Schulung ein wichtiger Aspekt, insbesondere in Ländern, die keine Erfahrung mit der Bekämpfung von Diskriminierung aufgrund der Rasse haben Analog zu dieser Forderung sollten die Mitgliedstaaten auch verpflichtet werden, Informationen über die von ihnen ergriffenen Maßnahmen zur Verhinderung von Diskriminierung veröffentlichen sowie vorbildliche Praktiken in diesem Bereich aufzuzeigen und zu verbreiten.

4.11 *Artikel 11 — Sozialer Dialog*

4 11.1 Der Ausschuß nimmt erfreut zur Kenntnis, daß die Sozialpartner — unter Respektierung ihrer Unabhängigkeit und Eigenständigkeit — daran beteiligt werden sollen, durch Überwachung der betrieblichen Praxis, Tarifverträge, Verhaltenskodizes, Forschungsarbeiten oder durch den Austausch von Erfahrungen und bewährten Lösungen die Gleichbehandlung voranzubringen. Die Sozialpartner sollten aufgefordert werden, ihre Vertreter durch entsprechende Schulung mit den Bestimmungen der Richtlinie vertraut zu machen.

4.11.2. Die Rolle der NRO

Der Ausschuß empfiehlt dringend, einen zusätzlichen Artikel in die Richtlinie aufzunehmen, der die Schlüsselrolle hervorhebt, die in den Bereichen Menschenrechte, Diskriminierung und Gleichheit tätige regierungsunabhängige Organisationen bei der Umsetzung und Überwachung der Richtlinie spielen, unbeschadet der Vorrechte der Sozialpartner.

4.12. *Artikel 12 — Einrichtung unabhängiger Stellen*

Der Ausschuß begrüßt den Vorschlag, in sämtlichen Mitgliedstaaten unabhängige Stellen einzurichten. Er schlägt vor, daß diese Stellen neben der Befugnis, Beschwerden über Diskriminierungen im Namen von Einzelpersonen entgegenzunehmen und zu verfolgen, auch die Befugnis haben sollten, Beschwerden im Namen von Organisationen zu verfolgen.

4.13. *Artikel 13 — Einhaltung*

Die in der Richtlinie festgelegten Maßnahmen zur Sicherstellung ihrer Einhaltung werden vom Ausschuß uneingeschränkt befürwortet

4.14. *Artikel 14 — Sanktionen*

Der Ausschuß begrüßt den Vorschlag, daß Sanktionen verhältnismäßig, wirksam und abschreckend sein müssen

4.15. *Artikel 15 — Umsetzung der Richtlinie*

Es sollte geprüft werden, ob die Befugnisse für die Überwachung der Auswirkungen der nationalen Rechtsvorschriften in bezug auf die Bekämpfung von Diskriminierung der Beobachtungsstelle für Rassismus und Fremdenfeindlichkeit in Wien übertragen werden können oder ob diese Befugnisse ebenfalls an „unabhängige Stellen" in den Mitgliedstaaten delegiert werden könnten, die wiederum der Beobachtungsstelle Bericht erstatten.

5 Die Beschäftigungsrichtlinie

5.1. *Artikel 1 — Zweck*

Zweck der Beschäftigungsrichtlinie ist es, in den Mitgliedstaaten den Grundsatz der Gleichbehandlung ohne Unterschied der Rasse, der ethnischen Herkunft, der Religion oder der Weltanschauung, einer Behinderung, des Alters oder der sexuellen Ausrichtung zu verwirklichen.

5.2 *Artikel 2 — Der Begriff Diskriminierung*

Der Ausschuß begrüßt, daß der Richtlinienwortlaut Definitionen für unmittelbare und mittelbare Diskriminierung enthält Bezüglich der Definition der unmittelbaren Diskriminierung sollte aus Gründen der Klarheit angegeben werden, daß eine Person, die sich selbst als Opfer einer Diskriminierung sieht, mit einer anderen Person in einer ähnlichen Lage verglichen werden sollte Deshalb schlägt der Ausschuß folgende Änderung von Artikel 2 Absatz 2 Buchstabe a) vor: „liegt eine unmittelbare Diskriminierung vor, wenn eine Person [...] eine weniger günstige Behandlung erfährt oder erfahren würde als eine andere Person in einer vergleichbaren Lage."

(1) WSA-Stellungnahme zu der Richtlinie zur Beweislast, ABl C 133 vom 28 4 1997 — a a O

Es ist besonders hilfreich, daß die mittelbare Diskriminierung aufgrund der Rasse nicht unbedingt statistisch belegt werden muß, sondern im Einklang mit den Urteilen des Europäischen Gerichtshofs in Fällen, die die Freizügigkeit der Arbeitnehmer berühren [1], auch andere Formen des Nachweises zugelassen sind. In einigen Ländern konnte die Auslegung der mittelbaren Diskriminierung durch die Verwaltungsbehörden jedoch Probleme bereiten.

Der Ausschuß begrüßt, daß die Definition der Belästigung in den Richtlinientext aufgenommen wurde. Nach seiner Auffassung muß jedoch sichergestellt werden, daß sich die Verantwortlichkeit der Arbeitgeber für Belästigungen auf Situationen beschränkt, die eindeutig in ihrem Einflußbereich liegen und in denen sie von einer Belästigung Kenntnis haben, jedoch deren Fortsetzung dulden.

Der Ausschuß bedauert, daß diskriminierende Anweisungen oder die Ausübung von Druck zur Diskriminierung aufgrund der Rasse, der ethnischen Herkunft, der Religion oder der Weltanschauung, einer Behinderung, des Alters oder der sexuellen Ausrichtung in der Richtlinie nicht erwähnt wird.

In Artikel 2 Absatz 4 wird speziell auf Behinderte eingegangen. Der Ausschuß begrüßt diesen Absatz, mit dem die Beweislast für kleine und mittlere Unternehmen dadurch eingeschränkt wird, daß lediglich „angemessene Vorkehrungen" für Menschen mit Behinderungen gefordert werden, sofern diese Forderung keine unbillige Härte darstellt. Der Ausschuß begrüßt die Begriffe „Angemessenheit" und „unbillige Härte", die die Folgen für kleine Unternehmen einschränken.

5.3 *Artikel 3 — Sachlicher Geltungsbereich*

Der Ausschuß begrüßt die Bestimmungen von Artikel 3 der Richtlinie.

5.4 *Artikel 4 — Wesentliche berufliche Anforderungen*

Der Ausschuß befürwortet die Regelung, daß Abweichungen von den Diskriminierungsbestimmungen aufgrund wesentlicher beruflicher Anforderungen nur begrenzt möglich sind. Diese Ausnahmeregelung sollte regelmäßig durch die Mitgliedstaaten und unabhängige Gremien überprüft werden, um darüber zu entscheiden, ob sie beibehalten oder untersagt werden soll.

5.5. *Artikel 5 — Gerechtfertigte Ungleichbehandlung aufgrund des Alters*

Der Ausschuß stellt fest, daß die Liste der Ungleichbehandlungen, die nicht als unmittelbare Diskriminierungen zu betrachten sind, sofern sie durch ein legitimes Ziel objektiv gerechtfertigt und zur Erreichung dieses Ziels geeignet und erforderlich sind, nicht erschöpfend ist. Der Ausschuß ist besorgt, daß Artikel 5 Buchstabe f als Legitimierung einer weitreichenden Diskriminierung aufgrund des Alters vor dem Hintergrund arbeitsmarktpolitischer Erwägungen angesehen werden könnte. Gegen diese Auslegung spricht, daß die den Buchstaben a-f gemeinsame Aussage darin besteht, daß eine Ungleichbehandlung objektiv gerechtfertigt ist, sofern sie ein legitimes Ziel hat und zur Erreichung des Ziels geeignet und erforderlich ist. In den einzelstaatlichen Rechtsvorschriften gibt es ebenfalls mehrere Beispiele für altersbezogene Schutzvorschriften und Tarifverträge. Vor diesem Hintergrund kann der Ausschuß Artikel 5 Buchstabe f zustimmen. Letztlich müssen die Gerichte die Rechtmäßigkeit derartiger Bestimmungen beurteilen.

5.6. *Artikel 6 — Positive Maßnahmen*

Der Ausschuß begrüßt diese Formulierung. Dennoch möchte er betonen, daß eine Auslegung des Begriffs „positive Maßnahme" im Lichte der ständigen Rechtsprechung [2] über Diskriminierungen aufgrund des Geschlechts zu Rechtsunsicherheiten bezüglich der von dieser Richtlinie abgedeckten Nichtdiskriminierungsgründe (Religion und sexuelle Neigung) führen könnte.

5.7. *Artikel 7 — Mindestanforderungen*

Der Ausschuß begrüßt die Aufnahme dieser Klausel, die eine Absenkung des derzeitigen Schutzniveaus infolge der Umsetzung der Richtlinie untersagt, da sie notwendig ist, um im Beschäftigungsbereich gemeinsame Standards in den 15 Mitgliedstaaten zu gewährleisten.

5.8. *Artikel 8 — Rechtsschutz*

Nach dem Verständnis des Ausschusses bedeutet die in Artikel 7 Absatz 2 vorgeschlagene Bestimmung, daß Organisationen, die sich für die Wahrung der Menschenrechte und die Bekämpfung von Rassismus und Fremdenfeindlichkeit sowie die Förderung der Gleichheit einsetzen, ein Verfahren im Namen eines Beschwerdeführers nur mit dessen Einverständnis anstrengen können. Einer derartigen, über ein Mandat verfügenden Organisation sollte es jedoch auch möglich sein, im Namen einer Gruppe von Personen ein Verfahren einzuleiten, soweit dies die einzelstaatlichen Rechtsvorschriften vorsehen.

Es sollten geeignete Schlichtungsverfahren vorgesehen werden, mit denen Probleme zwischen Einzelpersonen/Sozialpartnern beigelegt werden können; derartige Schlichtungsverfahren sollten nicht verbindlich sein und das Recht der beschwerdeführenden Partei auf die Einlegung von Rechtsmitteln nicht berühren.

---

(1) O'Flynn gegen Adjudication Officer, Rechtssache C-237/94, Urteil vom 23. Mai 1996.

(2) Die Rechtssachen Kalanke und Marschall: Rechtssache C-450/93, Slg. 1995, I-3051, Rechtssache C-409/95, Slg. 1997, I-6363.

5.9. *Artikel 9 — Beweislast*

Der Ausschuß ist mit der für Diskriminierungen aufgrund der Rasse vorgesehenen Beweislastregelung uneingeschränkt einverstanden. Er hat dieses Konzept in seiner Stellungnahme zur Beweislast([1]) allgemein befürwortet. Es sollte deutlich gemacht werden, daß der Vorschlag auf eine Verlagerung und nicht eine Umkehr der Beweislast abzielt und somit im Einklang mit der Richtlinie 97/80/EG über die Beweislast bei Diskriminierung aufgrund des Geschlechts steht (hierdurch könnten Unternehmen und insbesondere den KMU zusätzliche Kosten entstehen, vgl. Punkt 2.10).

5.10. *Artikel 10 — Viktimisierung*

Der Ausschuß nimmt erfreut zur Kenntnis, daß auch der Schutz vor Viktimisierung aufgenommen wurde. Es sollte klar herausgearbeitet werden, daß sich der Schutz ebenfalls auf Personen erstreckt, denen Nachteile entstehen, weil sie an einer Beschwerde über Diskriminierung aufgrund der Rasse beteiligt bzw. mutmaßlich beteiligt sind oder eine solche Beschwerde unterstützen, sofern die Behauptung nicht falsch war und in gutem Glauben aufgestellt wurde.

5.11. *Artikel 11 — Information*

Zusätzlich zu der Forderung nach Information über die Bestimmungen der Richtlinie sollte auch eine Bestimmung über die Schulung — insbesondere von Behörden sowie allen Institutionen und betroffenen Organisationen — aufgenommen werden. Im Zusammenhang mit Information ist Schulung ein wichtiger Aspekt, insbesondere in Ländern, die keine Erfahrung mit Rechtsvorschriften zur Bekämpfung von Diskriminierung haben. Analog zu dieser Forderung sollten die Mitgliedstaaten auch verpflichtet werden, Informationen über die von ihnen ergriffenen Maßnahmen zur Verhinderung von Diskriminierung zu veröffentlichen sowie vorbildliche Praktiken in diesem Bereich aufzuzeigen und zu verbreiten.

5.12. *Artikel 12 — Sozialer Dialog*

Der Ausschuß begrüßt, daß der soziale Dialog gestärkt wird. Die Sozialpartner müssen eine maßgebliche Rolle spielen und können durch die Überwachung der Verfahren und Praktiken einen wertvollen Beitrag leisten. Diese Befugnis betrifft nicht die „Kontrolle", sondern die Überwachung; der Unterschied zwischen diesen beiden Begriffen sollte klar herausgestellt werden. (In einigen Übersetzungen wurde der Begriff „Kontrolle" verwendet.) Der Ausschuß begrüßt auch die Empfehlung, daß die Sozialpartner die Richtlinie in Tarifvereinbarungen umsetzen sollten, was zeigt, daß kollektive und individuelle Rechte miteinander vereinbar sind.

5.13. *Artikel 13 — Einhaltung der Richtlinie*

Der Ausschuß begrüßt diesen Artikel.

5.14. *Artikel 14 — Sanktionen*

Der Ausschuß begrüßt den Vorschlag, daß Sanktionen verhältnismäßig, wirksam und abschreckend sein müssen.

5.15. *Artikel 15 — Umsetzung der Richtlinie*

Der Ausschuß begrüßt diesen Artikel.

6. **Aktionsprogramm zur Bekämpfung von Diskriminierungen (2001-2006)**

6.1. Ziel des Aktionsprogramms ist es, Maßnahmen zur Bekämpfung der Diskriminierung zu fördern, indem die transnationale Zusammenarbeit zwischen einer Reihe von Akteuren in mehreren Schlüsselbereichen unterstützt wird.

6.2. Der Ausschuß befürwortet den Vorschlag für ein Aktionsprogramm uneingeschränkt. Die drei Hauptziele und die drei flankierenden Aktionsbereiche, nämlich die Analyse des Ausmaßes und der Art der Diskriminierungen, die Entwicklung von Handlungskompetenzen für die im Kampf gegen Diskriminierung aktiven Akteure sowie die Verbreitung von Werten und Praktiken zur Unterstützung dieses Kampfes, ergeben ein ausgewogenes Programm mit einem Höchstmaß an Möglichkeiten für Austausch und Zusammenarbeit.

6.3. In dem Aktionsprogramm wird davon ausgegangen, daß die Erfahrungen von diskriminierten Personen während der Planung, Umsetzung und Überwachung der Maßnahmen des Aktionsprogramms berücksichtigt werden. Der Ausschuß ist jedoch besorgt darüber, daß nicht angesprochen wird, in welcher Art und Weise die Erfahrungen der Opfer berücksichtigt werden sollen. Er ist der Ansicht, daß diese Erfahrungen als Ausgangspunkt dienen sollten.

6.4. Das Programm soll transnationale Projekte unterstützen. Das bedeutet in der Praxis, daß zahlreiche Organisationen ausgeschlossen werden, weil sie nicht über die Humanressourcen, Finanzmittel oder Infrastruktur verfügen, die für die Teilnahme an solchen Projekten erforderlich sind. Unter der Voraussetzung, daß diese Organisationen über weitreichende praktische Erfahrungen in dieser Frage verfügen und geeignet sind, den Standpunkt der Opfer von Diskriminierungen zu vertreten, sollte das Aktionsprogramm angemessene Möglichkeiten für ihre Einbeziehung bieten.

6.5. Der Ausschuß begrüßt die Bandbreite des Aktionsprogramms und die Tatsache, daß es über Beschäftigung und Arbeitsmarkt hinaus in die Bereiche des Zugangs zu Waren und Dienstleistungen reicht.

6.6. Nach Ansicht des Ausschusses sollte sich das Aktionsprogramm in hohem Maße auf die Frage der Diskriminierung aus Altersgründen konzentrieren, da die Richtlinie zur Beschäftigung die Diskriminierung aufgrund des Alters herausgreift und Umstände anführt, unter denen sie gerechtfertigt und damit gesetzlich erlaubt sein kann. Deshalb sollte die Durchführbarkeit von Maßnahmen und Initiativen im Bereich der

---

([1]) WSA-Stellungnahme zu der Richtlinie zur Beweislast, ABl. C 133 vom 28.4.1997 — a.a.O.

Diskriminierung aufgrund des Alters im Rahmen des Aktionsprogramms besonders streng gepruft werden. Das Aktionsprogramm konnte ein Instrument darstellen, um den politischen Willen der Mitgliedstaaten in dieser Frage zu testen und das Potential fur effiziente und durchsetzbare Rechtsvorschriften zur Diskriminierung aufgrund des Alters auszuloten.

6.7 Die Kommission schlagt vor, nach Beendigung des Programms, d. h. bis zum 31. Dezember 2005, einen Bewertungsbericht vorzulegen Der Ausschuß legt zusatzlich einen Bericht uber die Halbzeitbewertung als angemessen nahe, da es sich hier um einen neuen Aktionsbereich handelt und die Themen im Verlauf des Programms vielleicht angepaßt werden mussen

6 8. Der Ausschuß halt die Vorbeugung von Diskriminierungen und die Forderung der Chancengleichheit fur einen wichtigen Bestandteil der Gesamtstrategie zur Untermauerung der Richtlinien gegen Diskriminierung. Zu diesem Zweck sollte die Kommission eine groß angelegte Medien- und Werbekampagne als Teil des Aktionsprogramms in Erwagung ziehen.

Brussel, den 25. Mai 2000.

Die Prasidentin

des Wirtschafts- und Sozialausschusses

Beatrice RANGONI MACHIAVELLI

ANHANG

zur Stellungnahme des Wirtschafts- und Sozialausschusses

Die folgenden Anderungsantrage, auf die mindestens ein Viertel der abgegebenen Stimmen als Ja-Stimmen entfiel, wurden im Verlauf der Beratungen abgelehnt·

Ziffer 4.2

Im ersten Absatz, letzter Satz, sollten folgende Worter eingefugt werden

eine weniger gunstige Behandlung erfahrt oder erfahren wurde als eine andere Person in einer vergleichbaren Lage '

Begrundung

Direkte Diskriminierung entsteht, wenn Personen in einer vergleichbaren Lage nicht in derselben Weise behandelt werden Die unterschiedliche Behandlung kann auf zwei Arten aufgezeigt werden Entweder durch einen direkten Vergleich mit der Behandlung einer anderen Person, oder durch eine Situation, in der eine Person eine weniger gunstige Behandlung erfahrt als eine andere sie erfahren wurde

Der Kommissionsvorschlag laßt in seiner derzeitigen Formulierung beide Moglichkeiten zu und nicht nur die eine Daher sollte er entsprechend erganzt werden

Abstimmungsergebnis

Ja-Stimmen· 41, Nein-Stimmen: 47, Stimmenthaltungen· 8

Ziffer 4.8

Im letzten Satz hinzufugen

(hierdurch konnten Unternehmen und insbesondere den KMU zusatzliche Kosten entstehen, vgl Punkt 2 10) '

Begründung

Eine Verlagerung der Beweislast stellt für Unternehmen und besonders für KMU anerkanntermaßen eine große Belastung dar und verursacht zusätzliche Kosten, da Arbeitgeber Unterlagen über jede Personalentscheidung aufbewahren müssen, um für den Fall einer Klage Beweismaterial zur Hand zu haben.

Abstimmungsergebnis

Ja-Stimmen: 54, Nein-Stimmen: 63, Stimmenthaltungen: 3.

Stellungnahme des Wirtschafts- und Sozialausschusses zu dem „Vorschlag für eine Richtlinie des Europäischen Parlaments und des Rates zur 19. Änderung der Richtlinie 76/769/EWG des Rates für Beschränkungen des Inverkehrbringens und der Verwendung gewisser gefährlicher Stoffe und Zubereitungen (Azofarbstoffe)"

(2000/C 204/18)

Der Rat beschloß am 10. April 2000, den Wirtschafts- und Sozialausschuß gemäß Artikel 95 des EG-Vertrags um Stellungnahme zu dem vorgenannten Vorschlag zu ersuchen.

Die mit der Vorbereitung der Arbeiten beauftragte Fachgruppe Binnenmarkt, Produktion und Verbrauch nahm ihre Stellungnahme am 5. April 2000 an. Berichterstatterin war Frau Williams.

Der Ausschuß verabschiedete auf seiner 373. Plenartagung am 25. Mai 2000 mit 73 Stimmen bei 1 Stimmenthaltung folgende Stellungnahme.

1 Einleitung

1.1 In diesem Kommissionsvorschlag über das Inverkehrbringen und die Verwendung gewisser gefährlicher Stoffe und Zubereitungen geht es um die Gesundheit und Sicherheit sowohl der Verbraucher als auch der Arbeitnehmer. Ihr wesentliches Anliegen ist, im Interesse des Schutzes der menschlichen Gesundheit die Verwendung gefährlicher Azofarbstoffe zu untersagen, so daß Textilien und Lederwaren, die mit solchen Stoffen gefärbt wurden, nicht mehr in Verkehr gebracht werden. Einige dieser Erzeugnisse, wie beispielsweise Spielzeug, Kleider und Schuhe, können die Gesundheit der am wenigsten widerstandsfähigen Verbrauchergruppen, insbesondere Schwangeren und Kleinkinder, angreifen.

1.2. Gegenstand des Kommissionsvorschlags — dem technische Anhänge beigefügt sind — ist eine weitere sicherheitsbezogene Änderung der bestehenden Richtlinie über gefährliche Stoffe ([1]).

1.3. Der Kommissionsvorschlag unterstreicht des weiteren die Notwendigkeit der Vereinheitlichung im Binnenmarkt. Da einige Mitgliedstaaten für die Vermarktung und die Verwendung bestimmter krebserzeugender Azofarbstoffe bereits Beschränkungen eingeführt haben, ist zwingender Handlungsbedarf im Sinne eines koordinierten und gemeinsamen Vorgehens vorhanden, um für diesen Bereich EU-Rechtsvorschriften zu schaffen, die eine Harmonisierung gewährleisten, die auch die Bewerberstaaten erfaßt.

1.4. Der Kommissionsvorschlag muß auch im Kontext der Anforderungen der Welthandelsorganisation gesehen werden, d. h. daß jedwede Beschränkungen der Verwendung von Azofarbstoffen mit eindeutig festgestellten Gesundheitsgefahren für die Verbraucher gerechtfertigt werden müssen.

2. Hintergrundinformationen

2.1 Azofarbstoffe (Farbstoffe wie Pigmente) sind die am meisten verwendeten organischen Farbmittel. Sie alle enthalten mindestens eine Azogruppe. Diese Azoverbindung kann in einer Reduktionsreaktion im menschlichen Körper in das entsprechende aromatische Amin umgewandelt werden. Deswegen sollen mit dem Vorschlag nicht etwa alle Farbstoffe untersagt werden, sondern lediglich diejenigen löslichen Azofarbstoffe verboten werden, die im Körper zu einem der 21 aufgelisteten krebserzeugenden Amine abgebaut bzw. aufgespalten werden. Die meisten Azopigmente werden vom Richtlinienvorschlag nicht berührt, weil sie quasi unlöslich sind und mithin unter normalen Bedingungen auch nicht aufgespalten werden.

([1]) Richtlinie 76/769/EWG, ABl. 262 vom 27.9.1976, S. 201.

IV. Anhang IV

Richtlinie 2000/43/EG des Rates vom 29.06.2000 zur Anwendung des Gleichbehandlungsgrundsatzes ohne Unterschied der Rasse oder der ethnischen Herkunft, Abl. L 180/22 vom 19.07.2000

L 180/22 | DE | Amtsblatt der Europäischen Gemeinschaften | 19. 7. 2000

RICHTLINIE 2000/43/EG DES RATES

vom 29. Juni 2000

zur Anwendung des Gleichbehandlungsgrundsatzes ohne Unterschied der Rasse oder der ethnischen Herkunft

DER RAT DER EUROPÄISCHEN UNION —

gestützt auf den Vertrag zur Gründung der Europäischen Gemeinschaft, insbesondere auf Artikel 13,

auf Vorschlag der Kommission ([1]),

nach Stellungnahme des Europäischen Parlaments ([2]),

nach Stellungnahme des Wirtschafts- und Sozialausschusses ([3]),

nach Stellungnahme des Ausschusses der Regionen ([4]),

in Erwägung nachstehender Gründe:

(1) Der Vertrag über die Europäische Union markiert den Beginn einer neuen Etappe im Prozeß des immer engeren Zusammenwachsens der Völker Europas.

(2) Nach Artikel 6 des Vertrags über die Europäische Union beruht die Europäische Union auf den Grundsätzen der Freiheit, der Demokratie, der Achtung der Menschenrechte und Grundfreiheiten sowie der Rechtsstaatlichkeit; diese Grundsätze sind den Mitgliedstaaten gemeinsam. Nach Artikel 6 EU-Vertrag sollte die Union ferner die Grundrechte, wie sie in der Europäischen Konvention zum Schutze der Menschenrechte und Grundfreiheiten gewährleistet sind und wie sie sich aus den gemeinsamen Verfassungsüberlieferungen als allgemeine Grundsätze des Gemeinschaftsrechts ergeben, achten.

(3) Die Gleichheit vor dem Gesetz und der Schutz aller Menschen vor Diskriminierung ist ein allgemeines Menschenrecht. Dieses Recht wurde in der Allgemeinen Erklärung der Menschenrechte, im VN-Übereinkommen über die Beseitigung aller Formen der Diskriminierung von Frauen, im Internationalen Übereinkommen zur Beseitigung jeder Form von Rassendiskriminierung, im Internationalen Pakt der VN über bürgerliche und politische Rechte sowie im Internationalen Pakt der VN über wirtschaftliche, soziale und kulturelle Rechte und in der Europäischen Konvention zum Schutz der Menschenrechte und der Grundfreiheiten anerkannt, die von allen Mitgliedstaaten unterzeichnet wurden.

(4) Es ist wichtig, daß diese Grundrechte und Grundfreiheiten, einschließlich der Vereinigungsfreiheit, geachtet werden. Ferner ist es wichtig, daß im Zusammenhang mit dem Zugang zu und der Versorgung mit Gütern und Dienstleistungen der Schutz der Privatsphäre und des Familienlebens sowie der in diesem Kontext getätigten Geschäfte gewahrt bleibt.

(5) Das Europäische Parlament hat eine Reihe von Entschließungen zur Bekämpfung des Rassismus in der Europäischen Union angenommen.

(6) Die Europäische Union weist Theorien, mit denen versucht wird, die Existenz verschiedener menschlicher Rassen zu belegen, zurück. Die Verwendung des Begriffs „Rasse" in dieser Richtlinie impliziert nicht die Akzeptanz solcher Theorien.

(7) Auf seiner Tagung in Tampere vom 15. und 16. Oktober 1999 ersuchte der Europäische Rat die Kommission, so bald wie möglich Vorschläge zur Durchführung des Artikels 13 EG-Vertrag im Hinblick auf die Bekämpfung von Rassismus und Fremdenfeindlichkeit vorzulegen.

(8) In den vom Europäischen Rat auf seiner Tagung vom 10. und 11. Dezember 1999 in Helsinki vereinbarten beschäftigungspolitischen Leitlinien für das Jahr 2000 wird die Notwendigkeit unterstrichen, günstigere Bedingungen für die Entstehung eines Arbeitsmarktes zu schaffen, der soziale Integration fördert; dies soll durch ein Bündel aufeinander abgestimmter Maßnahmen geschehen, die darauf abstellen, Diskriminierungen bestimmter gesellschaftlicher Gruppen, wie ethnischer Minderheiten, zu bekämpfen.

(9) Diskriminierungen aus Gründen der Rasse oder der ethnischen Herkunft können die Verwirklichung der im EG-Vertrag festgelegten Ziele unterminieren, insbesondere die Erreichung eines hohen Beschäftigungsniveaus und eines hohen Maßes an sozialem Schutz, die Hebung des Lebensstandards und der Lebensqualität, den wirtschaftlichen und sozialen Zusammenhalt sowie die Solidarität. Ferner kann das Ziel der Weiterentwicklung der Europäischen Union zu einem Raum der Freiheit, der Sicherheit und des Rechts beeinträchtigt werden.

(10) Die Kommission legte im Dezember 1995 eine Mitteilung über Rassismus, Fremdenfeindlichkeit und Antisemitismus vor.

(11) Der Rat hat am 15. Juli 1996 die Gemeinsame Maßnahme 96/443/JI zur Bekämpfung von Rassismus und Fremdenfeindlichkeit ([5]) angenommen, mit der sich die Mitgliedstaaten verpflichten, eine wirksame justitielle Zusammenarbeit bei Vergehen, die auf rassistischen oder fremdenfeindlichen Verhaltensweisen beruhen, zu gewährleisten.

(12) Um die Entwicklung demokratischer und toleranter Gesellschaften zu gewährleisten, die allen Menschen — ohne Unterschied der Rasse oder der ethnischen Herkunft — eine Teilhabe ermöglichen, sollten spezifische Maßnahmen zur Bekämpfung von Diskriminierungen aus Gründen der Rasse oder der ethnischen Herkunft über die Gewährleistung des Zugangs zu unselbständiger und selbständiger Erwerbstätigkeit hinausgehen und auch Aspekte wie Bildung, Sozialschutz, einschließlich sozialer Sicherheit und der Gesundheitsdienste, soziale Vergünstigungen, Zugang zu und Versorgung mit Gütern und Dienstleistungen, mit abdecken.

([1]) Noch nicht im Amtsblatt veröffentlicht.
([2]) Stellungnahme vom 18. Mai 2000 (noch nicht im Amtsblatt veröffentlicht).
([3]) Stellungnahme vom 12. April 2000 (noch nicht im Amtsblatt veröffentlicht).
([4]) Stellungnahme vom 31. Mai 2000 (noch nicht im Amtsblatt veröffentlicht).

([5]) ABl. L 185 vom 24.7.1996, S. 5.

(13) Daher sollte jede unmittelbare oder mittelbare Diskriminierung aus Grunden der Rasse oder der ethnischen Herkunft in den von der Richtlinie abgedeckten Bereichen gemeinschaftsweit untersagt werden. Dieses Diskriminierungsverbot sollte auch hinsichtlich Drittstaatsangehorigen angewandt werden, betrifft jedoch keine Ungleichbehandlungen aufgrund der Staatsangehorigkeit und laßt die Vorschriften uber die Einreise und den Aufenthalt von Drittstaatsangehorigen und ihren Zugang zu Beschaftigung und Beruf unberuhrt.

(14) Bei der Anwendung des Grundsatzes der Gleichbehandlung ohne Ansehen der Rasse oder der ethnischen Herkunft sollte die Gemeinschaft im Einklang mit Artikel 3 Absatz 2 EG-Vertrag bemuht sein, Ungleichheiten zu beseitigen und die Gleichstellung von Mannern und Frauen zu fordern, zumal Frauen haufig Opfer mehrfacher Diskriminierungen sind.

(15) Die Beurteilung von Tatbestanden, die auf eine unmittelbare oder mittelbare Diskriminierung schließen lassen, obliegt den einzelstaatlichen gerichtlichen Instanzen oder anderen zustandigen Stellen nach den nationalen Rechtsvorschriften oder Gepflogenheiten In diesen einzelstaatlichen Vorschriften kann insbesondere vorgesehen sein, daß mittelbare Diskriminierung mit allen Mitteln, einschließlich statistischer Beweise, festzustellen ist

(16) Es ist wichtig, alle naturlichen Personen gegen Diskriminierung aus Grunden der Rasse oder der ethnischen Herkunft zu schutzen Die Mitgliedstaaten sollten auch, soweit es angemessen ist und im Einklang mit ihren nationalen Gepflogenheiten und Verfahren steht, den Schutz juristischer Personen vorsehen, wenn diese aufgrund der Rasse oder der ethnischen Herkunft ihrer Mitglieder Diskriminierungen erleiden

(17) Das Diskriminierungsverbot sollte nicht der Beibehaltung oder dem Erlaß von Maßnahmen entgegenstehen, mit denen bezweckt wird, Benachteiligungen von Angehorigen einer bestimmten Rasse oder ethnischen Gruppe zu verhindern oder auszugleichen, und diese Maßnahmen konnen Organisation von Personen einer bestimmten Rasse oder ethnischen Herkunft gestatten, wenn deren Zweck hauptsachlich darin besteht, fur die besonderen Bedurfnisse dieser Personen einzutreten

(18) Unter sehr begrenzten Bedingungen kann eine unterschiedliche Behandlung gerechtfertigt sein, wenn ein Merkmal, das mit der Rasse oder ethnischen Herkunft zusammenhangt, eine wesentliche und entscheidende berufliche Anforderung darstellt, sofern es sich um einen legitimen Zweck und eine angemessene Anforderung handelt Diese Bedingungen sollten in die Informationen aufgenommen werden, die die Mitgliedstaaten der Kommission ubermitteln

(19) Opfer von Diskriminierungen aus Grunden der Rasse oder der ethnischen Herkunft sollten uber einen angemessenen Rechtsschutz verfugen. Um einen effektiveren Schutz zu gewahrleisten, sollte auch die Moglichkeit bestehen, daß sich Verbande oder andere juristische Personen unbeschadet der nationalen Verfahrensordnung bezuglich der Vertretung und Verteidigung vor Gericht bei einem entsprechenden Beschluß der Mitgliedstaaten im Namen eines Opfers oder zu seiner Unterstutzung an einem Verfahren beteiligen.

(20) Voraussetzungen fur eine effektive Anwendung des Gleichheitsgrundsatzes sind ein angemessener Schutz vor Viktimisierung.

(21) Eine Anderung der Regeln fur die Beweislastverteilung ist geboten, wenn ein glaubhafter Anschein einer Diskriminierung besteht Zur wirksamen Anwendung des Gleichbehandlungsgrundsatzes ist eine Verlagerung der Beweislast auf die beklagte Partei erforderlich, wenn eine solche Diskriminierung nachgewiesen ist

(22) Die Mitgliedstaaten konnen davon absehen, die Regeln fur die Beweislastverteilung auf Verfahren anzuwenden, in denen die Ermittlung des Sachverhalts dem Gericht oder der zustandigen Stelle obliegt. Dies betrifft Verfahren, in denen die klagende Partei den Beweis des Sachverhalts, dessen Ermittlung dem Gericht oder der zustandigen Stelle obliegt, nicht anzutreten braucht

(23) Die Mitgliedstaaten sollten den Dialog zwischen den Sozialpartnern und mit Nichtregierungsorganisationen fordern, mit dem Ziel, gegen die verschiedenen Formen von Diskriminierung anzugehen und diese zu bekampfen

(24) Der Schutz vor Diskriminierung aus Grunden der Rasse oder der ethnischen Herkunft wurde verstarkt, wenn es in jedem Mitgliedstaat eine Stelle bzw Stellen gabe, die fur die Analyse der mit Diskriminierungen verbundenen Probleme, die Prufung moglicher Losungen und die Bereitstellung konkreter Hilfsangebote an die Opfer zustandig ware.

(25) In dieser Richtlinie werden Mindestanforderungen festgelegt; den Mitgliedstaaten steht es somit frei, gunstigere Vorschriften beizubehalten oder einzufuhren Die Umsetzung der Richtlinie darf nicht als Rechtfertigung fur eine Absenkung des in den Mitgliedstaaten bereits bestehenden Schutzniveaus benutzt werden.

(26) Die Mitgliedstaaten sollten wirksame, verhaltnismaßige und abschreckende Sanktionen fur den Fall vorsehen, daß gegen die aus der Richtlinie erwachsenden Verpflichtungen verstoßen wird.

(27) Die Mitgliedstaaten konnen den Sozialpartnern auf deren gemeinsamen Antrag die Durchfuhrung der Bestimmungen dieser Richtlinie ubertragen, die in den Anwendungsbereich von Tarifvertragen fallen, sofern sie alle erforderlichen Maßnahmen treffen, um jederzeit gewahrleisten zu konnen, daß die durch diese Richtlinie vorgeschriebenen Ergebnisse erzielt werden

(28) Entsprechend dem in Artikel 5 EG-Vertrag niedergelegten Subsidiaritats- und Verhaltnismaßigkeitsprinzip kann das Ziel dieser Richtlinie, namlich ein einheitliches, hohes Niveau des Schutzes vor Diskriminierungen in allen Mitgliedstaaten zu gewahrleisten, auf der Ebene der Mitgliedstaaten nicht ausreichend erreicht werden; es kann daher wegen des Umfangs und der Wirkung der vorgeschlagenen Maßnahme besser auf Gemeinschaftsebene verwirklicht werden Diese Richtlinie geht nicht uber das fur die Erreichung dieser Ziele erforderliche Maß hinaus —

HAT FOLGENDE RICHTLINIE ERLASSEN:

KAPITEL I

ALLGEMEINE BESTIMMUNGEN

Artikel 1

Zweck

Zweck dieser Richtlinie ist die Schaffung eines Rahmens zur Bekämpfung der Diskriminierung aufgrund der Rasse oder der ethnischen Herkunft im Hinblick auf die Verwirklichung des Grundsatzes der Gleichbehandlung in den Mitgliedstaaten.

Artikel 2

Der Begriff „Diskriminierung"

(1) Im Sinne dieser Richtlinie bedeutet „Gleichbehandlungsgrundsatz", daß es keine unmittelbare oder mittelbare Diskriminierung aus Gründen der Rasse oder der ethnischen Herkunft geben darf.

(2) Im Sinne von Absatz 1

a) liegt eine unmittelbare Diskriminierung vor, wenn eine Person aufgrund ihrer Rasse oder ethnischen Herkunft in einer vergleichbaren Situation eine weniger günstige Behandlung als eine andere Person erfährt, erfahren hat oder erfahren würde;

b) liegt eine mittelbare Diskriminierung vor, wenn dem Anschein nach neutrale Vorschriften, Kriterien oder Verfahren Personen, die einer Rasse oder ethnischen Gruppe angehören, in besonderer Weise benachteiligen können, es sei denn, die betreffenden Vorschriften, Kriterien oder Verfahren sind durch ein rechtmäßiges Ziel sachlich gerechtfertigt, und die Mittel sind zur Erreichung dieses Ziels angemessen und erforderlich.

(3) Unerwünschte Verhaltensweisen, die im Zusammenhang mit der Rasse oder der ethnischen Herkunft einer Person stehen und bezwecken oder bewirken, daß die Würde der betreffenden Person verletzt und ein von Einschüchterungen, Anfeindungen, Erniedrigungen, Entwürdigungen oder Beleidigungen gekennzeichnetes Umfeld geschaffen wird, sind Belästigungen, die als Diskriminierung im Sinne von Absatz 1 gelten. In diesem Zusammenhang können die Mitgliedstaaten den Begriff „Belästigung" im Einklang mit den einzelstaatlichen Rechtsvorschriften und Gepflogenheiten definieren.

(4) Die Anweisung zur Diskriminierung einer Person aus Gründen der Rasse oder der ethnischen Herkunft gilt als Diskriminierung im Sinne von Absatz 1.

Artikel 3

Geltungsbereich

(1) Im Rahmen der auf die Gemeinschaft übertragenen Zuständigkeiten gilt diese Richtlinie für alle Personen in öffentlichen und privaten Bereichen, einschließlich öffentlicher Stellen, in bezug auf:

a) die Bedingungen — einschließlich Auswahlkriterien und Einstellungsbedingungen — für den Zugang zu unselbständiger und selbständiger Erwerbstätigkeit, unabhängig von Tätigkeitsfeld und beruflicher Position, sowie für den beruflichen Aufstieg;

b) den Zugang zu allen Formen und allen Ebenen der Berufsberatung, der Berufsausbildung, der beruflichen Weiterbildung und der Umschulung einschließlich der praktischen Berufserfahrung;

c) die Beschäftigungs- und Arbeitsbedingungen, einschließlich Entlassungsbedingungen und Arbeitsentgelt;

d) die Mitgliedschaft und Mitwirkung in einer Arbeitnehmer- oder Arbeitgeberorganisation oder einer Organisation, deren Mitglieder einer bestimmten Berufsgruppe angehören, einschließlich der Inanspruchnahme der Leistungen solcher Organisationen;

e) den Sozialschutz, einschließlich der sozialen Sicherheit und der Gesundheitsdienste;

f) die sozialen Vergünstigungen;

g) die Bildung;

h) den Zugang zu und die Versorgung mit Gütern und Dienstleistungen, die der Öffentlichkeit zur Verfügung stehen, einschließlich von Wohnraum.

(2) Diese Richtlinie betrifft nicht unterschiedliche Behandlungen aus Gründen der Staatsangehörigkeit und berührt nicht die Vorschriften und Bedingungen für die Einreise von Staatsangehörigen dritter Staaten oder staatenlosen Personen in das Hoheitsgebiet der Mitgliedstaaten oder deren Aufenthalt in diesem Hoheitsgebiet sowie eine Behandlung, die sich aus der Rechtsstellung von Staatsangehörigen dritter Staaten oder staatenlosen Personen ergibt.

Artikel 4

Wesentliche und entscheidende berufliche Anforderungen

Ungeachtet des Artikels 2 Absätze 1 und 2 können die Mitgliedstaaten vorsehen, daß eine Ungleichbehandlung aufgrund eines mit der Rasse oder der ethnischen Herkunft zusammenhängenden Merkmals keine Diskriminierung darstellt, wenn das betreffende Merkmal aufgrund der Art einer bestimmten beruflichen Tätigkeit oder der Rahmenbedingungen ihrer Ausübung eine wesentliche und entscheidende berufliche Voraussetzung darstellt und sofern es sich um einen rechtmäßigen Zweck und eine angemessene Anforderung handelt.

Artikel 5

Positive Maßnahmen

Der Gleichbehandlungsgrundsatz hindert die Mitgliedstaaten nicht daran, zur Gewährleistung der vollen Gleichstellung in der Praxis spezifische Maßnahmen, mit denen Benachteiligungen aufgrund der Rasse oder ethnischen Herkunft verhindert oder ausgeglichen werden, beizubehalten oder zu beschließen.

Artikel 6

Mindestanforderungen

(1) Es bleibt den Mitgliedstaaten unbenommen, Vorschriften einzuführen oder beizubehalten, die im Hinblick auf die Wahrung des Gleichbehandlungsgrundsatzes günstiger als die in dieser Richtlinie vorgesehenen Vorschriften sind.

(2) Die Umsetzung dieser Richtlinie darf keinesfalls als Rechtfertigung für eine Absenkung des von den Mitgliedstaaten bereits garantierten Schutzniveaus in bezug auf Diskriminierungen in den von der Richtlinie abgedeckten Bereichen benutzt werden.

KAPITEL II

RECHTSBEHELFE UND RECHTSDURCHSETZUNG

Artikel 7

Rechtsschutz

(1) Die Mitgliedstaaten stellen sicher, daß alle Personen, die sich durch die Nichtanwendung des Gleichbehandlungsgrundsatzes in ihren Rechten für verletzt halten, ihre Ansprüche aus dieser Richtlinie auf dem Gerichts- und/oder Verwaltungsweg sowie, wenn die Mitgliedstaaten es für angezeigt halten, in Schlichtungsverfahren geltend machen können, selbst wenn das Verhältnis, während dessen die Diskriminierung vorgekommen sein soll, bereits beendet ist.

(2) Die Mitgliedstaaten stellen sicher, daß Verbände, Organisationen oder andere juristische Personen, die gemäß den in ihrem einzelstaatlichen Recht festgelegten Kriterien ein rechtmäßiges Interesse daran haben, für die Einhaltung der Bestimmungen dieser Richtlinie zu sorgen, sich entweder im Namen der beschwerten Person oder zu deren Unterstützung und mit deren Einwilligung an den in dieser Richtlinie zur Durchsetzung der Ansprüche vorgesehenen Gerichts- und/oder Verwaltungsverfahren beteiligen können.

(3) Die Absätze 1 und 2 lassen einzelstaatliche Regelungen über Fristen für die Rechtsverfolgung betreffend den Gleichbehandlungsgrundsatz unberührt.

Artikel 8

Beweislast

(1) Die Mitgliedstaaten ergreifen im Einklang mit ihrem nationalen Gerichtswesen die erforderlichen Maßnahmen, um zu gewährleisten, daß immer dann, wenn Personen, die sich durch die Nichtanwendung des Gleichbehandlungsgrundsatzes für verletzt halten und bei einem Gericht oder einer anderen zuständigen Stelle Tatsachen glaubhaft machen, die das Vorliegen einer unmittelbaren oder mittelbaren Diskriminierung vermuten lassen, es dem Beklagten obliegt zu beweisen, daß keine Verletzung des Gleichbehandlungsgrundsatzes vorgelegen hat.

(2) Absatz 1 läßt das Recht der Mitgliedstaaten, eine für den Kläger günstigere Beweislastregelung vorzusehen, unberührt.

(3) Absatz 1 gilt nicht für Strafverfahren.

(4) Die Absätze 1, 2 und 3 gelten auch für Verfahren gemäß Artikel 7 Absatz 2.

(5) Die Mitgliedstaaten können davon absehen, Absatz 1 auf Verfahren anzuwenden, in denen die Ermittlung des Sachverhalts dem Gericht oder der zuständigen Stelle obliegt.

Artikel 9

Viktimisierung

Die Mitgliedstaaten treffen im Rahmen ihrer nationalen Rechtsordnung die erforderlichen Maßnahmen, um den einzelnen vor Benachteiligungen zu schützen, die als Reaktion auf eine Beschwerde oder auf die Einleitung eines Verfahrens zur Durchsetzung des Gleichbehandlungsgrundsatzes erfolgen.

Artikel 10

Unterrichtung

Die Mitgliedstaaten tragen dafür Sorge, daß die gemäß dieser Richtlinie getroffenen Maßnahmen sowie die bereits geltenden einschlägigen Vorschriften allen Betroffenen in geeigneter Form in ihrem Hoheitsgebiet bekanntgemacht werden.

Artikel 11

Sozialer Dialog

(1) Die Mitgliedstaaten treffen im Einklang mit den nationalen Gepflogenheiten und Verfahren geeignete Maßnahmen zur Förderung des sozialen Dialogs zwischen Arbeitgebern und Arbeitnehmern, mit dem Ziel, die Verwirklichung des Gleichbehandlungsgrundsatzes durch Überwachung der betrieblichen Praxis, durch Tarifverträge, Verhaltenskodizes, Forschungsarbeiten oder durch einen Austausch von Erfahrungen und bewährten Lösungen voranzubringen.

(2) Soweit vereinbar mit den nationalen Gepflogenheiten und Verfahren, fordern die Mitgliedstaaten Arbeitgeber und Arbeitnehmer ohne Eingriff in deren Autonomie auf, auf geeigneter Ebene Antidiskriminierungsvereinbarungen zu schließen, die die in Artikel 3 genannten Bereiche betreffen, soweit diese in den Verantwortungsbereich der Tarifparteien fallen. Die Vereinbarungen müssen den in dieser Richtlinie festgelegten Mindestanforderungen sowie den einschlägigen nationalen Durchführungsbestimmungen entsprechen.

Artikel 12

Dialog mit Nichtregierungsorganisationen

Die Mitgliedstaaten fördern den Dialog mit geeigneten Nichtregierungsorganisationen, die gemäß ihren nationalen Rechtsvorschriften und Gepflogenheiten ein rechtmäßiges Interesse daran haben, sich an der Bekämpfung von Diskriminierung aus Gründen der Rasse oder der ethnischen Herkunft zu beteiligen, um den Grundsatz der Gleichbehandlung zu fördern.

KAPITEL III

MIT DER FÖRDERUNG DER GLEICHBEHANDLUNG BEFASSTE STELLEN

Artikel 13

(1) Jeder Mitgliedstaat bezeichnet eine oder mehrere Stellen, deren Aufgabe darin besteht, die Verwirklichung des Grundsatzes der Gleichbehandlung aller Personen ohne Diskriminierung aufgrund der Rasse oder der ethnischen Herkunft zu fördern. Diese Stellen können Teil einer Einrichtung sein, die auf nationaler Ebene für den Schutz der Menschenrechte oder der Rechte des einzelnen zuständig ist.

(2) Die Mitgliedstaaten stellen sicher, daß es zu den Zuständigkeiten dieser Stellen gehört,

— unbeschadet der Rechte der Opfer und der Verbände, der Organisationen oder anderer juristischer Personen nach Artikel 7 Absatz 2 die Opfer von Diskriminierungen auf unabhängige Weise dabei zu unterstützen, ihrer Beschwerde wegen Diskriminierung nachzugehen;

— unabhängige Untersuchungen zum Thema der Diskriminierung durchzuführen;

— unabhängige Berichte zu veröffentlichen und Empfehlungen zu allen Aspekten vorzulegen, die mit diesen Diskriminierungen in Zusammenhang stehen.

KAPITEL IV

SCHLUSSBESTIMMUNGEN

Artikel 14

Einhaltung

Die Mitgliedstaaten treffen die erforderlichen Maßnahmen, um sicherzustellen,

a) daß samtliche Rechts- und Verwaltungsvorschriften, die dem Gleichbehandlungsgrundsatz zuwiderlaufen, aufgehoben werden,

b) daß samtliche mit dem Gleichbehandlungsgrundsatz nicht zu vereinbarenden Bestimmungen in Einzel- oder Kollektivvertragen oder -vereinbarungen, Betriebsordnungen, Statuten von Vereinigungen mit oder ohne Erwerbszweck sowie Statuten der freien Berufe und der Arbeitnehmer- und Arbeitgeberorganisationen fur nichtig erklart werden oder erklart werden konnen oder geandert werden

Artikel 15

Sanktionen

Die Mitgliedstaaten legen die Sanktionen fest, die bei einem Verstoß gegen die einzelstaatlichen Vorschriften zur Anwendung dieser Richtlinie zu verhangen sind, und treffen alle geeigneten Maßnahmen, um deren Durchsetzung zu gewahrleisten Die Sanktionen, die auch Schadenersatzleistungen an die Opfer umfassen konnen, mussen wirksam, verhaltnismaßig und abschreckend sein Die Mitgliedstaaten teilen der Kommission diese Bestimmungen bis zum 19 Juli 2003 mit und melden alle sie betreffenden Anderungen unverzuglich

Artikel 16

Umsetzung

Die Mitgliedstaaten erlassen die erforderlichen Rechts- und Verwaltungsvorschriften, um dieser Richtlinie bis zum 19 Juli 2003 nachzukommen, oder konnen den Sozialpartnern auf deren gemeinsamen Antrag die Durchfuhrung der Bestimmungen dieser Richtlinie ubertragen, die in den Anwendungsbereich von Tarifvertragen fallen. In diesem Fall gewahrleisten die Mitgliedstaaten, daß die Sozialpartner bis zum 19 Juli 2003 im Wege einer Vereinbarung die erforderlichen Maßnahmen getroffen haben, dabei haben die Mitgliedstaaten alle erforderlichen Maßnahmen zu treffen, um jederzeit gewahrleisten zu konnen, daß die durch diese Richtlinie vorgeschriebenen Ergebnisse erzielt werden Sie setzen die Kommission unverzuglich davon in Kenntnis

Wenn die Mitgliedstaaten derartige Vorschriften erlassen, nehmen sie in den Vorschriften selbst oder durch einen Hinweis bei der amtlichen Veroffentlichung auf diese Richtlinie Bezug Die Mitgliedstaaten regeln die Einzelheiten der Bezugnahme

Artikel 17

Bericht

(1) Bis zum 19 Juli 2005 und in der Folge alle funf Jahre ubermitteln die Mitgliedstaaten der Kommission samtliche Informationen, die diese fur die Erstellung eines dem Europaischen Parlament und dem Rat vorzulegenden Berichts uber die Anwendung dieser Richtlinie benotigt.

(2) Die Kommission berucksichtigt in ihrem Bericht in angemessener Weise die Ansichten der Europaischen Stelle zur Beobachtung von Rassismus und Fremdenfeindlichkeit sowie die Standpunkte der Sozialpartner und der einschlagigen Nichtregierungsorganisationen Im Einklang mit dem Grundsatz der Berucksichtigung geschlechterspezifischer Fragen wird ferner in dem Bericht die Auswirkung der Maßnahmen auf Frauen und Manner bewertet Unter Berucksichtigung der ubermittelten Informationen enthalt der Bericht gegebenenfalls auch Vorschlage fur eine Anderung und Aktualisierung dieser Richtlinie

Artikel 18

Inkrafttreten

Diese Richtlinie tritt am Tag ihrer Veroffentlichung im *Amtsblatt der Europaischen Gemeinschaften* in Kraft

Artikel 19

Adressaten

Diese Richtlinie ist an die Mitgliedstaaten gerichtet

Geschehen zu Luxemburg am 29 Juni 2000.

Im Namen des Rates

Der Prasident

M ARCANJO

V. Anhang V

Beschluss des Rates vom 27.11.2000 über ein Aktionsprogramm der Gemeinschaft zur Bekämpfung von Diskriminierungen (2001-2006), Abl. L 303/23 vom 02.12.2000

II

(Nicht veröffentlichungsbedürftige Rechtsakte)

RAT

BESCHLUSS DES RATES
vom 27. November 2000
über ein Aktionsprogramm der Gemeinschaft zur Bekämpfung von Diskriminierungen (2001-2006)

(2000/750/EG)

DER RAT DER EUROPÄISCHEN UNION —

gestützt auf den Vertrag zur Gründung der Europäischen Gemeinschaft, insbesondere auf Artikel 13,

auf Vorschlag der Kommission,

nach Stellungnahme des Europäischen Parlaments ([1]),

nach Anhörung des Wirtschafts- und Sozialausschusses ([2]),

nach Anhörung des Ausschusses der Regionen ([3]),

in Erwägung nachstehender Gründe:

(1) Die Union beruht auf den Grundsätzen der Freiheit, der Demokratie, der Achtung der Menschenrechte und Grundfreiheiten sowie der Rechtsstaatlichkeit; diese Grundsätze sind allen Mitgliedstaaten gemeinsam. Nach dem Vertrag über die Europäische Union achtet die Union die Grundrechte, wie sie in der Europäischen Konvention zum Schutze der Menschenrechte und Grundfreiheiten gewährleistet sind und wie sie sich aus den gemeinsamen Verfassungsüberlieferungen der Mitgliedstaaten als allgemeine Grundsätze des Gemeinschaftsrechts ergeben.

(2) Das Europäische Parlament hat die Europäische Union wiederholt nachdrücklich aufgefordert, ihre Politik im Bereich der Gleichbehandlung und Chancengleichheit im Hinblick auf alle Arten von Diskriminierungen weiterzuentwickeln und zu verstärken.

(3) Die Europäische Union weist Theorien zurück, mit denen versucht wird, die Existenz verschiedener menschlicher Rassen zu belegen. Die Verwendung des Begriffs „Rasse" in diesem Beschluss impliziert nicht die Akzeptanz solcher Theorien.

(4) Bei der Umsetzung des Programms wirkt die Gemeinschaft im Einklang mit dem Vertrag darauf hin, Ungleichheiten zu beseitigen und die Gleichstellung von Männern und Frauen zu fördern, zumal Frauen häufig Opfer mehrfacher Diskriminierungen sind.

(5) Für die verschiedenen Formen der Diskriminierung lässt sich keine Rangordnung nach ihrer Bedeutung aufstellen, sie sind alle gleichermaßen inakzeptabel. Das Programm bezweckt sowohl den Austausch in den Mitgliedstaaten bereits verwendeter bewährter Verfahren als auch die Förderung der Ausarbeitung neuer Verfahren und Politiken zur Bekämpfung der Diskriminierung, einschließlich der mehrfachen Diskriminierung. Dieser Beschluss kann dazu beitragen, eine globale Strategie zur Bekämpfung jeglicher auf verschiedenen Gründen beruhender Diskriminierung festzulegen. Diese Strategie wäre von nun an parallel zu entwickeln.

(6) Die mit Maßnahmen auf Gemeinschaftsebene — insbesondere auf dem Gebiet der Gleichheit der Geschlechter — gesammelten Erfahrungen haben gezeigt, dass zur konkreten Bekämpfung von Diskriminierungen verschiedene, vor allem legislative und praktische, sich gegenseitig verstärkende Maßnahmen miteinander kombiniert werden müssen. Ähnliche Erfahrungen sind mit der Bekämpfung von Diskriminierungen aus Gründen der Rasse oder der ethnischen Herkunft sowie aufgrund einer Behinderung gemacht worden.

(7) Im Programm sollten alle Formen von Diskriminierungen erfasst werden, mit Ausnahme der Diskriminierung aufgrund des Geschlechts, die Gegenstand einer besonderen Maßnahme der Gemeinschaft ist. Diskriminierungen aus unterschiedlichen Gründen können ähnliche Merkmale aufweisen und auf ähnliche Weise bekämpft werden. Die in vielen Jahren erworbene Erfahrung mit der Bekämpfung bestimmter Formen der Diskriminierung, einschließlich der Diskriminierung aufgrund des Geschlechts, kann auch für die Bekämpfung anders gearteter Diskriminierungen von Nutzen sein. Den besonderen Merkmalen der verschiedenen Diskriminierungsformen sollte jedoch Rechnung getragen werden. Deshalb sind die besonderen Bedürfnisse von Menschen mit Behinderungen hinsichtlich der Möglichkeiten des Zugangs zu Maßnahmen und Ergebnissen zu berücksichtigen.

([1]) Stellungnahme vom 5. Oktober 2000 (noch nicht im Amtsblatt veröffentlicht).
([2]) ABl. C 204 vom 18.7.2000, S. 82.
([3]) ABl. C 226 vom 8.8.2000, S. 1.

(8) Das Programm sollte allen öffentlichen und/oder privaten Einrichtungen und Institutionen offen stehen, die sich im Kampf gegen Diskriminierungen engagieren. Hierbei sind die Erfahrungen und Sachkenntnisse von Nichtregierungsorganisationen auf lokaler und nationaler Ebene zu berücksichtigen.

(9) Viele Nichtregierungsorganisationen auf europäischer Ebene haben im Kampf gegen Diskriminierung Erfahrung und Sachkenntnisse erworben und setzen sich auf europäischer Ebene für diskriminierte Menschen ein. Deshalb können sie einen bedeutenden Beitrag zu einem besseren Verständnis der verschiedenen Formen und Auswirkungen von Diskriminierung leisten und mit dafür sorgen, dass die Erfahrungen der Betroffenen im Rahmen der Konzeption, Durchführung und Überwachung des Programms Berücksichtigung finden. Die Gemeinschaft hat in der Vergangenheit diversen sich gegen Diskriminierung einsetzenden Organisationen eine Basisfinanzierung bereitgestellt. Daher könnte die Bereitstellung einer Basisfinanzierung für effizient arbeitende Nichtregierungsorganisationen ein wertvolles Instrument zur Bekämpfung der Diskriminierung darstellen.

(10) Die zur Durchführung dieses Rechtsakts erforderlichen Maßnahmen sollten gemäß dem Beschluss 1999/468/EG des Rates vom 28. Juni 1999 zur Festlegung der Modalitäten für die Ausübung der der Kommission übertragenen Durchführungsbefugnisse [1] erlassen werden.

(11) Damit durch das Handeln der Gemeinschaft zusätzlicher Nutzen entsteht, sollte die Kommission in Zusammenarbeit mit den Mitgliedstaaten auf allen Ebenen darauf hinwirken, dass die Maßnahmen, die im Rahmen dieses Beschlusses oder anderer einschlägiger Strategien, Instrumente und Aktionen der Gemeinschaft — insbesondere im Rahmen des Europäischen Sozialfonds in den Bereichen Bildung und Ausbildung sowie Chancengleichheit von Frauen und Männern und zur Förderung der sozialen Eingliederung — durchgeführt werden, aufeinander abgestimmt sind und sich ergänzen. Ferner ist für Kohärenz und Komplementarität mit den einschlägigen Tätigkeiten der Europäischen Stelle zur Beobachtung von Rassismus und Fremdenfeindlichkeit zu sorgen.

(12) Das Abkommen über den Europäischen Wirtschaftsraum (EWR-Abkommen) sieht im sozialen Bereich eine stärkere Zusammenarbeit zwischen der Europäischen Gemeinschaft und ihren Mitgliedstaaten einerseits und den am EWR beteiligten Ländern der Europäischen Freihandelsassoziation (EFTA/EWR) andererseits vor. Den Bewerberländern Mittel- und Osteuropas sollte gemäß den in den Europa-Abkommen, in deren Zusatzprotokollen und in den Beschlüssen der jeweiligen Assoziationsräte festgelegten Bedingungen die Möglichkeit einer Teilnahme an diesem Programm eingeräumt werden; Zypern und Malta sowie der Türkei sollte diese Möglichkeit auf der Grundlage zusätzlicher Mittel nach den mit diesen Ländern zu vereinbarenden Verfahren eingeräumt werden.

(13) In diesem Beschluss wird für die gesamte Laufzeit des Programms ein als finanzieller Bezugsrahmen dienender Betrag im Sinne von Nummer 34 der Interinstitutionellen Vereinbarung vom 6. Mai 1999 zwischen dem Europäischen Parlament, dem Rat und der Kommission [2] eingesetzt, ohne dass dadurch die im Vertrag festgelegten Befugnisse der Haushaltsbehörde berührt werden.

(14) Die Kommission und die Mitgliedstaaten werden darauf achten, dass alle Texte, Leitlinien und Aufforderungen zur Einreichung von Vorschlägen, die im Rahmen dieses Programms veröffentlicht werden, in einer klaren, einfachen und zugänglichen Sprache abgefasst sind.

(15) Es sollte berücksichtigt werden, dass es eventuell notwendig sein wird, Personen auf besondere Weise zu unterstützen, damit sie die Hindernisse überwinden können, die ihrer Beteiligung an dem Programm im Weg stehen.

(16) Für den Erfolg einer jeden Gemeinschaftsmaßnahme ist es unerlässlich, ihre Durchführung zu überwachen und die Ergebnisse anhand der gesteckten Ziele zu bewerten.

(17) Im Einklang mit dem Grundsatz der Subsidiarität nach Artikel 5 des Vertrags können die Ziele der vorgeschlagenen Maßnahme, mit der die Gemeinschaft einen Beitrag zur Bekämpfung von Diskriminierungen leisten will, auf Ebene der Mitgliedstaaten nicht ausreichend erreicht werden, insbesondere deswegen, weil zur Bekämpfung von Diskriminierungen multilaterale Partnerschaften, ein grenzüberschreitender Austausch von Informationen und eine gemeinschaftsweite Verbreitung bewährter Verfahren erforderlich sind. Im Einklang mit dem Grundsatz der Verhältnismäßigkeit nach dem genannten Artikel geht dieser Beschluss nicht über das für die Erreichung dieser Ziele erforderliche Maß hinaus —

BESCHLIESST:

Artikel 1

Aufstellung des Programms

Mit diesem Beschluss wird für den Zeitraum vom 1. Januar 2001 bis zum 31. Dezember 2006 ein gemeinschaftliches Aktionsprogramm zur Förderung von Maßnahmen zur Bekämpfung direkter oder indirekter Diskriminierungen aus Gründen der Rasse, der ethnischen Herkunft, der Religion oder der Weltanschauung, einer Behinderung, des Alters oder der sexuellen Ausrichtung (im Folgenden „Programm" genannt) aufgestellt.

Artikel 2

Ziele

Im Rahmen der Zuständigkeiten der Gemeinschaft werden mit dem Programm die Anstrengungen auf der Ebene der Gemeinschaft und der Mitgliedstaaten zur Förderung von Maßnahmen zur Verhütung und Bekämpfung der Diskriminierung aus einem oder mehreren Gründen unterstützt und ergänzt, wobei gegebenenfalls künftige Rechtsetzungstätigkeiten berücksichtigt werden. Mit dem Programm werden nachstehende Ziele verfolgt:

a) Förderung eines besseren Verständnisses der Diskriminierungsproblematik durch Verbesserung des Wissens darüber sowie durch Bewertung der Wirksamkeit von Politik und Praxis;

b) Entwicklung der Fähigkeit, wirksam Diskriminierungen zu verhüten und gegen sie vorzugehen, insbesondere durch die Verstärkung der Aktionsmöglichkeiten der Organisationen und die Förderung des Austauschs von Informationen und bewährten Verfahren sowie der Zusammenarbeit in einem europaweiten Netzwerk, unter Berücksichtigung der Besonderheiten der verschiedenen Formen der Diskriminierung;

[1] ABl. L 184 vom 17.7.1999, S. 23.
[2] ABl. C 172 vom 18.6.1999, S. 1.

c) Förderung und Verbreitung der grundlegenden Werte und Verfahren für die Bekämpfung von Diskriminierungen, auch durch Sensibilisierungsmaßnahmen.

Artikel 3

Gemeinschaftsaktionen

(1) Um die Ziele des Artikels 2 zu erreichen, können in einem transnationalen Rahmen folgende Aktionen durchgeführt werden:

a) Analyse diskriminierungsrelevanter Faktoren, unter anderem durch Erstellung von Studien sowie durch Erarbeitung qualitativer und quantitativer Indikatoren und Benchmarks unter Wahrung der einzelstaatlichen Rechtsvorschriften und Gepflogenheiten, Bewertung der Wirksamkeit und Auswirkungen der Rechtsvorschriften sowie der Praxis der Diskriminierungsbekämpfung und gezielte Verbreitung der Ergebnisse,

b) grenzüberschreitende Zusammenarbeit sowie Förderung der Zusammenarbeit im Rahmen eines europaweiten Netzwerkes der im Kampf gegen Diskriminierungen und deren Verhütung engagierten Partner, einschließlich der Nichtregierungsorganisationen;

c) Sensibilisierungsmaßnahmen, insbesondere um die europäische Dimension des Kampfes gegen Diskriminierungen zu verdeutlichen und um die Ergebnisse des Programms allgemein bekannt zu machen, vor allem durch Kommunikation, Veröffentlichungen, Kampagnen und Veranstaltungen.

(2) Die Bestimmungen zur Durchführung der Gemeinschaftsaktionen im Sinne von Absatz 1 sind im Anhang niedergelegt.

Artikel 4

Durchführung des Programms und Zusammenarbeit mit den Mitgliedstaaten

(1) Die Kommission

a) gewährleistet die Durchführung der Gemeinschaftsaktionen des Programms gemäß dem Anhang;

b) führt mit Vertretern von Nichtregierungsorganisationen und der Sozialpartner regelmäßig einen Meinungsaustausch auf europäischer Ebene über Konzeption, Durchführung und Überwachung des Programms und damit zusammenhängende politische Orientierungen. Zu diesem Zweck stellt die Kommission den Nichtregierungsorganisationen und den Sozialpartnern relevante Informationen zur Verfügung. Die Kommission unterrichtet den Ausschuss nach Artikel 6 über die dargelegten Standpunkte.

(2) Die Kommission trifft in Zusammenarbeit mit den Mitgliedstaaten die erforderlichen Maßnahmen, um

a) die Einbeziehung aller Betroffenen, einschließlich der Nichtregierungsorganisationen aller Größenordnungen, in das Programm zu fördern;

b) eine aktive Partnerschaft und einen aktiven Dialog zwischen allen am Programm Beteiligten zu fördern, insbesondere mit dem Ziel, ein integriertes und koordiniertes Vorgehen bei der Bekämpfung von Diskriminierungen zu begünstigen;

c) die Verbreitung der Ergebnisse der Aktionen des Programms zu gewährleisten;

d) verständliche Informationen bereitzustellen und für geeignete Publizitäts- und Begleitmaßnahmen in Bezug auf die im Rahmen des Programms geforderten Aktionen zu sorgen.

Artikel 5

Durchführungsmaßnahmen

(1) Die zur Durchführung dieses Beschlusses erforderlichen Maßnahmen in Bezug auf die nachstehenden Sachbereiche werden nach dem Verwaltungsverfahren des Artikels 6 Absatz 2 erlassen:

a) allgemeine Leitlinien für die Durchführung des Programms,

b) jährlicher Arbeitsplan für die Durchführung der Programmaktionen, einschließlich der Möglichkeit, die Programmthemen anzupassen oder zu ergänzen;

c) von der Gemeinschaft bereitzustellende finanzielle Unterstützung;

d) Jahreshaushaltsplan und Aufschlüsselung der Mittel für die verschiedenen Programmaktionen;

e) Modalitäten für die Auswahl der von der Gemeinschaft unterstützten Aktionen und Organisationen sowie von der Kommission vorgelegter Entwurf eines Verzeichnisses der Aktionen und Organisationen, die unterstützt werden sollen;

f) Kriterien für die Begleitung und Bewertung des Programms und insbesondere Kosten-Nutzen-Verhältnis sowie Modalitäten für die Verbreitung und Weitergabe der Ergebnisse.

(2) Die zur Durchführung dieses Beschlusses erforderlichen Maßnahmen in Bezug auf alle anderen Sachbereiche werden nach dem Beratungsverfahren des Artikels 6 Absatz 3 erlassen.

Artikel 6

Ausschuss

(1) Die Kommission wird von einem Ausschuss (nachstehend „Ausschuss" genannt) unterstützt.

(2) Wird auf diesen Absatz Bezug genommen, so gelten die Artikel 4 und 7 des Beschlusses 1999/468/EG.

Der Zeitraum nach Artikel 4 Absatz 3 des Beschlusses 1999/468/EG wird auf zwei Monate festgesetzt.

(3) Wird auf diesen Absatz Bezug genommen, so gelten die Artikel 3 und 7 des Beschlusses 1999/468/EG.

(4) Der Ausschuss gibt sich eine Geschäftsordnung.

Artikel 7

Zusammenarbeit mit anderen Ausschüssen

Um sicherzustellen, dass das Programm mit den anderen in Artikel 8 genannten Maßnahmen im Einklang steht und sie ergänzt, unterrichtet die Kommission den Ausschuss regelmäßig über sonstige Gemeinschaftsaktionen, die zur Bekämpfung von Diskriminierung beitragen. Gegebenenfalls schafft die Kommission einen Rahmen für eine kontinuierliche und strukturierte Zusammenarbeit des Ausschusses mit den im Rahmen anderer einschlägiger Strategien, Instrumente und Aktionen eingesetzten Begleitausschüssen.

Artikel 8

Kohärenz und Komplementarität

(1) Die Kommission gewahrleistet in Zusammenarbeit mit den Mitgliedstaaten die Gesamtkoharenz mit anderen Strategien, Instrumenten und Aktionen der Union und der Gemeinschaft, insbesondere durch Einfuhrung geeigneter Verfahren fur die Koordinierung der Aktionen des Programms mit einschlagigen Maßnahmen in den Bereichen Forschung, Beschaftigung, Gleichheit von Frauen und Mannern, soziale Eingliederung, Kultur, allgemeine und berufliche Bildung sowie Jugend und auf dem Gebiet der Außenbeziehungen der Gemeinschaft

(2) Die Kommission und die Mitgliedstaaten gewahrleisten, dass die Aktionen des Programms im Einklang mit anderen Aktionen der Union und der Gemeinschaft, insbesondere im Rahmen der Strukturfonds und der Gemeinschaftsinitiative EQUAL, stehen und sich erganzen

(3) Die Mitgliedstaaten gewahrleisten im Rahmen des Moglichen die Koharenz und Komplementaritat der Aktionen des Programms und der auf nationaler, regionaler und lokaler Ebene durchgefuhrten Maßnahmen

Artikel 9

Teilnahme der EFTA/EWR-Länder, der assoziierten Länder Mittel- und Osteuropas, Zyperns, Maltas und der Türkei

An dem Programm konnen sich beteiligen:

a) die EFTA/EWR-Lander gemaß den im EWR-Abkommen festgelegten Bedingungen;

b) die Bewerber Mittel- und Osteuropas (MOEL) gemaß den in den Europa-Abkommen, in ihren Zusatzprotokollen und in den Beschlussen der jeweiligen Assoziationsrate festgelegten Bedingungen,

c) Zypern, Malta und die Turkei auf der Grundlage zusatzlicher Mittel nach den mit diesen Landern zu vereinbarenden Verfahren

Artikel 10

Finanzierung

(1) Der als finanzielle Bezugsrahmen dienende Betrag fur die Durchfuhrung des Programms belauft sich fur den Zeitraum 2001 bis 2006 auf 98,4 Millionen EUR

(2) Die jahrlichen Mittel werden von der Haushaltsbehorde in den Grenzen der Finanziellen Vorausschau bewilligt.

Artikel 11

Begleitung und Bewertung

(1) Die Kommission gewahrleistet in Zusammenarbeit mit den Mitgliedstaaten und nach den Verfahren des Artikels 6 Absatze 2 und 3 die laufende Begleitung des Programms

(2) Das Programm wird von der Kommission mit Unterstutzung unabhangiger Sachverstandiger bewertet. Diese Bewertung beinhaltet eine Beurteilung der Relevanz, der Wirksamkeit und des Kosten/Nutzen-Verhaltnisses der durchgefuhrten Aktionen im Hinblick auf die in Artikel 2 genannten Ziele Bewertet werden auch die Auswirkungen des Programms insgesamt

Bei der Bewertung wird außerdem gepruft, ob sich die Aktionen des Programms und diejenigen anderer einschlagiger Strategien, Instrumente und Aktionen der Gemeinschaft gegenseitig erganzen.

(3) Die Kommission legt dem Europaischen Parlament, dem Rat, dem Wirtschafts- und Sozialausschuss und dem Ausschuss der Regionen bis zum 31 Dezember 2005 einen Bewertungsbericht uber die Durchfuhrung des Programms vor

Artikel 12

Inkrafttreten

Dieser Beschluss tritt am Tag seiner Veroffentlichung im *Amtsblatt der Europaischen Gemeinschaften* in Kraft

Geschehen zu Brussel am 27 November 2000

Im Namen des Rates

Der Prasident

É GUIGOU

ANHANG

LEITLINIEN ZUR DURCHFÜHRUNG DES PROGRAMMS

I Tatigkeitsbereiche

Das Programm kann im Rahmen der der Gemeinschaft im Vertrag zugewiesenen Zustandigkeiten folgende Tatigkeitsbereiche abdecken

a) Nichtdiskriminierung innerhalb der offentlichen Verwaltungen und durch die offentlichen Verwaltungen,

b) Nichtdiskriminierung bei den Medien und durch die Medien,

c) gleichberechtigte Teilnahme an der Entscheidungsfindung im politischen, wirtschaftlichen und sozialen Bereich,

d) gleicher Zugang zu und Versorgung mit Gutern und Dienstleistungen, die der Offentlichkeit zur Verfugung stehen, insbesondere in den Bereichen Wohnungswesen, Verkehr, Kultur, Freizeit und Sport,

e) wirksame Beobachtung von Diskriminierungen, einschließlich Diskriminierungen aus mehreren Grunden,

f) gezielte Verbreitung von Informationen uber das Recht auf Gleichbehandlung und Nichtdiskriminierung,

g) Einbeziehung strategischer und praktischer Maßnahmen zur Bekampfung von Diskriminierungen in die ubrigen Bereiche

Bei allen Programmtatigkeiten wird der Grundsatz der Chancengleichheit fur Manner und Frauen in den anderen Bereichen beachtet

Bei der Durchfuhrung des Programms kann die Kommission — zum beiderseitigen Nutzen der Kommission und der Begunstigten — auf technische und/oder administrative Unterstutzung bei Informationsbeschaffung, Informationsaufbereitung, Management, Monitoring, Rechnungsprufung und Kontrolle des Programms oder der Vorhaben zuruckgreifen

Die Kommission kann auch Studien erstellen, Sachverstandigensitzungen veranstalten und Aktionen in den Bereichen Information und Veroffentlichungen durchfuhren, die unmittelbar mit dem Ziel des Programms in Verbindung stehen

II Zugang zum Programm

Unter den Bedingungen und gemaß den Durchfuhrungsbestimmungen dieses Anhangs sind alle offentlichen und/oder privaten Einrichtungen und Institutionen teilnahmeberechtigt, die sich im Kampf gegen Diskriminierungen engagieren Insbesondere sind dies

a) die Mitgliedstaaten,

b) die lokalen und regionalen Gebietskorperschaften,

c) die mit der Forderung der Gleichbehandlung befassten Stellen,

d) die Sozialpartner,

e) die Nichtregierungsorganisationen,

f) die Universitaten und Forschungsinstitute,

g) die nationalen statistischen Amter,

h) die Medien

III Aktionen

Aktionsbereich 1 — Analyse und Bewertung

Folgende Tatigkeiten konnen unterstutzt werden

1 Entwicklung und Verbreitung vergleichbarer statistischer Reihen, mit denen das Ausmaß von Diskriminierungen in der Gemeinschaft erfasst werden kann, unter Wahrung der einzelstaatlichen Rechtsvorschriften und Gepflogenheiten,

2 Entwicklung und Verbreitung von Methoden und Indikatoren fur die Bewertung der Wirksamkeit von Politik und Praxis der Diskriminierungsbekampfung (Benchmarking), unter Wahrung der einzelstaatlichen Rechtsvorschriften und Gepflogenheiten,

3 Analyse (in Form von Jahresberichten) der Rechtsvorschriften und Praxis der Diskriminierungsbekampfung mit dem Ziel, deren Wirksamkeit zu beurteilen und die gewonnenen Erkenntnisse zu verbreiten,

4 thematische Studien im Rahmen der vorrangigen Themen, in denen Konzepte fur die Bekampfung sowohl bestimmter Formen der Diskriminierung als auch von Diskriminierung ganz allgemein miteinander verglichen und einander gegenubergestellt werden

Die Kommission gewährleistet insbesondere, dass die Tätigkeiten dieses Aktionsbereichs im Einklang mit den Tätigkeiten der Europäischen Stelle zur Beobachtung von Rassismus und Fremdenfeindlichkeit, dem Rahmenprogramm der Europäischen Gemeinschaft im Bereich der Forschung, der technologischen Entwicklung und der Demonstration sowie dem Statistischen Programm der Gemeinschaft stehen und diese ergänzen.

Aktionsbereich 2 — Entwicklung von Handlungskompetenzen

Folgende Tätigkeiten können zur Erweiterung der Handlungskompetenzen und der Effizienz der Adressaten unterstützt werden, die im Kampf gegen Diskriminierungen in den unter das Programm fallenden Bereichen aktiv sind:

1. Grenzüberschreitende Aktionen, bei denen mehrere Akteure aus mindestens drei Mitgliedstaaten Informationen, Erfahrungen und vorbildliche Lösungen untereinander austauschen. Dabei kann es gehen um den Vergleich der Wirkung der für das gewählte Thema angewandten Verfahren, Methoden und Instrumente, um den Transfer und die Anwendung bewährter Verfahren, den Austausch von Personal, die gemeinsame Erarbeitung von Ergebnissen, Verfahren, Strategien und Methoden, die Anpassung bewährter Instrumente und Verfahren an veränderte Rahmenbedingungen und/oder die gemeinsame Verbreitung von Ergebnissen, Informationsmaterial und Veranstaltungskonzepten. Bei der Auswahl der Finanzierungsanträge trägt das Programm der Vielfalt der Diskriminierungen Rechnung.

2. Basisfinanzierung für einschlägig tätige Nichtregierungsorganisationen auf europäischer Ebene, die über Erfahrungen mit der Bekämpfung von Diskriminierungen und der Vertretung diskriminierter Personen verfügen, mit dem Ziel, die Ausarbeitung eines integrierten und koordinierten Konzepts für den Kampf gegen Diskriminierungen zu fördern.

   Die Basisfinanzierung beträgt höchstens 90 % der Ausgaben, für die eine Unterstützung gewährt werden kann.

   Die Modalitäten der Auswahl dieser Organisationen können der Verschiedenartigkeit und Vielfalt der mit Diskriminierungen konfrontierten Gruppen Rechnung tragen.

Aktionsbereich 3 — Sensibilisierung

Folgende Tätigkeiten können unterstützt werden:

1. Organisation von Konferenzen, Seminaren und Veranstaltungen auf europäischer Ebene;

2. Organisation von Seminaren durch die Mitgliedstaaten zur Förderung der Umsetzung des Gemeinschaftsrechts auf dem Gebiet der Nichtdiskriminierung, sowie Verdeutlichung der europäischen Dimension einzelstaatlicher Veranstaltungen;

3. Durchführung von Kampagnen in den europäischen Medien und Organisation von Veranstaltungen zur Förderung des grenzüberschreitenden Austauschs von Informationen sowie der Ermittlung und Verbreitung bewährter Verfahren, auch durch Vergabe von Preisen für erfolgreiche Aktionen im Rahmen des zweiten Aktionsbereichs, um den Kampf gegen Diskriminierungen stärker in das Licht der Öffentlichkeit zu rücken;

4. Veröffentlichung von Material zur Verbreitung der Ergebnisse des Programms, auch durch Einrichtung einer Internet-Site, die Beispiele für bewährte Verfahren aufzeigt und ein Forum für den Austausch von Ideen sowie eine Datenbank mit potentiellen Partnern für Aktionen im Rahmen eines grenzüberschreitenden Austauschs anbietet.

IV. **Verfahren für die Beantragung von Beihilfen**

Aktionsbereich 1: Im Rahmen dieses Aktionsbereichs werden hauptsächlich Ausschreibungen durchgeführt. Für die Zusammenarbeit mit den nationalen Statistischen Ämtern gelten die Verfahren von Eurostat.

Aktionsbereich 2: Im Rahmen des Aktionsbereichs 2 Nummern 1 und 2 ergehen Aufforderungen zur Einreichung von Vorschlägen bei der Kommission.

Aktionsbereich 3: Im Rahmen dieses Aktionsbereichs werden im allgemeinen Ausschreibungen durchgeführt. Aktionen, die in den Aktionsbereich 3 Nummern 2 und 3 fallen, können jedoch auch auf Antrag, z. B. auf Antrag eines Mitgliedstaats, bezuschusst werden.

FSC
www.fsc.org
MIX
Papier | Fördert gute Waldnutzung
FSC® C083411

Kolibri 360 GmbH
Ferdinand-Jühlke-Straße 7
99095 Erfurt, Deutschland
produktsicherheit@kolibri360.de

Druck:
CPI Druckdienstleistungen GmbH
im Auftrag der
Kolibri 360 GmbH
Ferdinand-Jühlke-Str. 7
99095 Erfurt